中国肉鸡产业经济

ZHONGGUO ROUJI CHANYE JINGJI

2017

王济民 辛翔飞 等 著

中国农业出版社

图书在版编目（CIP）数据

中国肉鸡产业经济.2017 / 王济民等著.—北京：
中国农业出版社，2018.7
　　ISBN 978-7-109-24244-9

　　Ⅰ.①中…　Ⅱ.①王…　Ⅲ.①肉鸡-养鸡业-产业经
济-研究-中国-2017　Ⅳ.①F326.3

中国版本图书馆 CIP 数据核字（2018）第 132576 号

中国农业出版社出版
（北京市朝阳区麦子店街 18 号楼）
（邮政编码 100125）
责任编辑　赵　刚

北京中兴印刷有限公司印刷　　新华书店北京发行所发行
2018 年 7 月第 1 版　　2018 年 7 月北京第 1 次印刷

开本：720mm×960mm 1/16　印张：23.75
字数：447 千字
定价：55.00 元
（凡本版图书出现印刷、装订错误，请向出版社发行部调换）

本书得到"现代农业产业技术体系建设专项资金"资助,特此感谢!

前　言

党的十九大报告中提出实施乡村振兴战略，并将实施乡村振兴战略作为 2018 年中央 1 号文件的主要内容。肉鸡产业作为畜牧业的重要部门，在调结构、转方式、保安全、促民生等方面积极探索，经过改革开放以来四十年的持续发展，取得一系列成就，已成为乡村振兴中产业兴旺的战略抓手。

受 H7N9 疫情影响，2013—2014 年我国肉鸡产销量大幅下降，肉鸡产业遭受到沉重打击。2015—2016 年，随着 H7N9 疫情逐渐消退，我国肉鸡产业逐步回归正轨，肉鸡生产和消费止跌回升。但在产业恢复仍然没有完全到位之时，2017 年年初 H7N9 疫情再次出现，又一次复制了 2013—2014 年肉鸡产业的损失和萧条。H7N9 疫情的不可预测性和不可回避性为肉鸡产业的稳定持续发展带来极大隐患。2017 年下半年，虽然肉鸡产能控制取得实效，但消费市场景气度不高，产业走出低迷期尚需时日。在国民经济增速换档以及环保压力持续增大的大背景下，未来几年我国肉鸡产业发展仍面临来自消费和生产的双重压力。以质量兴农、品牌强农、绿色发展为导向，大力深入推进肉鸡产业供给侧结构性改革的任务必要且紧迫。

《中国肉鸡产业经济 2017》是国家肉鸡产业技术体系产业经济岗位课题组在 2016 年和 2017 年围绕我国肉鸡产业发展的一些重大热点问题和基础性专题进行研究的阶段性成果。内容涉及我国畜牧业发展宏观环境，以及我国肉鸡产业发展态势、国际形势、疫病防控的经济学分析等多个方面。部分研究成果已经在相关期刊、报纸上发表。研究成果针对产业发展新阶段面临的新需求和新问题，在紧密结合实地调研的基础上深入思考，探究原因，判断形势，并提出相应的对策建议，一方面为客观呈现我国肉鸡产业发展状况提供一个平台，另一方面为我国肉鸡产业政策的制定及肉鸡产业科学发展提供决策支撑。此外，自"十二五"以来，国家肉鸡产业技术体系产业经济岗位每年在京举办两次分析研讨会，即每年年中举办一次"中国肉鸡产业经济分析研讨会"，侧重于肉鸡产业经济学术方面的研讨；每年年末举办一次"中国肉鸡产业形势分析研讨会"，侧重于对当年肉鸡产业发展形势方面的研讨。研讨会的召开，在交流肉鸡产业经济学术研究成果、实地调研情况，在探讨我国肉鸡产业发展形势、问题及对策等方面均取得了有益的成果。本书包括了 2016—2017 年间国家肉鸡产业技术体系产业经济岗位召集举办的四次肉鸡产业经济相关研讨会的会议综述，会议综述较为全面地记录了会议研讨成果，也较为翔实地记载了 2016—2017 年我国肉鸡产业发展历程和重大事件的来龙去脉，在此与大家分享，也希望更多的对中国肉鸡产业经济研究感兴趣的专家学者和企业家们参加我们后续的研讨会。

《中国肉鸡产业经济 2017》的相关研究工作得到了国家肉鸡产业技术体系首席科学家、各岗位科学家以及各综合试验站给予的大力支持和帮助，在此深表感谢！由于本书汇集的是国家肉鸡产业技术体系产业经济岗位团队成员在不同阶段针对不同主题的研究报告，涉及对历史资料和产业现状的描述方面难免会存在重复，但为了保持各研究报告的完整性，本书在统稿过程中没有将这部分重复内容删除。由于目前国家统计局尚未发布关于我国肉鸡生产等方面的权威统计数据，部分研究报告根据研究的需要分别采用了联合国粮农组织（FAO）和美国农业部（USDA）等机构发布的相关统计数据，不同渠道的数据因统计方法和统计口径不同也会存在差异。当然，由于各研究报告分析的角度和研究的重点不完全相同，得到的结论和提出的对策建议也各有侧重。随着我国肉鸡产业的不断发展，国家肉鸡产业技术体系产业经济岗位课题组对肉鸡产业经济的研究还将进一步深入，我们恳请读者对本书提出宝贵的批评和修改意见。

王济民

2018 年 3 月

目　　录

前言

◆ **产业形势**

2017 年中国肉鸡产业形势分析与对策建议 ……… 辛翔飞　王燕明　王济民（3）

2018 年中国肉鸡产业形势分析与对策建议 ……… 辛翔飞　王燕明　王济民（15）

2016 年中国肉鸡产业发展监测报告 ………………………………………

……………… 郑麦青　李鸿志　高海军　腰文颖　文杰　宫桂芬（29）

2017 年中国肉鸡产业发展监测报告 ………………………………………

……………………… 郑麦青　高海军　腰文颖　文杰　宫桂芬（38）

◆ **国际形势**

2016 年国际肉鸡产业经济发展报告 ……………… 王燕明　王济民（47）

2017 年国际肉鸡产业经济发展报告 ……………… 王燕明　王济民（58）

美国、澳大利亚家禽食品安全管理体系的发展及启示 ……… 钟苑　王济民（70）

◆ **疫病防控**

养殖户的动物防疫支出及其影响因素分析 ……………… 黄泽颖　王济民（79）

契约农业、地区差异与养殖信心恢复

　　——以 H7N9 流感事件为例 ……………………… 黄泽颖　王济民（98）

◆ **肉类供需预测**

中国肉类供需长期预测综述 ……………………… 孙振　王济民（123）

中国肉类供需分析 ……………………………… 孙振　王济民（158）

中国肉类供需的局部均衡模型构建及供需预测 …………… 孙振　王济民（188）

◆ 绿色发展及其他

基于饲料需求的中国饲料谷物需求预测分析 ……………… 冉娟　王济民（227）

◆ 会议综述

2016 年中国肉鸡产业经济分析研讨会综述 ………………………………
　　…………………… 辛翔飞　吕新业　鄂昱州　张怡　王济民（243）
2016 年中国肉鸡产业形势分析研讨会综述 ………………………………
　　………………… 辛翔飞　周慧　王晨　钟苑　王济民（287）
2017 年中国肉鸡产业经济分析研讨会综述 ………………………………
　　………………… 辛翔飞　王祖力　欧阳儒彬　王济民（313）
2017 年中国肉鸡产业形势分析研讨会综述 ………………………………
　　………………… 辛翔飞　胡向东　刘春　郭荣达　王济民（335）

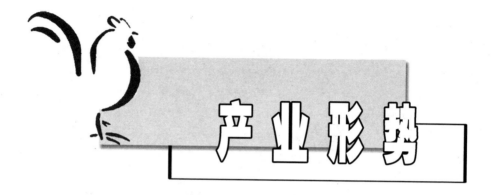

产 业 形 势

2017 年中国肉鸡产业形势
分析与对策建议

辛翔飞[1]　王燕明[1]　王济民[12]

（1. 中国农业科学院农业经济与发展研究所；2. 中国农业科学院办公室）

2016 年，中国肉鸡生产呈现小幅增长，但消费市场景气度不高，产业恢复仍然没有完全到位，产业有序发展的良性机制尚在建立中。2017 年，国民经济下行对肉鸡产业恢复仍然形成一定阻力，产业发展仍面临来自消费和生产的双重压力，深入推进肉鸡产业供给侧结构性改革的任务十分艰巨。本文总结了 2016 年中国肉鸡产业的发展特点，剖析了产业存在的问题，并就产业未来的发展趋势做出判断，提出促进中国肉鸡产业发展的政策建议。

一、2016 年肉鸡产业特点和问题

（一）产业特点

1. 祖代种鸡规模处于低位，供种能力保持稳定

国外禽流感暴发使中国白羽肉鸡引种严重受阻。2014 年以前，美国和法国是中国最主要的两大白羽祖代肉种鸡引种国。自 2014 年 11 月开始美国高致病性禽流感疫情爆发，2015 年 11 月开始法国禽流感高致病性禽流感疫情爆发，中国相继在 2015 年和 2016 年对美国和法国的禽类及相关产品进口采取封关措施。根据中国畜牧业协会监测数据，中国白羽祖代肉种鸡引种数量继 2015 年大幅下降后，2016 年继续下滑，全年累计引种 63.86 万套。年度引种数量在 2015 年达到高峰值之后，连续 3 年下降，2016 年为 2010 年以来的最低值。2016 年引种国家主要为新西兰、波兰和西班牙，引进品种主要为 AA＋、罗斯 308、哈伯德和科宝。2016 年 11 月山东益生种畜禽股份有限公司引进哈伯德曾祖代 1.70 万只（四系双性别），这是中国首批引进曾祖代白羽种鸡。曾祖代白羽种鸡的引进使得国内白羽肉鸡种源供应受国际禽流感的威胁大幅降低，改变了国家间因疫情疫病发生等因素所造成的贸易禁运从而造成种源

中断的局面。白羽父母代种鸡方面，虽然由于封关影响，祖代引种大幅减少，在产存栏量已经低于均衡线，但是祖代、父母代种鸡的大量换羽使得种鸡整体规模并没有出现明显下降，没有影响到国内白羽肉鸡的生产。全国父母代种鸡存栏总体呈上升趋势，根据中国畜牧业协会监测数据，12 月为全年最高点 4 496.18 万套，1—12 月全国父母代种鸡平均存栏量约为 4 447.36 万套，较 2015 年略有微幅下降，降幅 1.09%。

表 1 2010—2016 年中国白羽祖代肉种鸡引种数量

年　份	进口数量（万套）	进口金额（万美元）
2010	96.95	3 138.30
2011	118.18	4 224.92
2012	138.20	4 261.01
2013	154.16	5 070.03
2014	118.08	3 815.55
2015	72.02	2 196.32
2016	63.86	2 895.92

2016 年黄羽祖代肉种鸡存栏水平处于 2000 年以来的低位。根据中国畜牧业协会监测数据，2016 年全国黄羽祖代种鸡的平均存栏量为 117.25 万套，较 2015 年减少 10.50%。其中，快速型祖代黄羽肉种鸡月平均存栏量比上年减幅最大，超过 20%；中速型祖代黄羽肉种鸡月平均存栏量比上年减幅相对较小，约为 5%；慢速型祖代黄羽肉种鸡平均存栏量比上年减少约 7%。由于国内黄羽肉种鸡在使用上具有可以根据市场需求将祖代用做父母代、父母代雏鸡或种蛋可转商的特点，因而黄羽肉种鸡更多的是作为一个整体对下游市场行情产生影响。由于父母代种鸡的庞大数量，在体现行业生产情况时，父母代种鸡存栏情况因此就具有了更直接的依据意义。黄羽父母代肉种鸡方面，2016 年全国在产父母代种鸡平均存栏量为 3 646.66 万套，高于过去三年（2013—2015 年）的水平，较 2015 年增加 2.31%。其中，快速型父母代种鸡月平均存栏量减幅较大，接近 10%；中速型父母代种鸡月平均存栏量与上年基本持平；慢速型父母代种鸡月存栏量比上年同期增幅较大，约为 9%。当前慢速型黄羽肉种鸡存栏已趋于过剩，受此影响，2016 年以来下游活鸡价格及效益逐渐收窄且前景不容乐观。

2. 活鸡、白条鸡价格相对高位运行，消费者购买价格与生产者价格差扩大

根据农业部集贸市场监测数据，2016 年活鸡和白条鸡价格延续了 2015 年全年和 2014 年下半年相对较好的市场行情，2 月中上旬价格为全年最高点，全年总体波动不大，且波幅为近几年最小。与往年价格比较，活鸡价格 2016 年 1—7 月居 2012 年以来高位，8 月之后略低于 2014 年和 2015 年同期；白条鸡价格 2016 年 1—7 月居 2012 年以来高位，8 月之后有部分时间点略低于 2014 年或 2015 年同期。2016 年末，活鸡价格为 18.74 元/千克，白条鸡价格为 19.00 元/千克，基本与 2015 年同期持平，仅分别低 0.95％和 0.63％。虽然从 2014 年 5 月之后，一致持续到 2016 年末，活鸡、白条鸡的市场价格明显高于 2013 年和 2012 年同期价格水平，但价格的相对高位运行并不意味着消费市场回暖，而主要是由于养殖规模大幅缩减引致。

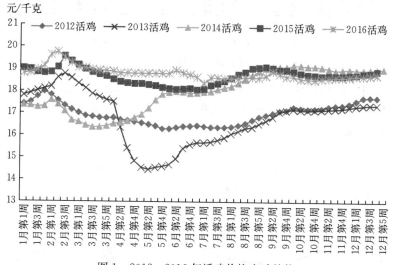

图 1　2012—2016 年活鸡价格变动趋势

数据来源：农业部市场监测数据（www.moa.gov.cn）。

2016 年白羽肉鸡和黄羽肉鸡价格波动趋势也存在差异。根据农业部对肉鸡养殖户的定点数据监测，2016 年白羽肉鸡生产者价格（成鸡出栏价格）总体上明显低于前四年（2012—2015 年）的价格水平。2016 年黄羽肉鸡生产者价格（成鸡出栏价格）波动趋势与 2015 年十分接近，但价格水平略低于 2015 年；从近五年的价格水平来看，2016 年除 2 月居历史高位运行外，其余月份均无明显优势，总体处于近五年的平均水平。出栏价格反映的是养殖户面对的销售价格，集贸市场价格反映的是消费者面对的购买价格，上面的数据也反映

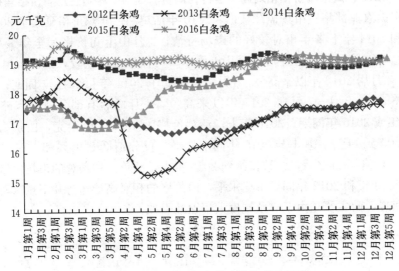

图 2　2012—2016 年白条鸡价格变动趋势

数据来源：农业部市场监测数据（www.moa.gov.cn）。

出肉鸡价格波动趋势在产业链的生产和消费两端存在差异，意味着产业链中加工和销售获利进一步加大，这一特点在 2015 年开始较为明显地显现，并一直持续到 2016 年。

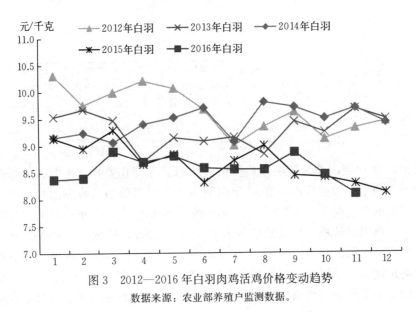

图 3　2012—2016 年白羽肉鸡活鸡价格变动趋势

数据来源：农业部养殖户监测数据。

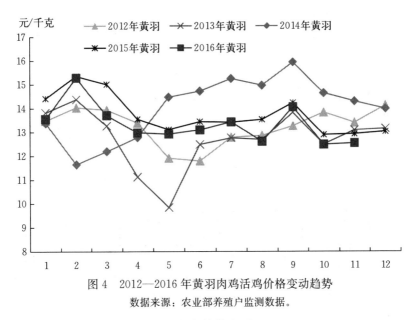

图4　2012—2016年黄羽肉鸡活鸡价格变动趋势

数据来源：农业部养殖户监测数据。

3. 玉米价格整体下降，豆粕价格整体上升

2016年玉米价格1—4月份呈现下降趋势，5月到6月末逐步回升到年初价格，7月之后又呈现下降趋势，10月下降到年度最低水平，之后基本保持相对平稳。综合近五年玉米价格变动趋势来看，当年9月之后玉米价格都呈现出一个较为明显的下降趋势，且2016年玉米价格处于近五年来历史低位，明显低于2012—2015年价格水平。由于国内玉米价格长期面临下跌压力，以及人民币汇率波动等一系列因素，2016年中国饲料粮及DDGS进口数量大幅下降，结束了2012—2015年连续三年中国饲料原料进口大幅增长的局面。2016年年初玉米价格为2.11元/千克，年末价格为1.93元/千克，年末较2015年同期下降9.39%。

2016年豆粕价格总体上呈现出在波动中上升的趋势。从近五年的价格变动趋势看，2016年1—4月延续了2015年末的低价位水平，处于2012年以来饲料价格最低位；5月以后，结束了2013年11月以后持续走低的趋势开始反弹。2016年初豆粕价格为3.08元/千克，年末价格为3.70元/千克，年末较2015年同期上升19.74%。

因肉鸡配合饲料中玉米占主要比重，肉鸡配合饲料受玉米价格影响更为明显。2016年1—4月份，肉鸡配合饲料呈现下降态势，4月中下旬到5月中上旬处于年度价格最低点，直到7月份逐渐回升到2015年末和2016年初水平，

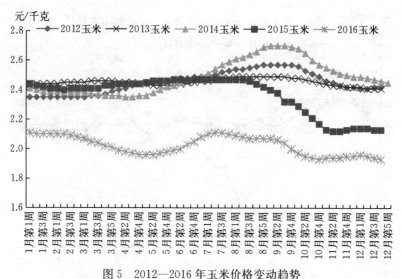

图 5 2012—2016 年玉米价格变动趋势

数据来源：农业部市场监测数据（www. moa. gov. cn）。

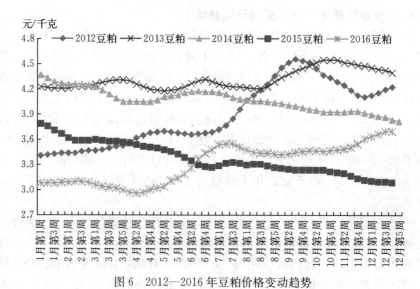

图 6 2012—2016 年豆粕价格变动趋势

数据来源：农业部市场监测数据（www. moa. gov. cn）。

后面虽有波动，但波动幅度不大，2016 年末价格为 3. 15 元/千克，与 2015 年同期基本持平。从近五年的价格变动趋势看，2016 年肉鸡配合饲料价格总体处于低位运行。

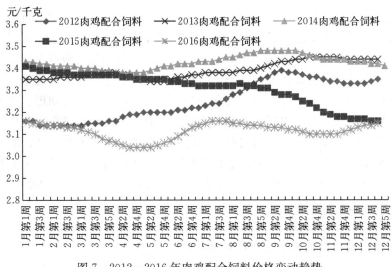

图 7   2012—2016 年肉鸡配合饲料价格变动趋势

数据来源：农业部市场监测数据（www.moa.gov.cn）。

4. 养殖利润白羽肉鸡增黄羽肉鸡平，肉鸡出栏数量较上年略增

受 2012 年底"速成鸡"，以及 2013 年和 2014 年人感染 H7N9 流感疫情等事件的影响，个体养殖户持续大量退出，肉鸡生产主要来源于企业自养和合同户养殖。根据农业部对 60 个生产大县（市、区）的 300 个行政村 1460 户肉鸡养殖户月度定点监测数据分析，2016 年监测肉鸡累计出栏数较 2015 年增长 3.35%，其中，白羽肉鸡出栏数同比增长 2.70%，黄羽肉鸡出栏数同比增长 4.08%。

2016 年平均每只肉鸡养殖成本较 2015 年下降 0.89%，平均单位体重养殖成本较 2015 年下降 4.29%。其中，白羽肉鸡养殖成本中雏鸡成本费用增长显著，增长幅度较 2015 年超过 50%，但由于饲料费用、防疫治疗费用、水电费用等其他成本都有所下降，养殖成本未升反降，平均每只肉鸡养殖成本下降 1.21%，平均单位体重养殖成本下降 4.32%；黄羽肉鸡平均每只鸡养殖成本下降 0.04%，平均单位体重养殖成本下降 2.98%。2016 年白羽肉鸡养殖利润有较大幅度的提升，全年平均每只鸡盈利 1.24 元，较 2015 年上升 73.05%；黄羽肉鸡基本维持在上一年度水平，全年平均每只鸡盈利 2.49 元，较 2015 年下降 1.10%。

（二）目前困扰肉鸡产业的主要问题

1. 肉鸡产业的地位和贡献没有得到足够重视

经过改革开放 30 多年的持续发展，中国已成为仅次于美国的第二大肉鸡生产国，鸡肉在中国也已经成为仅次于猪肉的第二大畜禽生产和消费品，肉鸡产业已成为中国农业和农村经济中的支柱产业，在解决农村劳动力就业、增加农民收入、保障重要农产品供给、提高人民营养水平和生活水平等方面，发挥了巨大的作用。尤其是，肉鸡相对于生猪、肉牛、肉羊等其他畜产品而言在饲料报酬率方面具有明显优势，肉鸡生产和消费在肉类生产和消费比重的提升有助于粮食节约，有助于保障国家粮食安全；同时，由于养殖周期短、销售价格低等优势，肉鸡在缓解中国畜产品供给压力方面发挥着越来越重要的作用。多年来，虽然国家和地方政府对肉鸡产业发展的重视程度在不断提高，但仍然与肉鸡产业在畜牧业发展中的重要地位不相适应。2016 年，《全国生猪生产发展规划（2016—2020 年)》和《全国草食畜牧业发展规划（2016—2020 年)》先后发布，从国家层面为生猪、肉牛、肉羊发展做出规划指导，但肉鸡产业发展规划一直处于缺失状态。

2. 供给侧改革的紧迫感和行动力不足

现阶段，中国已经进入了中等收入国家行列，国民的消费观念、消费能力、消费需求都较之前发生了显著的变化，但肉鸡产业在产品供给端仍然存在着与需求端明显不相适应的问题，尤其是在保障产品质量安全、打造优质品牌和产品适合国人消费喜好等方面，都存在较大差距。这些问题都亟须通过供给侧结构性改革加以解决。而目前肉鸡产业领域对供给侧改革重大意义和迫切性的认识还不够到位，改革的行动力明显不足。

3. 缺乏保持肉鸡产业良性发展的有效机制

随着中国肉鸡产业从弱到强的迅速发展，产业规模盲目扩张的特点逐渐凸显，尤其是引种规模的急剧膨胀导致产业产能严重过剩，整个行业效益下滑。近两年来，中国白羽肉鸡联盟成立后充分发挥引导和协调作用，加之美国和法国发生禽流感而封关，引种量大幅减少，产能压缩逐步见到成效。但是，随着鸡苗供应，尤其是父母代鸡苗供应开始向卖方市场倾斜，鸡苗价格又出现非理性上涨的苗头。目前，肉鸡产业在引种和规模发展上，尚缺乏有效的调控机制。如果促进行业持续、有序、健康发展的良性机制不尽早建立，未来在对美国和法国的封关措施取消之后，行业无序发展的状况恐仍难以避免。

4. 环保治理成本加大企业生存压力

由于长期以来环境保护滞后，畜牧业在大规模发展的同时，给养殖场周围环境造成了不同程度的污染。对此，国家于 2014 年发布实施了《畜禽规模养殖污染防治条例》。由于废污处理成本高，且目前有机肥与无机肥相比并不具备价格优势，企业的生产成本大幅增加。此外，出于治理大气污染的需要，多地已相继出台规定，养殖取暖必须由燃煤改为燃气，而许多养殖企业所在位置不具备通气条件。除了上述两方面的直接影响外，环保治理所带来的间接成本也在大量增加。例如，广西地区 2016 年鸡苗纸箱价格就因纸箱生产企业增加环保成本提高而增长了 100%。生产成本的大幅增加压缩了养殖企业的利润空间，加大了企业的生存压力。

5. 白羽肉种鸡种源受制于人

中国没有原种白羽肉种鸡，所有白羽祖代肉种鸡均来源于国外肉鸡育种公司。2010—2014 年，中国每年在引种方面支付的费用均在 3 000 万美元以上，其中 2013 年超过 5 000 万美元。对国外种源的过度依赖，造成在 2015—2016 年国际禽流感暴发时期，国内祖代肉种鸡种源难以得到保障，这也是当前父母代肉种鸡价格非正常波动的根源。

6. 鸡肉产品消费疲软

消费水平持续增长是促进肉鸡产业可持续发展的首要动力。然而，近几年来，中国鸡肉产品的受欢迎度一直提升缓慢，这其中既有产品质量安全的因素，也有消费者对肉鸡的养殖知识、鸡肉产品的健康属性缺乏科学认识的因素，有很多消费者简单地将肉鸡视为"速生鸡""激素鸡"，将鸡肉产品视为"垃圾食品"。这些不科学、不全面的认识和舆论，与行业对肉鸡产业、鸡肉产品的科学宣传和有影响力的解惑释疑工作不够得力有直接关系。

二、2017 年肉鸡产业发展趋势分析

（一）全球肉鸡生产增长放缓，贸易量增长加速

2016 年全球肉鸡生产虽维持增长态势，但增长明显放缓，远低于近五年平均增长水平。2016 年全球肉鸡生产量增长率不足 1%，明显低于 2015 年的增长幅度 2.47%。2016 年全球肉鸡生产仍以美国、巴西、中国和欧盟产量最高，四个国家及地区肉鸡产量占全球肉鸡总产量的比重超过 60%。2016 年全球肉鸡生产低增长主要是由于 2015 年底和 2016 年初在美国和欧洲陆续发生高致病性流感疫情。由于采取的措施及时得当，加之印度、俄罗斯、泰国和巴西等国家肉鸡生产维持增长，禽流感对全球肉鸡生产影响程度不大。预计 2017年全球肉鸡生产基本维持缓慢增长的态势，增长率约为 1.0% 左右。全球主要肉类牛肉、猪肉和鸡肉生产中，鸡肉生产增长远高于牛、猪肉生产的增长；鸡肉占主要肉类生产比重持续增加，从 2006 年的 29.59% 上升到 2016 年的

34.78％，牛肉和猪肉生产所占比重在持续下降。

出口贸易方面，由于日本、中东和部分南美国家消费增长的拉动，加之由于美元加息预期落空，欧盟及新兴市场国家货币持续贬值，刺激了主要肉鸡生产国和地区的出口，促成了肉鸡出口贸易的增长。2016 年全球肉鸡出口量较 2015 年约有 5％的增长，扭转了全球肉鸡出口下降的趋势。2017 年不确定性因素对全球经济增长的影响，就业与收入对消费的改善并不乐观，性价比高的鸡肉仍将成为肉类消费中的首选，这会带动肉鸡生产和出口的增长。预计 2017 年全球肉鸡出口还会保持增长，增长率仍将达到 5％左右。进口贸易方面，由于日本经济衰退和中东动荡局势促成了这些地区肉鸡进口的增长，从而改变了肉鸡进口持续下降的趋势，2017 年全球肉鸡进口量较 2016 年增长约 3％。由于叙利亚等中东地区政治局势不稳定，造成大批涌向全球各地的难民，带来了全球肉鸡消费增加和进口量的增长，肉鸡进口贸易增加的趋势还会持续至 2017 年，预计 2017 年肉鸡进口量仍将有约 4％的增长。

（二）中国肉鸡生产将呈现微幅增长，净进口增长

2013—2014 年两年畜禽产品消费持续低迷，2015 年畜禽消费市场开始逐步回归正常的增长轨道，尤其到 2015 年 8 月以后，畜禽产品消费呈现经历了两年低迷状态之后的迅速反弹期，虽然 2015 年末到 2016 年 2 月有所回调，但消费市场仍呈回暖趋势。2016 年 3 月之后，消费又进入低迷期。根据农业部对全国 50 家重点批发市场监测数据，2016 年畜禽产品交易量较 2015 年下降 24.71％。消费端市场不景气以及生产端面临环保压力持续增大等因素，对肉鸡产业的繁荣发展形成一定阻力。总体来看，2017 年中国肉鸡产量可能较 2016 年微幅增长。

出口方面，受人民币贬值等因素影响，肉鸡出口下降速度放缓，2016 年中国肉鸡出口数量基本与 2015 年持平。由于全球经济不景气，贸易保护主义抬头，增加了肉鸡出口贸易的难度，中国肉鸡出口下降的趋势还将持续，预计 2017 年肉鸡出口将有超过 10％的下降。进口方面，2016 年中国肉鸡进口数量有较大幅度的增长，2017 年预期新兴经济体国家货币贬值仍然是大概率事件，加之大宗商品价格疲软，饲养成本降低，更增加了其竞争优势。总体来讲，国外肉鸡产品与国内肉鸡产品的高额价差，有助于肉鸡产品进口的增加，预计 2017 年肉鸡进口还会有大幅度增长，增长幅度可能会超过 30％。

三、2017 年肉鸡产业发展建议

（一）进一步提高国家对肉鸡产业发展的重视程度

应从国计民生的战略高度重视肉鸡产业发展。在国家层面，应对肉鸡产业目前在国民经济中的地位和作用有足够的认识，对肉鸡产业在未来保持持续发展的重大意义有足够的认识，对国家在肉鸡产业发展中应发挥的作用有足够的认识，对肉鸡产业与生猪产业、草食畜牧业一视同仁，共同作为促进就业、增加劳动者收入、提高国民营养健康水平和生活幸福水平的重大举措来抓。相关部门应尽快做好全国肉鸡产业发展规划，加强对肉鸡产业发展的顶层设计，完善产业发展的政策体系。

（二）大力推进肉鸡产业供给侧改革

深化对供给侧改革必要性和紧迫性的认识，坚持依靠供给侧改革推动肉鸡产业健康发展的方针，把提高产品质量安全水平作为供给侧改革的攻坚环节来抓。各级政府要切实履行好法定责任，加强对肉鸡产业质量安全的监督管理，加大执法力度，切实做到用法律保障肉鸡产业的食品质量安全。肉鸡企业要加强行业自律，构建低抗、无抗肉鸡饲养模式，保障肉鸡产品质量，创造消费者可以放心消费的消费环境。同时要把品牌建设作为供给侧改革的重要着力点，努力创建一批质量信得过、消费者欢迎度高的优质品牌。国家应对龙头企业的品牌创建工作给予相应政策支持；行业协会可在企业自愿的基础上，协调组成品牌联盟，由多个企业共同享有同一品牌，以减轻企业创建和维系品牌的成本。

（三）加快建立肉鸡产业良性发展的有效调控机制

吸取相关行业盲目发展导致产能过剩的教训，并借鉴国家目前在这些行业实施的去产能政策及产能调控方针，建立促进肉鸡产业良性发展的有效调控机制。控制好肉种鸡引进的节奏和规模，防止再次出现引种失控导致行业产能严重过剩的现象。在政策上鼓励肉鸡企业间的兼并重组，以更好地整合优质资源，促进产业转型升级，提高企业竞争力，实现行业有序发展。

（四）加大环境治理的政策支持力度

加大肉鸡产业领域的环境治理，是国家环境保护战略的需要，也是实现肉鸡产业健康可持续发展的需要。国家和地方政府应统筹考虑肉鸡产业发展和环境保护需要，出台相关支持政策，降低肉鸡企业环保成本，减轻企业压力。特别是适度加大对养殖企业污染防治的政策支持力度；对养殖取暖由煤改气的，应由政府统一规划，提供燃气可接入的基础条件。

（五）加快白羽肉鸡育种本土化进程

实现白羽肉鸡育种的本土化，既有利于降低企业在引种方面的成本，更有利于摆脱在种鸡方面受制于人的被动状态。国家应加大支持力度，鼓励科研机构和相关企业加快白羽肉鸡育种的本土化进程，加快推进实施 2014 年制定的《全国肉鸡遗传改良计划（2014—2025）》。当前，还应积极促进国外育种公司提供曾祖代种鸡的引入，将白羽肉鸡种源进口由曾祖代取代祖代。同时，进一步做好黄羽肉鸡等本土肉鸡品种的遗传改良，形成多品种互补的肉鸡生产格局。

（六）提振消费者信心

针对消费者对肉鸡产品的担心和误解，在依法加强监督、保障产品质量安全的同时，有效开展肉鸡科普公益宣传，普及肉鸡养殖的科学知识和鸡肉产品有利于健康的饮食理念，纠正片面误解，打击恶意谣言，让消费者放心消费。

参考文献

中国畜牧业协会禽业分会.2016 年肉种鸡生产监测分析报告［R］.2016 中国肉鸡产业形势
  分析研讨会，北京，2016 年 12 月.
郑麦青.2016 年肉鸡生产监测报告［R］.2016 中国肉鸡产业形势分析研讨会，北京，2016
  年 12 月.

2018 年中国肉鸡产业形势分析与对策建议

辛翔飞[1]　王燕明[1]　王济民[1,2]

(1. 中国农业科学院农业经济与发展研究所；2. 中国农业科学院办公室)

2017 年，中国肉鸡产业产能控制取得实效，产业有序发展的良性机制建设逐步推进，但消费市场景气度不高，产业走出低迷期尚需时日。在国民经济增速换档以及环保压力持续增大的背景下，2018 年中国肉鸡产业发展仍面临来自消费和生产的双重压力，以质量强农、品牌兴农、绿色发展为导向，深入推进肉鸡产业供给侧结构性改革的任务依然紧迫和艰巨。本文总结了 2017 年中国肉鸡产业的发展特点，剖析了产业当前存在的问题，并就产业未来的发展趋势做出判断，提出促进中国肉鸡产业发展的政策建议。

一、2017 年肉鸡产业特点、问题

(一) 产业特点

1. 祖代种鸡规模稳定，父母代种鸡产能多次调减

白羽肉鸡方面，2014 年 11 月以来国际禽流感持续暴发，中国在 2015—2017 年相继对美国、法国和波兰的禽类及相关产品进口采取封关措施，引种严重受阻。2014 年以前，中国最主要的两大白羽祖代肉种鸡引种国是美国和法国；随着国际禽流感的暴发，中国国外引种规模持续下滑，引种国不断调整，2017 年主要引种国为新西兰、西班牙、加拿大。2016 年 11 月，中国首批引进曾祖代白羽种鸡，山东益生种畜禽股份有限公司引进哈伯德曾祖代 1.60 万余只（四系双性别）；2017 年 7 月，中国首批自主供种白羽祖代肉种鸡，山东益生种畜禽股份有限公司开始提供白羽祖代肉种鸡约 4 万套。伴随 2016 年引进的曾祖代种鸡的开产，受制于国外种源供应的祖代种鸡生产问题基本解决。曾祖代白羽肉种鸡的引进使得国内白羽肉鸡种源供应受国外禽流感的威胁大幅降低，改变了国家间因疫情疫病的发生等因素造成的贸易禁运所带来的种源中断风险。2017 年因祖代肉种鸡已由国内自主供种，祖代肉种鸡更新总量

远超上年同期，全年更新总量达到 68.71 万套，相比 2016 年增加 7.6%。祖代白羽肉种鸡平均存栏量为 119.6 万套，相比 2016 年上升 7.3%。其中，在产存栏 79.4 万套，后备存栏 40.2 万套。父母代种鸡供应稳定，平均规模为 4 148.3 万套，其中在产 2 929.0 万套，相比 2016 年下降 5.9%；但由于 2017 年市场需求疲软，父母代肉种鸡在 4 月和 10 月进行了两次产能调整，在产存栏量从年初的 3 500 万套降至年末的 2 184.7 万套。

表1　2010—2017 年中国白羽祖代肉种鸡国外引种数量

年　份	进口数量（万套）	进口金额（万美元）
2010	96.95	3 138.30
2011	118.18	4 224.92
2012	138.20	4 261.01
2013	154.16	5 070.03
2014	118.08	3 815.55
2015	72.02	2 196.32
2016	63.86	2 895.92
2017	48.33	1 865.32

　　黄羽肉鸡方面，受 2016 年行业产能快速扩张，以及 2017 年初 H7N9 疫情导致消费大幅下滑两方面因素的影响，2017 年上半年连续 6 个月持续亏损和产品滞销，龙头企业被迫再启减产行动。2017 年黄羽祖代肉种鸡存栏水平从年初高峰逐渐回落。根据中国畜牧业协会监测数据，2017 年全国在产祖代种鸡平均存栏量为 121.0 万套，相比 2016 年减少 6.0%；在产父母代种鸡平均存栏量约为 3 491.5 万套，相比 2016 年减少 5.0%，且呈全年逐步减少趋势。2017 年各类型比重变化明显，快速型占比继续下降至 25.3%，中速型有所回升为 30.7%，慢速型有所增加，约占 44.0%，但慢速型年底呈现增长趋势，而快速型占比依旧保持下降趋势。总体来看，白羽和黄羽祖代、父母代种鸡在产存栏均保持在均衡线以上，种源供应有保障。

2. 肉鸡价格先降后升，黄羽白羽波动存差异

　　受年初 H7N9 流感疫情影响，2017 年活鸡和白条鸡价格没有延续 2016 年整体高位运行的较好态势，上半年市场行情直线下跌；下半年随着 H7N9 流感疫情影响的逐渐消退，产品价格逐渐回升。根据农业部集贸市场监测数据，2017 年活鸡和白条鸡价格变动趋势保持了高度的一致性，全年价格走势呈 U

形。1月白条鸡和活鸡价格均维持在19元/千克，相对高位运行；进入2月，价格持续下降；6月初下降到最低点，白条鸡和活鸡价格分别降至16.61元/千克和15.65元/千克；之后缓慢回升，年末基本回升到年初水平。白条鸡和活鸡年度最高与最低价格差距分别达到2.47元/千克和3.45元/千克，年中较年初最大降幅分别达到12.95％和18.06％。与往年价格比较，2017年白条鸡和活鸡价格居近三年最低位；但需要注意的是，在消费受H7N9流感疫情严重影响的2017年，这一价格水平也是靠养殖户大量退出、总体养殖规模大幅缩减支撑起来的。

图1　2012—2017年集贸市场活鸡和白条鸡价格变动趋势

数据来源：农业部市场监测数据（www.moa.gov.cn）。

白羽肉鸡和黄羽肉鸡价格波动趋势存在差异。根据交易市场固定跟踪监测数据（图2），白羽肉鸡方面，2017年白羽肉鸡生产者价格（成鸡出栏价格）总体上明显低于前五年（2012—2016年）的价格水平；黄羽肉鸡方面，2017年黄羽肉鸡生产者价格（成鸡出栏价格）波动幅度非常大，年度最低价格在3月份，价格水平接近2012年以来的历史最低点，年度最高点在年末，价格水平接近于2012年以来的历史最高点。黄羽肉鸡快、中、慢价格变动趋势基本一致（图3）。出栏价格反映的是养殖户面对的销售价格，集贸市场价格反映的是消费者面对的购买价格，上面的数据也反映出肉鸡价格波动趋势在产业链的生产和消费两端存在差异，意味着产业链中加工和销售获利在进一步加大，这一特点在2015年开始较为明显地显现，并一直持续到2017年。

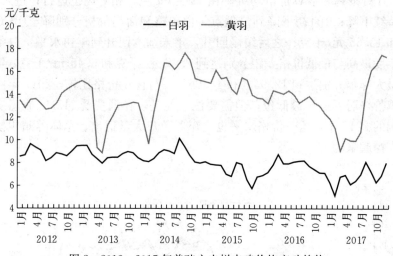

图 2　2012—2017 年养殖户出栏肉鸡价格变动趋势
数据来源：交易市场监测数据。

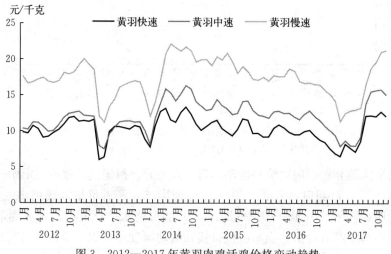

图 3　2012—2017 年黄羽肉鸡活鸡价格变动趋势
数据来源：交易市场监测数据。

3. 饲料价格低位运行，养殖成本整体下降

2017 年玉米价格整体波动不大，且整体低位运行。年初 1 月价格为 1.90 元/千克，3 月价格为年度最低点 1.83 元/千克，9 月到达最高点 1.97 元/千克，年末 12 月价格为 1.95 元/千克。综合近几年玉米价格变动趋势来看，

2016—2017 年玉米价格处于近五年来历史低位，明显低于 2012—2015 年价格水平，且 2017 年低于 2016 年。近两年玉米价格的低位运行，主要是由于 2016 年国家取消对玉米的临时收储政策，并根据"市场定价、价补分离"的原则调整为"市场化收购"加"补贴"的新机制，玉米价格由市场形成，供求关系靠市场调节，玉米国内价格与国际价格接轨。由于国内玉米价格面临长期低价运行压力，以及人民币汇率波动等一系列因素，2016—2017 年中国饲料粮及 DDGS 进口数量大幅下降，结束了 2012—2015 年连续三年中国饲料原料进口大幅增长的局面。

图 4　2012—2017 年饲料价格长期变动趋势

数据来源：农业部市场监测数据（www.moa.gov.cn）。

2017 年豆粕价格总体上呈现出先降后稳趋势。1—6 月价格逐步下降，从年初 3.69 元/千克降至 6 月末达到年度最低点 3.18 元/千克，下半年基本维持在 3.30 元/千克左右。从近几年价格变动趋势看，2017 年上半年豆粕价格处于 2012 年以来价格中位运行，下半年处于 2012 年以来最低位运行。

2017 年肉鸡配合饲料价格先降后升，整体低位运行。肉鸡配合饲料中玉米占主要比重，肉鸡配合饲料价格受玉米价格影响更为明显。年初肉鸡配合饲料价格居年度最高点 3.16 元/千克，6 月下旬降至年度最低点 3.03 元/千克，后逐渐缓慢回调，年末价格 3.10 元/千克。从近几年的价格变动趋势看，2017 年肉鸡配合饲料价格总体处于历史最低位运行。

2017 年肉鸡养殖生产成本整体下降。根据农业部对 60 个生产大县（市、

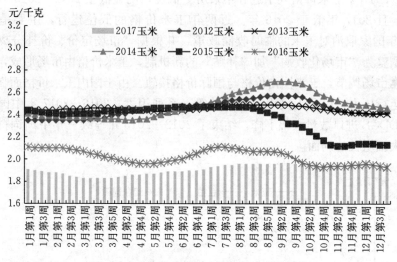

图 5　2012—2017 年玉米价格年度变动趋势

数据来源：农业部市场监测数据（www.moa.gov.cn）。

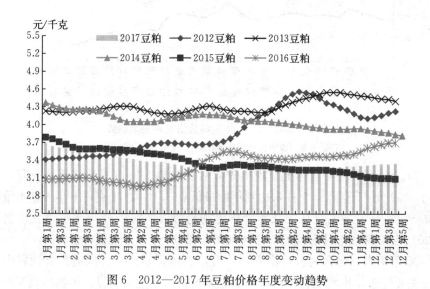

图 6　2012—2017 年豆粕价格年度变动趋势

数据来源：农业部市场监测数据（www.moa.gov.cn）。

区）的 300 个行政村 1 460 户肉鸡养殖户月度定点监测数据分析，2017 年肉鸡
生产饲料转化率相比 2016 年提升约 2.1%，其中，白鸡养殖饲料转化率为
1.74∶1，相比 2016 年的 1.79∶1 继续减少，中国白羽肉鸡养殖生产效率已经

接近国际先进水平；黄羽肉鸡整体为 3.02∶1，相比 2016 年的 2.81∶1 虽有升高，但剔除年初产品滞压和慢速型占比提升这两个因素后计算养殖饲料转化率为 2.78∶1，相比 2016 年还是略有降低。受饲料价格整体低位运行及饲料转化率提升两方面利好因素影响，2017 年肉鸡养殖成本整体下降 6.61%，其中，白羽肉鸡养殖成本平均 6.75 元/千克，相比 2016 年下降 18.11%，黄羽肉鸡养殖成本平均 11.38 元/千克，相比 2016 年增加 2.70%。

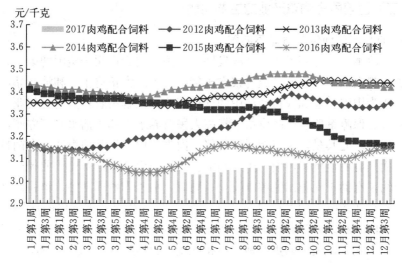

图 7　2012—2017 年肉鸡配合饲料价格年度变动趋势

数据来源：农业部市场监测数据（www.moa.gov.cn）。

4. 养殖利润缩减，肉鸡出栏量和产量较上年下降

根据农业部对 60 个生产大县（市、区）的 300 个行政村 1 460 户肉鸡养殖户月度定点监测数据分析，2017 年白羽肉鸡养殖收益平均亏损 0.08 元/只，相比 2016 年的亏损 0.22 元/只有所改善；黄羽肉鸡养殖收益平均盈利 1.35元/只，相比 2016 年减少 3.71 元/只。

2013 年以来人感染 H7N9 流感疫情多次发生，2014 年《畜禽规模养殖污染防治条例》实施以来环保力度不断增强，2017 年又是《水污染防治行动计划》实施后各地禁养区划定及禁养区内养殖场拆迁的最后期限，也是禁养区内养殖场关闭拆迁较为集中的一年，多因素叠加，养殖户持续大量退出。根据农业部对 60 个生产大县（市、区）的 300 个行政村 1 460 户肉鸡养殖户月度定点监测数据分析，2017 年监测肉鸡累计出栏数相比 2016 年下降 7.07%，其中，白羽肉鸡出栏数下降 7.95%，黄羽肉鸡出栏数下降 6.08%。但由于出栏肉鸡体重增加，2017 年肉鸡产量下降幅度不及出栏量，下降 5.39％，其中白羽肉鸡产量下降 5.05％，黄羽肉鸡产量下降 6.00％。2017 年中国鸡肉（白羽和黄羽）产量为 1 200 万吨。此外，美国农业部预测数据表明，2017 年中国鸡肉产量较上年下降 5.69％。综合中国畜牧业协会、美国农业部和中国农业部监测数据推算估计，2017 年中国鸡肉产量相比 2016 年会略有下降，约为 5％，产量约为 1 200 万吨。

（二）目前困扰肉鸡产业的主要问题

1. 肉鸡产业地位与贡献不匹配

经过改革开放近四十年的持续发展，中国已成为仅次于美国的第二大肉鸡生产国，鸡肉在中国也已经成为仅次于猪肉的第二大畜禽生产和消费品，肉鸡产业已成为中国农业和农村经济中的支柱产业，在解决农村劳动力就业、增加农民收入、保障重要农产品供给、提高人民营养水平和生活水平等方面，发挥了巨大作用。尤其是，肉鸡相对于生猪、肉牛、肉羊等其他畜产品在饲料转化率等方面具有明显优势，肉鸡生产和消费在肉类生产和消费比重的提升有助于粮食节约，有助于保障国家粮食安全；同时，由于养殖周期短、销售价格低等优势，肉鸡在缓解中国畜产品供给压力方面发挥着越来越重要的作用。多年来，虽然国家和地方政府对肉鸡产业发展的重视程度在不断提高，但仍然与肉鸡产业在畜牧业发展中的重要地位不相匹配。进入"十三五"时期，《全国生猪生产发展规划（2016—2020 年）》和《全国草食畜牧业发展规划（2016—2020 年）》先后发布，从国家层面为生猪、肉牛、肉羊发展做出规划指导，但肉鸡产业发展规划一直处于缺失状态。

2. H7N9 流感疫情冲击产业发展

疫病疫情是养殖业最大的风险因素。2013 年和 2014 年的人感染 H7N9 流感疫情给家禽产业带来巨大损失，2015 年和 2016 年 H7N9 流感疫情逐渐消退，产业发展逐步回归正轨，但在产业恢复仍然没有完全到位之时，2017 年初 H7N9 流感疫情再次出现，又一次复制了 2013—2014 年家禽产业的损失和萧条。一方面由于 H7N9 本身的影响，一旦发生疫情开展扑杀和同时带来的消费低迷，使得全国整个肉鸡养殖行业亏损高达上千亿元，而很多企业在被动承受疫情影响的同时只能通过大量减少存栏进行减损；另一方面尽管农业部、卫计委已经将 H7N9 定名为流感病毒，但是不能阻止媒体报道仍然以"禽流感"之名进行宣传，给消费者带来恐慌，从而打击整个产业，带来的损失更是难以估计。长期来看，H7N9 流感疫情的不可预测性仍为肉鸡产业的稳定持续发展带来极大的隐患。

3. 白羽肉鸡种源依存度过高

全球主要有四个白羽肉鸡品种，四个品种是科学家经过上百年探索的科研成果，体现了现代遗传育种科技发展的先进性。目前，由于中国还没有培育出生产性能优良的白羽肉鸡品种，中国白羽品种全部依靠进口。在短期内，依靠进口种源可以降低中国自身的育种成本，为引种企业带来巨大的利润，但从长期来看，一旦肉种鸡主要供给国发生禽流感，中国白羽肉鸡种鸡引种就会受到限制，从而制约白羽肉鸡的发展。种源是畜牧业价值链的高端，种源依靠进口会加剧商品代的价格波动。无论从产业稳定发展，还是从国家长远战略考量，都需要大力推动白羽肉鸡育种工作。

4. 环保治理压力大

作为国家第一部专门针对畜禽养殖污染防治的法规性文件《畜禽规模养殖污染防治条例》于2014年发布实施，随后《环保法》《水污染防治行动计划》于2015年相继发布实施，环保和农业部门明显加强了对畜牧业生产所带来的环境承载压力增大、畜禽养殖污染问题的治理和管控力度。在资源化实际利用过程中，由于畜禽粪便等废弃物资源密度低，收集、处理、利用等环节增值空间小；制造、购买、使用畜禽粪便制造的有机肥优惠政策不足，生产和使用者盈利空间小，甚至可能亏钱，生产者和使用者效益通常明显低于长期享受更多政策优惠和扶持的化肥。上述因素直接导致畜禽粪便等优质的肥料资源无法得到充分利用，畜禽养殖成本明显抬升，养殖场户利润空间大幅缩减。此外，由于相关条例明确了禁养区划分标准，并明确要求2017年底前依法关闭或搬迁禁养区内的畜禽养殖场（小区）和养殖专业户，因此，近几年，尤其是2017年，有相当一部分养殖场户必须关闭。

5. 肉鸡产品消费市场不景气

现阶段，中国已经进入了中等收入国家行列，国民的消费观念、消费能力、消费需求都较以前发生了显著的变化，但肉鸡产业在产品供给端仍然存在着与需求端明显不相适应的问题，尤其是在保障产品质量安全、打造优质品牌和产品适合国人消费喜好等方面，都存在较大差距。这些问题直接影响了肉鸡产品消费市场的景气度。2013—2014年两年畜禽产品消费持续低迷，2015年畜禽产品消费市场开始逐步回归正常增长轨道，但2016—2017年消费再次进入低迷期。根据农业部对全国50家重点批发市场监测数据，2016年畜禽产品交易量较2015年下降24.50％，2017年又较2016年进一步下降11.97％。消费市场不景气对肉鸡产业的繁荣发展形成较大阻力。

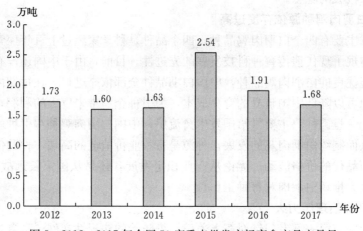

图 8　2012—2017 年全国 50 家重点批发市场畜禽产品交易量

数据来源：农业部市场监测数据（www.moa.gov.cn）。

二、2018 年肉鸡产业发展趋势分析

（一）全球肉鸡生产增长放缓，贸易量增长加速

2017 年全球肉鸡生产呈现增长态势，扭转了 2016 年肉鸡生产下滑的局面。2017 年全球肉鸡生产仍以美国、巴西、中国和欧盟产量最高，四个国家及地区肉鸡产量占全球肉鸡总产量超过 60%。中国肉鸡产量出现大约 5% 的减少，但其他三大主产地美国、巴西和欧盟分别实现了 1.83%、2.63% 和 1.45% 的增长率，且印度、俄罗斯、泰国和墨西哥等新兴经济体国家肉鸡生产仍维持增长，因此整体产量实现微量增加，2017 年全球肉鸡生产总量达到 9 017.5 万吨，增长率达到 1.21%；但全球肉鸡生产增长率明显放缓，远低于 2010—2015 年平均增长水平 2.60%。

出口贸易方面，2017 年全球肉鸡出口量将达到 1 107.9 万吨，比上年同期增长 3.69%，出口增长明显放缓。2017 年巴西仍是传统肉鸡生产大国中出口增长最高的国家，肉鸡出口增长了 2.85%。其次为美国，肉鸡出口增长达到 2.55%。从出口量分析，巴西、美国和欧盟仍然是肉鸡出口的主力军，三者合计出口占全球肉鸡出口贸易的 75.29%，这一比例与上年同期略有下降。2017 年巴西和美国鸡肉产品的出口增速明显放缓，欧盟 2017 年肉鸡出口表现为负增长（-2.04%）。乌克兰、土耳其、阿根廷和泰国为代表的新兴经济体国家

出口增长显著（上述四国肉鸡出口增长率分别达到 27.12％、21.62％、17.09％和11.59％），维持了 2017 年全球肉鸡出口量的整体增长，但由于受到全球禽流感频发的影响，出口增长明显放缓。2018 年贸易保护主义抬头，对全球肉鸡出口的负面影响不容小觑，但禽流感防控会更加及时和有效。预计 2018 年全球肉鸡出口还会保持增长，可能达到 1144.4 万吨，增长率达到 3.29％。

进口贸易方面，2017 年全球肉鸡进口量会达到 905 万吨，比上年同期增长了 1.24％。与同期全球肉鸡出口增长放缓相对应，肉鸡进口增长与出口保持同步，进口增长明显放缓。2017 年肉鸡进口增长最快的国家和地区为古巴、阿拉伯联合酋长国和中国香港，增长率分别为 28.76％、14.86％和 13.37％。且中国肉鸡进口增长较快，增长率达到了 4.65％。进口肉鸡最多的国家仍为日本、墨西哥和沙特阿拉伯，分别为 99.5 万吨、75.0 万吨和 78.0 万吨。亚洲仍然是肉鸡进口最多的地区，约占全球肉鸡贸易量的 39.39％。预计 2018 年肉鸡进口量可能会达到 927.4 万吨，增长率为 2.48％，显著低于 2016 年 4.04％的增长幅度。

（二）中国肉鸡生产将呈现微幅增长，净进口增长

从近几年中国肉鸡生产与消费增减情形看，中国肉鸡生产与消费从 2013 年开始下降以来，除在 2015 年生产与消费有一个短暂的回升外，一直处于下降通道，但下降速度在明显放缓。2018 年经济虽然还存在着不确定的因素，但结构性调整的成效会进一步彰显，这对居民消费有一定的提振作用，将会成为扭转肉鸡生产下降的助力。预计 2018 年中国肉鸡生产还会持续减少，但下降幅度将会有所收敛，产量可能会下降到 1 100 万吨，预计比上年下降 5.17％。

出口贸易方面，2017 年中国肉鸡出口 40 万吨，比 2016 年增长 3.63％。肉鸡出口增加与强势美元、大宗商品价格下降利好有关。随着贸易保护主义抬头，全球经济复苏步伐加快，肉鸡出口贸易的竞争会更加激烈，中国肉鸡出口增长的趋势很难持续。预计 2018 年肉鸡出口将可能达到 38.5 万吨，下降 3.75％。

进口贸易方面，2017 年中国肉鸡进口 45 万吨，比上年同期增加 4.65％。随着人们对健康的追求，白肉蛋白质需求还会持续增长，肉鸡进口增长的局面还将持续下去。2018 年预期能源价格持续疲软，新兴经济体国家劳动力和饲料成本仍具优势，肉鸡出口相对竞争优势突出。同时，中国由于肉鸡生产受到禽流感的影响和活禽消费习惯面临重大改变，加之中国进口肉鸡产品的特殊性

或差异，因此，中国肉鸡的进口将会大幅度增加。预计 2018 年肉鸡进口可能会达到 48 万吨，增长 6.67%。

三、2018 年肉鸡产业发展建议

（一）提高肉鸡产业地位

相对于生猪、肉牛和肉羊而言，肉鸡饲料转化率更高，养殖环节更加低碳，是畜牧业中的"高效率、低污染"产业。肉鸡产业持续上升是一个世界性的发展趋势，在农业供给侧结构性改革背景下，大力发展肉鸡产业，既符合世界畜牧业发展规律，也符合中国国情，是提升畜牧生产效率的有效途径。建议国家从国计民生的战略高度重视肉鸡产业发展，对肉鸡产业与生猪产业、草食畜牧业一视同仁，加强对肉鸡产业发展的顶层设计，完善产业发展政策支撑体系，加大政策支持力度。

（二）完善重大流行疫病监测防控管理机制

动物疫病是造成养殖业高风险的重要因素，完善重大流行疫病监测防控管理的长效机制是应对疫病冲击的有效举措。一是对 H7N9 疫病进行仔细清查，准确把握疫病基本情况、流行规律，对疫病疫情信息报告制度和防控时间进行总结、反思和完善，建立 H7N9 疫病预防与防控的长效机制，依法、科学、规范防控，杜绝简单化甚至随意性地滥用行政权力禁销肉鸡产品。二是对 H5N1 强制免疫退出可行性和退出机制进行研究。中国家禽业从 2004 年开始遭受到 H5N1 高致病性禽流感重大打击，从 2005 年底开始对境内所有鸡、鸭、鹅等主要家禽实行全面强制免疫措施，虽然取得了明显防控效果，但也付出了巨额成本，国家财政长期背负沉重负担。同时，强制免疫力度的不断加大，也加速了 H5 亚型病毒不断变异，进而导致 H5 亚型禽流感疫情复杂性增强加大了防控难度。基于此，有必要启动对于 H5N1 采取"全面强制免疫＋扑杀"与"不强制免疫＋扑杀"措施的政策效果评估，从经济成本和防控效果两方面对 H5N1 疫苗强制免疫退出可行性进行研判。

（三）启动肉鸡遗传育种重点研发计划

种业作为肉鸡产业发展的物质基础，事关产业发展战略安全的保障和产业可持续发展的实现。中国肉鸡产业发展模式正在从数量增长型向质量效益型转变，目前正是加快中国白羽肉鸡育种本土化进程和黄羽肉鸡遗传改良进程的战略机遇期。面对当前中国白羽肉种鸡种源受制于人的现状，实现白羽肉鸡育种的本土化，有利于降低企业引种成本，有利于摆脱种鸡受制于人的困境；面对当前活鸡交易受限，冰鲜鸡销售将成为未来主流的趋势，对现有黄羽肉鸡育种方向重新进行分析论证，进一步做好黄羽肉鸡等本土肉鸡品种的遗传改良，有利于推进肉鸡产业的供给侧改革。国家应启动白羽肉鸡遗传育种重点研发计划，加快推进实施 2014 年制定的《全国肉鸡遗传改良计划（2014—2025）》，鼓励科研机构和相关企业充分利用国内丰富的遗传资源，立足本土消费市场，走差异化战略，助推适合中国消费特色的肉鸡品种的育种工作，形成多品种互补的肉鸡生产格局。

（四）推进养殖废弃物资源化利用

坚持产业绿色发展导向，推进养殖废弃物资源化利用，是国家环境保护战略的需要，也是实现肉鸡产业健康可持续发展的需要。要正确处理好生产、生态两者之间的关系，坚持"疏堵结合、以疏为主"，绝不搞一刀切。既不能无视养殖污染而单纯追求生产发展，也不能罔顾历史发展阶段和基本条件，因噎废食，不切实际地禁养限养，忘记畜牧业发展的"初心"。用好环境保护对畜牧业发展的倒逼作用，加快推动中国畜禽养殖业发展转型升级和提质增效，努力实现保供给和保生态的协调平衡，推动中国畜牧业走上产出高效、产品安全、资源节约、环境友好的可持续发展道路。整合现有资金，综合运用价格、财税和金融等政策，对肥、气、电等资源化产品进行价格支持和使用补贴，降低肉鸡企业环保成本，减轻企业压力，提升资源化利用企业和产品的市场竞争力。

（五）注重产品质量提升及品牌建设

保障产品质量是实现肉鸡产业可持续发展的必然要求，打造产品品牌是实现肉鸡产业不断壮大的重要举措。一是启动肉鸡产业药残监控计划，在完善肉鸡产品和饲料产品质量安全卫生标准的基础上，建立饲料、饲料添加剂及兽药等投入品和肉鸡产品质量监测及监管体系，构建低抗，甚至无抗肉鸡饲养模式，严格保障肉鸡产品质量。二是高度重视动物福利问题，将提高动物福利纳入肉鸡产品质量提升行动日程。三是把品牌建设作为振兴肉鸡产业的重要着力点，努力创建一批质量信得过、消费者欢迎度高的优质品牌，国家应对龙头企业的品牌创建工作给予相应政策支持，行业协会可在企业自愿的基础上，协调组成品牌联盟，由多个企业共同享有同一品牌，以减轻企业创建和维系品牌的成本。

（六）强化肉鸡生产和消费科普宣传

消费水平持续增长是实现肉鸡产业持续增长的首要动力。强化肉鸡生产和消费科普宣传是促进消费的重要途径。推广鸡肉产品有利健康的饮食理念，尤其是加大推广鸡肉"一高三低"营养特点、营养价值的宣传；普及肉鸡养殖的科学知识，尤其是加大普及消费者对于肉鸡良好的生长特性来源于遗传性能的改进、饲料营养和饲养环境改进的认知，引导消费者用正确的态度认识和消费鸡肉产品。针对消费者对肉鸡产品的担心和误解，在有效开展肉鸡科普公益宣传的同时，依法加强监督，保障产品质量安全，打击恶意谣言，让消费者透明消费，放心消费，提振消费者信心。

参考文献

中国畜牧业协会禽业分会．2017年肉种鸡生产监测分析报告［R］.2017中国肉鸡产业形势分析研讨会，北京，2017年12月．

郑麦青．2017年肉鸡生产监测报告［R］.2017中国肉鸡产业形势分析研讨会，北京，2017年12月．

2016 年中国肉鸡产业发展监测报告

郑麦青[1] 李鸿志[2] 高海军[3] 腰文颖[3] 文杰[1] 宫桂芬[3]

(1. 中国农业科学院北京畜牧兽医研究所；2. 河北省廊坊市永清县
畜牧兽医局；3. 中国畜牧业协会禽业分会)

一、2016 年中国肉鸡业——调整中发展

（一）祖代种鸡数量缩减 10％，产能过剩的局面开始缓解

1. 白羽肉种鸡危机与机遇并存

国外连续发生禽流感疫情，国内引种受到影响，至 2016 年年底引种逐渐恢复，种源危机得以缓解，引种量为 10 年内最低。引进曾祖代种鸡，重启白羽肉鸡育种。引种减少，父母代供应量小幅降低，产能被动下降，保持在均衡线上下波动，种鸡环节盈利丰厚。

2016 年祖代鸡引种量超过年初预期，达到 63.86 万套，相比 2015 年减少 11.3％，主要集中在下半年。国内白羽肉鸡育种重新起步，并引进曾祖代种鸡 8 000 余套，可以预期未来几年内中国白羽肉鸡祖代种鸡完全依赖进口的局面将得到根本性改变。

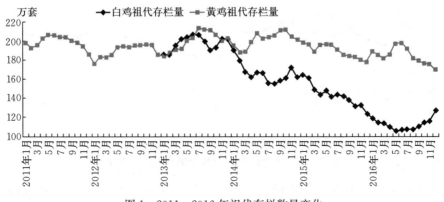

图 1　2011—2016 年祖代存栏数量变化

2016 年祖代白羽肉种鸡平均存栏量为 112.49 万套，较 2015 年下降 21.44%。其中，在产存栏 84.07 万套，后备存栏 28.17 万套。年末祖代种鸡存栏规模较最低时（5 月）增加了 21.6 万套。虽然在产存栏在年底时下降到 80 万套的均衡线以下，但后备存栏从 6 月起开始持续且快速增长，可保证在产祖代存栏在 2017 年初恢复到均衡线以上，父母代种鸡供应偏紧的局面可以得到彻底缓解。

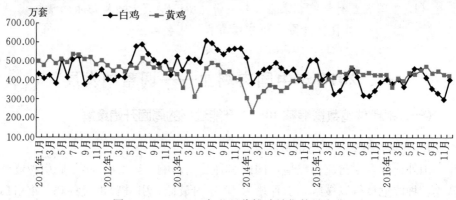

图 2　2011—2016 年父母代雏鸡销售数量变化

2016 年父母代种鸡月均规模约为 4 430.76 万套，其中在产 3 101.53 万套，较 2015 年下降 3.2%，但基本上保持在均衡线附近；仅第一季度低于均衡线，至年底时已经超过，商品雏鸡的供应可以保障。

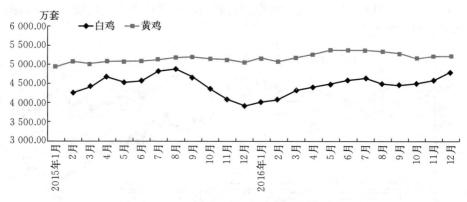

图 3　2015—2016 年父母代全国存栏数量变化

2016 年父母代雏鸡全年销售量为 4 657.85 万套，与 2015 年相比仅减少 44.5 万套，减幅不足 1%，主要是最后 2 个月以及 2017 年 1 月份的供应量较少；但通过延迟淘汰和强制换羽等调整手段，不会对 2017 年的商品雏鸡国内供应造成显著影响。父母代雏鸡价格后 10 个月一直保持在成本价以上，全年均价 45.31 元/套，最高价格达到 76.91 元/套；祖代场盈利颇丰，平均每套祖代种鸡获利 1 200 元以上。

据推算，2016 年全国商品代白羽肉雏鸡的销售量约 46.14 亿只，较 2015 年的 44.68 亿只增加约 2.3%。商品代白羽肉雏鸡的平均销售价格为 3.06 元/只（生产成本 2.42 元/只），比 2015 年上涨 1.68 元/只，有 10 个月保持在成本价以上；父母代场获利较好，平均每套父母代种鸡获利 70 元以上。

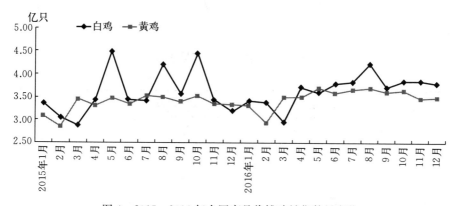

图 4　2015—2016 年全国商品代雏鸡销售数量变化

2. 黄羽肉种鸡压力与危机同现

产能快速扩张，产量增加，盈利减少，销售压力激增；禽流感疫情危机再现，产品滞销，价量齐减。全年祖代减少，父母代增加，商品雏苗供应增加 8.3%，种鸡收益平稳略降。

2016 年在产祖代种鸡平均存栏量约为 134.8 万套，比 2015 年减少 1.7%；高峰出现在 6 月份，之后持续减少，年底比年初下降了 10%。

2016 年在产父母代种鸡平均存栏量约为 3 778.3 万套，比 2015 年增长 6.1%；高峰同样出现在 6 月，之后同样开始逐渐减少，年底和年初存量略少。2016 年各类型比重变化明显，快速型占比回升至 33.5%，中速型继续下降至 26.5%，慢速型也有所减少，约占 40%，但慢速型年底呈现增长趋势，而中、快速型占比下降趋势明显。

2016 年父母代雏鸡全国销售量增加 4.9%，全年销售总量为 4 658.5 万套。父母代雏鸡价格平均为 6.50 元/套，较 2015 年下降 1.5%，全年价格波动不大，基本保持稳定。

2016 年商品雏鸡全国销售总量估计为 43.43 亿只，比 2015 年的 40.11 亿只增加 3.32 亿只，增幅达到 8.3%。全年平均销售价格为 2.28 元/只，较 2015 年下降 0.03 元/只，降幅约 1.1%。

（二）肉鸡出栏量增加 4.6%，肉产量增长 7.4%

2016 年出栏肉鸡 83.9 亿只，较 2015 年增长 4.6%；肉产量 1 275 万吨，较 2015 年增长 7.4%。

白羽肉鸡出栏 44.0 亿只，较 2015 年增长 2.6%；肉产量 785 万吨，增加 5.8%；黄羽肉鸡出栏 39.9 亿只，增长 6.8%；肉产量 490 万吨，增长 10.1%。

表 1　肉鸡出栏和肉产量情况

单位：亿只、千克/只、万吨

年份	白羽肉鸡			黄羽肉鸡			合计	
	出栏	出栏重	产肉量	出栏	出栏重	产肉量	出栏	产肉量
2011	44.0	2.2	738.8	43.3	1.7	492.3	87.3	1 231.1
2012	46.9	2.3	818.9	43.0	1.7	471.0	89.9	1 289.9
2013	45.1	2.3	784.3	38.6	1.8	440.4	83.6	1 224.7
2014	45.6	2.4	804.9	36.5	1.8	424.1	82.1	1 229.0
2015	42.8	2.3	740.9	37.4	1.8	445.5	80.2	1 186.4
2016	44.0	2.4	784.2	39.9	1.9	490.5	83.9	1 274.8

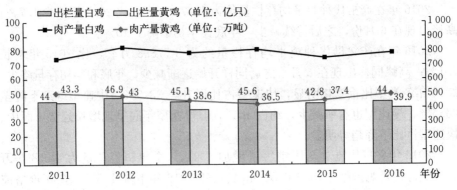

图 5　2011—2016 年全国商品肉鸡出栏数量和肉产量变化

（三）养殖收益白鸡减亏，黄鸡缩减

养殖收益白鸡减亏，近乎持平，年均每只亏损 0.07 元；黄鸡收益大幅缩减，年均每只获益 1.87 元。2016 年肉鸡需求端逐渐复苏，但是产量亦随之增加；白羽肉鸡全年出现 7 个盈利月，但是下半年受 H7N9 的影响，消费量大幅缩减，后 4 个月出现较大幅度亏损。全年平均养殖收益为－0.07 元/只，相比 2015 年减少亏损 1.9 元/只；黄羽肉鸡下半年产量增幅较大，平均增加 11%，造成活鸡价格迅速下滑，后期更受市场关闭，销售受阻的影响，养殖收益快速减少，12 月甚至出现亏损，全年平均获利 1.87 元/只，较 2015 年减少 1.37 元/只。

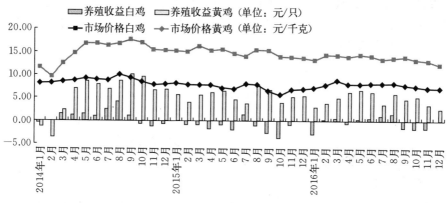

图 6 2014—2016 年全国商品肉鸡市场价格和养殖收益变化

（四）近五年淘汰 42% 中小养殖户，增加 2.8% 规模养殖场

规模化转型放缓，少数中小养殖户再度试水肉鸡养殖。近五年 42% 中小养殖户遭淘汰，年出栏 10 万只以上的规模场数量增加 2.8%，场（户）数较 2015 年增加 1.7%。截至 2016 年 12 月，养殖户比重由 2015 年的 11.06‰增加到 11.25‰。2016 年白羽肉鸡价格有所回升，约有 1.7% 的养殖户再次重拾肉鸡养殖。自 2012 年以来，场（户）数持续减少，与 2012 年初相比，已有 41.7% 的中小养殖户退出肉鸡养殖业，其中年出栏 5 万～10 万只的养殖户退出比例较高。年出栏 10 万只以上的规模场（户）数量增加，白羽肉鸡增加 1.9%，黄羽肉鸡增加 5.5%。

场（户）均养殖规模变化相反，白羽肉鸡户均养殖规模增加 8.9%，黄羽

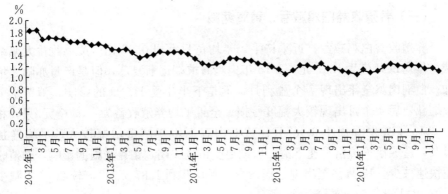

图 7 2012—2016 年全国肉鸡养殖户比重变化

肉鸡减少 8.9％。截至 2016 年 12 月，白羽肉鸡户均规模为 1.35 万只，比 2015 年 1.24 万只增加 8.9％；黄羽肉鸡户均规模为 0.86 万只，比 2015 年的 0.94 万只减少 8.9％。

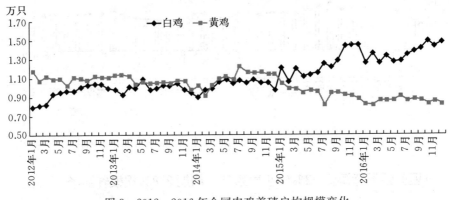

图 8 2012—2016 年全国肉鸡养殖户均规模变化

（五）生产效率提升，饲料消耗减少 2.9％

2016 年饲料转化率提高 2.9％。2016 年肉鸡养殖饲料转化率为 2.08，较 2015 年 2.15 减少饲料消耗 2.9％。自 2012 年以来，白羽肉鸡的饲料转化率提升较快，料肉比从 2012 年的 2.00 降到 1.77，提供同样肉量的情况下可减少饲料消耗约 11.5％；黄羽肉鸡变化不大，料肉比从 2012 年的 2.75 增加到 2.78，约增加了 1.1％，主要因素是慢速型黄羽肉鸡占比有所提升，分类型来看中快速型黄羽肉鸡的饲料转化率还是有所提高。

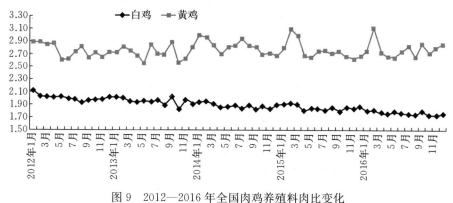

图 9　2012—2016 年全国肉鸡养殖料肉比变化

二、2017 年中国肉鸡业——跌宕中前行

（一）维持缓慢增长态势

2016 年全球肉鸡生产虽维持增长态势，但增长明显放缓，增长率不足 1％，远低于近 5 年平均增长水平。这主要是由于 2015 年年底和 2016 年年初在美国和欧洲陆续发生高致病性流感疫情所致。由于采取的措施及时得当，加之印度、俄罗斯、泰国和巴西等国家肉鸡生产维持增长，此轮流感对全球肉鸡生产影响程度不大。2016 年全球肉鸡生产仍以美国、巴西、中国和欧盟产量最高，四个国家及地区鸡肉产量占全球鸡肉总产量的比重超过 60％。预计 2017 年全球肉鸡生产基本维持缓慢增长的态势，增长率约为 1.0％。

2015 年畜禽消费市场开始逐步回归正常的增长轨道，尤其到 2015 年 8 月以后，畜禽产品消费呈现经历了两年低迷状态之后的迅速反弹期，虽然 2015 年末到 2016 年 2 月有所回调，但消费市场仍呈回暖趋势。但 2016 年 3 月后，消费又进入低迷期。根据农业部对全国 50 家重点批发市场监测数据，2016 年畜禽产品交易量较 2015 年下降 24.71％。消费端市场不景气以及生产端面临环保压力持续增大等因素，对肉鸡产业的繁荣发展形成一定阻力。总体来看，2017 年中国肉鸡产量可能较 2016 年微幅增长，预期增幅 2％左右。

（二）肉鸡产量前减后增

截至 2017 年 2 月监测数据分析，白羽肉鸡和黄羽肉鸡的父母代在产种鸡开始呈现减少趋势，并且该趋势将维持到 6 月前后。市场预期向好，父母代种鸡补栏积极性较高，2017 年下半的种鸡数量可能会快速增加。商品肉鸡出栏相应地表现出上半年出栏量减少，下半年逐渐增多。

（三）市场形势不容乐观

2016 年上半年肉鸡产出量减少，但时逢禽流感影响，价格一直处于低位，预计至 5 月方能有所好转。肉鸡消费下半年相对较多，往年市场形势会好于上半年，但 2017 年下半年的产能增加，出栏肉鸡增加，必会对市场形成一定的冲击，市场形势不容过分乐观。从总体来看，2017 年白羽肉鸡的形势会好于2016 年，全年平均能够盈利；黄羽肉鸡喜忧参半，2017 年初亏损严重，但从全年来看应该能有收益。

（四）鸡肉深加工发展提速

中国肉鸡熟食发展空间巨大。世界的鸡肉平均深加工程度为 20%，发达国家的鸡肉深加工程度为 30%，但是中国的鸡肉深加工程度却只有 5.8%。在发达国家肉鸡产品的熟食转化率为 70% 左右，但是在中国却还不到 20%，目前国内出口产品也是熟食为主。中国熟食利润不高，原料的价格占到熟食的70%，并且白羽肉鸡价格波动频繁，利润不稳定。在发展过程中屠宰企业除了提供原料，基本上没有起到引导消费的作用。

随着生活节奏的加快，人们留给厨房的时间也会相应地减少，对熟食品的需求也越来越大，这是白羽肉鸡加工企业的一个机会。若一体化养殖公司建立了完备的熟食环节对接，一只鸡的盈利可以到 7～8 元之多，且盈利稳定，但做深加工产品则意味着直接面对消费者，多数企业的品牌建设才刚刚开始。

正大集团在近一年中连续推出 6 个餐饮终端品牌；山东加强熟制禽肉研发，2016 年出口 1.5 万吨熟制鸡肉产品，2017 年更打破 24 年贸易禁令，开始向欧盟输出。

（五）需求端保持恢复性增长

过去几年鸡价的低迷不仅由于供给过剩，还有需求的原因，"速生鸡、激素鸡""六个翅膀"等负面事件和信息给家禽业带来毁灭性打击，肉鸡一度被"妖魔化"。2012—2015 年中国人均白羽肉鸡消费量徘徊于 10 千克左右，甚至略有下降；而同期美国、欧洲等地的人均年消费量超过了 40 千克。2015 年，圣农发展等四家上市公司的联合宣传活动有利于消除中国居民对白羽肉鸡的错误认识，树立正确的肉类消费观念，培养健康的膳食营养结构，对白羽肉鸡的终端需求改善起到积极的作用。随着中国人口老龄化加速，心血管发病率攀升，相比猪肉而言，鸡肉是更低脂健康的白肉，人均消费量仍有提升空间。

百胜中国 2017 年初开始扭转颓势，2017 年一季度财报显示，百胜中国同店销售增长 1%，其中肯德基同店销售增长 1%，必胜客同店销售增长 2%；百胜中国整体销售额增 4%，其中肯德基的销售额增长 3%，必胜客的销售额增长 9%。这是百胜中国同店销售两年来首次全面增长。2015—2016 年，在中国市场，百胜中国旗下的必胜客和肯德基同店业绩持续性降低。

（六）饲料企业转型入驻肉鸡养殖，加速中小散户退场

规模化养殖比例提升的同时，提高了配合饲料的产量，却不会提高饲料企业的销量，比如圣农发展、仙坛股份、民和股份、益生股份，在大举发展养殖业的过程中，全部自主配套饲料厂。长期来看，养殖规模化进程加速将倒逼饲料企业转型。大型规模化肉鸡养殖企业多采用自配料（例如圣农发展、益生股份等），外购饲料的需求被侵蚀，饲料企业的生存与发展面临严峻的挑战，向下游养殖延伸已成为不少饲料企业的选择。

饲料企业入驻肉鸡养殖业，使得现已竞争激烈的肉鸡养殖产业更加激烈，中小散户的生存空间进一步被压缩，行业集中度将进一步增加。

（七）一体化企业推动鸡肉产品安全发展

一体化全产业链的发展模式最符合食品安全的需要。大型农户在畜禽疾病的防控方面更加重视，违法成本更高因而较少发生食品安全事件。中国白羽鸡养殖行业的集中度仍然较低，"委托—代理"关系所产生的监管问题不可避免，2012 年底的"速成鸡"事件便由此引发。虽然美国大多数白羽鸡企业也采用"公司＋农场"的饲养模式，但规模化的农场比小农户而言更容易监管。所以，一体化全产业链的发展模式不失为在中国目前发展阶段解决食品安全问题的有效手段。以肉鸡产业龙头公司为引领，促使"产品安全""免疫减压""控制用药"以及"环境控制"成为产业发展的主题词。

2017年中国肉鸡产业发展监测报告

郑麦青[1] 高海军[2] 腰文颖[2] 文杰[1] 宫桂芬[2]

(1. 中国农业科学院北京畜牧兽医研究所；2. 中国畜牧业协会禽业分会)

一、2017年中国肉鸡业——影动参差里，光分缥缈中

(一)祖代种鸡数量平稳，再次进入全品类自主供种时期

随着2017年7月益生开始提供第一批白羽肉鸡祖代鸡（约4万套），中国在阔别白羽肉鸡曾祖代15年之后，终于结束了白羽肉鸡祖代鸡必须依靠引种的历史，再次进入肉鸡全品类可自主供种的时期。目前，肉鸡两大主要品类之一的黄羽肉鸡完全自主育种供种，另一新兴品类"小白鸡（原肉杂鸡）"也将随着白羽肉鸡自主供种时期的再次到来而获得可持续性发展的基石，有望摆脱父系种源不稳定的束缚，从而得到进一步发展的空间。

1. 白羽肉种鸡渡过种源危机，进入自主供种时期

伴随2016年引进的曾祖代种鸡的开产，受制于国外种源供应的祖代种鸡生产问题已逐步恢复正常。2017年国内祖代种鸡更新量达到68.71万套，较2016年增加7.6%；且今后可保证每年提供不少于80万套，白羽肉鸡产业将不会受制于国外种源供应的中断。随着曾祖代种鸡的引进并开产，国内白羽肉鸡育种事业将获得进一步推动。祖代白羽肉种鸡平均存栏量为119.9万套，较2016年上升7.3%。其中，在产存栏79.5万套，后备存栏40.4万套。父母代种鸡供应稳定。

2017年父母代种鸡平均存栏约为4 707.1万套，其中在产2 991.6万套，较2016年下降5.1%。2016年父母代种鸡收益较好，对2017年市场预期过高，一季度的父母代在产存栏量一度超过2015—2016年的峰值。但整体鸡肉消费市场需求疲软，终端市场价格低迷，带动商品鸡雏价格一直在低位徘徊，父母代企业持续亏损。4月和10月出现了两次产能大幅调整，在产存栏量从年初的近3 500万套，已降至不足2 300万套。

图1 2011—2017年祖代存栏数量变化

图2 2011—2017年父母代雏鸡销售数量变化

2017年父母代雏鸡累计销售量为4 400万套，与2016年同期相比减少210万套，减幅为4.6%。父母代雏鸡价格有4个月低于成本线，全年均价26.73元/套，最高价格为年初的79.55元/套；祖代场虽有4个月亏损，但本年度平均每套祖代种鸡仍可实现获利531.84元。

商品代白羽肉雏鸡全年销售量约44亿只，较2016年同期的47亿只减少约6.4%。商品代白羽肉雏鸡的平均销售价格为1.63元/只（生产成本2.20元/只），比2016年下降1.82元/只，全年仅有2个月在成本价以上。父母代养殖亏损，平均每套父母代种鸡亏损83.64元。

2. 黄羽肉种鸡再启产能调整，压力依旧存在

2016年产能的快速扩张和增产，造成2017年连续6个月的持续亏损和产品滞压。龙头企业被迫再启减产行动。祖代存栏下半年开始回落，父母代开始逐渐减少，全年商品雏苗总销量减少11.9%，年度种鸡收益基本持平。

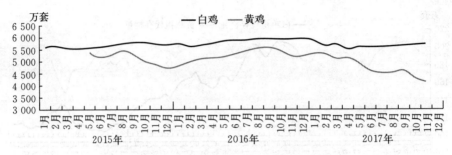

图 3　2015—2017 年父母代全国存栏数量变化

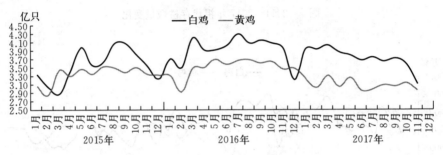

图 4　2015—2017 年全国商品代雏鸡销售数量变化

2017 年全国在产祖代种鸡平均存栏量约为 121.0 万套，比 2016 年减少 6.0%。全国在产父母代种鸡平均存栏量约为 3 491.5 万套，比 2016 年减少 4.9%。高峰同样出现在 1、2 月份，之后逐渐减少，12 月比 1 月存量减少 3.8%。2017 年各类型比重变化明显，快速型占比继续下降至 25.3%，中速型 有所回升为 30.7%，慢速型也有所增加至 44%，但慢速型年底呈现增长趋势，而快速型占比依旧保持下降趋势。

2017 年父母代雏鸡销售量约为 5 161 万套，较 2016 年增加 0.8%。父母 代雏鸡价格平均为 6.07 元/套，较 2016 年下降 6.6%，全年价格波动幅度不 大，基本保持稳定。

2017 年商品雏鸡销售总量估计为 37 亿只，比 2016 年的 42 亿只减少约 5 亿只，减幅达到 11.9%。全年平均销售价格为 1.89 元/只，较 2016 年下降 0.39 元/只，降幅约 17%。父母代场同样在年初持续 7 个月亏损，但全年累计 基本持平，平均每套父母代种鸡盈利 0.72 元。

（二）肉鸡出栏量减少 6.4%，肉产量减少 3.2%。

2017 年年出栏肉鸡 78.9 亿只，较 2016 年减少 6.4%；肉产量 1 241.1 万

吨，较 2016 年减少 3.2%。其中，白羽肉鸡出栏 42.0 亿只，减少 6.2%；肉产量 781 万吨，较 2016 年减少 2.1%；黄羽肉鸡出栏 36.9 亿只，减少 6.7%；肉产量 460 万吨，减少 5.2%。

表 1　肉鸡出栏和肉产量情况

单位：亿只、千克/只、万吨

年份	白羽肉鸡			黄羽肉鸡			合计	
	出栏	出栏重	产肉量	出栏	出栏重	产肉量	出栏	产肉量
2011	44.0	2.24	738.8	43.3	1.75	492.3	87.3	1 231.1
2012	46.9	2.30	818.9	43.0	1.68	471.0	89.9	1 289.9
2013	45.1	2.30	784.3	40.7	1.76	464.9	85.8	1 249.2
2014	45.6	2.40	804.9	36.6	1.78	423.8	82.2	1 228.7
2015	42.9	2.32	745.0	37.4	1.83	445.7	80.2	1 190.7
2016	44.8	2.37	797.6	39.5	1.89	485.1	84.3	1 282.7
2017	42.0	2.48	781.0	36.9	1.92	460.1	78.9	1 241.1

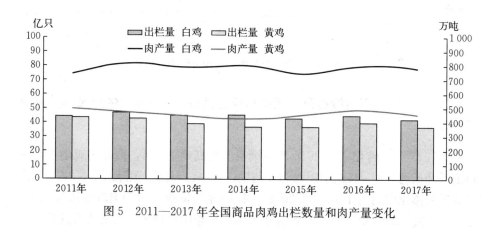

图 5　2011—2017 年全国商品肉鸡出栏数量和肉产量变化

（三）商品养殖盈亏交替，全年平均：白鸡持平，黄鸡收益缩减

白鸡盈亏交替区间缩窄，变化频繁。2017 年盈亏各有 6 个月，养殖收益全年平均 0.10 元/只。黄鸡养殖呈现先亏后盈的局面，春节后持续亏损 6 个月，之后一直处于高收益区间；全年盈亏同样各有 6 个月，养殖收益全年平均为 2.42 元/只，较 2016 年大幅缩减。

2016 年上半年肉鸡需求端逐渐复苏，下半年产量保持持续增长趋势。但是随后受 H7N9 的影响，消费量快速大幅缩减，造成养殖收益不断下滑。2017 年不同品种出栏数量都有减少。而白羽肉鸡出栏体重增加明显，整体肉产量的减产幅度表现不明显，较 2016 年减少 2.8％，肉鸡养殖收益盈亏变化快速而频繁。黄羽肉鸡 2016 年下半年产量同样增幅较大，市场活鸡价格持续下滑，后期更受到市场关闭、运输、销售受阻的影响，价格跌至低谷，创历史新低。整体产业持续亏损至 2017 年 7 月才随着黄鸡产能的调整出现缓解，并进入高收益区间。但前期的亏损并没有得到足够的弥补，仅有 80％的企业全年持平或盈利。

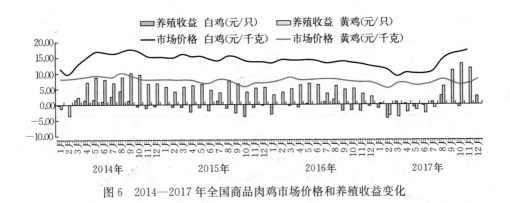

图 6 2014—2017 年全国商品肉鸡市场价格和养殖收益变化

（四）生产效率持续提升，饲料消耗继续减少 2.8％，生产资料消耗降低约 3％

2017 年饲料转化率较 2016 年继续有所提高约 2.8％，商品肉鸡的生产资料消耗降低约 3％，且白羽肉鸡的养殖生产效率已经接近国际水平。2017 年肉鸡养殖料重比白鸡为 1.74，较 2016 年 1.79 继续减少；黄羽肉鸡整体为 2.95，较 2016 年的 2.81 虽有升高，但剔除年初产品滞压和慢速型占比提升这两个因素后，还是略有降低，为 2.78。

近年来中国肉鸡养殖水平呈现快速提高，肉鸡生产单位产出消耗逐渐减少。2015 年以前白鸡生产单位产出消耗系数高于国际水平约 20％以上，到2017 年第三季度已经非常接近国际水平。黄羽肉鸡对肉质的要求较高，部分类型肉鸡养殖时间长，增重速度缓慢，单位产出消耗一直比白羽肉鸡高出很多。对黄羽肉鸡不同类型的生产数据进行比对分析，近年来各类型的单位产出消耗系数也呈现下降趋势，体现出饲料转化效率和成活率均在不断提升。

图7 2012—2017年全国肉鸡养殖料肉比变化

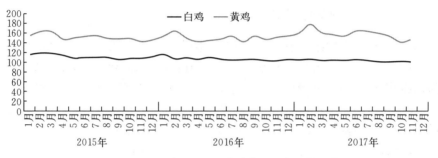

图8 2015—2017年全国肉鸡养殖成本指数变化

二、2018年中国肉鸡业——日轮擘水出，始觉江面宽

（一）产量震荡低位徘徊

2018年供给侧落后产能出清持续，与消费端需求继续不断磨合，逐渐靠近供需新平衡。消费提振仍然面临诸多阻碍，"禽流感"依旧是从业者难以忽视的"阴霾"。从业者持续的谨慎态度，有望避免产能的大幅反弹；"限活"与"休市"的措施，有望降低"禽流感"的爆发概率。产量仍将在低位震荡徘徊，较2017年可能有微幅增长，年出栏量估计在80亿只左右，产肉量1 250万吨左右。从业者的理性有望增加2018年肉鸡养殖的盈利区间，2017年前期的亏损将获得填补。

（二）科技推动产业变革

2017年可以说是中国肉鸡生产的"互联网＋"元年。近年来肉鸡价格

"天花板"的不断下降，肉鸡从业者也在不断追寻新技术来降低肉鸡生产成本支出，且成效十分显著，整体养殖效率得到不断提升。而龙头企业对成本的不断追求，促使中国肉鸡养殖科技水平不断提高，自主研发积极性高企。2017年福建圣农推出肉鸡养殖 4.0，青岛电科推出孵化 4.0，均已将"互联网＋"技术引入到肉鸡生产中，并已体现出明显的成本控制优势。2018 年肉鸡市场竞争依旧激烈而复杂，成本之争会继续延续，大型企业对科技的追求继续增加。而市场缓步向好，大型企业资金压力能得到缓解，在技术研发上可以有更多资金投入。可以说，未来 2～3 年中国肉鸡产业的变革与调整将由科技来推动。

（三）育种加强新品呈现

白羽肉鸡曾祖代的引进，不仅使得中国白羽肉鸡在未来较长一段时间内可以自主供种，更重要的是让中国一度中断的白羽肉鸡育种工作重新启动，并获得有效的推进。2017 年整体肉鸡产业对于品种选育的需求是前所未有的急迫，不仅表现在白羽肉鸡育种工作上，在黄羽肉鸡选育上也有很多体现。"禽流感"疫情影响不断加剧，活禽市场不断减少，屠宰冰鲜将逐渐成为中国肉鸡销售的主要渠道等，都不断刺激着黄羽肉鸡育种企业的"神经"。针对屠宰冰鲜市场的育种工作已被诸多企业提上日程，随着中国鸡肉深加工的发展，在 20 世纪80 年代末期就已出现的"817"肉杂鸡——肉蛋杂交鸡生产模式也受到众多育种企业的青睐，多家育种公司开展了类似的新型配套系育种研究工作。可以预见，一种全新的"肉杂鸡"——小白鸡将出现在肉鸡产业中。而白羽肉鸡育种工作的推进，将使得这种中国独创的特色品种获得持续性发展的基石。

（四）屠宰冰鲜得到发展

近几年 H7N9 流感疫情从未间断，使得消费量不断下挫，更重要的是消费者信心受挫。消费量的减少，加上不断升级的防控措施，生产企业均受到严重影响，损失巨大。而疫情影响时间不断延长，禁活区域不断扩大的现实，让生产企业也认识到肉鸡全面屠宰销售会逐渐临近，已由原来的观望态度，向积极应对转变。新品种选育、养殖技术研究、屠宰技术改进、深加工产品研发等都逐渐被一一关注，列入研发日程。2018 年的中国肉鸡产业将是科技大变革的一年。

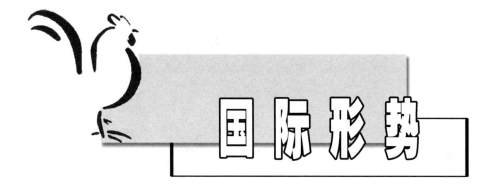

国际形势

2016 年国际肉鸡产业经济发展报告

王燕明[1]　王济民[12]

（1. 中国农业科学院农业经济与发展研究所；2. 中国农业科学院办公室）

2016 年世界经济的下行压力依然存在，不确定性持续增大。美国经济总体温和复苏，美联储 12 月美元加息已经明朗，美元升值及今后预期，使新兴经济体面临资本流动波动和汇率方面的压力。日本经济政策效果不彰，日本经济仍陷低迷，经济增长缺乏动力。欧盟由于难民潮和英国"脱欧"令欧盟发展前景蒙上了阴影，增加欧洲经济的不确定性。新兴市场经济体国家总体增长乏力，难以摆脱经济下行压力。俄罗斯在面对美国和欧盟的贸易制裁和石油价格低迷的双重压力下，国内经济面临危机。在全球贸易保护主义抬头，大宗商品价格低迷和总需求不足的经济大环境下，肉鸡再次以生产周期短、性价比高的优势，虽然生产与消费增长放缓，但国际贸易量增长显著。

一、国际肉鸡生产与贸易概况

（一）国际肉鸡生产

2016 年全球肉鸡生产虽维持增长态势，但增长明显放缓，远低于近五年平均增长水平（图 1）。2016 年全球肉鸡生产量可能达到 8 954.8 万吨，增长率为 0.96％，明显低于 2015 年的增长幅度 2.47％。

肉鸡生产低增长主要由于 2015 年底和 2016 年初在美国和欧洲陆续发生 H5 亚型高致病性流感疫情所致。由于采取的措施及时得当，加之印度、俄罗斯、泰国和巴西等国家肉鸡生产维持增长，对全球肉鸡生产影响程度有限，但增长量明显低于 2015 年。中国肉鸡生产在 2016 受禽流感和消费不振的影响下滑的趋势显著。预计 2017 年全球肉鸡生产基本维持缓慢增长的态势，生产量有可能达到 9 044.8 万吨，增长率为 1.0％左右。

2016 年全球肉鸡生产仍以美国、巴西、中国和欧盟产量最高，分别为 1 828.3 万吨、1 360.5 万吨、1 270.0 万吨和 1 107.0 万吨（图 2）。新兴经济

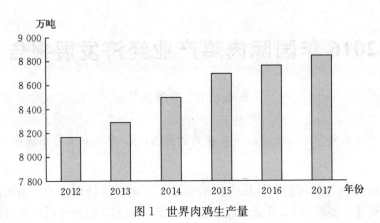

图 1　世界肉鸡生产量

数据来源：Livestock and Poultry：Market and Trade，Foreign Agricultural Service/USDA Oct. 2016.

体国家印度、俄罗斯、泰国和墨西哥肉鸡生产增长最为强劲，分别达到了 420 万吨、375 万吨、178 万吨和 327 万吨。2016 年中国肉鸡生产下降至 1 270.0 万吨，比上年下降 5.22%，下滑趋势显著。

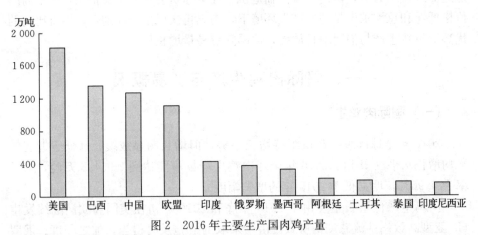

图 2　2016 年主要生产国肉鸡产量

数据来源：Livestock and Poultry：Market and Trade，Foreign Agricultural Service/USDA Oct. 2016.

2016 年，新兴经济体国家印度、泰国、俄罗斯和墨西哥仍保持生产增长态势，产量增长率明显高于其他国家（图 3），分别达到了 7.69%、4.71%、4.17% 和 2.99%。主要肉鸡生产国美国和巴西增长率也分别达到了 1.74% 和 3.49%。欧盟肉鸡生产增长了 2.41%。中国肉鸡生产量呈现负增长，又开始了一个徘徊周期。

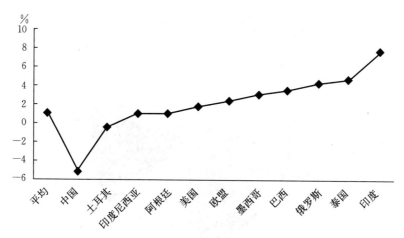

图 3 2016 年主要国家肉鸡生产增长率

数据来源：Livestock and Poultry：Market and Trade，Foreign Agricultural Service/USDA Oct. 2016.

主要肉类牛肉、猪肉和鸡肉生产中，鸡肉生产增长远高于牛、猪肉生产的增长。在主要肉类生产中，鸡肉生产所占比重持续增加，从 2006 年的 29.59%上升到 2016 年的 34.78%，牛肉和猪肉生产所占比重在持续下降（图 4）。

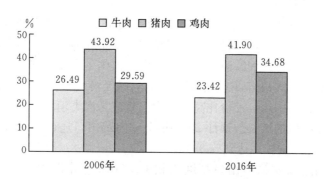

图 4 主要肉类生产量所占份额

数据来源：Livestock and Poultry：Market and Trade，Foreign Agricultural Service/USDA Oct.，2010，2016.

从主要肉鸡生产国所占份额分析（图 5），美国、巴西、中国和欧盟占全球肉鸡生产总量的 62.15%，这一比例与 2015 年的水平比较变化不大。主要由于中国鸡肉生产下降幅度较大，而美国、巴西和欧盟肉鸡生产保持了一定幅度的增长。新兴经济体国家和其他国家肉鸡生产增长虽然持续增加，但由于基数不大，增长趋势放缓，其所占份额增长变化不显著。

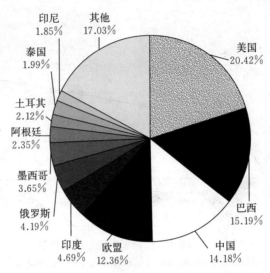

图5 2016年主要肉鸡生产国所占份额

数据来源：Livestock and Poultry：Market and Trade，Foreign Agricultural Service/USDA Oct. 2016.

（二）国际肉鸡贸易

2016年全球肉鸡出口量将达到1 079.3万吨，比上年同期增长5.26%，扭转了全球肉鸡出口下降的趋势。由于日本、中东和部分南美国家消费增加的拉动，加之美国、巴西和欧盟等主要肉鸡生产大国生产显著增加，促成了肉鸡出口贸易的增加。2017年不确定性因素对全球经济增长的影响，就业与收入对消费的改善并不乐观，性价比高的鸡肉仍将成为肉类消费中的首选，这会带动肉鸡生产和出口的增长。预计2017年全球肉鸡出口还会保持增长，可能达到1 137.2万吨，增长率达到5.38%。

由于肉鸡进口贸易与出口高度正相关。2016年全球肉鸡进口量会达到890.6万吨，比上年同期增长了3.25%。由于日本经济衰退和中东动荡局势促成了这些地区肉鸡进口的增长，从而改变了肉鸡进口持续下降的趋势。预计2017年肉鸡进口量可能会达到929.6万吨，增长率为4.38%。

2016年肉鸡进出口贸易呈现了同步增长（图6）。由于美元加息预期落空、欧盟及新兴市场国家货币持续贬值，刺激了主要肉鸡生产国和地区的出口。同时由于叙利亚等中东地区政治局势不稳定，造成大批涌向全球各地的难民，带来了全球肉鸡消费增加和进口量的增长。肉鸡进出口贸易增加的趋势，还会持续至2017年。

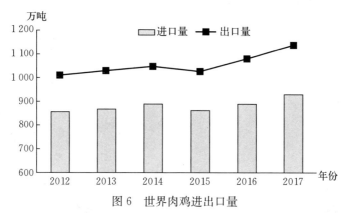

图 6 世界肉鸡进出口量

数据来源：Livestock and Poultry：Market and Trade，Foreign Agricultural Service/USDA Oct. 2016.

从肉鸡出口增长速度分析，2016 年以俄罗斯、乌克兰、泰国和巴西为代表的新兴经济体国家出口增长最快，俄罗斯肉鸡出口增长率达到 83.1%，乌克兰达到 35.22%，泰国肉鸡出口增长 7.22%。巴西是传统肉鸡生产大国中出口增长最高的国家，肉鸡出口增长了 7.0%（图 7）。从出口量分析，巴西、美国和欧盟仍然是肉鸡出口的主力军，三者合计出口占全球肉鸡出口贸易量的 77.25%。巴西维持较高的出口增长，欧盟 2016 年肉鸡出口增长显著，达到了 6.2%，美国禽流感对鸡肉产品的出口影响有限，肉鸡出口也有明显增加，增速达到 3.87%。主要肉鸡生产国巴西、欧盟和美国肉鸡出口都有大幅的增加，促成了全球肉鸡出口量的整体增长。

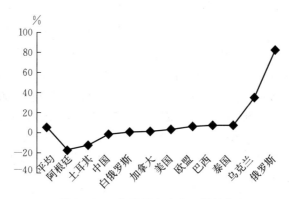

图 7 2016 年世界肉鸡出口增长率

数据来源：Livestock and Poultry：Market and Trade，Foreign Agricultural Service/USDA Oct. 2016.

2016 年肉鸡进口增长最快的国家和地区为中国、菲律宾、南非和阿拉伯联合酋长国，增长率分别为 52.99％、26.83％、19.27％和 10.11％（图 8）。进口肉鸡最多的国家为日本、沙特阿拉伯和墨西哥，分别为 95.5 万吨、85.0 万吨和 82.0 万吨。亚洲成为肉鸡进口最多的地区。

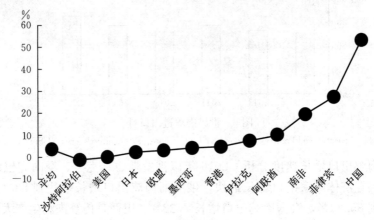

图 8　2016 年世界肉鸡进口增长率

数据来源：Livestock and Poultry：Market and Trade，Foreign Agricultural Service/USDA Oct. 2016.

二、中国肉鸡生产与贸易概况

（一）中国肉鸡生产与消费

2016 年中国肉鸡生产大幅下降，产量不足 1 300 万吨，仅达到 1 270 万吨，比上年同期下降了 5.22％。由于中国 GDP 增长放缓，经济下行压力增加以及肉鸡消费不振，肉鸡生产明显下降（图 9）。鉴于中国经济进入新的结构调整时期，2017 年经济增速放缓还将持续，对居民消费会有一定的负面影响。预计 2017 年中国肉鸡生产还会持续减少，产量可能会降到 1 150 万吨。

2016 年中国肉鸡消费也呈下降趋势，全年消费量达到了 1 271.5 万吨，比上年同期减少 4.16％。中国肉鸡消费又一次进入了下降通道，2015 年肉鸡消费的脆弱回升没有维持到 2016 年。预计 2017 年中国肉鸡消费基本与 2016 年持平，可能会达到 1 170.5 万吨（图 9）。

（二）中国肉鸡贸易

2016 年中国肉鸡出口 39.5 万吨，基本与 2015 年的 40.1 万吨持平，仅下

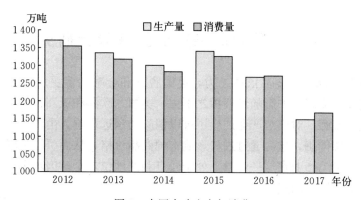

图 9 　中国肉鸡生产与消费

数据来源：Livestock and Poultry：Market and Trade，Foreign Agricultural Service/USDA Oct. 2016.

降 1.5%（图 10）。肉鸡出口下降速度放缓与这一年人民币贬值有利于出口相关。由于全球经济不景气，贸易保护主义抬头，增加了肉鸡出口贸易的难度，中国肉鸡出口下降的趋势还将持续。预计 2017 年肉鸡出口将达到 34.5 万吨，下降 12.66%。

2016 年中国肉鸡进口 41.0 万吨，比上年同期下降了 53.0%（图 10）。由于 2016 年国内肉鸡生产降幅较大，以及对巴西开放市场和巴西货币贬值优势，造成了肉鸡进口大量增长的局面。2017 年预期新兴经济体国家货币贬值仍然是大概率事件，加之大宗商品价格疲软，饲养成本降低，更增加了其竞争优势，因此，对中国肉鸡的出口还会有所增加。预计 2017 年中国肉鸡进口还会有大幅度增长，可能会达到 55.0 万吨，增长 34.15%。

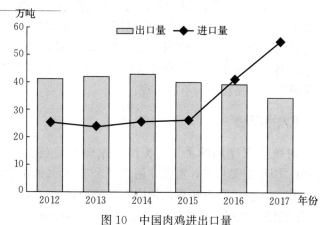

图 10 　中国肉鸡进出口量

数据来源：Livestock and Poultry：Market and Trade，Foreign Agricultural Service/USDA Oct. 2016.

三、国内、国际肉鸡产业经济政策研究进展

2016 年全球经济复苏依然乏力，英国脱欧和金融动荡更增添了经济发展的不确定性。禽流感如影随形般挥之不去，美国、欧洲和亚洲一些国家爆发了高致病性禽流感，对肉鸡产业产生了难以消除的深远影响。由于全球大宗商品价格处于低位徘徊，这会通过进口影响本国商品价格，从而引导本国资本和产业的发展。肉鸡产业在这一背景下处于较有利的地位，全球肉鸡生产与消费仍然会保持平稳增长的趋势。

（一）祖代白羽肉鸡引种明显减少，产能过剩有所缓解

祖代种鸡规模是反映肉鸡生产能力的指标。近几年中国每年引进白羽肉鸡 100 多万套，大量进口导致白羽肉鸡的产能严重过剩，致使中国白羽肉鸡父母代和商品代市场都出现了供过于求的局面，造成了中国白羽肉鸡行业 2013 年以来连年亏损。受到 2015 年封关影响，2016 年中国白羽肉鸡祖代引进数量明显减少，加之强制换羽措施的实施，客观上起到了压缩白羽肉鸡产能的作用，从控制祖代白羽肉鸡供给侧入手，促进白羽肉鸡产能趋于合理。

（二）消费不振，肉鸡产量显著下降

肉鸡是一个以消费为主导的买方市场，在中国经济增速放缓的新常态下，消费需求总体偏弱。由于对高致病性禽流感报道缺乏科学性，以及"速生鸡"事件媒体不负责任的宣传，甚至恶意炒作，消费者对肉鸡生产的卫生安全和产品质量安全产生了严重的不信任，甚至对肉鸡消费到了恐慌的程度，对肉鸡生产产生了极大的负面影响。2016 年中国肉鸡生产大幅下降，产量约为 1 270 万吨，预计比上年同期下降 5.22%。消费者信心恢复可能需要一个漫长的时间，由消费拉动的肉鸡生产恢复和增长不容乐观。

（三）无抗鸡大行其道

随着消费者对抗生素使用的关切，美国国家研究委员会（the National Research Council）引用有关报告，畜牧业消费了全美 80% 的抗生素。美国生产肉类商 Tyson 和 Perdue，以及快餐连锁店麦当劳和赛百味以及零售商 Costco 宣布在 2017 年底停止使用人类抗生素，使用无抗生素的肉类产品（ABF）。全球肉类生产者积极开展了多种饲料添加剂替代抗生素生长促进剂（AGPs）。

根据有关的试验调查，使用有机酸、酶和益生菌替代 AGPs 较广泛，其次是添加植物精油和益生元（Roembke，2016）。

（四）昆虫替代大豆蛋白

鉴于全球 60%～65% 的鱼粉生产掌握在 6 个国家，90% 的大豆掌握在 5 个国家，许多国家大量尝试用昆虫作为蛋白饲料替代畜禽动物饲料中鱼粉和大豆。蝇幼虫 75% 的蛋白质，25% 的脂肪是替代鱼粉和大豆的理想的饲料蛋白来源。这项试验已经在欧洲、非洲和亚洲等地的多国开展，并取得了可喜的成果。家禽饲料使用昆虫蛋白在欧盟的法律程序已经接近完成。欧洲食品安全管理局 2016 年年底发表使用昆虫作为食品和饲料的风险报告，分析比较各种潜在的危险。报告指出，昆虫蛋白作为饲料的风险很大程度上依赖于生产方法、培养基质、幼虫收获阶段、饲养幼虫品种和处理方法，以及潜在的微生物危害，报告建议对潜在的微生物和化学危害做进一步的研究和评估（Clements，2016）。

（五）海湾地区成为巴西、美国鸡肉出口主要市场

成立于 1981 年的海湾合作委员会（GCC）6 个中东国家包括巴林、科威特、阿曼、卡塔尔、沙特阿拉伯和阿拉伯联合酋长国（UAE）。该地区已经成为全球最主要的鸡肉消费与进口市场。由于该地区气候和水资源的局限，区域内肉鸡生产成本高不具竞争优势，但石油资源丰富带来了高额的 GDP，以及加工再出口，使得这一地区在过去的 10 年间鸡肉进口翻了一番。巴西是 GCC 地区鸡肉进口最大的供应商，约占 80%，其次是欧盟（10%），美国占近 10%。预计这一地区鸡肉消费和进口还会保持较快的增长（Hitchner，2016）。

（六）中亚国家加大本土投入减少鸡肉进口

中亚国家哈萨克斯坦、乌兹别克斯坦、吉尔吉斯斯坦、土库曼斯坦、塔吉克斯坦等国家正在积极地把本地原料（粮食）生产优势转化成肉、蛋、鸡的饲养生产优势，特别是肉鸡和蛋鸡争取成为有竞争力的出口产业。这些国家在俄罗斯的带领下，以浮动汇率、免除进口种禽、设备和复合饲料等的关税、免除企业应支付的增值税等保护主义的措施，鼓励本国投资扩大肉鸡和蛋鸡生产，挡住廉价冷冻鸡肉的进口。这些举措已经初见成效，但面临最大挑战来自加入WTO后履行增加进口配额的承诺（Vorotnikov，2016）。

四、问题与建议

中国经济进入新常态，经济增速放缓，全球金融市场持续震荡，外需低迷，内需不振。近期还面临资本外流和人民币贬值压力。国际贸易保护主义抬头，以及高致病性禽流感频发，这些因素都对肉鸡产业发展产生不利影响。基于上述国际和国内经济环境和产业发展中的问题，提出如下建议：

（一）加强肉鸡疾病风险的监测和防控

2016 年全球持续发生 H5 亚型高致病性流感疫情，损失巨大。疾病防控工作仍然是产业发展的重中之重。特别是提倡不使用抗生素生长促进剂已经成为一种潮流，更加大了肉鸡生产中疾病防控的难度。为了提高防控的有效性，应大力加强监测技术和手段的研究与开发，重点攻关疫情的早期预警和禽流感疫苗的研发，做到防患于未然。

（二）大力发展标准化和规模化，养殖解决环境污染问题

家禽饲养带来的环境污染问题日益凸显，已经引发社会的广泛关注。为了肉鸡产业的可持续发展，减轻环境压力，应大力加强对废弃物的无害化和资源化利用的科技投入、政策扶持。同时，政府应出台严格的法规，鼓励和规范标准化和规模化养殖企业发展壮大，打造环境友好、经济效益高、可持续的肉鸡生产企业。

（三）大力加强对消费者的宣传教育，提振肉鸡消费

鸡肉既营养健康，又经济实惠，是性价比最高的肉类之一。加强对消费者正确的营养观念教育，通过主流媒体、社区讲座和现场示范等形式，大力科普宣传健康、卫生和经济的生活方式和习惯，培养消费群体，壮大买方市场，拉动鸡肉消费。

（四）大力发展自主品牌，满足多层次的消费需求

调整肉鸡品种结构，减少快大型白羽肉鸡的生产，大力加强地方优良品种的改良、选育和培育工作，特别是黄羽肉鸡和北京油鸡等地方优良品种的培育与推广。同时鼓励企业和个人开展与地方品种的屠宰、加工、保鲜配套的技术

研究与开发,积极探索具有中国特色的活禽市场销售、配送模式,满足多层次消费的需求,促进肉鸡产业健康发展。

参考文献

Jackie Roembke. 2016 Nutrition & Feed Survey:Formulating Poultry Feed for Antibiotic-free Production [J]. Poultry International,2016(7):8-14.

Joanna Hitchner. Competition in One of the World's Largest Broiler Meat Markets:Gulf Co-operation Council [R]. Livestock and Poultry:World Markets and Trade,USDA,October,2016.

Livestock and Poultry:Market and Trade [R]. Foreign Agricultural Service/USDA Oct. 2016.

Mark Clements. Insect protein closer to be being legal in EU poultry feed [J]. Poultry International,2016(6):14-17.

Vladislav Vorotnikov. Central Asia's Poultry Farming at a Crossroads [J]. World Poultry,2016,32(2):14-16.

2017 年国际肉鸡产业经济发展报告

王燕明[1]   王济民[12]

（1. 中国农业科学院农业经济与发展研究所；2. 中国农业科学院办公室）

2017 年世界经济呈现强劲的复苏态势，不论发达经济体，还是新兴市场经济体都明显表现出经济持续增长的趋势。国际货币基金组织（IMF）发布的《世界经济展望》报告也对全球经济发展做出乐观预期，持续看好经济增长形势。2017 年 12 月 13 日美联储宣布再次加息，实施本年度的第 3 次加息，显示美国经济活动增长稳健，就业与居民收入稳步增长，消费信心保持强劲。美联储预计 2018 年还会有 3 次加息机会。欧盟经济表现出了近十年来最佳的"既广泛又稳健"的复苏态势。日本经济也表现出温和复苏，消费和出口均有所好转。新兴市场和发展中经济体经济增长快于预期，中国、印度近期分别调高了本年度的 GDP 增长预期。尽管如此，全球经济持续增长仍面临下行风险，贸易保护主义趋势加剧，特朗普总统美国优先、单边主义的施政理念，已经造成多边贸易体系（TPP、NAFTA）谈判与进程搁浅，全球化进程面临巨大阻力，全球经济增长可能因贸易和跨境投资减少而放缓。同时，美国加息致使美元升值，更为全球贸易和资本流动增添变数。2017 年尽管遭受了严重禽流感频发的打击，肉鸡生产和贸易仍然呈现了增长的态势，再次彰显了肉鸡生产周期短、集约化程度高和防控及时的产业优势。

一、国际肉鸡生产与贸易概况

（一）国际肉鸡生产

2017 年全球肉鸡生产呈现显著增长的态势，扭转了 2016 年肉鸡生产下滑的局面（图 1）。2017 年全球肉鸡生产量可能达到 9 017.5 万吨，增长率达到 1.21%。但全球肉鸡生产增长明显放缓，远低于 2010—2015 年平均增长水平 2.60%。

2016 年在美国和欧洲陆续发生高致病性流感疫情，对主要肉鸡生产国产生很大的影响，造成了肉鸡生产量下滑。2017 年由于致病禽流感得到了有效

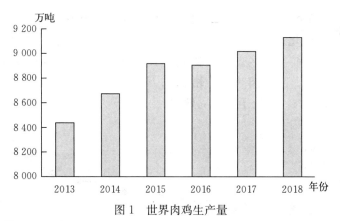

图 1 世界肉鸡生产量

数据来源：Livestock and Poultry：World Markets and Trade，Foreign Agricultural Service/
USDA Oct.2017.

抑制，以及经济复苏的拉动作用，2017 年肉鸡生产止跌回升实现低增长。中国肉鸡生产受禽流感和消费不振的影响仍然处于下滑通道，生产和消费下降趋势还没有得到有效扼制。预计 2018 年全球肉鸡生产基本维持低增长的态势，生产量有可能达到 9 127.8 万吨，增长率为 1.22％左右。

2017 年全球肉鸡生产仍以美国、巴西、欧盟和中国产量最高，分别为 1 859.6万吨、1 325 万吨、1 170 万吨和 1 160 万吨（图 2）。新兴经济体国家印度、俄罗斯和墨西哥肉鸡生产增长最为强劲，分别达到了 440 万吨、387 万吨和 340 万吨。2017 年中国肉鸡生产下降至 1 160 万吨，比上年下降 5.69％，下滑趋势仍很显著。

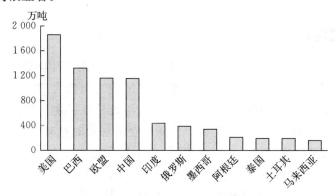

图 2 2017 年主要生产国肉鸡产量

数据来源：Livestock and Poultry：World Markets and Trade，Foreign Agricultural Service/
USDA Oct.2017.

2017 年，新兴经济体国家泰国、印度、墨西哥和俄罗斯保持较高的生产增长态势，生产增长率明显高于其他国家（图 3），分别达到了 6.74%、4.76%、3.82%和 3.75%。主要肉鸡生产国美国和巴西增长率也分别达到 1.83%和 2.63%。欧盟肉鸡生产增长 1.45%。中国肉鸡生产量呈现负增长，增长率为－5.69%，仍处于徘徊周期中。

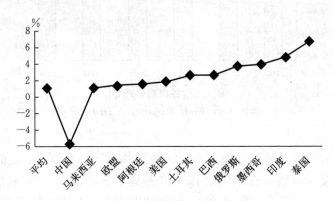

图 3　2017 年主要国家肉鸡生产增长率

数据来源：Livestock and Poultry：World Markets and Trade，Foreign Agricultural Service/USDA Oct. 2017.

从主要肉鸡生产国所占份额分析（图 4），美国、巴西、中国和欧盟占全球肉鸡生产总量的 61.15%，这一比例从长期来看，呈下降趋势。主要由于新兴经济体国家肉鸡生产保持强劲的增长势头，在全球肉鸡生产中所占份额缓慢增长。

（二）国际肉鸡贸易

2017 年全球肉鸡出口量将达到 1 107.9 万吨，比上年同期增长 3.69%，出口增长明显放缓。巴西、美国、欧盟和泰国成为出口大国，分别为 400 万吨、309.1 万吨、125 万吨和 77 万吨。2018 年贸易保护主义抬头，对全球肉鸡出口的负面影响不容小觑，但禽流感防控会更加及时和有效。预计 2018 年全球肉鸡出口还会保持增长，可能达到 1 144.4 万吨，增长率达到 3.29%。

2017 年全球肉鸡进口量会达到 905 万吨，比上年同期增长了 1.24%。与同期全球肉鸡出口增长放缓相对应，肉鸡进口增长与出口保持同步，进口增长明显放缓。预计 2018 年肉鸡进口量可能会达到 927.4 万吨，增长率为 2.48%，显著低于 2016 年 4.04%的增长幅度。

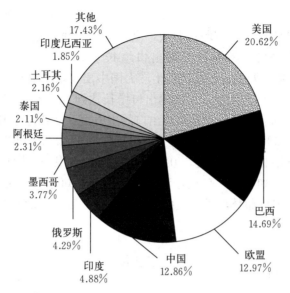

图 4　2017 年主要肉鸡生产国所占份额

数据来源：Livestock and Poultry：World Markets and Trade，Foreign Agricultural Service/USDA Oct. 2017.

　　2017 年肉鸡进出口贸易虽然表现为同步增长（图 5），但增长明显放缓。由于年内美元实现了三次加息，并可能退出多边自由贸易谈判，为全球自由贸易蒙上阴影。但由于叙利亚等中东地区政治局势稳定仍需时日，难民问题仍是国际社会关注的重点之一。人道主义和国际救助会带来全球肉鸡消费增加和进口量的增长。肉鸡进出口贸易增加的趋势仍会持续至 2018 年，但增长会显著放缓。

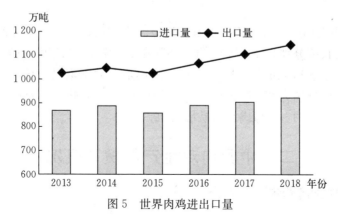

图 5　世界肉鸡进出口量

数据来源：Livestock and Poultry：World Markets and Trade，Foreign Agricultural Service/USDA Oct. 2017.

　　从肉鸡出口增长速度分析，2017 年以乌克兰、土耳其、阿根廷和泰国为代表的新兴经济体国家出口增长最快，乌克兰肉鸡出口增长率达到 27.12%，土耳其达到 21.62%，阿根廷肉鸡出口增长 17.09%，泰国肉鸡出口增长 11.59%。2017 年巴西仍是传统肉鸡生产大国中出口增长最高的国家，肉鸡出口增长了 2.85%。其次为美国，肉鸡出口增长达到 2.55%（图 6）。从出口量分析，巴西、美国和欧盟仍然是肉鸡出口的主力军，三者合计出口占全球肉鸡出口贸易的 75.29%，这一比例与上年同期略有下降。2017 年巴西和美国鸡肉产品的出口增速明显放缓，欧盟 2017 年肉鸡出口表现为负增长（−2.04%）。但新兴经济体国家如泰国、乌克兰和阿根廷肉鸡出口增长显著，维持了 2017 年全球肉鸡出口量的整体增长，但由于受到全球禽流感频发的影响，出口增长明显放缓。

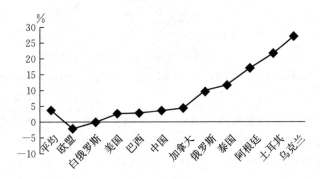

图 6　2017 年世界肉鸡出口增长率

数据来源：Livestock and Poultry：World Markets and Trade，Foreign Agricultural Service/USDA Oct. 2017.

　　2017 年肉鸡进口增长最快的国家和地区为古巴、阿拉伯联合酋长国和中国香港，增长率分别为 28.76%、14.86%和 13.37%。同年中国肉鸡进口增长较快，增长率达到 4.65%（图 7）。进口肉鸡最多的国家仍为日本、墨西哥和沙特阿拉伯，分别为 99.5 万吨、75.0 万吨和 78.0 万吨。亚洲仍然是肉鸡进口最多的地区，约占全球肉鸡贸易量的 39.39%。

二、中国肉鸡生产与贸易概况

（一）中国肉鸡生产与消费

　　2017 年中国肉鸡生产仍然没有扭转下降颓势，产量又下了一个台阶，不

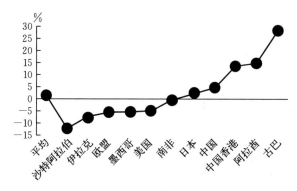

图 7　2017 年世界肉鸡进口增长率

数据来源：Livestock and Poultry：World Markets and Trade，Foreign Agricultural Service/
USDA Oct. 2017.

足 1 200 万吨，为 1 160.0 万吨，比上年同期下降了 5.69％。由于中国调高了
下半年 GDP 增长速度，供给侧结构性改革初见成效，肉鸡生产下降速度得到
了一定程度的抑制。2018 年经济虽然还存在着不确定的因素，但结构性调整
的成效会进一步彰显，这对居民消费有一定的提振作用，将会成为扭转肉鸡生
产下降的助力。预计 2018 年中国肉鸡生产还会持续减少，但下降幅度将会有
所收敛，产量可能会下降到 1 100 万吨，预计比上年下降 5.17％（图 8）。

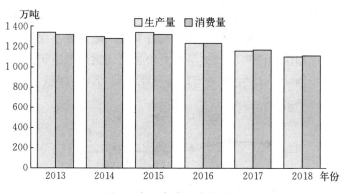

图 8　中国肉鸡生产与消费

数据来源：Livestock and Poultry：World Markets and Trade，Foreign Agricultural Service/US-
DA Oct. 2017.

　　2017 年中国肉鸡消费与生产同步，也呈下降趋势。全年消费量达到了
1 165 万吨，比上年同期减少 5.62％。预计 2018 年中国肉鸡消费还将呈现下降
趋势，可能会达到 1 109.5 万吨，预计下降 4.76％（图 8）。

　　从近几年中国肉鸡生产与消费增减情形看（图 9），中国肉鸡生产与消费从 2013 年开始下降以来，除在 2015 年生产与消费有一个短暂的回升外，一直处于下降通道，但下降速度在明显放缓（图 9）。

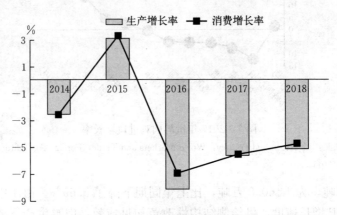

图 9　中国肉鸡生产与消费增长率

　　数据来源：Livestock and Poultry：World Markets and Trade，Foreign Agricultural Service/USDA Oct. 2017.

（二）中国肉鸡贸易

　　2017 年中国肉鸡出口 40 万吨，比 2016 年增长 3.63％（图 10）。肉鸡出口增加与强势美元、大宗商品价格下降利好有关。随着贸易保护主义抬头，全球经济复苏步伐加快，肉鸡出口贸易的竞争会更加激烈，中国肉鸡出口增长的趋势很难持续。预计 2018 年肉鸡出口将可能达到 38.5 万吨，下降 3.75％。

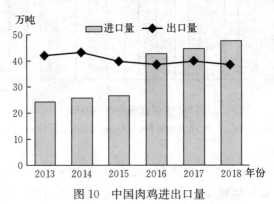

图 10　中国肉鸡进出口量

　　数据来源：Livestock and Poultry：World Markets and Trade，Foreign Agricultural Service/USDA Oct. 2017.

2017 年中国肉鸡进口 45 万吨，比上年同期增加 4.65％（图 10）。考虑人们对健康的追求，白肉蛋白质需求还会持续增长，肉鸡进口增长的局面将持续下去。2018 年预期能源价格持续疲软，新兴经济体国家劳动力和饲料成本仍具优势，肉鸡出口相对竞争优势突出。同时，中国由于肉鸡生产受到禽流感的影响和活禽消费习惯面临重大改变，加之中国进口肉鸡产品的特殊性和差异，中国肉鸡的进口将会大幅度增加。预计 2018 年肉鸡进口可能会达到 48 万吨，增长 6.67％。

中国肉鸡进出口增长速度从 2014 年同步开始下降（图 11）。由于国内肉鸡生产一直处于下降通道，2016 年肉鸡进口由 26.8 万吨猛增至 43 万吨，超常增长了 60.44％，这一时期也是国内肉鸡生产下降幅度最大的时期。预计 2017 年和 2018 年肉鸡进口将恢复到正常增长。受到国内生产和国际竞争力的影响，出口增长呈现下降趋势。

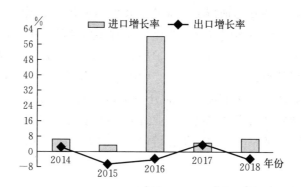

图 11　中国肉鸡进出口增长率

数据来源：Livestock and Poultry：World Markets and Trade，Foreign Agricultural Service/ USDA Oct. 2017.

三、国内、国际肉鸡产业经济政策研究进展

2017 年全球经济复苏强劲，肉鸡产业依然以新兴经济体国家生产增长显著，除中国肉鸡生产波动较大外，传统肉鸡生产美国、巴西和欧盟仍维持一定水平的增长。但禽流感在全球多地频繁出现，特别是高致病性禽流感，对肉鸡产业的打击沉重，损失惨重，影响深远。预计今后肉鸡生产维持平稳增长趋势的难度加大，对禽流感的防控将成为一项长期的日常工作。

（一）2017 年禽流感频发

2017 年年初以来，中国福建、云南、湖南、湖北、浙江、北京等多地出现人感染 H7N9 流感病例，且发病人数和死亡人数均有明显上涨。H7N9 流感病毒对家禽也从低致病性发展到可致鸡只严重死亡的高致病的地步。从防控效果来看，H7N9 疫情对养禽业的威胁不仅没有降低，反而更加严重。国际方面，匈牙利、美国、尼日利亚、法国、英国、保加利亚、韩国和俄罗斯等国都发生了 H5N8 亚型高致病禽流感疫情，对生产者产生了重大心理影响，为产业发展投下巨大阴影。根据禽流感病毒的来源与传播途径，防控难度越来越大，彻底消灭禽流感几乎是不可能的。业界对此应有正确的认识，以及充分的思想和物质准备。

（二）全球肉鸡进出口贸易难度增加

由于禽流感在全球多地爆发，对全球肉鸡贸易影响较大。2017 年全球肉鸡贸易增长明显放缓，多国以疫情为由停止有关地区的鸡肉进口。2016 年 11 月，乌克兰国家食品安全和消费者保护局第一次发布存在禽流感疫情以来，欧盟以及也门、伊拉克、约旦、卡塔尔、中国、沙特阿拉伯和阿联酋已停止进口来自乌克兰的禽肉及禽肉制品，何时开关仍遥遥无期。由于本国消费市场有限，对正在高速发展的乌克兰肉鸡产业造成了沉重打击。以应对禽流感疫情突发事件为武器，采取临时限制或禁止进口等手段实行贸易保护，可能会成为国际贸易中的一种新常态。

（三）发出了负责任使用抗生素的呼声

由于动物福利和人类抗药性的问题，由销售商而不是政府发起的使用无抗生素的肉类产品（ABF）大行其道，无抗鸡生产激增。但这也给无抗鸡生产者提出了难以克服的困难，同时增加了消费者的负担。目前使用肠道健康添加剂的趋势持续增加，但持续、有效、经济的抗生素替代品还在探索和研究开发中。由于高致病禽流感频发，出于防控方面的考量，负责任、合理地使用抗生素不可避免。负责任使用药物农业联盟（RUMA）提出负责任地使用，即制定卫生、营养、生物安全及健康和疫苗计划等措施，以减少农场感染风险。在此基础上，在动物生病时依照兽医指示使用药物，包括抗生素。欧盟与美国对无抗鸡的定义仍存在分歧。业界人士担心抗生素的使用与否可能会成为营销工具，进而可能成为进出口贸易壁垒的工具（Hone，2017）。

(四) 肉鸡新概念大行其道

随着人们对动物福利的重新认识，肉鸡产业发生了新的变化。在欧盟市场上出现了所谓"明日之鸡"的概念，即较慢生长品种（日增重 45～50 克）、有一定的生长空间、正常的昼夜节律、较少使用抗生素，以及使用负责任大豆、友好的氨和颗粒物排放等。这一概念在 2013 年初提出后经过 4 年多的发展，在荷兰几乎所有超市都不再销售快大型肉鸡（Bloated Chicken），并争取到 2020 年实现市场上全部销售"明日之鸡"。消费者似乎在一夜间放弃了对快大型肉鸡的消费兴趣。这对生产者和育种者提出了新的要求，特别是如哈巴德（HUBBARD）和罗斯科宝（ROSS & COBB）等育种公司已经尝试推广较慢速生长的肉鸡品种，以适应这一肉鸡新概念的需求（Swormink，2017）。

(五) 肉鸡产业将发展成为综合的蛋白质食品公司

国际禽业是受到全球化影响较大的行业。不久的将来，所有家禽业务将成为全球性的互联网业务，并且非常可能成为食品公司，而非家禽公司，否则将根本无法开展业务。随着本国肉鸡市场的日益成熟，传统的和新兴的肉鸡生产国都着眼于开发全球生产战略，更关注的是国际市场，期望与其他国家结成战略联盟，或采取并购方式，来提高产业竞争力。现代互联网技术的应用使传统产业内部的生产、屠宰、加工垂直集约化生产转变为包括粮食饲料生产、加工销售、物流等环节的横向集约化生产成为可能。未来的肉鸡产业可能会向现代的汽车产业一样成为全球采购、全球生产布局、全球销售的行业。如美国泰森（TYSON）收购了猪、牛生产加工产业，从一个肉鸡生产公司发展成为集猪、牛和鸡肉产业于一体的蛋白质公司，或称为食品公司（Food Compines）。巴西的 JBS 跨国公司从猪、牛产业延伸到肉鸡产业，成为全球最大蛋白质公司。未来的趋势是肉鸡企业将发展成为综合的食品公司（Aho，2017）。

四、问题与建议

2017 年中国经济保持稳中向好的态势，已经开始由高速增长阶段向高质量发展阶段转变。经济结构、增长动力、效益质量等都出现了积极的变化，消费正在成为支撑中国经济增长的强劲动力。肉鸡产业在 2017 年遭受了高致病性禽流感频发的打击，损失惨重，正在经历生产徘徊，消费不振的产业低潮。基于国内经济形势和产业发展中的问题，提出如下建议：

（一）大力发展肉鸡规模化标准化生产，加快产业整体升级

通过标准化养殖的扶持政策，支持和引导企业加大规模化和标准化养殖场建设，实现生产方式的转型升级。政府应出台更优惠的治污补偿政策和严格的法规，一方面，鼓励企业以科技投入和创新为突破口，驱动企业全面转型升级，加强对废弃物的无害化资源化利用、疫病防控、自主品种选育和培育等方面研究与开发投入力度。争取在科技创新上有重大突破，这也是转型升级的关键；另一方面，加大对分散的、排放不达标生产企业的惩罚力度，淘汰落后产能，增加规模化、标准化养殖比重，以提高产业整体水平。

（二）加强活禽市场的规范和升级管理

为了更有效地预防和控制高致病性禽流感等重大疫病，2006 年农业部、卫生部和国家工商管理总局联合制定了《活禽经营市场高致病禽流感防控管理办法》，对专业批发市场、城市农贸市场、农村集贸市场等的活禽经营区域、活禽交易和宰杀加工卫生检疫，以及从事活禽经营的单位和个人的责任和义务都做出了明确规定和要求。该办法实施 10 多年来，对防控禽流感疫情发挥了一定的作用。但从疫情频发、范围扩大、死亡人数增加来看，在近期不能取消活禽市场的情况下，还需更加严格的执行本办法，加强对活禽市场的规范管理，特别是通过管理技术和手段的升级，提高防控高致病性禽流感效果。

（三）引导居民改变活禽消费习惯

为了更有效地防控禽流感，应严格限制和禁止活禽交易，以断绝疫情传播途径。从长远计，必须要把传统的活禽销售模式逐渐转变成为"集中屠宰、冷链配送、冰鲜上市"的经营模式。这对消费者而言，会经历一个消费习惯改变和适应的过程。加强对消费者的宣传教育，普及卫生、科学、营养的食物消费知识，引导和培养居民正确消费行为，尽快地完成消费习惯改变的过渡期。全方位地开展对消费者的科普和宣传工作，为肉鸡产业可持续发展创造良好环境。

（四）建立健全危机应急系列措施

由于肉鸡产业从养殖、屠宰到加工，投资大，风险高，加之禽流感频发，以及生产过程中的各种不确定因素，使得全国整个肉鸡产业亏损严重，生产徘徊不振。为了更有效应对突发事件，应大力加强危机应急处理能力建设，尽快

完善和配套应急系统措施。危机应急系统措施应包括：进一步完善突发紧急事件处理程序和规范、建立保障恢复生产的保险、疫病疫苗研发、宣传公关和法律援助等措施。充分发挥各方的积极性，协调和组织相关各方共同应对突发事件，保证肉鸡产业的可持续发展。

参考文献

Berrie Klein Swormink. Chicken of Tomorrow Is Here Today [J]. Poultry World，2017（2）：6-8.

Jenny Hone. Responsible Use Versus Antibiotic-free Poultry Production [J]. Poultry International，March，2017：16-21.

Livestock and Poultry：Market and Trade [R]. Foreign Agricultural Service/USDA Oct.，2017.

Paul Aho. Global food companies will control the poultry industry [J]. Poultry International，2017（6）：20-22.

美国、澳大利亚家禽食品安全管理体系的发展及启示

钟苑[1]　王济民[12]

（1. 中国农业科学院农业经济与发展研究所；2. 中国农业科学院办公室）

中国家禽类产品是仅次于猪肉的第二大肉类消费品，其消费量占肉类总消费量的比重已超过 25%。从饲料安全管理到家禽养殖过程中的环境安全调控，生产加工过程中的食品安全控制，以及流通环节，最终到达消费者手中，家禽食品安全一直是消费者关注的焦点问题。美国、澳大利亚等发达国家的食品安全水平较高。美国家禽食品安全法规制定较早且从农场到餐桌的食品安全都受到完全监控，病原菌检测的科技水平发展成熟；澳大利亚遵循新西兰《食品法典》，家禽食品企业、行业在法规制定之前均已遵循相关规定，并有一套自我约束守则。相比而言，中国家禽食品安全水平在养殖、屠宰加工、储藏运输、批发零售等方面均与世界发达国家有较大差距。因此，研究和借鉴发达国家的家禽食品安全管理和控制体系的相关法规及技术对中国制定有效家禽食品安全法规、企业行业规范生产具有重要意义。本文旨在借鉴美国、澳大利亚的成熟经验，总结中国家禽食品安全管理体系的现状和存在问题，并提出改善家禽食品安全管理体系的建议。

一、美国家禽食品安全管理体系

（一）美国家禽食品安全管理的现状

美国是全球最大的家禽产品生产国和消费国，其家禽质量和安全一直受到政府、科研机构、食品加工厂商以及消费者的高度重视。

在养殖方面，美国家禽养殖的产业化经营模式分为"公司＋农户"和"垂直一体化"，从源头到末端均严格受控，以此做到从食品源头追溯食品安全。农场规定养殖过程中不添加激素；为预防疾病、提高饲料利用率，允许添加抗生素，但出栏前必须有停药期，以确保出栏禽肉没有药物残留（以下简称"药残"）。

美国执法部门食品安全检验局（FSIS）作为美国农业部的公共卫生机构，为所有家禽作检测，以确保所有家禽产品在到达美国消费者之前能达到 FSIS 的安全标准。FSIS 向家禽加工厂委派联邦检查员，对家禽加工厂的禽肉进行抽查。如有食品安全违规，联邦检查员有权停止工厂生产。此外，FSIS 会以随机抽样的方式在屠宰场进行药残检测。FSIS 监控体系数据显示，屠宰场药残违规比率非常低，几乎为 0。美国于 1996 年开始制定禽类 HACCP 法规，主要运用于家禽产品的加工过程，该法规在家禽产品加工的关键控制点上创建一系列排解策略，即降低风险策略，例如使用能杀死潜在微生物或减少潜在微生物生长的食品添加剂、允许使用核准的漂洗剂以杀死残存的病原菌；最后由企业和联邦实验室共同在家禽工厂的设备和产品中做微生物检测，以确认排解策略是否有效。

在生产监测方面，美国 FSIS 检查体系最早以流线检查体系（SIS）为主，规定生产线速为 70 只/分，每条线安排 2 位检查员，为避免速度对大型化生产的影响，而后推行新线速检查体系（NELS），规定生产线速为 91 只/分，每条线上安排 3 位检查员。目前 FSIS 检查体系采用基于 HACCP 的检查项目体系（HIMP），HIMP 作为基于 HACCP 的检查项目体系，规定联邦检查员负责禽体检验、验证检验和系统检查 3 项工作，检查员位于生产线尾端，在禽类屠宰之后、冷却之前对每只禽肉胴体作最终检验，并对整个生产过程作监督。

在配送、仓储方面，美国执法部门食品和药物管理局（FDA）出台法律《人类和动物食品卫生运输的食品安全现代化法终则》（以下简称"《终则》"），严格监控美国家禽产品的配送和仓储。《终则》对车辆运输设备和管理员提出要求，例如确保冷链温度达标、设备能够预防污染，运输操作上装载货物是否有预览以及对食品安全管理人员培训进行记录。《终则》规定大车队在 2017 年 4 月满足车辆运输条文规定，小车队在 2018 年 4 月前满足相关规定。

在零售方面，美国家禽产品零售也由 FDA 执法并提供指引性文件《食品法典》。该法典对零售环节中虫害控制、温度控制等具体方面提出了要求，并规定食品商场及餐厅等地必须张贴《食品法典》所要求的"食品安全检查信息"，以方便消费者了解食品安全信息。

（二）美国的家禽食品安全检测技术

美国家禽食品安全检测技术主要运用于减少禽类病原菌。美国建立病原菌数据库，主要包括沙门氏菌、弯曲杆菌、李斯特单核细胞增生菌、大肠杆菌的数据，并根据 HACCP 法规的要求降低家禽食品病原菌的比例。此外，美国破除传统微生物检测的弊端，严格采用全新技术——全基因组测序，从食品样品中测出基因组，再与病人粪便中的病原菌基因组做对比分析，以此判断是哪种致病菌，甚至可以测出病菌样种（He et al.，2014；Amoutzopoulos et al.，2013）。另外，全基因组测序的优点在于暴发食品安全病源事件时，能迅速追查出暴发区域的病原菌，并且与其他地区同类病原菌做比对，根据生物进化原则，该测序能以最快速度推测出病原菌的起源。同时，美国采用"先进分析方法"，运用比"商务智慧"更为复杂的技术和工具分析现有病原菌数据，做出判断并给出结论和建议。美国通过综合全基因组测序和"先进分析方法"，凭借强大数据库做支撑，做到食品、微生物、过敏原物种较全面的检测。

二、澳大利亚家禽食品安全管理体系的发展

（一）澳大利亚家禽食品安全管理法规的实施

澳大利亚和美国在家禽安全监控上有很多的相似之处。澳大利亚家禽食品安全执法部门即澳新食品标准局（FSANZ）执行澳新食品法典中的禽肉初级生产和加工标准，提出对活禽养殖引进新的法律防护，要求家禽养殖者识别并控制禽类养殖的安全危害，此外，要求家禽加工者必须能识别并控制与家禽加工、屠宰有关的安全危害，并验证控制措施的有效性。该项规定的目的在于降低弯曲杆菌和沙门氏菌的患病率和数目，进而减少疾病发生的可能性。此外，澳大利亚提倡企业和行业的自律，在执法部门制定最终法律规定之前，企业和行业能以高标准严格要求自己，指引家禽养殖遵循《禽类生物安全手册》，家禽屠宰加工遵循《澳大利亚禽类加工实务守则》。在储藏运输方面，澳大利亚肉制品和家禽协会、州联邦政府以及家禽行业组织共同研制宣传册，帮助家禽生产商和运输者决定哪些动物适合运输。生产商、家禽运输商、家禽出售公司、销售职员和其他与运输家禽有关的部门通过宣传册可快速了解运输动物品种。

（二）澳大利亚家禽食品安全的管理控制

澳大利亚的家禽安全检查方式与美国的 HIMP 相似，但经过考核，允许第三方检查员或企业检查员介入，每个州或地区根据自己的详细要求执行管理。

以新南威尔士州为例。在家禽养殖方面，对家禽养殖场既有卫生、操作管

理、清洁和消毒的要求，也有动物福利的要求。此外，养殖场必须有食品安全管理宣言，并定期接受新南威尔士州食品安全局的合规检查。在家禽屠宰、加工方面，家禽屠宰场除了要符合养殖场的所有要求之外还有附加要求，例如食品来源控制、食品安全规范程序、肉类安全检查员、产品召回计划、定期进行产品检验等。在家禽运输方面，既要有卫生和操作管理、食品安全管理宣言，也要有食品安全控制包括食品操作管理、召回、时间和温度的控制及食品管理局的合规检查。在家禽零售方面，考虑到禽肉零售高风险的特性，澳新食品标准局提出比其他零售商品更高的要求：一是有卫生和操作的管理和要求；二是要有食品安全程序和零售日记；三是对即食肉类和发酵肉类有格外要求；四是对禽肉的零售进行合规检查。

三、中国家禽食品安全管理体系的现状与挑战

美国、澳大利亚家禽食品安全"垂直一体化"的管理模式、高度自觉HACCP法规的执行、家禽行业所掌握的宣传册均为两国家禽业发展提供了保障，并带来了多方位的效益。中国家禽食品安全的现状从养殖到销售均有不足之处。

（一）中国家禽食品安全管理的现状

目前，中国禽类养殖既存在规模化养殖也存在合作社和小型养殖场，规模有了很大提高，但仍与发达国家有较大差距。一部分大型屠宰企业以"公司＋农户"形式进行饲养，由合同农户代养，公司提供饲料、用药和防疫管理及收购。以肉鸡为例，根据2000—2015《中国畜牧业统计》数据，2000—2015年中国肉鸡规模化养殖出栏数量占肉鸡总出栏数量的比重呈现比较稳定的上升趋势，从50.07%上升到86.40%，其中，5万只以上大规模饲养场户数和出栏量分别增长了8.17倍和10.08倍，10 000～49 999只的中等规模饲养场户数和出栏量分别增长了2.11倍和1.40倍。中大型规模的肉鸡饲养已经成为中国肉鸡规模饲养的主要模式。

在屠宰、加工方面，以肉鸡为例，白羽鸡绝大部分在屠宰场进行屠宰；黄羽鸡由于其活鸡购买的消费特点在屠宰场进行全部宰杀的可行性较弱。全国大部分省会城市和一些大城市为防范疫情，禁止活禽进入城区和宰杀，一般实行在周边指定小型定点屠宰场或指定活禽交易市场内集中屠宰，主要供应冰鲜禽类。在二三四线城市和部分欠发达地区，屠宰较分散且管理松散，以作坊或农

贸市场内点杀为主。

在家禽储藏和运输方面，国家先后出台食品流通和冷链方面的扶持政策，例如 2010 年国家发展改革委编制的《农产品冷链物流发展规划》、2015 年正式实施的《餐饮冷链物流服务规范》等，以促进家禽类产品冷链物流的良好发展。中国大型龙头企业冻禽严格按照家禽储藏运输要求进行运输，但一些小企业冻禽运输至分销目的地的交易和中转过程一般在常温或保温下进行，脱离冷链。并且冰鲜禽肉的处理和运输中存在屠宰后进行冰水预冷或不预冷、在常温下运输或加冰保温当天直接运输至市场的现象。

在零售、批发方面，中国生鲜禽类的零售、批发温度存在控制缺失，主要体现在菜市场和农贸市场。生鲜禽类的散装销售方式使得产品容易受到污染，或污染其他食品。同时，菜市场和农贸市场的索证索票管控不严，难以取得检验检疫的票证。市场中现杀现象仍然存在。

（二）中国家禽食品安全管理的挑战

在禽类养殖方面，规模养殖的龙头企业精于管理，已走上了集约化、标准化、专业化、现代化的道路，但一些小规模养殖场和合作社没有办理《动物防疫条件合格证》，缺乏防疫、饲养和用药的管理规范，存在乱用药的现象，如激素、抗生素等，也容易暴发禽流感疫情，缺乏相应的监管和意识。

在屠宰、加工方面，目前国内龙头企业在屠宰、加工方面体系完善，但一些小企业屠宰场/集中市场对活禽的用药情况没有有效检测和管控，容易导致药残检测不合格。国家没有要求官方兽医驻场检疫，屠宰时仅向当地动检部门申报检疫，换得检疫票即可，一部分屠宰场没有实行严格的宰后检验和检疫。

在家禽储藏和运输方面，国内大型龙头企业严格按照冷链物流标准来执行管理，但存在一些小企业的家禽储藏和运输的分销和转运环节缺乏有效追溯和监管，鲜冻禽检疫票和禽肉产品难以一一对应和追溯，检疫标识难以识别真伪，存在常温运输或不达标的运输的情况，这些问题将对禽肉质量和安全造成影响。

在消费者安全认知方面，消费者对食品安全信息的关注程度越来越高，但食品安全意识并不高。食品安全信息与消费者认知之间有偏差，并且消费者对食品安全的认知存在矛盾，即忽视和夸大食品安全风险的现象同时存在。相比而言，美国农业部肉类和家禽热线的运作模式帮助消费者解决有关家禽食品安全问题的困惑。

四、美国、澳大利亚家禽食品安全管理 体系对中国家禽业发展的启示

通过对美国、澳大利亚家禽食品安全管理体系的分析可知，国外发达国家从养殖到销售环节均有法律支撑，家禽行业也自觉制定相关规定。中国家禽业从养殖、屠宰加工、储藏运输、零售批发4个方面都需借鉴其经验。

（一）家禽养殖

当地政府应加强农村兽医服务体系的管理，加强对养殖环节的监管和养殖人员的培训。农业部已从2010年在全国大部分省市开展《畜禽养殖标准化示范创建活动》，建议销售商可以优先选择已通过标准化示范验收的养殖场采购合作，或者已通过无公害、良好农业规范（GAP）、绿色、有机等认证的养殖基地合作。

（二）家禽屠宰加工

逐步推行禽类定点屠宰，加强家禽屠宰的法规和标准建设，落实企业主体责任，尽快出台《家禽屠宰企业监督管理办法》，加强基层动物检疫、官方兽医队伍建设和管理。严格把控加工过程中的微生物检测，对加工全过程进行表格记录，加工厂严格按照家禽加工卫生操作标准规定、家禽加工的卫生组织结构要求及人员卫生要求、水的安全要求、有害生物防范、食品接触表面的卫生要求、有毒有害物的管理、原料卫生要求、食品包装物的卫生要求、贮运操作的卫生要求、产品运输的卫生要求等。推行家禽食品可追溯系统，优先选择具有可追溯体系的家禽食品供应商。

（三）家禽储藏和运输

个别省市已立法要求食品、农产品的仓库和物流商在当地食药局统一进行备案管理，定期进行抽查，但政策有待进一步落实。中央和其他省市应加快对食品农产品追溯体系的建设和管控，尽快制定储存、分销和物流环节的法规和标准。大小车辆在进行家禽运输时应将活禽和冷冻禽类进行严格分离，分批运输，并对车辆温度进行定期检查，严格把控车辆卫生、消毒，严禁走私，严禁病死、未经检疫的家禽运输，一经发现，严格按相关法律法规进行处理。

(四) 家禽零售、批发

食品安全的消费者教育逐渐为政府、行业、企业和媒体的责任。随着消费者食品安全意识的提高，零售超市可以成为生鲜禽类的温度控制和污染预防的典范。对消费者进行食品安全教育、普及食品安全知识，对于提高消费者消费信心，改善家禽消费市场具有重要意义。政府可定期开展消费者家禽知识讲座，进行家禽安全知识普及；行业协会可加强与企业的联系，组建企业零售食品的安全知识宣传平台，为消费者撰写家禽零售业商品安全指南，引导消费者正确认知家禽相关质量安全知识，合理消费家禽产品（申秋红，2008）。

五、展　　望

家禽食品安全日益受到世界各国政府的关注。美国是世界上食品安全级别最高的国家之一，这和美国政府重视食品安全工作的传统、分工协作的食品安全体系有关（国家营养规划研究课题组，2005）。澳大利亚和新西兰没有贸易壁垒，均遵循《食品法典》，其食品安全性位于世界前列。美国、澳大利亚家禽食品安全通过完善的立法、严格的监管以及先进科技为中国家禽食品质量和安全保障提供了重要的经验。中国家禽食品安全应该从养殖、屠宰加工、储藏运输到零售批发各方面保证从农场到餐桌的全面监控，另外政府要加大监管力度，企业行业要高度自觉遵守相关法律法规，消费者加强食品安全的认知，共同促进中国家禽食品安全的发展。

参考文献

国家营养规划研究课题组 . 美国的食品安全项目 [J]. 经济研究参考，2005（59）：36 - 42.

申秋红 . 中国家禽产业的经济分析 [D]. 北京：中国农业科学院，2008.

Amoutzopoulos B，Lker G B，Samur G，et al. Effects of a traditional fermented grape-based drink 'hardaliye' on antioxidant status of healthy adults：a randomized controlled clinical trial [J]. J Sci Food Agric，2013，93（14）：3604 - 3610.

He C，Li B，Song W，et al. Sulforaphane attenuates homocysteine-induced the endoplasmic reticulum stress through Nrf-2driven enzymes in immortalized human hepatocytes [J]. J Agric Food Chem，2014，62（30）：7477 - 7485.

疫病防控

养殖户的动物防疫支出及其影响因素分析

黄泽颖[1]　王济民[23]

(1. 中国农业科学院农业部食物与营养发展研究所；
2. 中国农业科学院农业经济与发展研究所；3. 中国农业科学院办公室)

一、问题的提出

高致病性禽流感、亚洲 I 型口蹄疫、猪链球菌病和猪蓝耳病等重大动物疫病的暴发制约着中国畜禽业的健康发展。据统计，2004—2008 年，平均每年由于动物疫病的发生给畜禽业造成的直接经济损失达到 1 000 亿元，仅动物发病死亡造成的直接损失接近 400 亿元，相当于养殖业总产值增量的 60% 左右（李亮、浦华，2011）。作为农村动物疫病的防控主体，养殖户掌握着动物健康状况的信息，他们的防疫行为举足轻重。养殖户的防疫支出在一定程度上反映了他们防疫的能动性和差异性，也关系到中国动物疫病的防控水平。

学界对于养殖户防疫支出的研究不多。其中，Siekkinen 等（2008）调查分析了芬兰肉鸡和蛋鸡生产的防疫支出成本，于乐荣等（2009）比较了禽流感发生前后家禽养殖户对疫病防治的投入成本，Kumar 等（2011）分析了印度养殖户对兽医中心的服务和动物保健上门服务的支付意愿。

由于防疫支出属于防疫的范畴，中国养殖户防疫支出影响因素的相关探讨更多地见于养殖户防疫行为文献。大多数学者认为男性养殖户主相对女性养殖户主会采取更多的防疫措施，且具有强烈的防疫意愿，但也有学者认为女性养殖户主更倾向于防疫（Tambi 等，1999；林光华等，2012；刘军弟等，2009；闫振宇等，2011）。大多数学者认为养殖户主的年龄越大越有利于开展防疫工作，但也有学者认为年轻的养殖户主更偏向于防疫（Palmer 等，2009；闫振宇等，2011；Schemann 等，2011；林光华等，2012）。大多数学者认为养殖户主的受教育程度越高，越倾向于动物防疫（闫振宇等，2012；Can 等，2014）。大多数学者认为有较长养殖年限的养殖户因为具备丰富的农场管理经验而倾向于采用多种防疫措施，同时也有部分学者却认为年限较短的养殖户能较好地执行防疫措施（Tambi 等，1999；吴秀敏，2007；Toma 等，2013；

Laanena 等，2013）。大多数学者认为畜禽饲养数量越多，养殖户越注重动物疫病防控，然而，随着养殖数量的增加，养殖户也有可能担心疫病防控带来更多的支出，而倾向于消极防疫（Bhattacharyya 等，1997；刘军弟等，2009；NÖremark 等，2010；闫振宇等，2012；Sayers 等，2013；李立清、许荣，2014）。养殖收入对养殖户高致病性禽流感疫苗的使用决策有负面影响（Ilham 等，2011）。饲养密度越高，养殖户越担心畜禽间发生交叉感染，则倾向于采取防疫措施（Sayers 等，2013；林光华、汪斯洁，2013）。在政府对防疫条件符合国家规定的养殖场颁发动物防疫条件合格证的情况下，经动物卫生权威机构认证的家禽养殖场会主动采取防控措施（Toma 等，2013）。学者们一致认为养殖户的动物疫病风险感知会对他们防疫行为产生积极作用，家禽生产者一般会依据防疫措施的效果而作出防疫决策，防疫补贴的实施提高了养殖户防疫的积极性，防疫技术服务便利性体现了养殖户寻求技术指导和服务的方便程度，如果社区有畜牧兽医站、动物医院等服务组织，则有助于养殖户采取防疫措施（Mainar-Jaime 等，1999；Schemann 等，2011；Valeeva 等，2011；闫振宇等，2012；林光华等，2012；张桂新、张淑霞，2013；李燕凌等，2014）。个别学者认为，养殖场与畜牧兽医服务部门的距离越远，越倾向于履行国家防疫规定，养殖户加入产业组织对他们采取防疫措施有显著的正向影响，养殖户从不同渠道获取的信息越多，越有助于推动防疫工作，在当地接受过公共畜牧兽医部门培训的养殖户愿意采取防疫措施，附近发生过动物疫情对养殖户的防疫强度或决策有显著的正向影响，动物疫情暴发和区域的自然和人员环境紧密相关，区域分布对生产者采取防疫措施有显著的影响（Mainar-Jaime 等，1999；Palmer 等，2009；于乐荣等，2009；刘军弟等，2009；NÖremark 等，2010；闫振宇等，2011；闫振宇等，2012；张跃华、邬小撑，2012；张桂新、张淑霞，2013；Toma 等，2013；李立清、许荣，2014；Delabbio，2016）。

总的来看，已有文献从户主特征、养殖特征、主观认知、社会环境等众多方面对养殖户防疫行为进行了研究，成果丰富，且普遍采用 Logit、Probit 等离散选择模型进行分析。然而，已有研究仍存在一定的缺陷。调查发现，随着畜禽养殖日趋规模化和产业化，中国养殖户防疫行为的标准化程度提升，差异缩小，如果仅从是否采取防疫措施或以防疫次数作为研究对象，很可能难以得出有针对性的结论，难以提高养殖户的综合防疫能力。基于此，本文以全国肉鸡养殖户的防疫措施和防疫设备的年均支出以及总支出作为研究对象，探析和比较各项防疫支出及其影响因素，以期为动物疫病防控政策的制定和完善提供决策依据。

二、变量选择与模型构建

动物防疫支出是生产成本的一部分，防疫支出虽然增加了养殖户的总成本，但能降低畜禽的患病几率，保障养殖户长期的稳定收益。根据中国《动物防疫条件审查办法》对动物饲养场、养殖小区的规定，同时也是国际动物卫生机构《陆生动物卫生法典》对养禽场的建议（世界动物卫生组织，2015），用药、免疫、消毒3项措施和采光、通风、污水污物处理、消毒、无害化处理5项设备设施是养殖户重要的防疫行为，具有不同的作用和支出范围（表1）。

表1 动物防疫措施和设备

	说 明
用药	防治畜禽感染疫病而喂食的抗菌和病毒的药物
免疫	定期注射疫苗以提高畜禽对疫病的抵抗力
消毒	采用物理化学等方法杀灭圈舍内外传播媒介的病原微生物
采光设备	保证畜禽生长发育光照的需要
通风设备	及时排出有害气体，保持空气清新
污水污物处理设备	排放污物，避免滋生细菌
消毒设备	杜绝外界人员、车辆及物品将病原微生物携带进养殖场
无害化处理设备	将带有病原体的病死畜禽进行适当处理

虽然《全国农产品成本收益资料汇编》对中国畜禽的防疫费用进行了统计，但遗憾的是，对不同防疫措施的费用缺乏分类统计。本研究以养殖户用药、免疫、消毒3项措施和采光、通风、污水污物处理、消毒、无害化处理5项设备设施的支出、总防疫支出作为因变量进行研究，首先需要获取养殖户这9个方面的支出数据。需要注意的是，如果通过问卷调查直接获取养殖户每年各项防疫措施的支出容易产生误差，所以，课题组首先调查每个养殖户的年均养殖批数、每批肉鸡养殖过程中使用的药物、疫苗和消毒液的数量以及各项单价，公式如下：

$$e_{ij} = \sum_{q=0}^{n} batch_j \times quantity_{ij} \times price_{ij} \quad i = 1,2,3; j = 1,2,\cdots,n$$

(1)

式（1）中，$i=1$，2，3分别代表用药、免疫和消毒；j代表受调查的养殖户；e_{ij}代表养殖户的防疫措施支出，调查发现，一些养殖户会使用一种类型以上的药物、疫苗和消毒剂，故设$q=0$，1，$\cdots$，n表示养殖场拥有不同类型的药物（疫苗、消毒剂）数量；$batch_j$代表每个养殖户每年的肉鸡养殖批次；$quantity_{ij}$代表使用的一种类型药物（疫苗、消毒液）的数量；$price_{ij}$代表单价。

同样，每个养殖户每年各项防疫设备支出的计算公式如下：

$$e_{mj} = \sum_{p=0}^{n} \frac{quantity_{mj} \times price_{mj}}{year_{mj} + repair_{mj}} + operation_{mj}$$

$$m=1，2，\cdots，5；j=1，2，\cdots，n \qquad (2)$$

式（2）中，$m=1$，2，$\cdots$，5分别代表采光、通风、污水污物处理、消毒、无害化处理设备；j代表样本养殖场；e_{mj}代表养殖户的防疫设备支出；$p=0$，1，$\cdots$，n表示养殖户拥有不同类型的设备数量；$quantity_{mj}$代表一种类型的设备数量；$year_{mj}$代表设备的使用年限；$price_{mj}$代表设备单价；$repair_{mj}$代表年均维修费用。$operation_{mj}$表示年均运行费用，如电费、原料费用等。

最后，计算第j个养殖户的防疫总支出：

$$e_j = \sum_{i=1}^{3} e_{ij} + \sum_{m=1}^{5} e_{mj} \qquad j=1,2,\cdots,n \qquad (3)$$

式（3）中，e_j代表第j个养殖户的3项防疫措施支出和5项防疫设备支出的总和。

养殖户的防疫支出属于防疫行为的范畴，影响因素可参照养殖户防疫行为研究。根据已有文献提及的影响因素，结合计划行为理论（Ajzen，1991）可知，个体特征、主观认知会影响养殖户对事物所持态度以及对某特定行为的控制感知；生产（养殖）特征、社会环境影响养殖户的行为控制感知和主观规范。因此，笔者从户主特征、养殖特征、主观认知、社会环境等四个方面选取养殖户防疫支出的影响因素（表2）。

表2　自变量定义及描述性统计

	变量	定义与赋值	平均值	标准差	预期方向
户主特征	性别	女=0；男=1	0.86	0.34	?
	年龄	周岁	45.10	9.74	?
	教育年限	年	9.67	2.30	?

（续）

	变量	定义与赋值	平均值	标准差	预期方向
	养殖年限	年	8.75	6.92	?
	养殖规模	羽/年	68 426.74	132 926.5	?
养殖 特征	养殖收入	元/年	56 504.53	116 567.4	—
	养殖密度	羽/平方米	10.57	3.44	+
	平均日增重	克	40	20	+
	防疫条件合格证	无=0；有=1	0.65	0.48	+
	动物疫病风险感知	完全不了解=0；不了解=1；一般=2；了解=3；非常了解=4	2.59	0.88	+
	整体防疫效果	非常差=0；差=1；一般=2；好=3；非常好=4	2.27	0.96	+
	用药效果	（同上）	2.80	0.63	+
	免疫效果	（同上）	2.98	0.60	+
主观 认知	消毒效果	（同上）	2.96	0.63	+
	采光设备效果	（同上）	2.83	0.73	+
	通风设备效果	（同上）	2.83	0.72	+
	污水污物处理设备效果	（同上）	2.24	0.60	+
	消毒设备效果	（同上）	2.59	0.68	+
	无害化处理设备效果	（同上）	2.15	0.46	+
	总防疫补贴	元/年	11 473.56	70 018.82	+
	用药补贴	元/年	4 097.92	28 836.15	+
	免疫补贴	元/年	7 173.34	47 230.41	+
	消毒补贴	元/年	189.95	1 688.72	+
社会 环境	防疫技术服务	否=0；是=1	0.42	0.49	?
	用药技术服务	否=0；是=1	0.56	0.50	?
	免疫技术服务	否=0；是=1	0.56	0.50	?
	消毒技术服务	否=0；是=1	0.35	0.48	?
	采光设备技术服务	否=0；是=1	0.25	0.43	?
	通风设备技术服务	否=0；是=1	0.21	0.40	?

（续）

变量		定义与赋值	平均值	标准差	预期方向
社会环境	污水污物处理设备技术服务	否＝0；是＝1	0.06	0.24	？
	消毒设备技术服务	否＝0；是＝1	0.16	0.37	？
	无害化处理设备技术服务	否＝0；是＝1	0.05	0.21	？
	参加产业组织	否＝0；是＝1	0.77	0.42	＋
	防疫信息渠道	1 种信息渠道＝0；2 种信息渠道＝1；3 种信息渠道＝2	1.16	0.80	＋
	参加过政府组织的防疫培训	否＝0；是＝1	0.51	0.50	＋
	周边近几年发生过动物疫病	否＝0；是＝1	0.11	0.31	＋
	地域因素	北方＝0；南方＝1	0.53	0.50	？

注：完全不了解是指根本没听说过或学习过；不了解是指听过但不知道具体内容；一般是指仅知道基本情况；了解是指知道大部分情况，但不完全了解；非常了解是指知道全部情况。总防疫补贴是各项年均补贴之和；防疫技术服务是问卷调查养殖场周边是否有畜牧兽医站、动物医院和科研院校；整体防疫效果认知是直接问卷调查养殖户总体防疫效果认知。养殖户获取的信息一般来自私人、公共、专家三大信息渠道，将经验信息、其他养殖户、亲戚朋友等渠道获取的信息归纳为私人信息渠道，将政府宣传、报纸杂志、广播、电视等渠道统称为公共信息渠道，将兽医、高校专家、畜牧养殖专业组织等渠道获取的信息作为专家信息渠道[32]。调查发现，养殖户获得防疫设备补贴的人数占比仅有 5%，为减少回归分析产生的误差，所以暂不考虑这个因素。

多元回归要求各方程协变量相同，而且，同一养殖户不同防疫措施支出的非独立数据比较普遍，方程间的扰动项在理论上很可能存在相关性，对每个方程分别作最小二乘估计显然不合理。防疫措施和防疫设备属于养殖户防疫的两个重点，有必要分别对防疫措施和设备支出进行似乎不相关回归，然后再结合起来，对防疫总支出进行多元线性回归。

似乎不相关回归法（Seemingly Unrelated Regressions）在参数估计过程中合理考虑了方程间的相关性，由 Zellner（1962）首次提出。m 个似乎不相关回归方程的表达式如下：

$$y_i = x_i\beta_i + e_i, \quad i=1, \cdots, m \qquad (4)$$

式（4）中，y_i 是因变量，x_i 为自变量，β_i 为参数，e_i 为随机误差。$x_i \neq$

x_j，i，$j=1$，$\cdots$，m，当 $x_i=x_j$，似乎不相关回归模型为多元线性回归方程。

将式（4）改写如下：

$$
\begin{bmatrix} y_1 \\ y_2 \\ M \\ y_m \end{bmatrix} = \begin{bmatrix} X_1 & 10 & \Lambda & 0 \\ 0 & X_2 & \Lambda & 0 \\ M & M & & M \\ 0 & 0 & \Lambda & X_m \end{bmatrix} \begin{bmatrix} \beta_1 \\ \beta_2 \\ M \\ \beta_m \end{bmatrix} + \begin{bmatrix} e_1 \\ e_2 \\ M \\ e_m \end{bmatrix}
\tag{5}
$$

式（5）中，假设 y 的 m 个观测值之间相互独立，各个误差项 e_i 之间不独立，则有

$$E(e_i)=0，E(e_i，e_i)=\sigma_{ii}I_n，E(e_i，e_j)=\sigma_{ij}I_n，i，j=1，\cdots，m$$

$$
E(e,e)=V=\begin{bmatrix} \sigma_{11}I_n & \Lambda & \sigma_{1m}I_n \\ M & & M \\ \sigma_{m1} & \Lambda & \sigma_{mn}I_n \end{bmatrix} = \sum I_n
\tag{6}
$$

式（6）中，V 为同一观测点模型误差项的方差—协方差矩阵。从模型形式来看，m 个方程有各自独立的协变量，协变量之间似乎是不相关的。

似乎不相关回归的基本假设是，各方程扰动项之间存在同期相关，故需要检验原假设 H_0：各方程的扰动项无同期相关，即 H_0：$\sum$ 为对角阵。检验方法为拉格朗日乘子统计量（Breusch 等，1980）：

$$
\lambda = n \sum_{i=2}^{m} \sum_{j=1}^{i1} r_{ij}^2 \sim \chi^2 \left(\frac{m(m1)}{2} \right)
\tag{7}
$$

式（7）中，$r_{ij}^2 = \frac{\hat{\sigma}_{ij}^2}{\sigma_{ii}\sigma_{jj}} i$，$j=1$，$\cdots$，$m$；$r_{ij}$ 为两指标变量间的相关系数。

三、数据来源和描述性分析

问卷调查分为预调查和正式调查两个阶段。2015 年 4 月，课题组到河南肉鸡生产大省开展预调研，调查了 20 个养殖户，了解防疫情况。正式调查时，为保证样本的代表性，课题组根据中国"北方白羽、南方黄羽"的肉鸡生产格局，在北方选择河北、吉林、山东 3 个白羽肉鸡生产大省，在南方选择广西、湖北、广东 3 个黄羽肉鸡生产大省。2015 年 6—8 月，课题组在国家肉鸡产业体系各地试验站的支持下，在每个省选择 2～3 个肉鸡生产大县，在每个县随机抽取 25～30 个拥有经营决定权的商品肉鸡养殖户，采用一对一访谈的方式，向养殖户主逐一提问和解释各题项。调查共收集到 373 份问卷，剔除信息遗漏和不合逻辑的无效问卷 42 份，最后获得 331 份有效问卷，问卷有效回收率达

88.74%。样本的区域分布较为均衡，吉林省有 26 个、河北省有 71 个、山东省有 57 个、广西壮族自治区有 56 个、湖北省有 52 个、广东省有 69 个。样本基本特征如表 3 所示。

表 3　样本基本特征

基本特征	选　项	样本数	比例（%）
性别	男	286	86.40
	女	45	13.60
年龄	25 岁及以下	3	0.91
	26～39 岁	97	29.3
	40～59 岁	201	60.73
	60 岁及以上	30	9.06
受教育程度	文盲	1	0.30
	小学	40	12.08
	初中	195	58.91
	高中专	73	22.05
	大专及以上	22	6.65
养殖年限	3 年以下	52	45.92
	3～5 年	58	26.89
	6～10 年	95	8.46
	10 年及以上	126	18.73
年均养殖收入	5 000 元及以下	9	2.72
	5 001～15 000 元	33	9.97
	15 001～25 000 元	40	12.08
	25 001～50 000 元	147	44.41
	5 0001～100 000 元	88	26.59
	100 001 元及以上	14	4.23
年均养殖规模	0～1 999 只	6	1.80
	2 000～9 999 只	17	5.14
	10 000～49 999 只	180	54.38
	50 000 只及以上	128	38.67

（续）

基本特征	选 项	样本数	比例（%）
动物疫病风险感知	完全不了解	7	2.11
	不了解	23	6.95
	一般	112	33.84
	了解	146	44.11
	非常了解	43	12.99

注：根据《全国农产品成本收益资料汇编》对肉鸡生产规模的划分：年出栏 0～1 999 只、2 000～9 999 只、10 000～49 999 只、50 000 只及以上分别表示散养、小规模养殖、中规模养殖、大规模养殖。

统计结果表明，超过 85％的养殖户主是男性，60％是中年人（40～59 岁），受教育水平整体偏低，6 成左右为初中文化，从事养殖业 3 年以下的居多（约 46％）；养殖户的养殖收入年均 25 000～50 000 元的样本最多（占 44.41％），超过 50％的样本以中等养殖规模为主，其次是大规模养殖（近 40％）；超过 40％的养殖户主了解动物疫病的风险，还有大概 34％的认知较一般。

养殖户都采取了防疫行为，年均支出是 56 550 元，且每个样本均有用药和消毒措施支出。通过比较发现，养殖户的用药和免疫措施支出最多，其次是日常消毒措施和通风设备，然后是采光设备和消毒设备，支出最少的是污水污物处理设备和无害化处理设备。养殖户或多或少有防疫投入。而且，随着总防疫支出额度的增加，养殖户的样本数也随着增加，年均支出 5 万元以上的样本数最多，占总样本数的 55.6％。

如表 3 所示，整体防疫效果感知介于"一般"和"好"之间，养殖户对免疫和消毒的使用效果认可度最高，而无害化处理设备的认可度稍微较低。养殖户得到的防疫补贴年均 1.15 万元，然而，仍有养殖户没有获得防疫补贴。就各类补贴来看，养殖户获得的最多补贴是免疫补贴，年均 7 200 元，其次是用药补贴，最少是无害化处理设备补贴。总体来看，42％的养殖户周边有动物防疫技术服务机构，56％的养殖户周边有用药和免疫技术服务，而养殖户周边几乎没有污水污物处理和无害化处理设备。

四、计量结果及其分析

为避免多重共线性，本文采用方差膨胀因子法（VIF）进行检验，如果最大的 VIF 大于 10 和平均的 VIF 大于 1，则存在多重共线性（胡博等，2014）。

结果表明，所有方程均不存在多重共线性问题。因此，可采用 Stata12.0 统计软件进行实证分析。Breusch-Pagan 的检验结果显著，拒绝无同期相关的原假设，这说明，防疫措施和设备支出方程的似乎不相关回归结果比单一方程回归更有效率，更符合实际情况。

（一）动物防疫措施支出回归结果分析

表4　防疫措施支出的估计结果

变　量	用药支出		免疫支出		消毒支出	
	系数	Z值	系数	Z值	系数	Z值
性别	2 938.81	0.39	10 147.84	2.40 **	−304.94	−0.12
年龄	−322.43	−1.09	−219.61	−1.34	−114.87	−1.11
教育年限	−186.51	−0.16	−438.74	−0.67	494.00	1.21
养殖年限	−745.45	−1.70 *	−80.97	−0.33	−21.29	−0.14
养殖规模	0.76	27.73 ***	0.39	24.89 ***	0.14	14.99 ***
养殖收入	−0.23	−7.14 ***	−0.15	−6.50 ***	−0.06	−5.56 ***
养殖密度	353.72	0.46	667.70	1.60	158.90	0.61
平均日增重	9.39	0.07	20.40	0.29	−30.25	−0.68
防疫条件合格证	1 320.36	0.23	−1 689.24	−0.53	−18.94	−0.01
疫病风险感知	1 174.75	0.38	−1 351.29	−0.79	2 590.24	2.46 **
防疫效果认知	−2 140.65	−0.55	2 004.98	0.89	4 133.12	2.93 ***
防疫补贴	−0.38	−3.50 ***	−0.05	−0.82	0.03	0.07
周边防疫技术服务	−2 482.27	−0.49	−965.55	−0.34	−1 193.38	−0.62
参加产业组织	926.24	0.15	−192.63	−0.06	117.70	0.05
防疫信息渠道	633.68	0.19	−1 926.47	−1.06	−2 427.75	−2.15 **
参加过政府组织的防疫培训	−1 882.13	−0.35	4 991.31	1.68 *	989.21	0.53
周边近几年发生动物疫病	−13 800.41	−1.68 *	−463.27	−0.10	−404.48	−0.14
地域因素	−11 759.70	−2.18 **	15 159.66	4.91 ***	−1 688.92	−0.90
常数项	45 645.96	2.00 **	−3 215.21	−0.23	−12 464.99	−1.52
均方差	44 528.28		24 722.36		15 381.1	
R^2	0.78		0.72		0.53	
chi2	1 186.12 ***		869.52 ***		373.59 ***	

注：* 、** 和 *** 分别表示在 10%、5% 和 1% 显著性水平下显著。

户主特征方面：性别对养殖户免疫支出影响显著且正向，符合 Tambi 等（1999）和林光华等（2012）研究观点，在其他条件不变的情况下，男性养殖户主比女性户主在免疫方面多支出 1 万元/年。

养殖特征方面：养殖年限对养殖户的用药支出有显著负向影响，和吴秀敏（2007）、Laanena（2013）的观点符合，这表明，养殖户从事养殖的时间每增加 1 年，用药年均支出将减少 745 元，这可能是因为，随着养殖户养殖年限的增加，对科学用药避免肉鸡耐药性有愈加充分的认识，会调整用药量，促进综合防疫，所以用药开支减少。养殖规模对用药、免疫和消毒支出都有显著正向影响，符合刘军第等（2009）、Bhattacharyya 等（1997）、NÖremark 等（2010）、Sayer 等（2013）的观点，在其他条件不变的情况下，当每增养一只肉鸡，养殖户的用药、免疫和消毒支出将分别增加 0.76 元/年、0.39 元/年和 0.14 元/年。养殖收入均通过 1% 统计水平上的显著性检验，系数为负，这与 Ilham 和 Iqbal（2011）的观点相符，这表明，防疫支出随养殖收入的增加而相应减少，当年均养殖收入增加 1 元时，养殖户的用药、免疫和消毒的支出将分别减少 0.23 元/年、0.15 元/年和 0.06 元/年。

主观认知方面：动物疫病风险感知和动物防疫效果认知对消毒支出有显著正向影响，这和学者们（Valeeva 等，2011；林光华等，2012；张桂新、张淑霞，2013）观点相同，这表明，当养殖户的风险感知和防疫效果认知每提高一个层次，年均消毒支出将分别增加 2 590 元和 4 133 元。

社会环境方面：用药补贴通过显著性检验，且系数为正，这表明，补贴在减轻养殖场防疫成本方面发挥了积极作用（Hennessy，2008）。参加过政府组织的防疫培训对养殖户主的免疫支出有显著正向影响，这和学者们（闫振宇等，2012；张跃华、邬小撑，2012；李立清、许荣，2014）的观点相同。这表明，参加过政府组织的培训或指导的养殖户，由于对定期接种疫苗的原理、作用有比较深入的了解，能推动他们增加疫苗投入 4 991.31 元/年。周边近几年发生过动物疫病对养殖户的用药开支通过 10% 统计水平的显著性检验，但影响为负，周边近几年发生过动物疫情的养殖户比没有经历过疫情的养殖户在用药支出方面减少 13 800.41 元/年，这不符合学者们（Delabbio，2006；于乐荣等，2009；闫振宇等，2011）的观点，这是因为，受疫情影响的养殖户，可能防疫不科学，长期对肉鸡的用药量过多，导致肉鸡产生耐药性，对禽流感新病毒的抵抗力下降，所以肉鸡容易受到疫情影响。所以，经历过疫情的养殖户，倾向于谨慎用药，支出就比没有经历过疫情的养殖户少很多（Wang 等，2007）。地域差异对养殖户的用药支出通过 5% 水平的显著性检验，影响为负，而对免疫支出的影响显著但为正向，印证了 NÖremark 等（2010）的地域差异观点。这表明，南北方养殖户防疫措施的侧重点不同，南方养殖户倾向于对肉鸡进行免疫（比北方养殖户多 15 160 元/年），而北方养殖户倾向对肉鸡进行用药（比南方养殖户多 11 760 元/年）。

（二）动物防疫设备支出回归结果分析

户主特征方面，受教育程度对养殖户的无害化处理设备支出通过显著性检验，影响为负，当养殖户主的受教育年限每增加 1 年，无害化处理设备支出将减少 85.79 元/年，与学者（闫振宇等，2012；Can 等，2014）的研究结论相左。这可能是因为，养殖户的文化程度高，仅能代表他们的学识较多，但有可能缺乏养殖和防疫经验，对养殖过程中无害化处理设备投入估计不足，所以，他们在无害化处理设备的支出要比学历程度低但经验丰富的养殖户少。

养殖特征方面，除了污水污物处理设备，养殖规模均对其他设备的支出通过显著性检验，且影响为正，当养殖户增养一只肉鸡时，他们在采光设备、通风设备、消毒设备和无害化处理设备的支出将增加 0.01 元/年、0.47 元/年、0.01 元/年和 0.004 元/年，其中，通风设备的支出较多。养殖收入对采光设备、通风设备、消毒设备和污水污物设备支出的影响通过显著性检验，除了对污水污物设备支出的影响为正，其余的影响为负。这说明，采光设备、通风设备和消毒设备支出随着养殖收入的增加而相应减少，但净水器、清粪机等污水污物设备属于投入成本较高的设备，需要养殖户跨期投资，所以随着养殖收入增加而增加。肉鸡的平均日增重对养殖场的消毒设备和无害化处理设备的支出产生显著的正向影响，但对采光设备支出产生显著负向影响，这或许是因为，区别消毒设备和无害化处理设备支出，采光设备支出并非越多越好，因为科学研究表明，间歇性光照，即适量的光照更能提高肉鸡存活率，减少疾病发生率。所以，当肉鸡每天增重 1 克，采光设备支出将减少 6.33 元/年。养殖户的防疫条件合格证对污水污物处理设备的支出有显著正向的影响，与 Toma（2013）的观点相符。这表明，拥有防疫条件合格证的养殖户，对污水污物处理设备的支出将增加 547.31 元/年。

表 5　防疫设备支出的估计结果

变量	采光设备支出		通风设备支出		污水污物处理设备支出		消毒设备支出		无害化处理设备支出	
	系数	Z值	系数	Z值	系数	Z值	系数	Z值	系数	Z值
性别	−87.05	−0.38	−14 267.87	−1.20	−326.30	−0.78	267.78	0.56	−38.49	−0.14
年龄	1.46	0.16	505.00	1.07	21.61	1.31	15.10	0.79	10.41	0.93
教育年限	30.92	0.87	1 841.97	0.99	−51.26	−0.79	43.62	0.58	−85.79	−1.93*
养殖年限	4.31	0.32	−651.58	−0.93	−25.85	−1.06	4.69	0.17	−18.17	−1.09
养殖规模	0.01	8.54***	0.47	10.98***	0.001	0.91	0.01	4.88***	0.004	4.39***
养殖收入	−0.004	−4.02***	−0.28	−5.95***	0.02	10.17***	−0.01	−2.74***	−0.001	−1.20
养殖密度	−6.21	−0.18	751.28	0.63	−60.63	−1.45	−21.23	−0.44	27.31	0.96
平均日增重	−6.33	−1.65*	−75.37	−0.37	9.33	1.32	14.95	1.84*	9.08	1.88*
防疫条件合格证	262.85	1.53	14 678.74	1.63	547.31	1.37*	190.57	0.52	177.93	0.82
疫病风险感知	91.49	1.00	−6 290.31	−1.31	−61.43	−0.36	−280.98	−1.44	−182.96	−1.59
防疫效果认知	−58.61	−0.59	3 818.44	0.74	2 399.26	9.38***	294.88	1.07	1 219.39	6.31***
周边防疫技术服务	−413.93	−2.17**	8 909.97	0.89	−17.79	−0.05	1 030.85	2.54**	327.42	1.37
参加产业组织	212.14	1.12	2 760.66	0.28	−473.52	−1.36	226.04	0.57	194.99	0.82
防疫信息渠道	−44.29	−0.45	−4 934.24	−0.95	−644.95	−3.54***	−9.88	0.05	−42.21	−0.34
参加过政府组织的防疫培训	−52.90	−0.33	3 286.68	0.39	−151.04	−0.51	506.25	1.48	145.87	0.72
周边近几年发生动物疫病	−22.87	−0.09	38 267.81	2.89***	237.02	0.51	826.0	1.54	455.35	1.44
地域因素	−643.90	−3.75***	3 095.67	0.34	−686.36	−2.09**	88.05	0.23	308.27	1.45
常数项	731.44	1.03	−28 241.26	−0.78	−3 819.12	−2.92***	−2 312.58	−1.55	−2 688.78	−2.97***
均方差	1 342.68		70 505.46		2 479.38		2 849.87		1 683.51	
R^2	0.32		0.35		0.57		0.15		0.21	
chi2	156.08***		178.28***		428.09***		58.38***		95.32***	

注：*、**和***分别表示在10%、5%和1%显著性水平下显著。

主观认知方面，防疫效果认知对污水污物处理设备和无害化处理设备的支出通过显著性检验，当养殖户对设备的使用效果认知每提高一个层次，就能产生进一步的使用体验，使他们在污水污物设备和无害化处理设备的年均支出分别增加2 399.26元和1 219.39元，比较来看，效果认知明显促进了养殖户污水污物设备的投入。

社会环境方面，周边防疫技术服务对采光设备和消毒设备支出的影响均通过5％水平的显著性检验，对消毒设备支出的影响为正，进一步说明了畜牧兽医站、动物医院等防疫服务机构在设备技术服务中发挥重要作用。然而，对采光设备支出的影响系数为负，这可能是因为，周边一些防疫技术服务机构指导养殖户科学使用采光设备，充分利用自然光照，所以减少了采光设备的日常开支。防疫信息渠道对污水污物处理设备支出有显著负向的影响，当养殖户的防疫信息传递渠道每增加1个，他们的污水污物处理设备的年均支出将减少644.95元，这与学者们（张桂新、张淑霞，2013；Toma等，2013）的观点相左。这或许是因为，养殖户获得的防疫信息渠道越多，收集的信息越全面，越能够提高防疫决策的科学性，所以，信息渠道越多，养殖户越能合理调整防疫支出结构，减少污水污物处理设备支出，增加其他防疫设备支出。近几年周边的动物疫情对通风设备支出产生显著的正向影响。这表明，附近曾发生过动物疫情，有助于加强养殖户对当地流行疫情的认识和了解，从而积累了一些实用的防疫经验，所以增加支出。地域差异对采光设备和污水污物处理设备的支出均通过显著性检验，影响方向为负。这表明，北方养殖户比较重视采光设备和排污设备的投入，分别比南方养殖户多支出643.90元/年和686.36元/年。

（三）动物防疫总支出回归结果分析

为消除异方差，在多元线性回归时加入稳健标准误。结果如表6所示，模型R^2达到86％，模型很好地拟合样本数据。性别、年龄、受教育年限均对总防疫支出的影响不显著，这表明，养殖户的防疫支出不随性别、年龄和受教育程度而改变。养殖年限通过10％水平的显著性检验但系数为负，这与学者（吴秀敏，2007；Laanena等，2013）的观点相符，当养殖年限每增加1年，养殖户的总防疫支出将减少1 569元/年。这是因为，养殖年限的增加，能使养殖户的防疫经验提升，避免过度防疫，所以总支出减少。养殖规模也呈显著正向影响，当每增养一只肉鸡时，养殖户总防疫支出将增加1.83元/年。比较而言，养殖规模对防疫总支出的影响比三大防疫措施和五大防疫设备的支出都要大。养殖收入通过显著负相关检验，当年均养殖收入每增加1元，总防疫支出将减少0.56元/年，这与养殖收入对用药、免疫、消毒、采光设备、通风设备、消毒设备支出的影响方向相同，但对总防疫支出的影响最大。社会环境方面，总防疫补贴对防疫支出的影响通过负相关的显著性检验，当养殖户年均获得1元补贴，他们的年均防疫总支出将减少0.49元，这与防疫补贴对用药支出的影响方向一致。

表6　总防疫支出的估计结果

变　量	系　数	稳健标准误	t 值
性别	−1 699.25	10 019.25	−0.17
年龄	−73.70	423.52	−0.17
教育年限	952.44	1 869.15	0.51
养殖年限	−1 568.56	801.50	−1.96*
养殖规模	1.83	0.08	23.34***
养殖收入	−0.56	0.15	−3.74***
养殖密度	2 080.43	1 440.04	1.44
平均日增重	−34 190.92	219 679.00	−0.16
防疫条件合格证	14 205.32	9 368.11	1.52
疫病风险感知	−2 977.16	6 517.99	−0.46
防疫效果认知	−645.62	7 619.31	−0.08
总防疫补贴	−0.49	0.25	−1.94*
周边防疫技术服务	5 740.92	9 029.45	0.64
参加产业组织	2 433.16	10 620.69	0.23
防疫信息渠道	−9 555.16	7 371.62	−1.30
参加过政府组织的防疫培训	8 402.92	9 339.50	0.90
周边近几年发生动物疫病	31 655.93	22 842.18	1.39
地域因素	6 597.11	9 076.19	0.73
常数项	15 597.31	39 226.02	0.40
均方差平方根	79 287		
R^2	0.86		
F 值	66.63***		

注：*、**和***分别表示在10%、5%和1%显著性水平下显著。

五、结论及其启示

上述研究基于全国 331 个肉鸡养殖户的调查数据，分析了养殖户的用药、免疫、消毒等 3 项防疫措施和采光、通风、排污、消毒、无害化处理等 5 项防疫设备的各项支出和总支出及其影响因素。结果表明：样本户均有防疫支出，但差距较大；药物防治和接种疫苗的防疫开支较多，但补贴额度也较多，而无害化处理设备的支出则正好相反。总体来看，规模化养殖能促进防疫支出的增加，但养殖年限、养殖收入和补贴总额对防疫支出有负向显著的影响，其中，养殖年限产生的影响最大。从防疫措施来看，周边近几年是否发生过动物疫病、地域因素、消毒效果认知分别是影响户主用药支出、免疫支出和消毒支出的最大正向显著因素；从防疫设备来看，周边近几年是否发生过动物疫病都对通风设备支出产生最大的正向显著影响；设备的使用效果认知是污水污物处理设备和无害化处理设备支出的最大正向显著的影响因素；地域差异对养殖户采光设备支出产生负向显著的影响。

防疫支出在一定程度上衡量了养殖户的防疫工作是否到位，但在生产中，一些养殖户存在过度防疫问题，滥用药物、过度依赖疫苗以及设施化过度，不可避免地造成环境污染和食品安全问题。所以，单纯以防疫支出衡量防疫好坏，可能掩盖了防疫支出的负外部性。以上结论对于引导养殖户做好科学防疫具有如下启示：

一是应调整补贴导向，合理配置防疫资源。针对中国存在防疫不足和过度防疫的交错现象，有必要对防疫资源进行有效分配。根据结论，养殖规模大、防疫效果认知高的养殖户在防疫措施和设备等方面防疫支出较多，因此，对这类养殖户应进行相应补贴，减少他们的防疫负担，提高他们的防疫积极性。而在用药支出方面，为避免过度支出而产生耐药性问题，应考虑减少甚至不实施用药补贴，引导养殖户科学合理用药。

二是应提高养殖户实施防疫的合理性和科学性。研究表明，各类防疫措施和设备的支出随着养殖户的养殖年限、养殖收入增加而减少，趋向于合理防疫。因此，对于养殖年限低、养殖收入不高的养殖户，应为他们提供相应的防疫培训，对过度使用单一防疫手段产生的负面性进行宣传教育，帮助他们提高防疫经验，优化防疫支出结构，实施科学合理的防疫工作。

参考文献

韩军辉，李艳军.农户获知种子信息主渠道以及采用行为分析——以湖北省谷城县为例

[J].农业技术经济,2005(1):31-35.

胡博,刘荣,丁维岱,等.Stata统计分析与应用 [M].北京:电子工业出版社,2014:228.

李立清,许荣.养殖户病死猪处理行为的实证分析 [J].农业技术经济,2014(3):26-32.

李亮,浦华.经济评估在动物卫生风险分析的应用与启示 [J].世界农业,2011(3):19-22.

李燕凌,车卉,王薇.无害化处理补贴公共政策效果及影响因素研究——基于上海、浙江两省(市)14个县(区)773个样本的实证分析 [J].湘潭大学学报(哲学社会科学版),2014,38(5):42-47.

林光华,汪斯洁.家禽保险对养殖户疫病防控要素投入的影响研究 [J].农业技术经济,2013(12):94-102.

林光华,王凤霞,邹佳瑶.农户禽流感报告意愿分析 [J].农业经济问题,2012(7):39-45.

刘军弟,王凯,季晨.养猪户防疫意愿及其影响因素分析——基于江苏省的调查数据 [J].农业技术经济,2009(4):74-81.

世界动物卫生组织.陆生动物卫生法典 [EB/OL].http://www.oie.int/index.php? id=169&L=0&htmfile=chapitre_biosecu_poul_production.htm,2015.

吴秀敏.养猪户采用安全兽药的意愿及其影响因素——基于四川省养猪户的实证分析 [J].中国农村经济,2007(9):17-24,38.

闫振宇,陶建平,徐家鹏.养殖农户报告动物疫情行为意愿及影响因素分析——以湖北地区养殖农户为例 [J].中国农业大学学报,2012,17(3):185-191.

闫振宇,杨园园,陶建平.不同渠道防疫信息及其他因素对农户防疫行为影响分析 [J].湖北农业科学,2011,50(20):4242-4247.

于乐荣,李小云,汪力斌.禽流感发生后家禽养殖农户的生产行为变化分析 [J].农业经济问题,2009(7):13-21.

张桂新,张淑霞.动物疫情风险下养殖户防控行为影响因素分析 [J].农村经济,2013(2):105-108.

张跃华,邬小撑.食品安全及其管制与养猪户微观行为——基于养猪户出售病死猪及疫情报告的问卷调查 [J].中国农村经济,2012(7):72-83.

Ajzen I. The theory of planned behavior [J]. Organizational Behavior and Human Decision Processes,1991(50):179-211.

Bhattacharyya A,Harris T R,Kvasnicka W G,Veserat G M. Factors influencing rates of a-doption of Trichomoniasis vaccine by Nevada range cattle producers [J]. Journal of Agricul-tural and Resource Economics,1997(22):174-190.

Breusch T S,Pagan A R. The lagrange multiplier test and its applications to model specifica-tion in econometrics [J]. Review of Economic Studies,1980(47):239-253.

Can M F,Altug N. Socioeconomic implications of biosecurity practices in small-scale dairy farms [J]. Veterinary Quarterly,2014,34(2):67-73.

Delabbio J. How farm workers learn to use and practice biosecurity [EB/OL]. (2006 - 10 - 16) [2016 - 05 - 12] http://www. joe. org/joe/2006december/a1p. shtml.

Hennessy, D. A. Biosecurity incentives, network effects, and entry of a rapidly spreading pest [J]. Ecological Economics, 2008, 69 (12): 230 - 239.

Ilham N, Iqbal M. Factors determining farmers' decision on highly pathogenic avian influenza vaccination at the small poultry farms in Western Java [J]. Journal of Animal Science and Technology, 2011, 34 (3): 219 - 227.

Kritensen H H, Aerts J M, Leroy T, et al. Using light to control activity in broiler chickens [J]. British Poultry Science, 2004 (45): 30.

Kumar S, Mirajkar P P, Singh, Y P et al. , Analysis of willingness to pay for veterinary services of the livestock owners of Sangli district of Maharastra [J]. Agricultural Economics Research Review, 2011 (24): 149 - 153.

Mainar-Jaime R C, Vázquez-Boland J A. Associations of veterinary services and farmer characteristics with the prevalences of brucellosis and border disease in small ruminants in Spain [J]. Preventive Veterinary Medicine, 1999 (40): 193 - 205.

NÖremark M, FrÖssling J, Lewerin S S. Application of routines that contribute to on-farm biosecurity as reported by swedish livestock farmers [J]. Transboundary and Emerging Diseases, 2010 (57): 225 - 236.

Palmer S, Sully M, Fozdar F. Farmers, animal disease reporting and the effect of trust: a study of west Australian sheep and cattle farmers [J]. Rural Sociey, 2009 (19): 32 - 48.

Sayers R G, Sayers G P, Mee J F, et al. Implementing biosecurity measures on dairy farms in Ireland [J]. The Veterinary Journal, 2013 (197): 259 - 267.

Schemann K, Taylor M R, Toribio J A M L, Dhand, N. K. Horse owners' biosecurity practices following the first equine [J]. Preventive Veterinary Medicine, 2011 (102): 304 - 314.

Siekkinen K M, Heikkila J, Tammiranta N, et al. The costs of biosecurity at the farm level: the case of Finnish broiler [C]. the 12th congress of the European Association of Agricultural Economists-EAAE Ghent, Belgium, 2008: 26 - 29.

Tambi N E, Mukhebi W A, Mainaa W O, Solomon H M. Probit analysis of livestock producers' demand for private veterinary services in the high potential agricultural areas of Kenya [J]. Agricultural Systems, 1999 (59): 163 - 176.

Toma L, Stott A W, Heffernan C, et al. Determinants of biosecurity behaviour of British cattle and sheep farmers—a behavioural economics analysis [J]. Preventive Veterinary Medicine, 2013 (108): 321 - 333.

Valeeva N I, van Asseldonk M A P M, Backus G B C. Perceived risk and strategy efficacy as motivators of risk management strategy adoption to prevent animal diseases in pig farming [J]. Preventive Veterinary Medicine, 2011 (102): 284 - 295.

Wang S, Du Q, Chou k. Study of drug resistance of chicken influenza A virus (H5N1) from homology-modeled 3D structures of neuraminidases [J]. Biochemical & Biophysical Research Communication, 2007, 354 (3): 634 - 640.

Zellner A. An efficient method of estimating seemingly unrelated regression and tests for aggregation bias [J]. Journal of the American Statistical Association, 1962 (57): 348 - 368.

契约农业、地区差异与养殖信心恢复
——以 H7N9 流感事件为例

黄泽颖[1]　王济民[23]

（1 中国农业科学院农业部食物与营养发展研究所；
2. 中国农业科学院农业经济与发展研究所；3. 中国农业科学院办公室）

一、引　　言

2013 年 H7N9 流感给中国禽肉生产和消费造成巨大的损失。在活禽市场中检出 H7N9 流感病毒后，国内消费者出于健康考虑，纷纷减少鸡肉、鸭肉、鹅肉消费，如图 1 所示，2013 年中国的禽肉消费量分别比 2011 和 2012 年低 752 073 吨和 451 321 吨。从增长速度来看，2013 年的增速为负，为 −7%，是 2004 年（增速为 −20%）以来增速最低的一年。由于消费量骤减，导致禽肉市场价格暴跌。为降低损失，全国肉禽养殖户的平均禽肉产量下降，如图 2 所示，虽然 2013 年中国禽肉产量仍保持增长，但增速变缓，仅为 1%，比

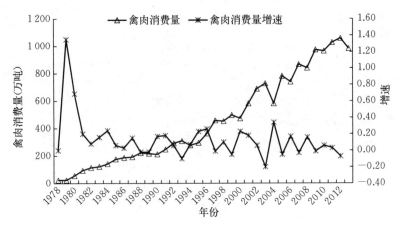

图 1　1978—2013 年中国禽肉消费量及其增速

数据来源：中国统计年鉴（1977—2014 年）。

2012年6%的增长速度减少了5个百分点，造成不少养殖户经营亏损，挫伤了他们的养殖信心。养殖信心下挫不利于养殖户的生产积极性提高，他们可能会降低产量，消极养殖，甚至退出养殖业，从而在一定程度上降低中国禽肉的产量和质量，威胁中国肉禽业的健康发展。从这一意义上说，在H7N9流感事件后，探讨如何重新恢复肉禽养殖户养殖信心的研究很有必要。

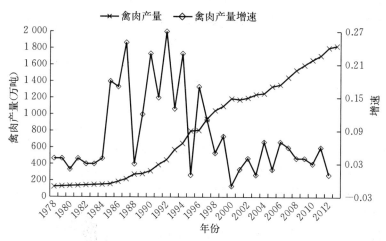

图2　1978—2013年中国禽肉产量及其增速

数据来源：FAOSTAT。

温氏集团最早以农业契约方式组织农户开展肉鸡养殖。通过30多年的发展，肉鸡产业已成为中国农业产业化发展最迅速、最典型的行业，在龙头企业的基础上形成了"公司＋基地＋农户""公司＋合作社＋农户"等多种契约模式（辛翔飞、王济民，2013）。农户通过参加契约农业，避免了生产盲目性，维持了农产品价格稳定和市场的可进入性（Guo等，2009）。尤其是温氏集团、新希望集团等龙头企业在生产投入之前，与养殖户签订产销合同，即使发生自然风险或市场风险，都会履行保护价收购农产品的承诺，既稳定了养殖户的生产预期，又能促进他们的养殖信心恢复。与此同时，肉鸡是中国养殖量最大的肉禽，根据FAO统计，中国肉鸡存栏量在禽类存栏量中的比重在80%左右。由于地形、气候、饮食习惯的差异，肉鸡生产基本形成了"北方白羽肉鸡、南方黄羽肉鸡"的地区格局，白羽肉鸡和黄羽肉鸡作为品种不同的肉鸡，除了羽毛有区别之外，还在饲养方式、饲养天数等方面具有差异性（戴炜等，2014）。重要的是，南方省份普遍存在活禽交易市场，以销售黄羽肉鸡为主，满足南方人喜食现宰活禽的偏好。显然，H7N9流感暴发，直接影响了黄羽肉鸡的销售量，也波及到以白羽肉鸡为原料的肯德基、麦当劳等餐饮行业，最终打击了南方黄羽肉鸡养殖户和北方白羽肉鸡养殖户的养殖信心。所以，养殖户的养殖信心恢复可能具有一定的南北差异。

本研究利用肉鸡养殖户的问卷调查数据，研究 H7N9 流感事件后养殖户的养殖信心恢复状况和周期，在此基础上，比较是否参加契约农业、南北方的养殖户在 H7N9 事件前后的养殖规模变化、信心恢复状况以及预期恢复周期，然后通过影响因素实证分析，探索契约农业和地区差异对养殖户养殖信心恢复周期的影响。

二、文献综述

契约农业和地区差异是养殖户养殖信心恢复周期的潜在影响因素，有必要收集和整理国内外的相关文献，对目前的研究现状和不足进行梳理。

契约农业（Contract farming），也称合同农业、订单农业，是指农户和企业或中介组织之间的契约安排，以口头或书面形式规定农产品的产量、价格、质量、交易时间、责任和义务（Erkan，2006）。根据企业或中介组织是否参与生产环节的重要决策，可将农业契约划分为生产契约和销售契约（Macdonald 等，2004）。科斯认为，企业和市场作为资源配置方式，均存在交易成本，但采取哪种资源配置方式取决于交易成本的高低（Coase，1937）。据此，Cheung（1983）认为，契约农业产生的原因是企业以要素契约替代市场的商品契约，致力于节约交易成本。契约农业在发展过程中，既具有优势，又具有局限性。一方面，契约农业不仅使拉丁美洲、塞内加尔和津巴布韦的农户获得种养技术、信贷、信息，降低农产品销售的价格风险（Key 等，1999；Warning 等，2002；Masakure 等，2005），而且提高了撒哈拉以南非洲、印度尼西亚和中国的农户收入（Peter 等，1994；Simmons 等，2005；Miyata 等，2009）。另一方面，契约农业青睐于大规模农户，而对印度、中国和塞内加尔的小农户则产生"挤出效应"（Singh，2002；Guo 等，2005；Maertens 等，2006）。另外，双方违约的现象也时有发生。例如，契约农业中，发展中国家的农业企业承诺为农户提供技术服务，但项目实施过程中却有可能由于企业管理水平低而未能向农户提供及时有效的技术服务（Glove，1984）。在巴西，小规模和与农产品销售市场距离较近的农户的农业合同履约率低（Zylbersztajn 等，2003）。针对契约农业存在的弊端，学者们提出了政府涉入契约农业，担负开发、管理和规划的职能（Eaton 等，2001）；将农户和企业或中介组织的力量状态保持高度均衡（Gundlach 等，1994）；完善订单条款中的协调、激励、交易问题（Peter 等，2009）等建议。虽然目前鲜有关于契约农业对农户养殖信心恢复的研究，但根据契约农业的作用可以判断，契约农业帮助农户适应市场需求，降低交易成本和市场风险，有助于增强或恢复他们的养殖信心。但结合中国实际，国内契约农业发展仍不成熟，履约率低，因此，养殖户参与契约农业能否促进养殖信心恢复需要进一步探讨。

地区差异是不同空间内在的自然、经济、人文、社会等诸方面差别的综合反映（彭震伟，1998）。受地区差异影响，养殖户在动物疫病风险下表现出不同的认知和行为。山东和安徽的养殖户比内蒙古的养殖户对流感的认知程度高（翟向明等，2008）。相比苏北、苏中，苏南的养猪户在生产中不倾向使用药物添加剂（王瑜，2009）。NÖremark 研究发现，地区差异显著影响了瑞典畜禽养殖户的生物安全行为，在是否限制外来人员入场参观、运输车辆进入养殖场等方面有明显的地区差异（NÖremark 等，2010）。文献回顾可知，地区差异是研究养殖户生产决策的重要影响因素，将其考虑在内，可以比较不同地区的肉鸡养殖户在 H7N9 事件后养殖信心恢复周期的差别。

从已有研究来看，研究契约农业、地区差异对养殖户养殖行为影响的成果越来越多，但是，分析两者对养殖户养殖信心恢复周期的研究比较少见。因此，探索 H7N9 流感事件后养殖户养殖信心恢复周期的研究，既能为政府的公共风险管理和促进养殖业的可持续发展提供决策依据，也能为养殖户减轻灾害损失寻求解决途径，丰富相关领域的学术研究。

三、概念界定、研究方法与变量选择

（一）概念界定

关于养殖信心，学术界可能没有开展这方面的研究，至今还未形成相应的概念或定义。Siegrist 等（2003）认为，信心是相信未来事情能够按照预期结果发生的信念。在养殖环境中，信心意味着一种潜在信念。根据计划行为理论，行为信念间接影响行为态度、主观规范和知觉行为控制，最终影响行为意向和行为（Ajzen，1991）。H7N9 流感事件给养殖户造成的损失程度与其养殖规模密切相关（于乐荣等，2009），养殖户的养殖信心很大程度上反映在养殖规模的变化。根据研究需要，本文对养殖信心、养殖信心恢复、养殖信心恢复周期的概念进行界定：养殖信心是指养殖户看好养殖前景，相信养殖在未来有保障，愿意维持或扩大当前养殖规模的心理状态；养殖信心恢复，是指养殖户重新建立养殖期望，养殖规模完全恢复到自然灾害或人为事故发生前一个月的平均水平。养殖信心恢复周期，是指养殖规模恢复到灾害或事故发生之前一个月平均水平所需要的时间。

（二）研究方法

分析契约农业、地区差异对养殖信心恢复周期影响的研究，一般方法有三种：一是二元离散选择模型，考察养殖户养殖信心是否恢复；二是线性回归模型，分析养殖户的养殖信心恢复需要的时间长短；三是多元有序模型，把养殖信心恢复分为完全没恢复、没恢复、一般、恢复、完全恢复进行研究。然而，这些研究方法均忽视了一个问题：可能存在一部分受调查养殖户的养殖信心尚未恢复，且不知道最终恢复的时间。为分析养殖信心尚未恢复的样本，本文拟采用生存分析法（Survival analysis）。这种方法是 Graunt 在 1662 年提出的，运用实验或调查数据，描述生物或人生存时间分布特征的数理方法（Graunt，1939）。所以，本文研究的"生存时间"是养殖信心恢复周期，养殖信心恢复作为"死亡事件"发生，信心恢复的时间为"死亡事件"发生的时间，生存率是养殖信心尚未恢复的概率。

为分析生存时间的影响因素，英国生物统计学家 Cox 在 1972 年提出 Cox 比例风险回归模型（Cox Proportional Hazards Model），建立了条件死亡概率和偏似然函数，将生存分析从原来的参数分析法和非参数分析法扩充到半参数分析法（Cox，1972）。

对生存过程的描述有寿命表法（Life Table Method）和乘积—极限法（Kaplan-Meier）。其中，寿命表法适合大样本估计，依据概率论的乘法定理，计算各个年限的生存率。令 m_i 表示当初人数，a_i 表示期间的失访人数（即删失数据），c_i 表示期间的死亡人数，M_i 表示校正的人数，q_i 表示期间内的死亡概率，p_i 表示期间内的生存概率，则：

$$m_{i+1} = m_i - c_i - \alpha_i \tag{1}$$

$$M_i = m_i - \frac{1}{2}\alpha_i \tag{2}$$

$$q_i = \frac{c_i}{M_i} \tag{3}$$

$$p_i = 1 - q_i \tag{4}$$

那么，累积生存概率 $S(i) = p_1 * p_2 * p_3 * \cdots p_i$

韦布尔分布（Weibull distribution）是可靠性分析和寿命检查的理论基

础。假设养殖信心的"生存率"和恢复周期呈韦布尔分布，则有：

$$S(t) = \exp[-\lambda t^a] \tag{5}$$

式（5）中，尺度参数 $\lambda > 0$，形状参数 $a > 0$。韦布尔分布的参数值可通过简单线性回归方程计算得到，再通过转化计算其表达式：

$$Y = A + \alpha X \tag{6}$$

在 Cox 比例风险回归模型中，t 时刻的风险函数表达式如下：

$$h(t|X) = h_0(t)\exp(X\beta) \tag{7}$$

在式（7）中，$h_0(t)$ 是基准风险函数，β 为回归系数，X 为影响因素。

通过式（7）可以看出，该模型的参数估计不依赖于基准风险函数的分布类型，即对于不同个体 X_1 和 X_2，其风险比（Hazard ratio，HR）：

$$HR = \frac{h(t|X_1)}{h(t|X_2)} = \frac{h_0(t)\exp(X_1\beta)}{h_0(t)\exp(X_2\beta)} = \exp((X_1 - X_2)\beta) \tag{8}$$

然而，基准风险函数不是风险比，不随时间 t 发生变化，这是 Cox 回归模型最基本的比例风险（Proportional hazards，PH）假设。此外，Cox 模型还要满足对数线性假定，即协变量与对数风险函数呈线性（Anderson，1993）。如果 PH 假设和协变量效应不成立，则不能构建经典的 Cox 比例风险回归模型。根据严若华、李卫的总结，Cox 模型的 PH 假设和协变量效应的检验方法有 Cox&K-M 比较法、累积风险函数法、Schoenfeld 残差法、时协变量法、线性相关检验法、加权残差 Score 法、Omnibus 检验法（严若华、李卫，2016）。

另外，为检验模型的拟合效果，在存在删失数据的情况下，风险函数回归的一致性概率（Concordance Probability）计算可采用 GÖnen 和 Heller（GÖnen 等，2005）的方法。该方法的估计值不直接取决于时间观察值，由于一致性概率是回归系数和协变量分布的回归函数，所以估计结果为渐进无偏性和稳健性。因此，GÖnen 和 Heller 的一致性概率估计值如下：

$$K \equiv K_N(\hat{\beta}) = \frac{2}{N(N-1)} \sum_{i<j} \sum \left\{ \frac{I(\Delta x_{ji}\hat{\beta} \leqslant 0)}{1 + \exp(\Delta x_{ji}\hat{\beta})} + \frac{I(\Delta x_{ij}\hat{\beta} < 0)}{1 + \exp(\Delta x_{ij}\hat{\beta})} \right\}$$

$$\tag{9}$$

式（9）中，K 为概率估计值，i 为第 i 个观察值，j 为第 j 个解释变量，N 代表样本个数，$\hat{\beta}$ 为估计值系数，$\exp(x\beta)$ 为风险比，Δx_{ij} 是 $x_i - x_j$ 的成对差异，$I(\cdot)$ 为指标函数。

（三）变量选取

一般情况下，契约农业能保障养殖户收益，但又存在排斥小农和履约率低等实际问题，因此，契约农业对肉鸡养殖户的养殖信心恢复周期影响方向无法确定。根据国家卫生和计划生育委员会的统计，2013 年人感染 H7N9 流感病例多数发生在上海、江苏、安徽、浙江等南方省份，对南方的养禽场造成较大的影响。因此，本文关于地区差异对肉鸡养殖户养殖信心恢复周期影响的研究假设为：与北方养殖户相比，南方养殖户受到 H7N9 事件的影响较重，养殖信心恢复的周期较长。本文根据养殖户实际的经营管理和心理学文献，选取养殖户的个人特征、养殖特征、社会支持等变量作为控制变量。

1. 个人特征的研究假设

人类的信心恢复周期与个人差异密切相关。对于养殖信心恢复周期，拟选择性别、年龄、教育年限、流感风险感知作为影响因素，关于这些变量对恢复周期的影响方向，具体的研究假设为：男性养殖户作为户主，承担经营和决策的重要角色，而女性思想偏于保守和传统，男性比女性的养殖信心恢复周期可能较短；一般而言，年龄大的养殖户，心态偏于求稳，挫折的承受能力较差，养殖信心恢复周期比年轻养殖户较长。风险感知描述了人们对风险的态度与直觉判断（Slovic，1987）。在消费领域，Bauer（1960）将感知风险定义为消费者在参与某项活动时所察觉到的不确定性和负面结果。因此，可以判断，流感风险感知是农户在养殖过程中所能察觉到流感暴发的不确定性和负面后果，如果养殖户对流感的风险感知程度越高，他倾向于投入更多的防疫要素，最终信心恢复周期较短。

2. 养殖特征的研究假设

养殖特征方面，拟选择养殖年限、养殖规模、养殖收入占比、养殖专员占总雇佣人数比重、是否以肉鸡养殖为主业、近年来周边是否经历过流感等变量。关于养殖特征影响养殖信心恢复周期的研究假设为：养殖年限代表养殖户从事养殖的时间，随着年限增长，积累的风险管理经验越多，信心恢复得越快；养殖规模越大的养殖户遇到的疫病风险和经济损失越大，重建的成本越高，所以信心恢复的周期较长；养殖收入占家庭总收入的比重越大，说明养殖收入是家庭的主要收入来源，一旦受到动物疫病的影响，对家庭总收入的影响越大，养殖信心恢复周期相对较长；专业养殖技术人员具有专业化的知识和经验，他们的比重越大，越有能力抵抗疫病风险和维持生产秩序，所以信心恢复周期较短；如果养殖户以肉鸡养殖为主业，他们生产投入的时间和精力相对较多，专业性较高，比兼业农户的信心恢复周期要短；周边的流感疫情经历能增强养殖户对流感疫情的认识和了解，从而拥有丰富的疫病处理经验，更容易在短期内恢复信心。

3. 社会支持变量的研究假设

在现实生活中，社会支持（Social Support）普遍存在。李强（1998）认为，社会支持包括可见的实际支持（如直接物质援助和社会网络）、能体验到的情绪支持（如被理解、受尊重的体验及其满意度）。同时社会支持对个人信心恢复有积极作用（肖水源、杨德森，1987；Angford 等，1997）。所以，结合调查内容，本文中的社会支持变量主要包括养殖户的防疫信息渠道数量、养殖场周边是否有畜牧兽医服务站、养殖场是否为政府规划过的养殖小区等三方面。关于社会支持变量对养殖信心恢复周期影响的研究假设为：信息渠道反映了养殖户对疫情及防疫信息的获取能力，信息来源越广，表示养殖户获取防疫信息的能力越强，越能指导灾后重建工作，信心恢复周期较短。关于防疫信息渠道，韩军辉和李艳军认为，农户一般获取的信息来自私人、公共、专家等三个渠道：私人信息渠道包括农户本人的经验信息、亲戚朋友转告的信息、其他农户分享的信息；公共信息渠道包括政府部门宣传的政策、报纸杂志刊登的信息、广播电视播放的内容；专家信息渠道包括兽医的指导经验、高校专家传授的知识以及畜牧养殖专业组织提供的信息。如果养殖场周边有兽医、动物医院或畜牧兽医服务站等社会化服务机构，那么服务人员能及时解决农户的防疫问题，保障畜禽健康，在一定程度上缩短了养殖信心周期；如果养殖户的养殖小区得到政府的规划，在选址、圈舍建造、废弃物处理、人流物流等方面有了科学的布局，对动物疫病风险的抵抗能力较强，那么他们的养殖信心恢复周期较短（韩军辉等，2005）。

四、数据来源与描述性分析

（一）数据来源

中国北方的山东省、辽宁省、河南省、河北省、吉林省和南方的广东省、江苏省、广西壮族自治区、安徽省、四川省、湖北省、江西省等 12 个省（区）是肉鸡生产大省，承担着全国大部分的鸡肉供应。据《中国畜牧业年鉴》的数据显示，2011—2014 年，这 12 个省的年均鸡肉总产量占全国的 78% 以上。因此，以肉鸡生产大省养殖户为调查对象，在问卷中设计了"H7N9 事件发生前后的养殖规模"、"第几个月恢复到事件发生前一个月的养殖规模"等问题了解养殖户在 H7N9 事件前后的养殖规模以及信心恢复情况。数据收集分为预调查和正式调查两个阶段。2015 年 4 月，课题组到河南省鹤壁市开展预调研，走访了 20 个肉鸡养殖户，以修改调查问题的问答方式进行。在正式调查中，采用分层抽样的方法，在北方随机选择了山东、河北、吉林，在南方选择广东、广西和湖北，2015 年 6—8 月，课题组在国家肉鸡产业技术体系各地试验站的支持下，在每个省随机选择 2～3 个肉鸡生产大县，然后在每个县随机抽取 20～25 个有决策权的商品代肉鸡养殖户，采用一对一的访谈方式，向受访者逐一提问和解释各个题项，最终收集到 373 个样本。问卷以实名制的形式附上养殖户的联系方式，调查结束后，对有疑问的问题进行电话回访。然后再进行一轮调查问卷的复查，以问卷信息齐全与质量为筛选标准，剔除信息遗漏和明显不合逻辑的无效问卷 42 份。最后，根据研究目的，从中选取 2013 年 3 月至今一直从事肉鸡养殖的样本，最终获得 280 份有效问卷，问卷有效回收率达75.47%。总体而言，受调查样本的区域分布总体较为均衡，北方白羽肉鸡养殖户有 135 人，南方黄羽肉鸡养殖户有 145 人，其中，吉林省有 23 个样本，河北省有 58 个样本，山东省有 54 个样本，广西有 39 个样本，湖北省有 37 个样本，广东省有 69 个样本。

（二）样本基本分析

如表 1 所示，有 222 个受调查的养殖户参与契约农业，根据龙头企业或合作社的订单开展生产，占总样本的 79.3%。样本以中年男性劳动力为主，据统计，男性养殖户占样本总数的 86.1%，全部样本的平均年龄 46 岁。平均接受 10 年文化教育，以中学文化居多。平均每批次的养殖规模是 16 000 只，养殖收入占家庭总收入的 76%，这说明，绝大多数养殖户以养殖收入作为家庭主要收入。专业技术和管理人员的比重偏低，仅占总雇佣劳动力总数的 22%。接近 90% 的养殖户以肉鸡养殖为主业，对流感的风险感知介于一般和了解之间，对流感潜在风险的警惕性不够。平均每个养殖户有 2 个防控流感的信息渠道，大概有 43% 的养殖场周边有畜牧兽医服务站等服务机构，大概有 49% 的受调查养殖场属于政府规划过的养殖小区，还有 12% 的养殖场周边近几年发生过流感疫情。

表 1　变量的描述性统计

变　量	定义与赋值	平均值	标准差	预期方向
是否参与契约农业	否=0；是=1	0.793	0.406	?
地区差异	北方=0；南方=1	0.518	0.501	+
性别	女=0；男=1	0.861	0.347	—
年龄	周岁	45.807	9.498	+

（续）

变　　量	定义与赋值	平均值	标准差	预期方向
教育年限	年	9.611	2.224	—
养殖年限	年	10.059	6.740	—
养殖规模	万只/批	1.575	2.476	+
养殖收入占家庭总收入的比重	%	75.900	0.220	+
养殖专员占总雇佣人数比重	%	22.000	0.380	
是否以肉鸡养殖为主业	否＝0；是＝1	0.896	0.305	
流感的风险感知	完全不了解＝0；不了解＝1；一般＝2；了解＝3；非常了解＝4	2.511	0.876	
防疫信息渠道数量	1个信息渠道＝0；2个信息渠道＝1；3个信息渠道＝2	1.139	0.798	
养殖场周边是否有畜牧兽医服务站	否＝0；是＝1	0.432	0.496	—
养殖场是否为政府规划过的养殖小区	否＝0；是＝1	0.493	0.501	—
周边近几年是否发生过流感	否＝0；是＝1	0.118	0.323	

注：完全不了解是指根本没听说过或学习过内容；不了解是指听过但不知道具体内容；一般是指知道基本情况；了解是指知道大部分情况，但不完全了解；非常了解是指知道全部情况。

（三）H7N9 事件前后养殖户的养殖规模

如图 3 所示，H7N9 流感事件前后，被调查者的养殖规模发生了明显的变化，危机后的第一个月（2013 年 5 月），多数养殖户减少损失，大幅缩减养殖规模，人均每批肉鸡养殖量仅有 15 754 只，比事件发生前一个月（16 758 只/人）减少了 5.99%。在接下来的 10 个月内，由于鸡肉消费恐慌和 H7N9 流感再次来袭，鸡肉价格持续走弱，人均肉鸡养殖量仅以月均 2% 的速度缓慢上升。从第 11 个月（2014 年 4 月）开始，随着家禽业走出 H7N9 流感的阴影，养殖户的信心逐渐恢复，谨慎补栏，人均养殖量呈波动上升趋势。至事件发生之后的第 28 个月，养殖信心已普遍回升，人均肉鸡养殖规模已恢复至事件发生前一个月的 98.14%。

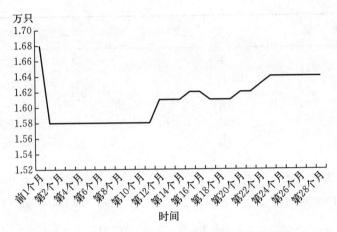

图 3　H7N9 事件发生前后人均肉鸡的养殖情况

1. H7N9 事件前后是否参与契约农业的养殖户的养殖规模比较

如图 4 所示，H7N9 事件发生前的一个月，参加契约农业的每个养殖户平均每批次的养殖规模是 17 235 只，未参加契约农业的养殖户的养殖规模是 14 641只。H7N9 事件发生后，签订契约的养殖户也减少了养殖规模，但减少的幅度（5.5%）比其他养殖户（8.99%）少。而且，从第 11 个月开始，H7N9 事件的影响减弱，契约农业发挥市场信息传递效应，参与契约农业的养殖户率先补栏，人均养殖量呈上升趋势，而未参加契约农业的养殖户的养殖规

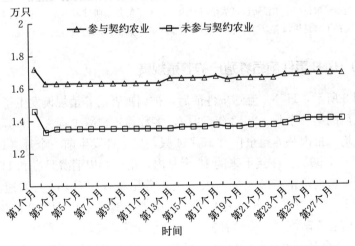

图 4　H7N9 事件前后是否参与契约农业养殖户的养殖规模比较

模仍处于缓慢上升的状态，直到第 17 个月，才呈现出明显的增长态势。到第 28 个月，随着肉鸡收购价趋稳，参与契约农业的养殖户逐渐扩大养殖规模，最终恢复到事件发生前一个月的 98.5%，而不参与契约农业的养殖户的人均养殖数量仅为事件发生前的 96.4%。这表明，参加契约农业能使养殖户避免生产规模的巨大变动，较快恢复生产规模。

2. H7N9 事件前后南北方养殖户的养殖规模比较

如图 5 所示，H7N9 事件发生前的一个月，受调查的北方养殖户人均养殖规模是 18 016 只，南方人均养殖规模是 14 194 只。H7N9 事件发生后的第一个月，北方人均养殖数量下降了 5.98%，南方人均养殖数量下降了 9.98%，可见，南方的养殖户受到较大的影响。在接下来的 10 个月内，南北方的肉鸡养殖规模没有发生明显变化。之后，南北方的人均养殖规模均呈现小幅波动的上升态势。到第 28 个月，北方人均养殖规模已恢复到事件发生前一个月的 99.18%，而南方人均养殖规模仅恢复到 97.1%。因此，与南方养殖户相比，北方养殖户的生产恢复较快。

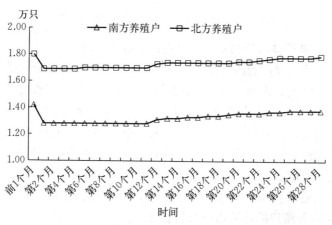

图 5　H7N9 事件前后南北方养殖户的养殖规模比较

五、养殖信心恢复状况和周期

（一）H7N9 事件后养殖户的养殖信心恢复状况

事件发生后的第 28 个月，信心恢复的养殖户共有 254 人，占总样本的 90.7%，说明 9 成养殖户已经恢复到事件发生前的信心，但仍有 26 人的养殖信心尚未恢复。如图 6 所示，通过寿命表法估计，H7N9 事件发生后的第 28

个月，从每个月的"生存率"来看，事件后的第一个月，被调查者的"生存率"为99.3%，仅有0.07%的样本已恢复养殖信心；随后20多个月，"生存率"随着月数的增加逐渐降低，减小的速度呈波浪形状，到事件后的第28个月，生存率降到9.3%。

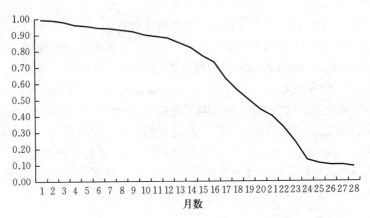

图6　H7N9流感事件后养殖信心的生存率

1. 养殖户是否参与契约农业的养殖信心恢复状况

如图7所示，事件后的第28个月，参与契约农业的养殖户的养殖信心恢复人数共有200人，占90.09%；不参与契约农业但信心已经完全恢复的人数共有54人，占93.1%。但从生存率来看，参与契约农业的养殖户在事件后的第一个月开始逐渐恢复养殖信心，随着家禽市场回暖，生存率下降速度加快，越来越多的养殖户恢复了养殖信心；而不参与契约农业的养殖户在第17个月才开始恢复养殖信心，随着月数的增加，生存率下降幅度越来越大，养殖信心恢复的人数也越来越多。

2. 南北方养殖户的养殖信心恢复状况

如图8所示，H7N9事件后的第28个月，南方养殖户信心恢复的人数有135人，占93.1%，而北方养殖户信心恢复的人数有119人，占88.15%。从生存率来看，H7N9事件后的18个月内，北方养殖户从第1个月开始，生存率为0.98，已有少数养殖户恢复了信心，然而，南方养殖户的生存率一直为1。这表明，H7N9事件后的1年半内，南方养殖户的养殖信心一直未恢复。第14个月开始，北方养殖户的养殖信心生存率的下降幅度明显增大，养殖信心恢复的人数迅速增加；而南方养殖户的养殖信心恢复较慢，直到第21个月开始，生存率下降速度加快，信心恢复的人数才逐渐增加。

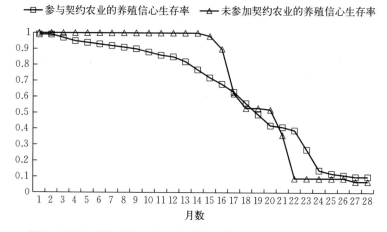

图 7　H7N9 事件后是否参与契约农业的养殖户的养殖信心生存率

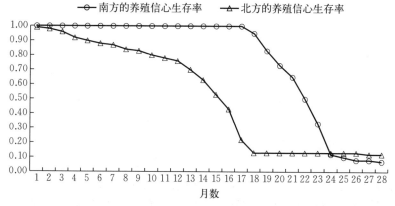

图 8　H7N9 事件后南北方养殖户的养殖信心生存率

（二）养殖信心恢复周期的预测

　　根据韦布尔函数分布，预测肉鸡养殖户养殖信心恢复周期。首先分别将图 6、图 7 和图 8 得到的事件后 1～28 个月的养殖信心生存率、参与契约农业的养殖信心生存率、不参与契约农业的养殖信心生存率、南方养殖户的养殖信心生存率、北方养殖户的养殖信心生存率和恢复周期分别代入（6）式，通过简单线性回归，计算各自的参数 A 和 α。然后，将两个参数代入（5）式中，恢复周期 t 通过取值第 29 个月，第 30 个月，即 29，30，31，32……，迭代算出相应的养殖信心恢复周期 $S(t)$，即预期的信心恢复周期。据预测（如表 2 所示），到 2016 年 3 月，将有 93.5% 的养殖户恢复养殖信心，到 2017 年 12 月，全部样本农户恢复养殖信心。就养殖户是否参与契约农业而言，到 2016 年 8 月，97.5% 没有参与契约农业的养殖户将恢复信心，到 2017 年的 12 月将全部恢复信心；而参与契约农业的养殖户在 2016 年 8 月全部恢复信心。就南北方而言，2016 年 3 月，93.5% 的南方养殖户恢复养殖信心，预计到 2017 年 12 月能全部恢复养殖信心；而北方养殖户在 2016 年 3 月已完成养殖信心恢复。

表 2 养殖户的养殖信心恢复周期预测

养殖信心生存率	不参与契约农业的养殖信心生存率	参与契约农业的养殖信心生存率	南方养殖信心生存率	北方养殖信心生存率	月数	对应年月
0.186	0.183	0.070	0.114	0.029	第 28 个月	2015 年 8 月
0.142	0.139	0.034	0.098	0.009	第 30 个月	2015 年 10 月
0.065	0.063	0.003	0.065	0.000	第 35 个月	2016 年 3 月
0.026	0.025	0.000	0.027	0.000	第 40 个月	2016 年 8 月
0.009	0.008	0.000	0.011	0.000	第 45 个月	2017 年 1 月
0.003	0.002	0.000	0.005	0.000	第 50 个月	2017 年 6 月
0.001	0.001	0.000	0.002	0.000	第 55 个月	2017 年 11 月
0.000	0.000	0.000	0.000	0.000	第 56 个月	2017 年 12 月

六、养殖信心恢复周期的实证分析

为避免多重共线性，采用 Person 相关系数检验发现，15 个自变量之间不存在高度相关性（<0.5）。然后，再对 15 个自变量进行方差膨胀因子检验（Variance Inflation Factor，VIF），结果如表 3 所示，方程不存在多重共线性问题。为消除异方差，加入了针对 Cox 比例风险模型的稳健标准误估计（Lin 等，1989），最后，利用 Stata12.0 计量软件进行实证分析。为检验 Cox 回归模型是否符合最基本的比例风险（Proportional hazards，PH）假定和协变量不随时间变化的效应，采用 Schoenfeld 残差法进行检验。Schoenfeld 定义了一个不依赖于时间变量 t 的 Schoenfeld 残差，如果协变量效应在整个误差项中的百分比（rho）对应的卡方值（chi2）接受原假设（Schoenfeld 残差与生存时间的秩次线性无关），则可以证明数据满足 PH 假定以及协变量效应不随时间变化（Schoenfeld，1982）。检验结果如表 4 所示，所有自变量的卡方值以及

Global 检验值均接受原假设，说明调查数据符合 Cox 模型的 PH 检验，而且，协变量效应不随时间变化，所以，Cox 模型的估计结果是无偏差的。而且，GÖnen 和 Heller 的一致性系数值为 0.775，这表明，基于对契约农业、地区差异以及控制变量的测量，养殖户的养殖信心恢复时间与时间观察值的一致性概率为 77.54%，这说明模型的拟合结果良好。

表3　方差膨胀因子法的检验结果

方　　程	最大的 VIF	平均的 VIF	是否存在多重共线性
养殖信心恢复周期	1.56	1.19	否

通过控制其他影响因素，契约农业和地区差异均通过 1% 统计水平的显著性检验，对养殖信心恢复周期产生非常显著的影响，风险率分别为 1.770 和 0.109，参与契约农业的养殖户比未参与契约农业的养殖户的信心恢复可能性要高 77%。这表明，参加契约农业的养殖户可能得到组织提供的服务和技术支持，稳定了农产品收购价，明显促进了养殖信心的恢复，比未参加契约农业的养殖户的养殖信心恢复周期短。同样，来自南方的养殖户比北方的养殖户的养殖信心恢复可能性要低 89%，结果表明，白羽肉鸡的养殖户比黄羽肉鸡养殖户的养殖信心恢复周期短，这可能是因为，白羽肉鸡的生长周期较短，每只肉鸡的成本较低，给养殖户带来的损失较小，所以，与南方养殖户相比，北方养殖户的养殖信心恢复较快。

从系数估计结果来看，个人特征方面，性别系数的统计检验在 5% 水平上显著，说明性别差异对养殖信心恢复周期有显著的影响，风险率为 1.36，说明男性养殖户比女性养殖户的信心恢复可能性要高 36%。在养殖特征方面，是否以肉鸡养殖为主业也具有较高的显著性，影响方向与研究假设相符，风险率为 2.002。这说明，以肉鸡养殖为主业的养殖户比兼业户的信心恢复可能性高 1 倍。这可能是因为，主业养殖户，不仅以养殖收入为家庭收入来源，而且具备比较专业的养殖技术和设施设备，虽然他们受到的损失较大，但迫于生计，他们的养殖信心恢复周期缩短。养殖年限的统计检验显著且系数为正，风险率为 0.938，与研究假设不一致。这表明，在其他条件不变的情况下，养殖户的养殖年限每增加 1 年，养殖信心恢复的可能性会降低 6.2%。这或许是因为，养殖年限较长的养殖户，由于前期投入较多的固定设备，从而产生较多的固定资产折旧，所以 H7N9 流感对他们的总体亏损较大，养殖信心恢复的周期相对较长。同样，养殖收入占家庭总收入的比重也通过显著性检验，系数为正，与研究假设相符，风险率小于 1。这说明，在其他条件不变的情况下，养殖户的养殖收入占家庭总收入比重每增加 1%，家庭对养殖收入的依赖性越高，H7N9 流感产生的影响越大，信心恢复的可能性将降低 40%。周边近几年是否发生过流感疫情的影响虽然通过显著性检验，但系数为正，风险率为0.462。这表明，经历过流感疫情的养殖户比没有经历过疫情的养殖户的养殖信心恢复可能性减少 53.8%，与研究假设不符。这可能是因为，之前经历过疫情的养殖户，由于再次受到疫情的影响，对养殖前景较为悲观，所以养殖信心恢复的周期较长。社会支持方面，防疫信息渠道数量通过 5% 水平的统计性检验且系数为负，与预期一致，风险率为 1.167。这表明，在其他条件不变的情况下，当养殖户每增加 1 个防疫信息渠道，他们的信心恢复可能性将上升16.7%，可见，信息渠道的广泛性有助于缩短养殖信心恢复周期。

表 4　养殖信心恢复时间的 Cox 比例风险回归模型结果

变量类型	变量名称	风险率	稳健标准差	Z 值	Rho	chi2
核心变量	是否参与契约农业	1.770	0.314	−3.22***	−0.003	0.049
	地区差异	0.109	0.028	8.61***	0.006	0.058
个人特征	性别	1.360	0.200	−2.09**	0.002	0.032
	年龄	1.006	0.009	−0.69	−0.001	0.016
	教育年限	0.970	0.023	1.32	−0.001	0.009
	流感的风险感知	0.961	0.054	0.71	0.023	0.560
养殖特征	养殖年限	0.938	0.010	5.82***	0.034	0.720
	养殖规模	1.013	0.011	−1.14	−0.035	0.810
	养殖收入占家庭总收入的比重	0.600	0.139	2.20**	0.015	0.040
	养殖专员占总雇佣人数比重	0.914	0.160	0.52	0.015	0.036
	是否以肉鸡养殖为主业	2.002	0.650	−2.14**	0.021	0.066
	近几年周边是否发生流感	0.462	0.176	2.03**	−0.031	0.053
社会支持	防疫信息渠道数量	1.167	0.086	−2.09**	0.044	0.068
	养殖场周边是否有畜牧兽医服务站	0.934	0.100	0.63	−0.044	0.071
	养殖场是否为政府规划过的养殖小区	1.120	0.135	−0.95	0.056	0.086

（续）

变量类型	变量名称	风险率	稳健标准差	Z 值	Rho	chi2
GÖnen 和 Heller 一致性系数		0.775				
Log pseudolikelihood		−1 080.787				
Wald chi2（15）		266.77***				
Global 检验		0.002				0.020

注：*、** 和 *** 分别表示在 10%、5% 和 1% 显著性水平下显著。风险率为某一时刻养殖信心突然恢复的概率，（风险率−1）表示信心恢复的边际率，统计意义即解释变量每变动一个单位，信心恢复的可能性变动的百分比。

七、结论与政策建议

在 H7N9 流感事件后的第 28 个月，通过对中国 6 省 280 个肉鸡养殖户的问卷调查发现，多数养殖户已经恢复信心，生产规模达到事件发生前的水平，且预计在 2017 年 12 月，样本养殖户的养殖信心能全部恢复。对关键变量分析发现，参与契约农业的养殖户无论在受影响程度、信心恢复速度、信心恢复起点、信心恢复预期时间及恢复可能性等方面均比未参加契约农业的养殖户更有优势，说明了契约农业有效规避了疫情引起的市场风险，有助于恢复养殖信心。养殖户所处地区的差异对养殖信心恢复有显著的影响，受养殖品种、养殖方式及自然环境的影响，北方肉鸡养殖户比南方肉鸡养殖户受到的影响较小，养殖信心恢复的周期较短。不可忽视的是，养殖户的性别、是否以肉鸡养殖为主业、养殖年限、养殖收入占比、周边近几年的疫情经历、防疫信息渠道数量等因素也发挥显著的影响。然而，本文仍存在研究不足，即控制变量的选取方面，忽视了市场价格、鸡肉消费量、消费者偏好等外部因素对养殖信心恢复周期的影响，在一定程度上影响了研究结论的可靠性，这可能是下一阶段研究的突破口。基于上述结论，提出如下政策建议：

（一）为养殖户拓宽公共和专家的防疫信息渠道

防疫信息渠道数量对养殖户养殖信心恢复发挥着重要的作用。养殖户获取的防疫信息渠道越多，越有助于其尽快恢复养殖信心。一般而言，养殖户普遍通过亲戚朋友、其他农户等私人渠道获取防疫信息，难以从公共渠道和专家渠道获取防疫信息。因此，千方百计地拓宽养殖户的防疫信息渠道是推动养殖户养殖信心恢复的有效路径。一方面，应通过促进农村信息化，加强农村电信和互联网基础设施建设，推动通讯技术和计算机技术的普及应用，使养殖户能及时获取政府防疫政策和突发事件信息；另一方面，应定期组织兽医和高校、科研院所的专家下乡开展培训会，为广大养殖户提供实用、科学的防疫知识。

（二）引导养殖户参加契约农业，转移市场风险

虽然养殖信心可以随着家禽市场回暖逐渐恢复，但需要漫长的时间，据预测，受调查的养殖户在现有条件下，需要 4 年以上的时间（累计 56 个月）才能完全恢复养殖信心。养殖户被动地等待市场回暖容易使他们失去信心，不利于家禽产业的可持续发展。与没有参加契约农业的养殖户相比，加入契约农业的养殖户信心恢复可能性要高 77%，受 H7N9 事件影响的程度较小且恢复的速度较快。因此，为减轻日后突发事件对养殖信心的影响，可考虑通过税收优惠、财政补助等政策，鼓励和引导养殖户与当地农民专业合作社、龙头企业、经销公司签订契约，提前锁定产品的收购价，以减轻或转移市场价格风险。

（三）整顿和规范南方活禽市场

不可否认，中国家禽养殖品种、方式存在南北差异。与南方养殖户相比，北方养殖户受到的影响较小，且恢复速度较快，养殖信心恢复的可能性较高。显然，养殖信心恢复较慢不利于南方家禽业的发展。除了气候、地形、饮食习惯长期无法改变之外，相关部门应加大力度整顿和规范南方活禽经营市场秩序，加强市场卫生管理，实行定期抽检制度，完善应急预案，妥善处理突发情况。

参考文献

戴炜，胡浩，虞祎. 我国肉鸡市场价格周期性波动分析 [J]. 农业技术经济，2014（5）：12-20.

韩军辉，李艳军. 农户获知种子信息主渠道以及采用行为分析——以湖北省谷城县为例 [J]. 农业技术经济，2005（1）：31-35.

李强. 社会支持与个体心理健康 [J]. 天津社会科学，1998（1）：67-70.

彭震伟. 区域研究与区域规划 [M]. 上海：同济大学出版社，1998：58-59.

王瑜. 养猪户的药物添加剂使用行为及其影响因素分析——基于江苏省 542 户农户的调查数据 [J]. 农业技术经济, 2009 (5): 46 - 55.

肖水源, 杨德森. 社会支持对身心健康的影响 [J]. 中国心理卫生杂志, 1987, 1 (4): 184 - 187.

辛翔飞, 王济民. 产业化对肉鸡养殖户收入影响的实证分析 [J]. 农业技术经济, 2013 (2): 4 - 10.

严若华, 李卫. Cox 回归模型比例风险假定的检验方法研究 [J]. 中国卫生统计, 2016, 33 (2): 345 - 349.

于乐荣, 李小云, 汪力斌. 禽流感发生后家禽养殖农户的生产行为变化分析 [J]. 农业经济问题, 2009 (7): 13 - 21.

翟向明, 杨平, 徐凌忠, 等. 中国农村居民禽流感认知情况及影响因素分析 [J]. 中国卫生事业管理, 2008 (7): 475 - 477.

中国畜牧业年鉴编辑委员会. 中国畜牧业年鉴 [M]. 北京: 中国农业出版社, 2012—2015.

Ajzen I. The theory of planned behavior [J]. Organizational Behavior and Human Decision Process, 1991 (50): 179 - 211.

Anderson PK. Statistical Models Based on Counting Processes [M]. Berlin: Springer-Verlag, 1993.

Angford C P H, Bowsher J, Maloney J P, et al., Social support: A Conceptual Analysis [J]. Journal of Advanced Nursing, 1997 (25): 95 - 100.

Bauer R A. Consumer Behavior as Risk Taking [J]. Dynamic Marketing for a Changing World, 1960: 398.

Cheung. The contractual nature of the firm [J]. Journal of Law and Economics, 1983, 26 (1): 1 - 21.

Coase R. H. The nature of the firm [J]. Economica, 1937, 4 (16): 386 - 405.

Cox D R. Regression Models and Life-tables (with discussion) [J]. Journal of the Royal Statistical Society, Series B. 1972 (34): 187 - 220.

Eaton, C., Shepherd, A. W. Contract farming: partnerships for growth: report of FAO Agricultural Services Bulletin [R]. Rome, 2001.

Erkan R, Vertical Coordination in the Agro-food Industry and Contract Farming: A Comparative Study of Turkey and the USA: report of Food Marketing Policy Center Research [R]. University of Connecticut, 2000.

Glove D. J. Contract farming and smallholder outgrower schemes in less developed countries [J]. World Development, 1984 (12): 1143 - 1157.

Graunt J. Natural and Political Observations Made upon the Bills of Mortality [M]. Baltimore: The Johns Hopkins Press, 1939 (this book was originally published in London in

1662).

Gundlach, G T., Ernest R. C., Exchange interdependence and interfirm interaction: resear china simulated channel setting [J]. Journal of Marketing Research, 1994 (29): 516 -532.

Guo H., Jolly R. W., Zhu J. Contract farming in China, supply chain or ball and chain? [C]. Chicago: the 15th Annual World and Agribusiness Symposium, IAMA, 2005.

Guo H., Jolly R. W. Contract farming in China: perspectives of smallholders [C]. Beijing: International Association of Agricultural Economists Conference, 2009.

GÖnen M., Heller G. Concordance Probability and Discriminatory Power in Proportional Hazards Regression [J]. Biometrika, 2005 (92): 965 – 970.

Key N., Runsten D. Contract farming, smallholders and rural development in Latin America: the organization of agroprocessing firms and the scale of outgrower Production [J]. World Development, 1999, 27 (2): 381 - 401.

Lin D Y, Wei L J. The Robust Inference for the Cox Proportional Hazards Model [J]. Journal of the American Statistical Association, 1989 (84): 1074 - 1078.

Macdonald J., Perry J., Ahearn M., et al. Contracts, Markets, and Prices: Organizing the Production and Use of Agriculture Commodities: report of Agricultural Economic [R]. USDA, 2004.

Maertens, M. Trade, food standards and poverty: the case of high-value vegetable exports from Senegal [C]. Gold Coast: International Association of Agricultural Economists Conference, 2006.

Masakure O., Henson S. Why do small-scale producers choose to produce under contract? Lessons from nontraditional vegetable exports from Zimbabwe [J]. World Development, 2005, 33 (10): 1721 - 1733.

Miyata S., Minot N, Hu D. Impact of contract farming on income: linking small farmers, packers, and supermarkets in China [J]. World Development, 2009, 37 (11): 1781 - 1790.

Nöremark, M., Frössling, J., Lewerin, S. S. Application of routines that contribute to on-farm biosecurity as reported by swedish livestock farmers [J]. Transboundary and Emerging Diseases, 2010, 57 (4): 225 - 236.

Peter B, Ballebyeolesen H. Ten rules of thumb in contract design: lessons from Danish agriculture [J]. European Review of Agricultural Economics, 2009, 29 (2): 185 - 204.

Peter L D., Michael W J. Living under Contract: Contract Farming and Agrarian Transformation in the Sub-saharan Africa [M]. Madison: the University of Wisconsin Press, 1994: 56 - 101.

Schoenfeld D. Partial residuals for the proportional hazards regression model [J]. Biornetrika, 1982 (69): 239 - 241.

Siegrist M, Earle T C, Gutscher H. Test of a trust and confidence model in the applied context of electromagnetic field (EMF) risks [J]. Risk Analysis, 2003, 23 (4): 705 - 716.

Simmons P, Winters, P. , Patrick, I. An analysis of contract farming in East Java, Bail and Lombok, Indoesia [J]. Agricultural Economics, 2005, 33 (3): 512 - 525.

Singh S. Contracting out solutions: political economy of contract farming in the Indian Punjab [J]. World Development, 2002, 30 (9): 1621 - 1638.

Slovic P. Perception of Risk [J]. Science, 1987, 236 (277): 280 - 285.

Taylor S E. Social Support: A Review. In M. S. Friedman, The Handbook of Health Psychology [M]. New York: Oxford University Press, 2011: 189 - 214.

Warning M. , Key N. The social performance and distributional consequences of contract farming: an equilibrium analysis of the Arachide De Bouche Program in Senegal [J]. World Development, 2002, 30 (2): 255 - 263.

Zylbersztajn, D. Nadalini L. B, Tomatoes and courts: strategy of the agro-industry facing weak contract enforcement: work paper of University of Sao Paulo [R]. Brazil, 2003.

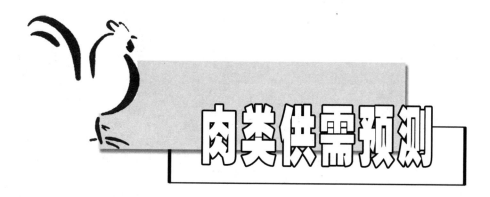

肉类供需预测

中国肉类供需长期预测综述

孙振[1]　王济民[23]

（1. 华北科技学院管理学院；2. 中国农业科学院农业经济与发展研究所；
3. 中国农业科学院办公室）

改革开放以来，伴随着中国居民收入水平的快速提高和城市化，中国肉类的生产和消费经历了快速发展。据国家统计局公布的数据，中国肉类产量由1979 年的 1 062 万吨，增加到 2016 年的 8 538 万吨，增长了 703％，年均增长5.79 ％；人均肉类占有量由 1979 年的 10.9 千克增长到 2013 年的 61.7 千克，增长了 467％。目前，中国肉类总产量居世界第一，猪肉、羊肉和禽肉产量世界第一，牛肉产量世界第三，全球肉类的三分之一产自中国。肉类的生产和消费与农民增收、居民消费和环境问题密切相关。中国肉类供需长期预测对于国家科学制定畜牧业发展政策、保证农民增收、满足人民肉类消费需求和改善农村环境均具有重大意义。本文首先对国内外影响最广的三个中国肉类供需长期预测进行了述评；其次，对中国肉类供需长期预测的方法和数据进行了综述；最后，分析了中国肉类产品供需长期预测存在的问题，并给出相关建议。

一、中国肉类供需的长期预测存在系统性低估

目前影响最广的中国肉类供需的长期预测是由经合组织—粮农组织（OECD-FAO）、美国农业部（USDA）（仅公布中国猪肉、牛肉供需预测，不含羊肉和禽肉供需预测）和中国农业部市场预警专家委员会三个组织发布，这三个组织对中国肉类供需的长期预测普遍存在低估。此外，也有一些学者对中国肉类供需进行了预测，如 Fuller（1997）、黄季焜（2003）、胡向东（2011）和申秋红（2012）等。

（一）OECD-FAO Agricultural Outlook 的预测

2014 年，OECD-FAO 预测中国 2024 年肉类产量（猪肉、牛肉、羊肉和禽肉产量之和）为 9776 万吨，比 2015 年增长 13.3%，年均增长 127.8 万吨；2024 年中国肉类消费量为 9 925 万吨，比 2015 年增长 14.1%，年均增长 136.7 万吨。

表 1　OECD-FAO 对中国肉类产量和消费量预测

单位：万吨

年份	2015	2016	2017	2018	2019	2020	2021	2022	2023	2024
预测产量	8 625	8 738	8 975	9 120	9 246	9 367	9 472	9 569	9 682	9 776
预测消费量	8 695	8 807	9 043	9 190	9 323	9 455	9 574	9 688	9 814	9 925

2010—2014 年，OECD-FAO Agricultural Outlook 的中国肉类产量预测值通常低于实际产量（中国国家统计局公布的肉类产量），且每年的预测偏差（预测值与实际值的差额除以实际值）的均值均为负（表 2）。

表 2　OECD-FAO 对中国肉类产量的预测偏差

年份	实际产量（万吨）	实际产量增速	2010 年展望的预测偏差	2011 年展望的预测偏差	2012 年展望的预测偏差	2013 年展望的预测偏差	2014 年展望的预测偏差
2010	7 779	3.57%	−1.9%	—	—	—	—
2011	7 810	0.4%	1.17%	0.71%	—	—	—
2012	8 228	5.35%	−1.86%	−2.86%	−2.53%	—	—
2013	8 372	1.75%	−0.98%	−2.84%	−2.75%	−3.26%	—
2014	8 539	2.0%	0.01%	−2.86%	−2.81%	−3.14%	−1.23%
均值	—	2.61%	−0.71%	−1.96%	−2.7%	−3.20%	−1.23%

（二）USDA 的预测

对 USDA 的中国猪肉和牛肉产量的基准预测与实际产量进行对比发现，除 2008 年外，USDA 基准预测的猪肉产量总体上明显低于实际产量（表 3）。

表3　USDA 对中国猪肉产量的预测偏差

年份	实际产量（万吨）	实际产量增速	2008年基准预测偏差	2009年基准预测偏差	2010年基准预测偏差	2011年基准预测偏差	2012年基准预测偏差	2013年基准预测偏差	2014年基准预测偏差
2008	4 621	7.76%	3.88%	—	—	—	—	—	—
2009	4 891	5.84%	−0.35%	−5.95%	—	—	—	—	—
2010	5 071	3.68%	1.36%	−7.36%	−0.81%	—	—	—	—
2011	5 060	−0.22%	4.03%	−4.40%	1.60%	1.77%	—	—	—
2012	5 343	5.59%	2.57%	−8.14%	−1.50%	−1.79%	−4.02%	—	—
2013	5 493	2.81%	2.33%	−9.02%	−2.96%	−2.61%	−4.43%	−5.33%	—
2014	5 671	3.25%	2.12%	−10.26%	−4.51%	−3.55%	−4.29%	−6.77%	−3.55%
均值		3.5%	2.28%	−7.52%	−1.64%	−1.55%	−4.25%	−6.05%	−3.55%

2010—2014 年，USDA 基准预测的牛肉产量明显低于实际产量，年度展望预测的平均偏差在 −12.77%～−17.31%（表4）。

表4　USDA 对中国牛肉产量的预测偏差

年份	实际产量（万吨）	实际产量增速	2010年展望预测偏差	2011年展望预测偏差	2012年展望预测偏差	2013年展望预测偏差	2014年展望预测偏差
2010	653	2.76%	−15.32%	—	—	—	—
2011	647	−0.85%	−13.03%	−15.83%	—	—	—
2012	662	2.28%	−12.42%	−17.69%	−16.65%	—	—
2013	673	1.65%	−11.59%	−17.83%	−15.84%	−17.11%	—
2014	689	2.35%	−11.48%	−17.91%	−15.21%	−16.75%	−16.55%
均值	—	1.64%	−12.77%	−17.31%	−15.9%	−16.93%	−16.55%

（三）中国农业部市场预警专家委员会的预测

2014 年，中国市场预警专家委员会预测 2024 年中国肉类产量为 10 059 万吨，比 2015 年增长 16.4%，年均增长 157.2 万吨；2024 年中国肉类消费量为 10 210 万吨，比 2015 年增长 17%，年均增长 164.5 万吨（表5）。中国市场预警专家委员会预测的产量和消费量与 OECD-FAO 接近，且略高于后者。

表5 中国农业部市场预警专家委员会对中国肉类产量和消费量预测

单位：万吨

年份	2015	2016	2017	2018	2019	2020	2021	2022	2023	2024
预测产量	8 644	8 823	9 015	9 190	9 362	9 527	9 676	9 812	9 941	10 059
预测消费量	8 729	8 922	9 116	9 302	9 478	9 651	9 804	9 953	10 082	10 210

中国农业部市场预警专家委员会发布的有关中国肉类供需的"中国农业展望报告"时间较短，因此判断其预测效果较困难。2014 年，该委员会预测2014 年中国肉类的总产量为 8 554 万吨，仅比实际产量高 15 万吨，但这并不能说明其预测准确度高（表 5）。首先，2014 年发布的展望低估了 2014 年中国的猪肉、牛肉和羊肉产量，高估了禽肉产量；不同肉类产量的低估和高估同时出现是导致产量预测与实际值接近的主要原因。其次，2014 年发布的展望中的羊肉和禽肉产量的预测误差较大，分别达到－2.57％和 3.66％（表 6）。第三，与 2014 年发布的展望相比，2015 年发布的展望将未来各年份的肉类产量预测平均下调约 93 万吨。如果将 2014 年该委员会发布的 2014 年肉类产量的预测值下调 93 万吨，则该预测值比实际产量低 0.9％；而 2014 年肉类产量的增长率仅为 2％，调整后的预测误差并不算小。

表6 中国农业部市场预警专家委员会对中国肉类产量的预测偏差

	猪肉	牛肉	羊肉	禽肉
2014 年实际产量（万吨）	5 671	689	428	1 751
2014 年展望的预测产量（万吨）	5 627	685	417	1 825
预测偏差绝对值（万吨）	－44	－4	－11	74
预测偏差	－0.78％	－0.58％	－2.57％	3.66％

由于中国肉类净进口占总消费的比例非常小（2014 年中国肉类净进口占总消费的比例仅为 1.2％），因此各年份的中国肉类产量与消费量基本相同。上述组织对中国未来肉类产量的低估，也意味着对中国未来肉类消费的低估。

二、中国肉类供需的长期预测模型

很多组织和学者对中国的肉类供需进行了预测，相关预测结果见表 7。国内学者对中国肉类供需预测以单畜种和肉类总量预测为主，黄季焜（2003）的

CAPSiM 模型虽然研究的是多畜种，但并没有公开其预测值，故未在表中显示。

表 7　不同组织和学者对中国肉类供需的中长期预测

单位：万吨

来　源	品种	方　法	预测时间段	年均产量增长	年均消费量增长
胡向东（2011）	猪	市场模型	2009—2020	92.32	117.18
张超（2013）	猪	神经网络模型	2010—2012	—	137
马福玉（2013）	猪	神经网络模型	2010—2012	—	110.07
农业部市场预警专家委员会（2015）	猪	局部均衡模型	2015—2024	76.9	78.9
USDA（2015）	猪	局部均衡模型	2015—2024	102.96	110.59
OECD-FAO（2014）	猪	局部均衡模型	2014—2023	40.07	52.56
霍灵光（2010）	牛	聚类类比法	2007—2020	—	51.85
张伶燕（2010）	牛	ARIMA（1，2，1）模型	2006—2010	42.28	—
农业部市场预警专家委员会（2015）	牛	局部均衡模型	2015—2024	13.9	15.3
USDA（2015）	牛	局部均衡模型	2015—2024	1.25	6.25
OECD-FAO（2014）	牛	局部均衡模型	2014—2023	9.82	14.3
刘玉凤（2014）	羊	市场模型	2013—2020	4.55	5.52
丁丽娜（2014）	羊	局部均衡模型	2015—2025	14.85	16.9
农业部市场预警专家委员会（2015）	羊	局部均衡模型	2015—2024	12	13.8
OECD-FAO（2014）	羊	局部均衡模型	2014—2023	9.44	—
申秋红（2008）	禽	局部均衡模型	2010—2020	84.6	95.2
农业部市场预警专家委员会（2015）	禽	局部均衡模型	2015—2024	35.6	34.08
OECD-FAO（2014）	禽	局部均衡模型	2014—2023	54.22	52.11

上表中，在计算年均产量增长和年均消费量增长时，基期产量使用的是国家统计局公布的产量数据。OECD-FAO Agricultural Outlook 2014—2023 年和 USDA 2015 年的基准预测对 2014 年中国牛肉的产量预测分别为 658.6 万吨和 652.5 万吨，远低于国家统计局公布的 689 万吨（OECD-FAO 和 USDA 对

2014 年中国猪肉、羊肉和禽肉产量的预测值与国家统计局公布的数据较为接近）；如果使用 OECD-FAO 和 USDA 对 2014 年中国牛肉产量的预测值作为基期值，则表 7 中 OECD-FAO 和 USDA 对未来中国牛肉的年均产量增长的预测分别为 13.2 万吨和 4.9 万吨。表 7 也显示，不同组织或学者对中国肉类供需的预测存在较大差异，以猪肉为例，USDA 预测未来 10 年中国猪肉产量的年均增长为 102.96 万吨，而 OECD-FAO 的预测仅为 40.07 万吨。

由表 7 可知，相关组织和学者对中国肉类供需的中长期预测主要使用三种方法：一是局部均衡模型（市场模型也可以看作是一种局部均衡模型），该模型被使用最为普遍，预测精确度相对较高，适合肉类供需的长期预测；二是神经网络模型，该模型对于未来 3 年以内肉类产品消费的中期预测效果较好；三是其他方法，如聚类类比法和 ARIMA（1，2，1）模型，这些模型由于预测误差较大，不适宜作为肉类产品的中长期预测工具。

对中国肉类供需长期预测所采用的模型形式争议较少，局部均衡模型是目前中国肉类供需长期预测所使用的主流预测模型，对中国肉类供需较有影响的预测多使用该种模型。局部均衡模型既可对多畜种进行预测，例如 OECD-FAO、美国食品和农业政策研究所（FAPRI）、中国农业部市场预警专家委员会、Fuller（1997）和黄季焜（2003）；也可对单畜种进行预测，例如胡向东（2011）、申秋红（2012）和丁丽娜（2014）等。也有学者使用其他的模型对中国单畜种的产量或需求量进行预测，如张伶燕（2008）使用时间序列模型对未来 5 年中国牛肉产量进行预测，但预测效果较差；张超（2013）、马福玉（2013）使用神经网络模型对未来 3 年中国猪肉需求量进行预测，预测效果较佳。需要指出的是，OECD-FAO、USDA 和中国农业部市场预警专家委员会虽然定期公布中国肉类供需预测，但其预测模型并没有公开。

有关中国肉类的局部均衡模型一般由生产模型、消费模型、进出口模型和均衡条件四部分组成，部分作者的模型中还含有价格转移模型，如胡向东（2011）和刘玉凤（2014）。肉类供需局部均衡模型中的价格变量既可以是外生的也可以是内生的，如果肉类供需是通过价格调整来达到市场均衡，则模型属于价格内生模型；如果肉类供需是通过进出口调整来达到市场均衡，则模型属于价格外生模型（黄季焜，2003）。以现有文献来看，有关中国肉类的局部均衡模型中，如果存在价格转移模型，那么该模型的肉类供需往往是通过进出口调整来达到市场均衡，故一般属于价格内生模型。部分学者认为，对于中国肉类供需的长期预测，价格外生模型可能取得更好的预测效果。

现有的中国肉类供需局部均衡模型往往采用结构式模型，建模时通常使用的较灵活的双对数模型。如黄季焜（2003）的 CAPSIM 模型，在其供给模型中，畜产品产量是畜产品生产者价格的柯布—道格拉斯函数，其百分比变动受疾病及其他外生变量冲击影响；在其需求模型中，肉类需求是消费者价格、实际收入和市场发育率的柯布—道格拉斯函数。

下面介绍三种代表性的肉类供需长期预测模型。

（一）FAPRI 模型

FAPRI 的农产品和政策分析系统由五部分组成：

一是季度畜禽产品模型。该模型对未来美国猪肉、牛肉、肉鸡和火鸡的供给、需求和价格进行预测。另外，FAPRI 也有年度畜禽产品模型。

二是美国作物模型。该模型对未来美国玉米、小麦和大豆等主要农作物的供给、需求和价格进行预测。

三是饲料粮、小麦和大豆的国际贸易模型。用来预测美国的这些作物的主要贸易国供给、需求、价格和贸易。

四是美国政府农业支出模型。用来预测美国国内农业政策的财政支出。

五是农户净收入模型。用来预测美国农业的现金收入、生产成本和农户净收入。

各模型之间关系见图 1。系统中的每个模型可以被单独求解，但一般情况下，在给定政府政策、宏观经济条件、气候假设和其他外生变量假定情况下，整个系统被同时求解。当所有市场同时均衡时，满足所有子模型的一组价格和其他内生变量被求解获得。

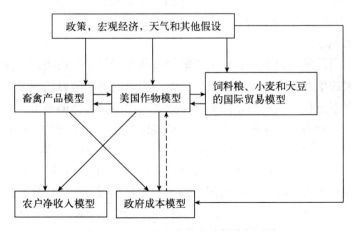

图 1　FAPRI 的农产品和政策分析系统

　　FAPRI 季度畜禽模型由 Iowa 大学农业和农村发展中心创建，该模型由猪肉、牛肉和鸡肉模型组成。各肉类模型之间关系见图 2。每种肉类模型通过它的零售价格与其他肉类模型产生相互关系，各种肉类的相对价格变动对不同肉类的生产和消费产生影响。畜禽模型通过玉米和豆粕等饲料粮价格与饲料粮模型产生联系。

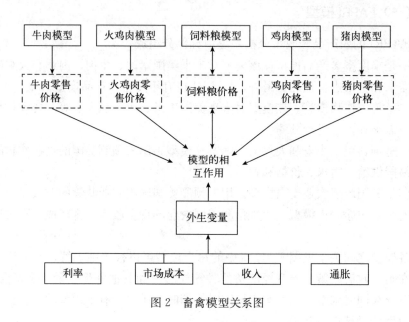

图 2　畜禽模型关系图

　　下面以猪肉模型为例进行介绍。美国季度猪肉模型包含 10 个行为方程和 8 个等式。模型分为供给部分和需求部分两部分。

1. 供给部分

　　猪肉的当前供给由生产者的前期能繁母猪存栏规模决策决定。能繁母猪规模决定猪肉的生产能力，也决定了生猪生产后续的各个阶段的规模。生产者可以通过在屠宰过程中保留更多的后备母猪来增加能繁母猪的数量，从而增加未来的猪肉生产能力。由于短期内后备母猪转化为能繁母猪的数量有限，生猪短期的生产能力很难变化。生猪的生物周期过程为：仔猪饲养期为 1～2 个月左右，仔猪再经过 4～5 月育肥可出栏，生猪从出生到出栏大约 6 个月；能繁母猪的怀孕期大约 4 个月，从母猪怀孕到生猪出栏需要 10 个月左右；后备母猪大约 7～8 个月可怀孕，整个周期完成需要 1.5 年的时间。猪肉供给的存量和流量关系见图 3。

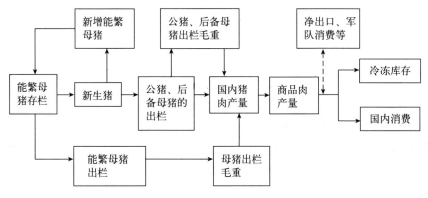

图 3　猪肉供给关系图

猪肉供给部分反映了猪肉生产的整个过程。

新增能繁母猪方程采用 Logistic 函数形式，方程估计方法为非线性最小二乘法（NLS），模型形式如下：

$$ABHUS_t=0.5PCUS_{t-2}/[1+\exp\ (a_1+a_2D2+a_3D3+a_4D4+$$
$$a_5\ (FPPK/PKFC)_{t-1}+a_6\ (FPPK/PKFC)_{t-2}+$$
$$a_7RIFCL_{t-1}+a_8RIFCL_{t-2}+a_9\log T)]\qquad(1)$$

上式中，$ABHUS$，$PCUS$，$FPPK$，$PKFC$，$RIFCL$，D 和 T 分别表示新增能繁母猪数量，新生猪数量，生猪价格，饲料价格，实际利率，季度虚拟变量和对数时间趋势变量；α 为待估参数。

该 Logistic 函数的分子为 0.5 乘以滞后 2 个季度的新生猪数量，该分子为当前新增能繁母猪的上界限，这反映了新增能繁母猪的生物性限制。幼猪转变为能繁母猪需要约 2 个季度时间，当前的新增能繁母猪数量由 2 个季度前的新生猪数量二分之一决定（假定新生猪的二分之一为母猪）。生产者根据未来生猪生产的盈利预期变化制定能繁母猪的存栏规模决策。生猪生产的盈利预期受前 1～2 季度的生猪价料比影响，前期的价料比越高，生产者将后备母猪转化为能繁母猪的比例越高。新增能繁母猪方程采用 Logistic 函数形式，意味着生猪价料比的增长对后备母猪留存比例增加的影响是边际递减的。实际利率反映了生产者的资金成本，前 1～2 季度的实际利率会对当前新增能繁母猪决策产生显著影响。方程中的季节虚拟变量用来捕捉生产过程中的季节性变化；时间趋势变量用来捕捉与能繁母猪存栏相关的生产效率的提高，通过减少仔猪的断奶时间和更科学的管理，能繁母猪存栏环节变得效率更高。

能繁母猪出栏方程与新增能繁母猪方程类似，也采用 Logistic 函数形式，方程估计方法为非线性最小二乘法（NLS），方程形式如下：

$$SSUS_t = BHUS_{t-1}/ \ [1+\exp \ (a_1+a_2D2+a_3D3+a_4D4+$$
$$a_5 \ (FPPK/PKFC)_t+a_6 \ (FPPK/PKFC)_{t-1}+$$
$$a_7RIFCL_t+a_8RIFCL_{t-1}+a_9\log T)] \quad (2)$$

上式中，$SSUS$，$BHUS$ 分别表示能繁母猪出栏和能繁母猪存栏。该 Logistic 函数的分子为滞后 1 个季度的能繁母猪存栏量，该存栏量也可看作是能繁母猪出栏的上界限。之所以滞后一期，是因为能繁母猪的淘汰通常在发生在仔猪断奶后，仔猪的断奶期通常在出生后的 3～4 周。生猪价料比和实际利率也对能繁母猪出栏产生影响，但滞后阶数比新增能繁母猪方程前移 1 个季度，这意味着能繁母猪的淘汰受到当期的生猪价料比和实际利率影响。同样，时间趋势变量用来捕捉与能繁母猪出栏相关的生产效率的提高，季节虚拟变量用来捕捉生产过程中的季节性变化。

当期能繁母猪存栏等于能繁母猪的前期存栏加上当期新增能繁母猪减去当期能繁母猪出栏，可用下式表示：

$$BHUS_t = BHUS_{t-1} + ABHUS_t - SSUS_t \quad (3)$$

新生猪数量方程如下，方程估计方法为限制最小二乘法（RLS）：

$$PCUS_t = (a_1+a_2\log T) \cdot BHUS_t \cdot D1+(a_3+a_4\log T) \cdot BHUS_t \cdot D2+$$
$$(a_5+a_6\log T) \cdot BHUS_t \cdot D3+(a_7+a_8\log T) \cdot BHUS_t \cdot D4$$
$$(4)$$

上式中，$PCUS$ 为季度新生猪数量。本季度新生猪数量由当期能繁母猪存栏量决定；方程中引入季节性虚拟变量用来捕捉母猪繁殖的季节性变化；引入时间趋势变量用来捕捉母猪繁育的技术进步和效率提高。

季度生猪出栏（公猪和后备母猪出栏）方程如下，方程估计方法为限制最小二乘法（RLS）：

$$BGSUS_t = (a_1D1+a_2D2+a_3D3+a_4D4+a_5D4*\log T) \cdot PCUS_{t-2}$$
$$(5)$$

上式中，$BGSUS$ 为季度生猪出栏。本季度生猪出栏由前 2 季度的新生猪数量决定；方程中引入季节性虚拟变量用来捕捉生猪出栏的季节性变化；引入时间趋势变量用来捕捉生猪养殖的技术进步和效率提高。

生猪（公猪和后备母猪）出栏毛重方程如下，方程估计方法为广义最小二乘法（GLS）：

$$LWBG_t = a_1D1+a_2D2+a_3D3+a_4D4+a_5 \ (FPPK/PKFC)_t \quad (6)$$

$LWBG$ 表示生猪出栏毛重。生猪的出栏毛重受当期生猪价料比的影响，一般情况下，当价料比增加时，生产者趋向于让生猪有着更高的出栏毛重。方程中引入季节性虚拟变量用来捕捉生猪出栏毛重的季节性变化。

能繁母猪出栏毛重方程如下，方程估计方法为广义最小二乘法（GLS）：

$$LWS_t = a_1 D1 + a_2 D2 + a_3 D3 + a_4 D4 + a_5 (FPPK/PKFC)_t \qquad (7)$$

LWS 表示能繁母猪出栏毛重，能繁母猪出栏毛重方程与生猪出栏毛重方程类似。

国内猪肉产量（按猪的毛重计算）等于生猪出栏量、能繁母猪出栏量分别乘以各自对应的毛重的和：

$$PPF_t = BGSUS_t \cdot LWBG_t + SSUS_t \cdot LWS_t \qquad (8)$$

上式中，PPF 表示国内猪肉产量（按猪的毛重计算）。

商品猪肉产量（按猪的胴体重计算）如下，方程估计方法为广义最小二乘法（GLS）：

$$TOTSPK_t = 0.6151 \times (PPF_t/1\,000) + aT \qquad (9)$$

$TOTSPK$ 代表商品猪肉产量（按猪的胴体重计算）。样本期，美国猪的胴体重为毛重的 0.615 1，时间趋势变量用来捕捉猪肉出肉率的提高。

2. 需求部分

人均猪肉需求方程假定消费者的猪肉消费在短期对收入和价格的调整不充分，而在长期，猪肉消费则会被充分调整。该方程充分体现了消费者猪肉消费的短期和长期行为差异，该方程的估计方法使用似不相关回归法（ITSUR）：

$$\Delta_4 \log PCPK_t = D + \sum_{j=1}^{k} \beta_j \Delta_4 \log X_{jt} + (\alpha-1)\left[\log PCPK_{t-4} - \sum_{j=1}^{k} \varepsilon_j \log X_{t-4}\right]$$

$$(10)$$

Δ_4 表示 4 阶微分，$PCPK$ 表示人均猪肉消费，X 表示需求条件变量（包括牛肉零售价格、猪肉零售价格、鸡肉零售价格、食品价格指数和人均食物消费支出）。因为猪肉消费会受到猪肉和替代肉类价格影响，所以猪肉零售价格、牛肉零售价格和鸡肉零售价格（美国羊肉消费量很小，故羊肉价格没有考虑）作为条件变量进入猪肉需求方程；食品价格指数和人均食物消费支出变量被用作衡量其他竞争性食物价格而进入猪肉需求方程。

消费者行为理论并不适用于消费者的短期肉类消费行为。在短期，由于消费习惯和信息的可获得性，当肉类价格和收入发生变化时消费者往往会对肉类消费的调整出现滞后和不充分。因此在猪肉需求方程中，猪肉的短期消费行为仅会受一致性限制约束。在长期，消费者能够完全识别肉类的价格和收入变化，并能够对肉类消费做出充分调整，消费行为与消费者行为理论相一致。因此在猪肉需求方程中，猪肉的长期消费行为会同时受到一致性和对称性限制约束。因为，猪肉需求方程为双对数形式，参数 β 和 ε 可分别看作是猪肉消费的短期和长期弹性。一般情况下，长期弹性会大于短期弹性。$\alpha-1$ 用来衡量消费者的短期猪肉消费水平向长期消费水平的调整速度；α 取值越大意味着调整速度越慢，样本期美国猪肉的 α 值为 0.25。

猪肉零售农户价差方程如下，方程估计方法为普通最小二乘法（OLS）：

$$MARGIN_t = a_1 (RPPK/CPI)_t \cdot D1 + a_2 (RPPK/CPI)_t \cdot D2 +$$
$$a_3 (RPPK/CPI)_t \cdot D3 + a_4 (RPPK/CPI)_t \cdot D4 +$$
$$a_5 (RPPK/CPI)_t \cdot (TOTSPK/POP)_t + a_6 MKTCOST_t +$$
$$a_7 (PKBYP/CPI)_t + a_8 MARGIN_{t-1} \qquad (11)$$

$MARGIN$ 表示猪肉零售农户价差，$RPPK$ 表示猪肉零售价格，POP 表示总人口，$MKTCOST$ 表示市场成本，$PKBYP$ 表示副产品价格。猪肉零售农户价差是猪肉零售价格、猪肉零售价格乘以人均商品猪肉产量（按猪的胴体重计算）、市场成本、猪肉副产品价格和猪肉零售农户价差的滞后；市场成本主要包括肉类加工工人的工资和燃料、设施成本；猪肉零售农户价差的滞后用来捕捉该价差的黏性；为了剔除通胀的影响，上述价格变量均使用 CPI 进行调整。

猪肉零售农户价差与猪肉零售价格、商品猪肉产量和市场成本正相关，更高的猪肉零售价格、猪肉产量和市场成本意味着更高的猪肉零售农户价差。猪肉零售农户价差与副产品价格负相关，副产品价格越高，该价差越低。猪肉零售农户价差具有很强的黏性，样本期价差方程关于美国猪肉零售农户价差的滞后项的系数为 0.404 1。

生猪价格等式如下：

$$FPPK_t = (RPPK_t - MARGIN_t \cdot CPI_t) \times 100 \qquad (12)$$

$FPPK$ 表示生猪价格，该价格等于猪肉零售价格减去猪肉零售农户价差。

猪肉期末冷冻库存方程如下，方程估计方法为普通最小二乘法（OLS）：

$$ENDSTKS_t = a_1 D1 + a_2 D2 + a_3 D3 + a_4 D4 + a_5 RPPK_t +$$
$$a_6 TOTSPK_t + a_7 BNGSTKS_t \qquad (13)$$

$ENDSTKS$，$BNQSTKS$ 分别表示猪肉期末和期初冷冻库存。猪肉期末冷冻库存主要受猪肉零售价格、商品猪肉产量（按猪的胴体重计算）和期初库存影响。猪肉期末冷冻库存与猪肉零售价格负相关，与猪肉产量和期初库存正相关。猪肉零售价格越高，期末冷冻库存越低；猪肉产量和期初库存越高，期末冷冻库存越高；季节虚拟变量被用来捕捉库存的季节性变化。

猪肉期初冷冻库存等式如下，期初冷冻库存等于上期末冷冻库存：

$$BNGSTKS_t = ENDSTKS_{t-1} \qquad (14)$$

猪肉商业总需求量（按猪的胴体重计算）等式为：

$$TOTDPK_t = TOTSPK_t + PFPD_t - ENDSTKS_t + BNGSTKS_t - EXPTS_t + \\ IMPTS_t - SHPMTS_t - MILUSE_t \qquad (15)$$

$TOTDPK$、$PFPD$、$EXPTS$、$IMPTS$、$SHPMT$ 和 $MILUSE$ 分别表示猪肉商业总需求、农场猪肉产量（按猪的胴体重计算）、猪肉进口、猪肉出口、在途运输猪肉和军队消费。猪肉商业总需求量等式也可看作是美国猪肉市场的市场出清条件，即猪肉商业总需求量等于猪肉总产量（猪肉商业产量与农户产量之和）减去库存变动加上净进口减去在途运输和军队消费。

人均猪肉消费（按猪的零售重量计算）用下式表示：

$$PCPK_t = (TOTDPK_t / POP_t) \cdot PCONVERT \qquad (16)$$

$PCONVERT$ 代表猪的胴体重向零售重量的转化率。人均猪肉消费量（按猪的零售重量计算）等于猪肉商业总需求量（按猪的胴体重计算）除以人口数量乘以猪的胴体重向零售重量的转化率。

（二）CAPSiM 模型

中国农业政策分析和预测模型（CAPSiM）的主要目标是分析各种政策和外界冲击对中国主要农产品的生产、消费、价格、市场和贸易的影响，预测中国主要农产品供给、需求、贸易和市场价格的未来变动趋势。CAPSiM 是一个涵盖中国各主要农产品农业部门均衡模型系统。该系统包含 12 种农作物和 7 种畜禽和水产品。CAPSiM 模型的肉类模型分为生产、消费、库存、国际贸易和市场均衡 5 部分。CAPSiM 模型对农产品供需预测和政策评价分成两个阶段：第一阶段使用经济计量方法估计各种供给和需求弹性；第二阶段将在第一阶段获得的各种弹性，依据 CAPSiM 模型中设定的各种方程形式（多数为对数线性的）转换成适用于该模型所需要的弹性，然后按照农产品市场的供需平衡关系，求解各种农产品的供给、需求、价格和贸易。

1. 肉类产品生产模型

各种肉类产品产量是肉类产品生产者价格的柯布—道格拉斯函数，其百分比变动受疾病及其他外生变量冲击影响。

产量：

$$\log q_{it} = a_{i0}^q + \sum_j b_{ij}^q (\log p_{jt}^s) \qquad (17)$$

变动关系：

$$\hat{q}_{it} = \hat{q} q_{it}\big|_{without-shocks} + Z_{it}^{q1} + Z_{it}^{q2} \qquad (18)$$

其中，q 代表畜产品产量，p 代表价格，Z^{q1} 代表因疾病外生因子引起的肉类产品产量变化，Z^{q2} 代表因其他外生因素所引发的肉类产品产量变化；i 代表各种肉类产品，包括猪肉、牛肉、羊肉和禽肉；j 代表各种肉类产品和投入，包括猪肉、牛肉、羊肉、禽肉、玉米和劳动力。

参数约束条件：当 $i \neq j$ 时，$b_{ij}^{q} = 0$，即畜产品产量只受自身价格影响。

2. 肉类产品需求模型

CAPSiM 假定中国的肉类需求是消费者价格、实际收入和农村市场发育率的柯布—道格拉斯函数。具体模型形式如下：

$$\log d_{it}^{R} = a_{i0}^{RD} + \sum_j b_{ij}^{R} (\log p_{jt}^{D}) + e_i^{R} \log Y_t^{R} + m_i \log Z_t^{MKT} \tag{19}$$

$$\log d_{it}^{U} = a_{i0}^{UD} + \sum_j b_{ij}^{U} (\log p_{jt}^{D}) + e_i^{U} \log Y_t^{U} \tag{20}$$

$$d_{it} = \theta_t^{R} d_{it}^{R} + \theta_t^{U} d_{it}^{U} \tag{21}$$

$$D_{it} = d_{it} * pop \tag{22}$$

上式中 d^{R}、d^{U} 代表农村、城镇人均肉类需求量；d 代表人均肉类需求量；D 代表全国肉类总需求量；p^{D} 代表肉类零售价格；Y^{R}、Y^{U} 代表农村和城镇人均收入；Z^{MKT} 代表食品市场发育率；b^{R}、b^{U} 代表农村和城镇需求价格弹性矩阵；e^{R}、e^{U} 代表农村和城镇需求收入弹性向量；m 代表农村需求市场发育弹性；θ^{R}、θ^{U} 代表农村和城镇人口占总人口的比重；pop 代表总人口；i 代表各种非肉食产品。

3. 肉类库存模型

$$B_{it}^{G} = B_{i,t-1}^{stock} \left(1 + \frac{\psi D_{it}^{G}}{D_{i,t-1}^{G}} \right) - \psi B_{i,t-1}^{stock} + l p_{it}^{D} \tag{23}$$

B^{G} 代表库存；如果库存量不变，$\Psi = 0$，供模型长期模式使用；如果库存量占消费总量的比例不变，$\Psi = 1$，供模型短期模式使用；l 代表因农产品价格变化引起的农产品储备边际变化。

4. 贸易模型

CAPSiM 假定中国肉类进出口与国内需求存在不变替代弹性（CSE）。具体模型形式如下：

$$X_{it}^{import} = \sigma(\hat{p}_{it} - \hat{p}_{it}^{import}) + \hat{q}_{it} \tag{24}$$

$$X_{it}^{export} = -\sigma(\hat{p}_{it} - \hat{p}_{it}^{export}) - \hat{q}_{it} \tag{25}$$

$$X_{it}^{netimport} = X_{it}^{import} - X_{it}^{export} \tag{26}$$

$$P_{it}^{import} = P_{it}^{ib} (1 + PSE_{it}^{import}) \tag{27}$$

$$P_{it}^{export} = P_{it}^{xb} (1 + PSE_{it}^{export}) \tag{28}$$

$$P_{it}^{ib} = XR_t P_{it}^{cif} \tag{29}$$

$$P_{it}^{xb} = XR_t P_{it}^{fob} \tag{30}$$

X^{import} 代表进口；X^{export} 代表出口；$X^{netimport}$ 代表净进口；XR 代表汇率；p 代表肉类价格；p^{ib} 代表进口价格，p^{xb} 代表出口价格；p^{cif} 代表到岸价格，p^{fob} 代表离岸价格；PSE 代表生产者补贴支出；i 代表各种肉类产品；上标 ^ 表示百分比变动。σ 表示国内需求与净进口的替代弹性，该弹性取值为 2.2。

5. 市场均衡

$$X_{it}^{netimport} + S_{it}^G = D_{it}^G + B_{it} - B_{i,t-1} \tag{31}$$

S 代表肉类总产量，D 代表肉类总需求；$B_t - B_{t-1}$ 代表库存变动量；i 代表各种肉类。

（三）中国猪肉市场模型

胡向东（2015）借鉴 AGMEMOD 模型构建了中国猪肉市场模型。AGMEMOD 模型与其他局部均衡模型的主要区别是 AGMEMOD 模型中所使用的弹性可随着数据更新自动调整。模型分为生产、进出口、消费、价格传递及收入和市场出清 5 部分。

1. 生产模块

能繁母猪存栏量：

$$\ln(SWIVCN_t) = \alpha_0^{swiv} + \alpha_1^{swiv} \ln(HPLPCN_{t-1}/HPFCCN_{t-1}) +$$
$$\alpha_2^{swiv} \ln(SWIVCN_{t-1}) + \alpha_3^{swiv} \ln(HPSICN_{t-1}) + \varepsilon_t \tag{32}$$

上式中，$SWIVCN$ 为能繁母猪存栏量，$HPLPCN$ 为生猪价格，$HPFCCN$ 为精饲料价格，$HPSICN$ 为生猪出栏率。能繁母猪存栏由前期生猪价料比、前期能繁母猪存栏和前期生猪出栏率决定。

新增生猪数量：

$$HPPCCN_t = HPIVCN_t - HPIVCN_{t-1} + HPSLCN_t \tag{33}$$

上式中，$HPCCN$ 为新增生猪数量，$HPIVCN$ 为生猪存栏量，$HPSLCN$ 为生猪出栏量。新增生猪等于生猪存栏变动（当期生猪存栏减去上期生猪存栏）加上当期生猪出栏。

能繁母猪平均产仔数：

$$SWPLCN_t = HPPCCN_t / SWIVCN_t \tag{34}$$

上式中，$SWPLCN$ 为能繁母猪产仔数，$HPPCCN$ 为新增生猪存栏量，$SWIVCN$ 为能繁母猪存栏量。能繁母猪产仔数等于当期新增生猪数量与能繁母猪存栏之比。

生猪存栏量：

$$\ln(HPIVCN_t) = \alpha_0^{hpiv} + \alpha_1^{hpiv}\ln(PKMPCN_t/CPIDCN_t) +$$
$$\alpha_2^{hpiv}\ln((SWIVCN_t + SWIVCN_{t-1})/2) + D + \varepsilon_t$$

$$(35)$$

上式中，$HPIVCN$ 为生猪存栏量，$PKMPCN$ 为猪肉价格，$CPIDCN$ 为价格平减指数，$SWIVCN$ 为能繁母猪存栏量，D 表示 1999 年、2003 年和 2004 年三个生猪生产异常年份。生猪出栏量由当期猪肉价格和前半期能繁母猪存栏决定。

生猪出栏量：

$$\ln(HPSLCN_t) = \alpha_0^{hpsl} + \alpha_1^{hpsl}\ln(HPLPCN_t/HPFCCN_t) +$$
$$\alpha_2^{hpsl}\ln(SWIVCN_t) + \alpha_3^{hpsl}\ln(HPSLCN_{t-1}) + \varepsilon_t$$

$$(36)$$

$HPSLCN$ 为生猪出栏量，$HPLPCN$ 为生猪价格。生猪出栏量由当期生猪价料比、当期能繁母猪存栏和前期生猪出栏量决定。

生猪出栏率：

$$HPSICN_t = HPSLCN_t/HPIVCN_t \qquad (37)$$

$HPSICN$ 为生猪出栏率。生猪出栏率等于当期的生猪出栏量与存栏量之比。

生猪胴体重：

$$\ln(HPMWCN_t) = \alpha_0^{hpmw} + \alpha_1^{hpmw}\ln(HPLPCN_t/CPIDCN_t)$$
$$+ \alpha_2^{hpmw}\ln(HPSICN_t) +$$
$$\alpha_3^{hpmw}\ln(HPMWCN_{t-1}) + D + \varepsilon_t \qquad (38)$$

$HPMWCN$ 为生猪胴体重，D 为 2001 年、2002 年、2003 年和 2004 年四个胴体重异常变化时间的虚拟变量。生猪胴体重由当期生猪价格、当期生猪出栏率和前期生猪胴体重决定。

猪肉产量：

$$PKPPCN_t = HPSLCN_t * HPMWCN_t/1\,000 \qquad (39)$$

$PKPPCN$ 为猪肉产量（以吨计）。猪肉产量等于当期的生猪出栏量乘以当期生猪胴体重。

2. 进出口模块

猪肉进口量：

$$\ln(PKIMCN_t) = \alpha_0^{pkim} + \alpha_1^{pkim}\ln(PKMPCN_t/CPIDCN_t) +$$

$$\alpha_2^{pkim}\ln\ (PKIMCN_{t-1})+$$

$$\alpha_3^{pkim}\ln\ (HPPWUS_t*EXRECN_t)+\varepsilon_t \qquad (40)$$

$PKIMCN$ 为猪肉进口量，$HPPWUS$ 为国际市场生猪价格（以美元计），$EXRECN$ 为人民币对美元汇率。猪肉进口量由当期国内猪肉价格、当期国际猪肉价格和前期猪肉进口量决定。

猪肉出口量：

$$\ln\ (PKEXCN_t)=\alpha_0^{pkex}+\alpha_1^{pkex}\ln\ (PKMPCN_t/CPIDCN_t)+$$

$$\alpha_2^{pkex}\ln\ (PKEXCN_{t-1})+$$

$$\alpha_3^{pkex}\ln\ (HPPWUS_t*EXRECN_t)+$$

$$\alpha_4^{pkex}D_{1997}+\alpha_5^{pkex}\ AR\ (1)+\varepsilon_t \qquad (41)$$

$PKEXCN$ 为猪肉出口量，D 为虚拟变量用来衡量 1997 年金融危机对猪肉出口的异常影响，引入的 AR（1）项用于消除方程的自相关。猪肉出口量由当期国内猪肉价格、当期国际猪肉价格和前期猪肉出口量决定。

3. 消费模块

城镇居民家庭人均猪肉消费：

$$\ln\ (PKCUCN_t)=\alpha_1^{pkcu}\ln\ (PKMPCN_t/CPIDCN_t)+$$

$$\alpha_2^{pkcu}\ln\ (DIUHCN_t/CPIDCN_t)+$$

$$\alpha_3^{pkcu}\ln\ (PKCUCN_{t-1})+\alpha_4^{pkcu}D_{2002}+\varepsilon_t \qquad (42)$$

$PKCUCN$ 为城镇居民家庭人均猪肉消费，$DIUHCN$ 为城镇居民人均可支配收入，D_{2002} 为虚拟变量用来衡量 2002 年城镇居民家庭人均猪肉消费的异动。城镇居民家庭人均猪肉消费由当期猪肉价格、当期城镇居民人均可支配收入和前期城镇居民家庭人均猪肉消费决定。

农村居民家庭人均猪肉消费量：

$$\ln\ (PKCRCN_t)=\alpha_1^{pkcr}\ln\ (PKMPCN_t/CPIDCN_t)+$$

$$\alpha_2^{pkcr}\log\ (NIRHCN_t/CPIDCN_t)+$$

$$\alpha_3^{pkcr}\log\ (PKCRCN_{t-1})+\alpha_4^{pkcr}D_{2005}+\varepsilon_t$$

$$(43)$$

$PKCRCN$ 为农村居民家庭人均猪肉消费量，$NIRHCN$ 为农村居民人均纯收入，D_{2005} 为虚拟变量用来衡量 2005 年农村居民家庭人均猪肉消费的异动。农村居民家庭人均猪肉消费由当期猪肉价格、当期农村居民人均纯收入和前期农村居民家庭人均猪肉消费决定。

城镇居民户外人均猪肉消费：

$$\ln\ (PKAUCN_t)=\alpha_1^{pkau}\ln\ (PKMPCN_t/CPIDCN_t)+$$

$$\alpha_2^{pkau} \ln (POPUCN_t / POPTCN_t) +$$

$$\alpha_3^{pkau} \log (DIUHCN_t / CPIDCN_t) + \varepsilon_t \quad (44)$$

PKAUCN 为城镇居民户外人均猪肉消费，*POPUCN* 和 *POPTCN* 分别表示城镇人口数量和总人口，两者之比表示城市化率。城镇居民户外人均猪肉消费由当期的猪肉价格、城镇化率和城镇居民人均可支配收入决定。

农村居民户外人均猪肉消费：

$$\ln (PKARCN_t) = \alpha_1^{pkar} \ln (PKMPCN_t / CPIDCN_t) +$$

$$\alpha_2^{pkar} \ln (POPUCN_t / POPTCN_t) +$$

$$\alpha_3^{pkar} \ln (NIRHCN_t / CPIDCN_t) + \varepsilon_t \quad (45)$$

PKARCN 为农村居民户外人均猪肉消费。农村居民户外人均猪肉消费由当期的猪肉价格、城镇化率和农村居民人均收入决定。

猪肉的其他消费：

$$\ln (PKOCCN_t) = \alpha_0^{pkoc} + \alpha_1^{pkoc} \ln (PKMPCN_t / CPIDCN_t) +$$

$$\alpha_2^{pkoc} \ln (GDP_t / CPIDCN_t) +$$

$$\alpha_3^{pkoc} \ln (PKMCCN_t) + \varepsilon_t \quad (46)$$

PKOCCN 为猪肉的其他消费，*GDP* 为国内生产总值，*PKMCCN* 为城乡居民猪肉消费量。猪肉的其他消费由当期的猪肉价格、国民收入和城乡居民猪肉消费决定。

猪肉消费总量：

$$PKDDCN_t = (PKCUCN_t + PKAUCN_t) * POPUCN_t +$$

$$(PKCRCN_t + PKARCN_t) * POPRCN_t +$$

$$PKOCCN_t \quad (47)$$

PKDDCN 为猪肉总消费量。猪肉消费总量等于猪肉的户内消费、户外消费和其他消费之和。

4. 价格传递及收入方程

饲料价格国际国内市场传递：

$$\ln(HPFCCN_t) = \alpha_0^{hpfc} + \alpha_1^{hpfc} COPMUS_t * EXRECN_t * (1 + COSTCN_t) +$$

$$\alpha_2^{hpfc} SMPM_t * EXRECN_t * (1 + SOSTCN_t) +$$

$$\alpha_3^{hpfc} \ln (PKPPCN_t) + \alpha_4^{hpfc} \ln (HPLPCN_t) + \varepsilon_t \quad (48)$$

COPMUS 为国际市场玉米价格（以美元计），*COSTCN* 为玉米进口关税税率，*SMPM* 为国际市场豆粕价格（以美元计），*SOSTCN* 为大豆进口关税税率。精饲料价格由当期的玉米进口价格、豆粕进口价格、猪肉产量和生猪价

格决定。

生猪价格传递方程：

$$\ln(HPLPCN_t) = \alpha_0^{hplp} + \alpha_1^{hplp}\ln(HPIVCN_{t-1}) + $$
$$\alpha_2^{hplp}\ln(PKMPCN_{t-1}) + \alpha_3^{hplp}D_{2006} + \varepsilon_t \qquad (49)$$

D_{2006} 为时间虚拟变量，捕捉 2006 年生猪生产的异常波动，2006 年由于受蓝耳病影响生猪生产和价格出现异常变动。生猪价格由前期生猪存栏量和前期猪肉价格决定。

猪肉价格传递方程：

$$\ln(PKMPCN_t) = \alpha_0^{pkmp} + \alpha_1^{pkmp}\ln(HPPWUS_t * EXRECN_t *$$
$$(1+PKSTCN_t)) + \alpha_2^{pkmp}\ln(HPLPCN_{t-1}) + $$
$$\alpha_3^{pkmp}\ln(HPIVCN_t) + \alpha_4^{pkmp}D_{2007} + \varepsilon_t \qquad (50)$$

D_{2007} 为时间虚拟变量，捕捉 2007 年生猪价格的异常波动；$PKSTCN$ 为猪肉进口关税汇率。猪肉价格由当期国际猪肉价格、前期国内生猪价格和当期生猪存栏量决定。

城镇居民人均可支配收入方程：

$$DIUHCN_t = \alpha_0^{diuh} + \alpha_1^{diuh}RGDPCN_t + \alpha_2^{diuh}POPUCN_t/POPTCN_t + $$
$$\alpha_3^{diuh}DIUHCN_{t-1} + \varepsilon_t \qquad (51)$$

$RGDP$ 为实际 GDP。城镇居民人均可支配收入由当期实际 GDP、当期城镇化率和前期城镇居民人均可支配收入决定。

农村居民人均纯收入方程：

$$NIRHCN_t = \alpha_0^{nirh} + \alpha_1^{nirh}RGDPCN_t + \alpha_2^{nirh}NIRHCN_{t-1} + \varepsilon_t \qquad (52)$$

农村居民人均纯收入由当期实际 GDP 和前期农村居民人均纯收入决定。

5. 市场出清

$$PKPPCN_t + PKIMCN_t = PKDDCN_t + PKEXCN_t \qquad (53)$$

模型的市场出清条件是猪肉的总供给（猪肉产量加上进口量）等于总需求（猪肉国内需求加上出口量）。

三、中国肉类供需长期预测的参数估计、求解和数据

（一）参数估计和求解

肉类局部均衡模型的参数一般通过两种方法获得：一是根据相关的文献或经验来确定相关的参数值，二是通过对所建模型直接进行估计。当预测方程的

原始数据存在欠缺或参数估计不理想时通常采用第一种方法。

对所建模型直接进行参数估计一般采用两种方法：单方程估计法和系统估计法。胡向东（2011）和刘玉凤（2014）采用的是单方程估计法，估计时以普通最小二乘法为主；丁丽娜（2014）采用的是系统估计法中的三阶段最小二乘法。

通过对已估计出参数的联立方程组进行求解，可获得对肉类产量、需求、进出口和价格等变量的中长期预测。在求解过程中需要首先确定外生变量取值，如未来的总人口、人均可支配收入、汇率等变量的取值，这些取值一般来自于 USDA、FAPRI 等国际组织的预测。求解的方法，胡向东（2011）使用的是高斯—赛德尔法，丁丽娜（2014）使用 EXCEL 的单变量求解法。

（二）数据

中国肉类供需预测所使用的生产数据和消费数据来源较为统一，即基本认同国家统计局所发布的数据。生产数据方面，如畜禽的出栏量、存栏量、胴体重和产量等多来自《中国统计年鉴》和《中国畜牧业年鉴》；消费数据方面，如城镇或农村人均肉类消费量数据多源自《中国统计年鉴》，少部分采用调研数据。

进出口数据，不同研究主体所使用的肉类进出口量数据存在较大差异，国内学者采用 FAO 的肉类进出口数据较多。由于计算口径不同，《中国海关统计年鉴》、FAO 和 USDA 的中国肉类进出口量存在一定差异。由于中国肉类净进口占肉类总消费的比例不大，进出口数据差异目前对中国肉类供需的长期预测影响不大。

价格数据，只有少数学者在预测时明确所使用的肉类价格数据来源，如胡向东（2011）采用的是《中国畜牧业统计》数据，丁丽娜（2014）采用的是农业部畜牧业司集贸市场监测价格数据。

四、中国肉类供需长期预测存在的问题及建议

（一）多畜种预测模型对于肉类生产的周期性特征和生产过程关注不足

中国肉类供需的长期预测模型分为单畜种预测模型和多畜种预测模型两种。单畜种预测模型一般会更加关注肉类生产的周期性特征和生产过程，如胡向东（2011）和刘玉凤（2014）。多畜种预测则偏重于对产量的预测，如 OECD-FAO、USDA 和黄季焜（2003）等；较少关注肉类生产的周期性特征

和反映肉类生产过程的一些指标变化，例如存栏量、出栏量和母畜存栏量等。忽视肉类生产的周期性特征和生产过程会对预测的准确性产生一定影响，这也是未来中国多畜种供需预测需要改进的地方。单畜种预测的最大问题是，需要将其他替代肉类的产量、价格等重要变量看作外生变量，而如果这些外生变量取值不准确，会严重影响预测的准确性。从这个角度而言，中国肉类供需的长期预测使用多畜种预测模型会优于单畜种模型。

（二）中国肉类供需的结构性变化没有被充分反映在模型中

与西方发达国家的社会和经济、肉类生产与消费相对成熟和稳定不同，当前中国的社会和经济正处于转型期，肉类的生产和消费存在一定的结构性变化。这些转型特征和结构性变化作为外生变量应该被充分地反映在模型中。

1. 肉类的供给方面

一是肉类生产的技术水平和生产效率不断提高。近年来，中国肉类生产的技术水平和生产效率取得了较大进步，但与国外发达国家相比仍存在较大差距。以生猪饲养为例，美国生猪出栏率维持在 1.7 左右，而近期中国的生猪出栏率在 1.4～1.5 之间；在料肉比、繁殖幼仔数量等方面中国和美国也存在明显差异（胡向东，2013）。肉类生产的专业化程度会对肉类的生产效率产生较大影响。以美国为例，早期美国的生猪养殖场往往涵盖生猪生产的各个阶段，包括母猪、仔猪、育肥等各类型猪（这也是目前中国生猪饲养的主要模式），现在则按生猪生长期的不同阶段进行专业化生产，大大提高了生猪的生产效率。据美国农业部调查，产仔—育肥模式猪场已经由 1992 年的 65％下降至 2004 年的 18％，专业育肥猪场由 1992 年的 22％上升至 2004 年的 77％（李冉，2013）。未来，中国肉类生产的技术水平和生产效率会向国外发达国家进一步趋同，在对未来中国肉类产品的生产进行预测时，技术进步和生产效率的提高需要在模型中予以体现考虑。在建模过程中可以通过在肉类生产模型中增加虚拟变量或时间趋势变量的方式捕捉技术进步对肉类生产的影响。

二是肉类生产的规模化程度将继续提高。以生猪为例，2012 年美国生猪存栏规模在 5 000 头以上的生猪存栏数占比为 62％，存栏规模在 2 000～4 999头的生猪存栏数占比为 26％，存栏规模在 2 000 头以下的生猪存栏数占比仅为 12％。而 2010 年中国生猪存栏规模在 5 000 头以上的生猪存栏数占比为 11％，存栏规模在 2 000～4 999 头的生猪存栏数占比为 8％，存栏规模在 2 000 头以下的生猪存栏数占比为 81％。未来，中国生猪规模化饲养方式仍为发展趋势。

肉类生产的规模化程度的提高会对肉类生产所采用的技术水平和生产效率产生较大影响。

2. 肉类的需求方面

一是中国城市化进程仍在持续。当前，中国正处于城市化进程中，呈现农村人口减少和城市人口增加的趋势；城乡人口结构变化和城乡肉类消费差异势必会对居民的肉类需求产生较大影响。陆文聪（2008）的研究表明，随着居民收入的增加，浙江省城镇居民畜产品的消费变化主要表现为猪肉消费的减少及奶类消费的增加；农村居民对家禽类产品有较高的边际预算份额及较大的需求收入弹性。因此，城市化所引发的肉类消费需求的变化应该被充分体现在预测模型中。

二是消费习惯的变化。从长期来看，随着消费者收入提高和社会发展，消费者将会更加重视科学饮食和饮食搭配的健康合理，消费者对畜产品需求也将更加科学合理。

三是老龄化。中国人口结构正在向老龄化社会转变，人口年龄结构的变化会对肉类需求产生影响。一般情况下，对于年轻人而言，谷物、水产和蔬菜水果等消费占总食物消费的比例相对较小，而对于奶蛋品和户外消费的占比相对较大，而年长者则正好相反。白军飞（2014）估计2030年中国的老龄化会导致肉类需求下降5.6%。

四是人口数量。目前中国人口总量仍呈不断增加趋势，但增速在下滑。人口绝对数量的增加会导致肉类需求的进一步增加。

在实际建模过程中，可以通过在需求方程中增加相关需求变量或时间趋势变量来反映这些变化。

3. 肉类的供给结构的识别

不同肉类的生产周期存在较大差异，同一肉类的不同生产阶段所持续的时间也不同。肉类的供给结构关系见图4（为方便分析，假定图4中肉类不同生产阶段的时间间隔是相等的）。肉类的当前生产能力由前期的母畜存栏决策决定；而母畜存栏水平又由新增母畜和淘汰母畜决策决定，这两种决策又受前期或当期的肉类料价比和其他生产成本水平影响。新增幼畜由当期的能繁母畜存栏水平决定；当前存栏水平等于前期存栏加上本期新增幼畜减去本期出栏量，出栏量由前期存栏和当期淘汰母畜水平决定；肉类产量由当期出栏量和出栏胴体重决定，出栏胴体重受当期的肉类料价比影响。长期看，技术进步和生产效率的变化作为外生变量会对中国的新增母畜水平、母畜繁殖率、幼畜存活率、出栏存栏比和出栏胴体重等产生较大影响。

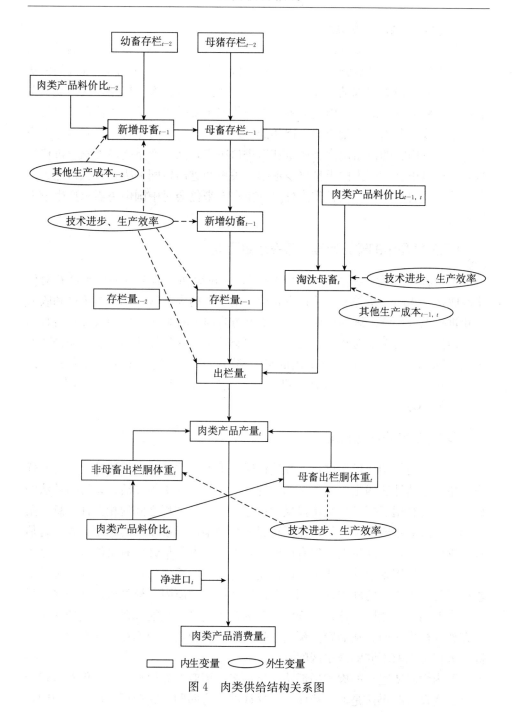

图 4　肉类供给结构关系图

4. 肉类的供需平衡关系

如图 5 所示，肉类的供给与需求相等确定肉类的零售价格。肉类的需求由替代肉类价格、居民食物支出和非肉食物价格决定。考虑到中国城乡肉类消费的巨大差异，肉类需求被分成城镇居民户内肉类消费、农村居民户内肉类消费和肉类户外消费三部分。肉类的零售农户价差主要受肉类的零售价格、通货膨胀、市场成本和肉类产量影响；肉类的农户价格由肉类的零售价格和零售农户价差决定。肉类的供给由肉类产量和净进口决定，肉类产量受肉类农户价格影响，净进口由国际国内肉类价格、汇率、关税和进出口配额决定。城市化、消费习惯、老龄化和人口增长作为外生变量在未来仍会对中国肉类需求产生较大影响。

（三）模型中的部分方程仍存在改进可能

消费者的肉类消费存在"短期惰性"，即在短期，消费者的肉类消费对价格和收入变化的调整并不充分；在长期，消费者的肉类消费将会对价格和收入变化进行充分调整。国内学者在建立消费方程时通常采用简单的线性双对数形式，但简单的线性双对数方程无法刻画肉类消费的这种短期调整和长期调整的区别。Skold（1989）在建立美国的猪肉消费方程时，使用了微分方程和误差纠正方法。对于新增母畜方程和母畜出栏方程，Skold（1989）则使用了 Logistic 函数形式。

（四）参数估计和预测

对肉类局部均衡模型进行参数估计时，单方程估计法和系统估计法各有优劣。单方程估计法的主要优点是模型的样本区间选择更加灵活，系统估计法的优点是充分利用了模型系统所提供的信息，特别是方程之间的相关性信息。单方程估计法的主要不足是如果使用普通最小二乘法对模型中的每个方程进行估计，则内生变量与随机误差项有可能是相关的，参数估计值有可能是有偏且不一致的，而使用系统估计法则可以避免上述问题。系统估计法的主要不足是要求模型的每个方程的样本期相同，而由于数据来源所限，模型所需的许多变量的样本期间不尽相同。这样在确定模型的样本期时，只能选取各变量的最小样本期作为样本区间，从而影响预测效果。而单方程估计则不存在这个问题，不同的方程可以取不同的样本区间。

国内学者所建立的肉类局部均衡模型多采用双对数模型形式，但对数据处理后的变量有时仍然是非平稳序列，这样在进行回归时就有可能出现伪回归现

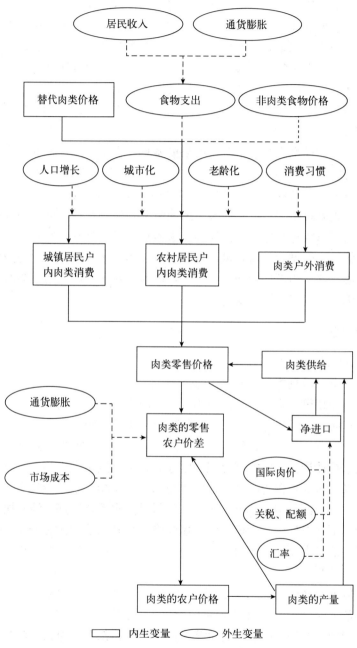

图 5　肉类供需平衡关系图

象。肉类局部均衡模型的方程经常会出现不满足古典线性回归模型基本假设的情况，例如会出现异方差、自相关和多重共线性等情况，因此在建模时需要对每个方程是否违背基本假设的情况进行检验。对于单方程估计而言，参数估计时需要根据每个方程的假设检验结果，选择不同的回归方法进行估计，常用可供选择的回归方法主要有普通最小二乘法（OLS）、非线性最小二乘法（NLS）、递归最小二乘法（RLS）、似不相关回归（SUR）和广义最小二乘法（GLS）等。

对所建立的模型进行求解时，如果模型只存在唯一的一组解，除了求解的收敛速度可能存在区别外，不同求解方法所得最终的结果区别不大。由于每种肉类的生产和消费特征不同，数据获得也存在差异，在对多畜种模型求解时，有可能会出现方程组无解或存在多组解的情况。遇到这种情况，一是可以通过对模型的设定形式进行修改，使模型可求得唯一解；二是使用非线性规划的方法进行求解。当模型无解时，可通过将联立方程组转换为非线性规划问题后，使无解变成有解；当模型存在多组解时，可通过对非线性规划问题的约束条件或求解范围进行约束，以获得唯一解。

（五）数据

1. 不同来源的数据不统一

肉类进出口数据方面，由于数据口径不一致，OECD-FAO、USDA 和中国农业部市场预警专家委员会所使用的中国肉类进出口数据各不相同。因此在预测时，有必要对进出口数据来源和使用口径进行清晰表述。

生产数据方面，OECD-FAO 对中国肉类的生产数据进行了调整，调整的结果与国家统计局公布的数据存在一定差异，但幅度不大。在建模时，建议以国家统计局公布的数据为准，不建议使用 OECD-FAO 的生产数据。

消费数据方面，国家统计局所发布的居民肉类消费数据仅涉及居民肉类的户内消费，不含户外消费，但中国居民的肉类户外消费占比非常大（据推测中国肉类户外消费占比可能超过二分之一，目前没有可获得的肉类户外消费官方数据）。

价格数据方面，就数据权威性而言，以中国农业部畜牧业司所公布的各种肉类价格数据为优，但其数据时间跨度较短，起始时间是 1994 年。FAO 数据库也公布中国各种肉类的生产者价格及生产者价格指数，但其与国家统计局所公布的生产者价格指数并不一致。考虑其数据时间跨度较长，起始时间为 1966 年，也可酌情使用。

由于中国统计局所公布的畜禽生产数据多为年度数据，在对中国肉类供需进行预测时，通常只能采用年度数据。与工业品生产不同，畜禽的生产具有很强的周期性，畜禽的生产需要一个周期，短则几十天，长则几百天。当肉类的需求发生变化时，肉类的供应在短期内很难调整，肉类供应的短期刚性，也会导致肉类价格在短期波动剧烈。对于生产周期较短的肉类生产（如家禽），年度数据很难全面反映肉类生产的周期性和生产调整过程。FAPRI 在预测美国肉类产品供需时主要采用季度数据，使用季度数据能够更好地反映肉类产品的供需调整过程。

2. 中国肉类的历史数据曾出现过虚增

2008 年以前，国家统计局所公布的肉类生产数据由地方各级统计部门经过层层上报汇总而得，而地方统计部门为了政绩需要往往会夸大肉类产量，从而导致中国肉类生产数据失真。1996 年和 2006 年中国分别进行了第一次和第二次全国农业普查，普查所获得的中国畜禽存栏量远低于国家统计局此前所公布的数据。据此可推断，此前统计部门所公布的 20 世纪 90 年代（甚至 20 世纪 80 年代中国肉类生产数据也有可能出现虚增）至 2006 年的中国肉类生产数据存在较大幅度水分（假定农业普查数据是准确的）。根据第一次农业普查数据结果，1996 年中国猪、牛、羊和家禽的存栏量数据分别被高估了 36.38％、43.37％、39.92％和 76.06％；根据第二次农业普查数据结果，2006 年中国猪、牛、羊和家禽的存栏量数据分别被高估了 18.14％、33.24％、30.06％和 10.92％。

虽然国家统计局后来根据两次农业普查结果分别对 1996、2000—2006 年中国肉类生产数据进行了调整，但我们认为调整后的肉类生产数据仍存在虚增。第一，国家统计局根据第一次全国农业普查结果对 1995—1996 的中国肉类生产数据进行了调整，而事实上 1994 年以前的肉类生产数据也是存在虚增可能的。第二，国家统计局根据第二次全国农业普查结果对 2000—2006 年的中国肉类生产数据进行了调整，但 1997—1999 年的肉类生产数据也可能存在虚增。第三，国家统计局对肉类生产数据的调整方法也值得商榷，国家统计局在对 2000—2006 年的中国肉类生产数据进行调整时，假定肉类产量的虚增幅度每年按一固定比率逐年放大，但肉类产量的虚增方式也许并非如此。第四，国家统计局对肉类生产数据的调整并不充分。例如，根据第一次全国农业普查 1996 年中国猪、牛、羊和家禽的存栏虚增幅度分别为 26.7％、30.3％、28.5％和 43.2％，而国家统计局后来仅对这四种畜禽的肉类产量分别下调了 21.8％、28.1％、24.6％和 22.3％。在假定畜禽存栏虚增幅度与肉类产量虚增幅度相同情况下，国家统计局对肉类生产数据的调整并不充分，调整后的生产数据仍然存在虚增。

国家统计局调整后的中国肉类生产数据仍存在虚增可能是一些国际组织和学者对中国肉类长期供需预测普遍偏低的主要原因。自 2008 年开始，国家统计局根据抽样数据来确定肉类生产数据，一般认为 2008 年后的国家统计局所公布的中国肉类生产数据较为可靠。另外，国家统计局根据第二次农业普查结果对 2006—2007 年中国肉类生产数据进行了调整，可认为这两年的肉类生产数据即便存在虚增幅度也不大。考虑到国家统计局所公布的 2006 年以后的中国肉类产量是基本准确的，但由于 1990 年代至 2005 年的中国肉类产量存在虚增，这会导致中国肉类产量关于时间的曲线斜率变小，从而造成对未来肉类产量和需求量预测的低估。因此，在对中国长期肉类供需进行预测时，对国家统计局调整后的 1990 年代至 2005 年的中国肉类生产数据进行进一步修正是非常必要的。

五、预测的不确定性

（一）外生变量的不确定性

对未来肉类供需不确定影响较大的宏观经济变量主要有未来 GDP 增速、居民收入水平、汇率和 CPI 等。以 GDP 增速为例，2000—2011 年中国 GDP 增速在 8.3%～14.2%，2012—2014 年增速分别为 7.7%，7.7% 和 7.4%，中国社科院预测 2015 年中国 GDP 增速为 6.9%，近期中国 GDP 增速放缓究竟是短期现象还是长期趋势目前尚不能判断。GDP 增速变化会对未来居民收入水平、汇率和 CPI 等产生直接影响，宏观经济未来的不确定会引发肉类供需的不确定。此外，中国人口、城市化进程、畜牧业技术进步和产业化程度等因素的不确定也增加了未来肉类供需的不确定。

（二）较少关注进出口政策对肉类供需的影响

虽然当前中国肉类产品进出口占总消费量的比例不大，但考虑到中国肉类生产的国际比较优势正逐渐减弱、畜牧业环境污染的压力增大和肉类需求的不断增加，中国肉类产品的进出口政策在未来有可能会进行调整，对国外肉类产品的进口持续增加有可能成为趋势。以日本为例，日本肉类产品的进口依赖程度由 20 世纪 60 年代初的 11% 上升到 21 世纪初的 50% 左右（罗良国，2007）。因此未来中国肉类进出口政策调整对未来中国肉类供需的影响值得关注。

（三）近年来中国肉类走私问题日趋严重

近年来由于国内肉价与国际市场价格差距不断加大，中国肉类走私问题日益严重。2013 年，中国牛肉产量 640 万吨，合法进口的牛肉只有 29.7 万吨。2013 年，巴西、印度和美国分别向中国出口了 43 万吨、47 万吨和 9 万吨牛肉，因为上述三国都是中国明令禁止进口牛肉的国家，这些牛肉进入中国的途径只能通过走私。据肉牛牦牛产业体系估算，2012 年、2013 年中国每年的走私牛肉数量约为 200 万吨（包括走私活牛的牛肉折算）。2014 年全国海关查证走私肉类 12.2 万吨，而 2015 年上半年共查证走私肉类 42 万吨。从海关查处的数据来看，目前中国肉类走私的势头并未被有效遏制。每年中国究竟有多少走私肉类进口，目前尚不得而知，但其绝对值绝不是个小数目。我们推测，近几年中国每年的肉类走私量在 250 万吨以上。当肉类走私量较大时，势必会对肉类的生产、消费和价格产生较大冲击。因此，在对中国肉类长期供需进行预测时，肉类走私问题不容回避。

对于上述这些不确定的因素，可通过情景模拟的方式来判断其对中国长期肉类供需的影响。

六、中国肉类消费与时间近似呈线性关系

国家统计局所公布的中国肉类产量数据一直存在争议，普遍被认为存在虚增（钟甫宁，1997；卢锋，1998；奥伯特，1999；袁学国，2001；等）。考虑到农业普查数据相对准确，对 1996 年、2006 年这两年统计年鉴上的原始肉类产量，按照两次农业普查畜禽的存栏量虚增幅度进行等比例修正，便可得到相对准确的 1996 年和 2006 年中国肉类产量，并可进一步计算出各时间段的中国肉类年均产量增长（表 8）。这里假定国家统计局所公布的 1984 年的肉类产量基本准确（蒋乃华，2002；Aubert，2008）。

表 8　中国肉类的产量增长

单位：万吨

年　份	肉类产量年均增长	猪肉产量年均增长	牛肉产量年均增长	羊肉产量年均增长	禽肉产量年均增长
1984—1996	204.53	126.30	25.66	9.41	38.45
1996—2006	267.27	143.89	21.77	18.96	74.81
2006—2014	236.28	158.96	15.76	8.36	49.06

表 8 显示，过去 30 年，中国肉类总产量的年均增长随时间经过先增加后下降过程，但肉类总产量与时间大体呈线性关系，近期肉类总产量的年均增长约 240 万吨；猪肉产量的年均增长随时间呈微增趋势，但猪肉产量与时间总体仍呈较明显的线性关系，近期猪肉产量的年均增长约 160 万吨；牛肉产量的年均增长随时间呈下降趋势，近期牛肉产量的年均增长约 16 万吨；羊肉产量年均增长经过先增加后下降过程，近期羊肉年均增长约 8 万吨；禽肉产量年均增长也经过先增加后下降过程，近期禽肉年均增长约 50 万吨。近期，中国每年增加的肉类产量中，猪肉占到三分之二，禽肉占到 20% 左右，牛羊肉占比不到 15%。由于中国肉类总产量和猪肉产量与时间大体呈线性关系，可大致推测未来 10 年，中国肉类总产量年均增长 250 多万吨，猪肉产量年均增长约 160 万吨。需要指出的是，如果国家统计局所公布的 1984 年的肉类产量数据也存在虚增，那么中国肉类产量和猪肉产量与时间呈线性关系的特征会更加明显。

2006—2014 年中国肉类产量年均增长出现下降可能和当前中国肉类走私猖獗存在一定关系。大量的进口走私肉会挤占国内生产份额，使国内肉类生产出现一定程度放缓。我们推测 2014 年中国走私肉数量约为 250 万吨，挤占国内肉类产量也是 250 万吨；这样 2006—2014 年中国肉类产量年均增长将会减少 31.3 万吨（假定 2006 年肉类走私量忽略不计）。而如果国内肉类生产没有被走私挤占，2006—2014 年中国肉类产量年均增长将会变为 267.58 万吨，与 1996—2006 年中国肉类产量年均增长量几乎相当。此外，牛肉、羊肉和禽肉由于产量基数较低，国内生产受走私的冲击会更大，这可能也是这些肉类产量近期增长明显放缓的主要原因。

综合看，考虑肉类走私情况下，中国肉类的消费量（1984—2014 年）与时间近似呈线性关系，近期肉类年均消费量增长 260 多万吨（1996—2014 年）。中国肉类的产量（1984—2012 年）与时间近似呈线性关系，该期间的肉类年均产量增长与年均消费增长基本相当；2013—2014 年，中国肉类产量年均增长下降为 150 万吨左右，我们推测该期间肉类产量增长下降是由于肉类走私挤压所致。

最后，OECD-FAO 和农业部市场预警专家委员会预测未来 10 年中国肉类消费量的年均增长预测分别为 136.7 万吨和 164.5 万吨，远低于本文的约 260 多万吨的推测。

参考文献

奥伯特. 中国的食品消费和生产: 一些有根据的推测 [J]. 中国农村经济, 1999 (12): 16 - 21.

白军飞, 闵师, 仇焕广, 王晓兵. 人口老龄化对我国肉类消费的影响 [J]. 中国软科学, 2014 (11): 17 - 26.

曹宝明, 赵霞. 基于局部均衡理论的中国大豆及其制品供需变化预测 [J]. 中国农村经济, 2011 (9): 23 - 48.

曹彦军. 发展油菜籽生物柴油对主要农作物的影响研究 [D]. 武汉: 华中农业大学, 2008.

陈琼, 吕新业, 王济民. 我国禽肉消费及影响因素分析 [J]. 农业技术经济, 2012 (5): 20 - 28.

陈琼, 王济民. 我国肉类消费现状与未来发展趋势 [J]. 中国食物与营养, 2013 (6): 43 - 47.

陈琼. 城乡居民肉类消费研究 [D]. 北京: 中国农业科学院, 2010.

陈永福, 刘春成. 中国杂粮供求: 基于局部均衡模型的结构与模拟分析 [J]. 中国农村经济, 2008 (7): 53 - 80.

陈永福. 中国食物供求与预测 [D]. 北京: 中国农业出版社, 2004.

程广燕, 刘珊珊, 杨祯妮, 王东阳. 中国肉类消费特征及 2020 年预测分析 [J]. 中国农村经济, 2015 (2): 76 - 82.

戴炜, 胡浩. 基于营养目标的我国禽蛋消费需求研究 [J]. 中国家禽, 2013 (20): 32 - 38.

丁丽娜. 我国羊肉供求的影响因素及未来趋势 [J]. 农业技术经济, 2014 (9): 22 - 31.

韩俊. 中国食物生产能力与供求平衡战略研究 [M]. 北京: 首都经济贸易大学出版社, 2000.

韩昕儒, 陈永福, 钱小平. 中国目前饲料粮需求量究竟有多少 [J]. 农业技术经济, 2014 (8): 60 - 68.

胡浩, 郑微微. 我国城乡居民畜产品及其制品消费需求的预测 [J]. 中国畜牧杂志, 2013 (16): 35 - 41.

胡向东, 王济民. 中国猪肉价格指数的门限效应及政策分析 [J]. 农业技术经济, 2010 (7): 13 - 21.

胡向东, 王明利, 石自忠. 基于市场模型的中国猪肉供需分析 [J]. 中国农村经济, 2015 (4): 14 - 28.

胡向东, 王明利. 美国生猪生产和价格波动成因与启示 [J]. 农业经济问题, 2013 (9): 98 - 109.

胡向东. 基于市场模型的我国猪肉供需研究 [D]. 北京: 中国农业科学院, 2011.

黄季焜, 李宁辉. 中国农业政策分析和预测模型——CAPSiM [J]. 南京农业大学学报 (社会科学版），2003（2）：30 - 41.

黄季焜．社会发展、城市化和食物消费 [J]．中国社会科学，1999（4）：103 - 119.

霍灵光，田露，张越杰．中国牛肉需求量中长期预测分析 [J]．中国畜牧杂志，2010（2）：43 - 47.

姜百臣．中国农村居民食品消费需求实证分析——基于吉林省的微观消费数据 [J]．中国农村经济，2007（7）：37 - 44.

蒋乃华，辛贤，尹坚．我国城乡居民畜产品消费的影响因素分析 [J]．中国农村经济，2002（12）：48 - 54.

蒋乃华．全国及分省肉类产品统计数据调整的理论和方法 [J]．农业技术经济，2002（6）：12 - 20.

李国祥．2020 年中国粮食生产能力及其国家粮食安全保障程度分析 [J]．中国农村经济，2014（5）：4 - 12.

李建强．走私及检疫对肉鸡产业影响之经济分析 [J]．农业与经济，2008（41）：73 - 109.

李瑾，秦富，丁平．我国居民畜产品消费特征及发展趋势 [J]．农业现代化研究，2007（6）：664 - 667.

李瑾．户外畜产品消费实证研究 [J]．农业经济问题，2007 年增刊：165 - 169.

李军，沈政，宣轩．农民工肉类消费现状及影响因素分析 [J]．农村经济，2015（8）：42 - 46.

李冉，陈洁．美国生猪养殖业现状、特点及发展经验 [J]．世界农业，2013（5）：13 - 26.

李志强，王济民．我国畜产品消费及消费市场前景分析 [J]．中国农村经济，2000（7）：46 - 51.

刘合光，孙东升．中国猪肉消费现状与展望 [J]．农业展望，2010（1）：35 - 38.

刘华，钟甫宁．食物消费与需求弹性：基于城镇居民微观数据的实证研究 [J]．南京农业大学学报（社会科学版），2009（9）：36 - 43.

刘秀梅，秦富．我国城乡居民动物性食物消费研究 [J]．农业技术经济，2005（3）：25 - 30.

刘玉凤，等．基于市场模型的我国羊肉供需研究 [J]．中国畜牧杂志，2014（14）：16 - 22.

卢峰．我国若干农产品产消量数据不一致及产量统计失真问题 [J]．中国农村经济，1998（10）：47 - 53.

卢秋艳．不同的关税减让方案对我国进口农产品影响的局部均衡分析 [J]．国际贸易问题，2008（9）：8 - 13.

陆文聪，黄祖辉．中国粮食供求变化趋势预测：基于区域化市场均衡模型 [J]．经济研究，2004（8）：94 - 104.

陆文聪，梅燕．收入增长中城乡居民畜产品消费结构趋势实证研究 [J]．技术经济，2008（2）：81 - 88.

陆文聪，祁慧博，李元龙．全球化背景下的中国粮食供求变化趋势 [J]．浙江大学学报（人文社会科学版），2011（1）：5 - 18.

罗良国，王艳．日本食物消费结构演变及启示［J］．农业经济问题，2007（8）：104-109．

马福玉，余乐安．基于神经网络的我国猪肉年度消费需求量预测研究［J］．系统科学与数学，2013（3）：67-75．

马恒运，黄季焜，胡定寰．我国农村居民在外饮食的实证研究［J］．中国农村经济，2001（3）：25-32．

马恒运．在外饮食、畜产品需求和食品消费方式变化研究［D］．北京：中国农业科学院，2000．

梅燕．中国粮食供求区域均衡变化研究：模型构建与模拟分析［D］．杭州：浙江大学，2008．

闵师，白军飞，仇焕广，王晓兵．城市家庭在外肉类消费研究——基于全国六城市的家庭饮食消费调查［J］．农业经济问题，2014（3）：90-95．

农业部市场预警专家委员会．中国农业展望报告：2015—2024［M］．北京：中国农业科学技术出版社，2015．

屈小博，霍学喜．农户消费行为两阶段 LES-AIDS 模型分析——基于陕西省农村住户的微观实证［J］．中国人口科学，2007（5）：80-87．

任远．即刻"全面放开二胎"完全可行［OL］．http://www.thepaper.cn/newsDetail _ for-ward _ 1286308．

申秋红，王济民．中国家禽产业经济分析［M］．北京：中国农业出版社，2012．

石自忠，王明利，胡向东．中国牛肉市场模型构建与基础模拟［J］．中国农业大学学报，2015（3）：278-290．

孙秀玲，吴学兵，乔娟．基于 Nerlove 模型的我国猪肉供给反应研究［J］．经济问题，2014（8）：109-112．

王济民，陈琼．中国肉鸡产业经济 2011［M］．北京：中国农业出版社，2012．

王济民，谢双红，姚理．中国畜牧业发展阶段特征与制约因素及其对策［J］．中国畜牧杂志，2006（8）：6-11．

王济民，袁学国，李志强，范永亮．城乡居民畜产品消费结构与消费行为［J］．中国食物与营养，2000（2）：9-12．

王文智，武拉平．中国城镇居民肉类需求的单位价值弹性估计偏差研究［J］．统计与信息论坛，2013（8）：97-101．

王祖力，王济民．我国畜产品消费变动特征与未来需求预测［J］．农业展望，2011（8）：55-59．

夏晓平，李秉龙．中国城市居民户外食品消费行为的实证研究——以对内蒙古自治区呼和浩特市和包头市的调查为例［J］．内蒙古社会科学（汉文版），2011（3）：110-115．

向洪金，赖明勇．进口倾销对我国产业损害的认定：基于局部均衡 COMPAS 模型的理论与实证研究［J］．系统工程理论与实践，2012（9）：1871-1881．

萧清仁，黄圣茹．全面开放畜禽产品市场对畜禽产业冲击评估与影响分析［J］．农业与经济，2008（40）：115-158.

辛贤，蒋乃华，周章跃．畜产品消费增长对我国饲料粮市场的影响［J］．农业经济问题，2013（1）：60-64.

辛翔飞，张怡，王济民．我国畜产品消费：现状、影响因素及趋势判断［J］．农业经济问题，2015（10）：77-85.

徐上，武拉平．我国城镇居民肉类消费及地区差异分析［J］．中国农业信息，2014（4）：58-60.

杨春，王国刚，王明利．基于局部均衡模型的我国牛肉供求变化趋势分析［J］．统计与决策，2015（18）：98-100.

袁学国，王济民，韩青．中国畜产品生产统计数据被高估了吗？——来自中国六省的畜产品消费调查［J］．中国农村经济，2001（1）：48-54.

袁学国．我国城乡居民畜产品消费研究［D］．北京：中国农业科学院，2001.

张超，等．基于一种新的分解——集成模型的我国猪肉年度需求量预测研究［J］．系统科学与数学，2013（1）：76-88.

张伶燕，葛翔．时间序列模型在我国牛肉产量预测中的应用［J］．中国畜牧杂志，2008（7）：42-45.

张越杰．我国走私牛肉屡禁不止的成因与对策［OL］．http://www.beefsys.com/detail.jsp?lanm2=0103&lanm=01&wenzid=5485.

郑志浩，赵殷钰．收入分布变化对中国城镇居民家庭在外食物消费的影响［J］．中国农村经济，2012（7）：40-50.

钟甫宁．关于肉类生产统计数字中的水分及其原因的分析［J］．中国农村经济，1997（10）：63-66.

Aubert，Claude. Food security and consumption patterns in China［J］. China Perspectives，2008（2）：5-23.

Fuller F.，Hayes D.，Smith D. Reconciling Chinese meat production and consumption data［J］. Economic Development and Cultural Change，2000，49（1）：23-43.

Fuller，F.，D. Hu，J. Huang，and D. J. Hayes. Livestock Production and Feed Use by Rural Households in China：A Survey Report［R］. Staff Report 01 SR-96，Nov. 2001.

Fuller，F. Policy and projection model for the meat sector in the People's Republic of China［R］. Technical Report 97-TR 36，Mar. 1997.

Karl Skold，Eric Grundmeier，and S. R. Johnson. CARD Livestock Model Documentation：Pork［R］. Technical Report 88-TR4. Mar. 1989.

Ma，H.，J. Huang and S. Rozelle. Reassessing China's livestock statistics：an analysis of discrepancies and the creation of new data series［J］. Economic Development and Cultural Change，2004（52）：445-473.

Meyers，William H.，Westhoff，Patrick Fabiosa，Jacinto F. Hayes，Dermot. The FAPRI

Global Modeling System and Outlook Process [J]. Journal of International Agricultural Trade and Development，2009，6（1）：1 - 19.

Ortega，D. L. ，H. H. Wang，and J. S. Eales. Meat demand in China [J]. China Agricultural Economic Review，2009，1（4）：410 - 419.

Skold，K. ，E. Grundmeier，and S. R. Johnson. CARD Livestock Model Documentation：Pork [R]. Technical Report 88-TR4，Mar. 1989.

Suk Ho Han，Dae Seob Lee. Impacts of the Korea-U. S. FTA：Application of the Korea Agricultural Simulation Model [J]. Journal of International Agricultural Trade and Development，2009，6（1）：41 - 60.

Westhoff，P. ，R. Baur，D. L. Stephens，and W. H. Meyers. FAPRI U. S. Crops Model Documentation [R]. Technical Report 90-TR17，Dec. 1990.

中国肉类供需分析

孙振[1]　王济民[23]

（1. 华北科技学院管理学院；2. 中国农业科学院农业经济与发展研究所；
3. 中国农业科学院办公室）

改革开放以来，中国的肉类生产、消费和进出口快速增长。本文从生产、消费和进出口三方面分析了中国肉类供需特征，并探讨了中国肉类价格的变动状况。

一、中国肉类生产

（一）中国肉类产量

1978 年以来，中国的肉类产量快速增长，2016 年中国肉类产量达到 8 537.8 万吨，是 1979 年的 8 倍，年均增长 5.8%（图 1）。2000 年以来，中国的肉类产量与时间大致呈线性关系，肉类产量年均增长约 190 万吨。

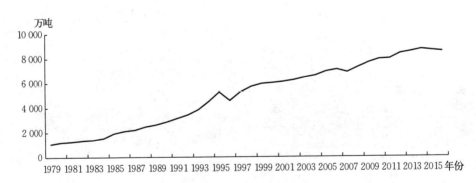

图 1　中国肉类产量

数据来源：《中国统计年鉴》（历年）。

1990 年代以后，中国肉类产量虽然保持增长趋势，但年均增速呈下降趋势（表 1），肉类产量增速由 1980 年代最高峰的年均 9.01% 下降到 2010 年以后的 1.25%。中国肉类产量增长大致分为两个阶段：2000 年以前，中国肉类产量增长处于高速增长期，年均增速在 7.7% 以上；2000 年以后，中国肉类产量增长处于平稳增长期，年均增速在 2.8% 以下，特别 2010 年以后，猪肉和牛肉产量的年均增长率下降到 2% 以下。从不同肉种产量增长来看，猪肉产量增速最低，且始终低于肉类产量增速，牛肉、羊肉和禽肉产量增速均高于肉类产量增速。

表 1　不同时间段中国肉类产量的增速

年份	肉类	猪肉	牛肉	羊肉	禽肉
1980—1990	9.01%	7.24%	16.67%	9.15%	14.77%
1990—2000	7.73%	5.69%	15.11%	9.48%	13.94%
2000—2010	2.8%	2.49%	2.44%	4.21%	3.35%
2010—2016	1.25%	0.74%	1.56%	2.38%	2.19%

从中国肉类产量的年均增长量来看，中国肉类产量年均增长量呈现先增加后下降趋势。1980 年代，中国肉类产量的年均增长量相对较低，为 165.2 万吨；1990 年代的肉类产量的年均增长量最高，达到 315.7 万吨；2000 年以后，中国肉类产量年均增长量呈下降趋势。2000 年以后，除禽肉外，猪肉、牛肉和禽肉年均增长量均出现下降。2010 年以后，禽肉已取代猪肉成为中国年均增长量最大的肉类。

表 2　不同时间段中国肉类产量的年均增长量

单位：万吨

年份	肉类	猪肉	牛肉	羊肉	禽肉
1980—1990	165.2	114.7	9.9	6.2	24.1
1990—2000	315.7	168.5	38.8	15.7	86.8
2000—2010	191.2	110.5	14	13.5	46.5
2010—2016	102	38	10.6	10.1	57.5

1. 猪肉生产

1980—2016 年，中国猪肉产量增长快速，由 1 134 万吨增加到 5 299 万吨，增长了 3.67 倍，年均增长 4.38%（图 2）。过去的 30 多年，除 1990—2000 年猪肉产量增长量较快外，中国的猪肉产量与时间大致呈线性关系。值得关注的是，猪肉产量自 2015 年开始已经连续两年出现下降。

图 2   中国猪肉产量

数据来源：《中国统计年鉴》（历年）。

2. 牛肉生产

1980—2016 年，中国牛肉产量高速增长，由 26.9 万吨增加到 716.8 万吨，增长了 25.7 倍，年均增长 9.6%。过去的 30 多年，中国的牛肉产量是所有肉类中增长速度最快的。中国牛肉产量在 1990—2000 年出现了爆发式增长，年均产量增长达到 38.8 万吨，其余年份牛肉年均产量为 9 万～14 万吨（表 2）。

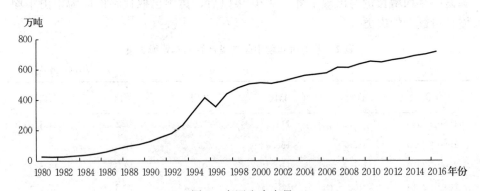

图 3   中国牛肉产量

数据来源：《中国统计年鉴》（历年）。

3. 羊肉生产

1980—2016 年，中国羊肉产量由 44.5 万吨增加到 459 万吨，增长了 9.33 倍，年均增长 6.7%（图 4）。1990—2010 年为羊肉产量高增长期，年均产量增长约为 15 万吨。2010 年以后，羊肉产量增速放缓。

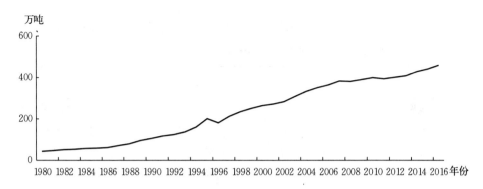

图 4　中国羊肉产量

数据来源：《中国统计年鉴》（历年）。

4. 禽肉产量的增长

1980—2016 年，中国禽肉产量由 81.4 万吨增加到 1 888 万吨，增长了 22.2 倍，年均增长 9.1%（图 5）。过去的 30 多年，中国的禽肉产量在所有肉类中增长速度排第二位，增速略低于牛肉。2010 年以后，中国禽肉产量年的增速出现下滑，但年均禽肉的增长量出现了增加。

图 5 中国禽肉产量

数据来源：《中国畜牧业年鉴》（历年）。

5. 肉类生产的国际比较

FAO 关于不同地区和国家的肉类生产指数见表 3，括号内为人均 GDP（US＄，PPP）。1990—2014 年，世界人均 GDP（US＄，PPP）由 8 832 美元增长到 13 915 美元，增长了 57.6%；肉类生产增长了 59.5%，与收入增速基本相同。从分地区看，非洲和亚洲的肉类生产增速较快，高于世界平均水平。1990—2014 年，非洲人均 GDP（US＄，PPP）由 3 315 美元增长到 4 575 美元，增长了 38%；肉类生产增长了 89.6%；亚洲人均 GDP（US$，PPP）由 3 017 美元增长到 9 392 美元，增长了 211.3%；肉类生产增长了 151%（表3）。

表3 不同地区和国家的肉类生产指数（2004 年为 100）

	1990	2000	2014
世界	74 (8 832)	91 (10 241)	118 (13 915)
非洲	67 (3 315)	87 (3 421)	127 (4 575)
亚洲	51 (3 017)	87 (4 595)	128 (9 392)
中国	44 (1 623)	87 (3 780)	128 (11 778)
泰国	82 (6 369)	96 (8 939)	129 (13 932)
韩国	58 (12 087)	104 (20 757)	126 (32 708)
日本	114 (29 548)	99 (32 193)	106 (35 614)
印度	77 (1 777)	90 (2 548)	117 (5 244)
巴西	41 (9 997)	76 (11 015)	125 (14 555)
澳大利亚	79 (28 604)	100 (35 253)	112 (42 834)
美国	77 (37 026)	99 (45 986)	106 (51 340)
德国	118 (31 476)	96 (36 953)	111 (42 884)

数据来源：FAO Statistical Pocketbook 2015。

按收入由低向高排序，不同时间段各国肉类生产增长情况见表4。总体看，低收入国家的肉类生产增速要高于高收入国家。

表4 按收入由低向高排序各国肉类生产增长

国家	1990—2000	2000—2014	1990—2014
中国	97.8%	47.1%	190.9%
印度	16.9%	30%	51.9%
泰国	17.1%	34.4%	57.3%
巴西	85.4%	64.5%	204.9%
韩国	79.3%	21.2%	117.2%
澳大利亚	26.6%	12%	41.8%
日本	−13.2%	7.1%	−7%
德国	−18.6%	15.6%	−5.9%
美国	28.6%	7.1%	37.7%
世界	23%	29.7%	59.5%

在世界肉类生产大国中，中国和巴西的肉类生产增长速最快，两国的肉类生产增速远高于全球均水平；美国、德国和澳大利亚的肉类生产增速低于全球平均水平；印度的肉类生产增速和全球平均水平基本持平。从亚太地区来看，过去 25 年中，泰国 2000 年前的肉类生产增速低于全球平均水平，2000 年以后肉类生产增速高于全球平均水平；韩国则是 2000 年前肉类生产增速高于全球平均水平，2000 年以后肉类生产增速低于全球平均水平；日本的肉类生产呈现 U 形结构，1990 年代日本的肉类生产出现了下降，2000 年以后肉类产量呈现微弱增长，尽管 2000—2014 年日本肉类产量增长了 7.1%，但 2014 年日本的肉类生产仍比 1990 年低 7%。德国肉类的生产趋势与日本类似，肉类生产也呈现 U 形结构，但生产的波动幅度远大于日本，1990—2000 年德国的肉类生产下降了 22%，2000—2014 年则增长了 15%，与 1990 年相比，2014 年德国的肉类产量仍下降了 5.9%。1990 年代至今，尽管美国的肉类产量呈增长趋势，但增速下降明显，2000—2014 年美国肉类生产仅增长了 7%，远低于世界平均水平，与同期间的日本肉类生产增速相同。

（二）中国肉类的生产结构

2000 年以前，在中国各种肉类中，猪肉产量占比不断下降，牛肉、羊肉和禽肉产量占比不断提高。猪肉产量占比由 1980 年的 88.13% 下降到 2000 年的 66.83%；牛肉和禽肉所占比例快速上升，分别由 1980 年的 2.09%、6.33% 上升到 2000 年的 8.65% 和 20.07%；羊肉所占比例微幅上升，由 1980 年的 3.46% 上升到 2000 年的 4.46%。2000 年以后，中国肉类生产中各肉种所占比例基本稳定，猪肉、牛肉、羊肉和禽肉所占比例分别在 66%、8%、5% 和 21% 左右（图 6）。

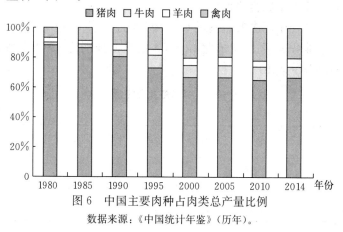

图 6　中国主要肉种占肉类总产量比例

数据来源：《中国统计年鉴》（历年）。

（三）中国主要畜禽生产的技术进步和生产效率

1. 主要畜禽的胴体重

随着技术进步和生产效率提高，中国主要畜禽的胴体重不断提高，2015年中国猪、牛、羊和禽的胴体重分别达到 77.5 千克、139.9 千克、15.0 千克和 1.52 千克。1985—2015 年，中国主要肉类的胴体重均有一定幅度提高，其中牛胴体重增加幅度最大，增加了 36.8%；猪胴体重增加幅度最小，增加了11.8%；羊胴体重增加了 28.2%。需要指出的是，2000 年以后，中国主要畜禽的胴体重增加幅度变小（表5）。

表5　中国主要动物类型肉类胴体重

单位：千克

年份	猪胴体重	牛胴体重	羊胴体重	禽胴体重
1985	69.3	102.3	11.7	—
1990	73.6	115.4	12	1.33
1995	75.9	136.2	12.2	1.48
2000	76.5	134.4	13.4	1.49
2005	75.8	134.6	14.1	1.48
2010	76	138.5	14.7	1.5
2012	76.6	139.1	14.8	1.51
2015	77.5	139.9	15.0	1.52

2. 中国主要畜禽的存栏出栏

1980 年以来，中国主要畜禽的存栏增长明显。2014 年，中国猪、牛和羊存栏量分别达到 4.65 亿、1.06 亿和 3.03 亿只，分别比 1980 年增长 52.5%、47.6%和 61.8%（表6）。

表6　中国畜禽存栏量

单位：万只

年份	猪	牛	羊	禽
1980	30 543	7 167	18 731	—
1985	33 139	8 682	15 588	—
1990	36 240	10 288	21 002	—

（续）

年份	猪	牛	羊	禽
1995	44 169	13 206	27 685	—
2000	41 633	12 353	27 948	464 113
2005	43 319	10 990	29 792	533 000
2010	46 460	10 626	28 087	535 251
2014	46 583	10 578	30 314	—

总体看，中国主要畜禽的存栏增长出现不断降低趋势（表 7）。1980—1990 年，猪、牛和羊存栏量增速分别为 18.7%、43.5% 和 12.1%，2000—2010 年的增速分别为 11.6%、−14% 和 0.5%。其中牛的存栏在 20 世纪 90 年代达到顶峰后，一直处于下降趋势；禽的存栏从 2012 年开始也出现了下降趋势。

表 7　中国畜禽存栏增长情况

年份	猪	牛	羊	禽
1980—1990	18.7%	43.5%	12.1%	—
1990—2000	14.9%	20.1%	33.1%	—
2000—2010	11.6%	−14%	0.5%	15.3%
2010—2014	0.3%	−0.5%	7.9%	—

1980 年以来，中国主要畜禽出栏量增长快速。2015 年，中国猪、牛和羊出栏量分别达到 7.08 亿、0.50 亿和 2.95 亿只，分别比 1980 年增长 2.6 倍、14.1 倍和 5.9 倍。2015 年，家禽出栏 119.8 亿只，比 1995 年增长 90.2%。

表 8　中国畜禽出栏量

单位：万只

年份	猪	牛	羊	禽
1980	19 861	332	4 241	—
1985	23 875	456	5 081	—
1990	30 991	1 088	8 931	—

（续）

年份	猪	牛	羊	禽
1995	37 850	3 049	16 537	630 212
2000	51 862	3 807	19 653	825 704
2005	60 367	4 149	24 092	943 091
2010	66 686	4 717	27 220	1 100 578
2013	71 557	4 828	27 587	1 190 459
2015	70 825	5 003	29 473	1 198 720

中国主要畜禽的出栏增速不断降低。1980—1990 年，猪、牛和羊出栏量增速分别为 56%、227.7% 和 110.6%；2010—2015 年的增速分别为 6.2%、6.1% 和 8.3%。2000—2010 年禽的出栏增速为 33.3%，2010—2015 年的增速为 8.9%。

表 9   中国畜禽出栏增长情况

年份	猪	牛	羊	禽
1980—1990	56%	227.7%	110.6%	—
1990—2000	67.3%	250%	120.1%	—
2000—2010	28.6%	23.9%	38.5%	33.3%
2010—2015	6.2%	6.1%	8.3%	8.9%

随着畜牧业的技术进步和生产效率的提高，中国畜禽生产的出栏存栏比不断提高，畜禽生产的出栏存栏比等于畜禽的年出栏量与本期末存栏量的比值。出栏存栏比的提高意味着在存栏规模不变的情况下有着更高的肉类产出。2015 年，中国的猪、牛和羊的出栏存栏比分别达到 1.57、0.46 和 0.95；与 1985 年相比，猪的出栏存栏比提高了 118%，牛的出栏存栏比提高了 820%，羊的出栏存栏比提高了 188%。2000—2010 年，中国家禽的出栏存栏比提高了 15.7%。

表 10   中国主要畜禽出栏存栏比

年份	猪	牛	羊	禽
1985	0.72	0.05	0.33	—
1990	0.86	0.11	0.43	—

（续）

年份	猪	牛	羊	禽
1995	1.08	0.22	0.52	—
2000	1.25	0.31	0.73	1.78
2005	1.39	0.38	0.81	1.77
2010	1.44	0.44	0.97	2.06
2013	1.51	0.46	0.95	—
2015	1.57	0.46	0.95	—

3. 能繁母畜的繁殖水平

随着畜牧业的技术进步和生产效率的提高，中国畜禽的母畜繁殖水平不断提高。以生猪为例，2001—2013年，中国单只母猪繁育水平由12.3只增加到14只，增长了13.8%。

表11　中国母猪繁殖水平

年份	能繁母猪存栏 (1)	生猪存栏变动＋出栏 (2)	母猪繁殖水平 (2)/(1)
2001	4 364	53 598	12.3
2005	4 893	61 563	12.6
2010	4 855	66 150	13.6
2013	5 100	71 376	14

（四）中国主要畜禽养殖的规模化

目前中国各主要动物类型的散养和小规模饲养模式仍非常普遍，散养和小规模饲养户的绝对数十分庞大（表12）。但中国各主要动物类型养殖的规模化程度不断提高，规模化养殖户比例和规模化养殖户的肉类产量占比不断提高，规模化养殖户的肉类产量占比已超过肉类总产量的三分之二，部分品种规模化养殖户的肉类产量占比已超过70%。由于小规模饲养场户数量快速下降，中国畜禽养殖场总数也在快速下降，2010—2012年中国蛋鸡养殖场数由2 131万户下降为1684万户，肉鸡养殖场数由2534万户下降为2486万户，生猪养殖场数由6173万户下降为5470万户，肉牛养殖场数由1354万户下降为1265万户，羊养殖场数由2166万户下降为1958万户。

表12　中国小规模畜禽养殖场（户）占比

年份	年存栏500只以下蛋鸡	年出栏2000只以下肉鸡	年出栏49头以下生猪	年出栏9头以下肉牛	年出栏29头以下羊
2010	96.8%	98%	95.7%	96%	91.4%
2012	96.3%	98%	94.9%	95.7%	89.7%

1. 禽养殖的规模化

2000年以来，中国蛋鸡年存栏在2000只以下的小规模饲养场户数量在不断减少，存栏在10000只以上饲养场户数量快速增加，存栏在2000～9999只饲养场户数量在2005年以后保持相对稳定。蛋鸡年存栏在2000只以上的饲养户已由2000年的11.27万户增加到2012年的26.78万户；其中年存栏在50000只以上的蛋鸡养殖户增长速度最快，由2000年的0.02万户增加到2012年的0.28万户，增加了13倍。

表13　2000—2012年不同存栏规模的中国蛋鸡养殖场（户）数量

单位：万户

年份	年存栏500只以下	500～1999只	2000～9999只	10000～49999只	50000只以上
2000	—	53.6	10.7	0.55	0.02
2005	—	57.2	19.2	1	0.06
2010	2064.1	39.9	23.9	3.2	0.22
2012	1622.3	35.2	22.9	3.6	0.28

2000年以来，中国肉鸡年出栏在10000只以上的规模化饲养场户数量不断增加，出栏在10000只以下的饲养场户数量变化不明显。肉鸡年出栏在10000只以上的养殖户由2000年的4.9万户增加到2012年的18.08万户；其中年出栏在100000只以上的肉鸡养殖户增长速度最快，由2000年的0.1万户增加到2012年的0.76万户，增加了6.6倍。

表14　2000—2012年不同出栏规模的中国肉鸡养殖场（户）数量

单位：万户

年份	2 000 只以下	2 000～ 9 999 只	10 000～ 49 999 只	50 000～ 99 999 只	100 000 只以上
2000	—	30.7	4.5	0.3	0.1
2005	—	36.2	9.6	0.6	0.17
2010	2 483.4	33.1	15.7	1.7	0.55
2012	2 438.8	29.9	15.3	2	0.76

2. 生猪养殖的规模化

2002年以来，中国生猪年出栏在49只以下的小规模饲养场户数量不断减少，年出栏在50只以上的规模饲养场户数量不断增加。出栏在49只以下的小规模饲养场户数量由2002年的1.04亿户下降到2015年的0.44亿户，下降了六成左右；年出栏在50只以上的规模饲养场户由2002年的103.4万户增加到2015年的250.3万户。其中年出栏500～2 999头的饲养场户增度最快，由2002年的2.7万户增加到2015年的23.9万户，增长了7.9倍。

表15　2002—2012年不同出栏规模的中国生猪养殖场（户）数量

单位：万户

年份	49头以下	50～99头	100～499头	500～2 999头	3 000头以上
2002	10 432.8	79	21.3	2.7	0.4
2005	—	138.3	39.1	5.5	0.63
2010	5 908.7	168.5	74.3	19.9	2.1
2012	5 189.9	172.6	81.8	23.2	2.4
2015	4 405.6	148	75.9	23.9	2.5

3. 肉牛养殖的规模化

2005年以来，中国肉牛年出栏在9头以下的小规模饲养场户数量不断减少，年出栏在10～49头的饲养场户数量微增，年出栏在50头以上的规模饲养场户数量显著增加。其中，年出栏在1 000头以上的规模饲养场户数量增速最快，由2005年的0.02万户增加到2015年的0.1万户，增长了4倍。

表16　2002—2012年不同出栏规模的中国肉牛养殖场（户）数量

单位：万户

年份	9头以下	10～49头	50～99头	100～499头	500～999头	1 000头以上
2005	—	41.1	5.6	1.1	0.1	0.02
2010	1 300.7	43.7	7.6	2.1	0.32	0.09
2012	1 210.3	43.6	8.4	2.6	0.34	0.1
2015	1 049	42.5	9.3	2.6	0.33	0.1

4. 羊养殖的规模化

2005年以来，中国羊年出栏在29只以下的小规模饲养场户数量不断减少，年出栏在30～99只的饲养场户数量保持稳定，年出栏在100只以上的规模饲养场户数量显著增加。羊年出栏在30只以上的饲养场户数量由2005年的187.43万户增加到2015年的212万户；其中年出栏在1 000只以上的饲养场户数量增加最快，由2005年的0.23万户增加到2015年的1万户，增长了3.3倍。

表17　2002—2012年不同出栏规模的中国羊养殖场（户）数量

单位：万户

年份	29只以下	30～99只	100～499只	500～999只	1 000只以上
2005	—	163.7	22.1	1.4	0.23
2010	1 979.5	160.2	24.6	1.7	0.37
2012	1 755.8	170.7	28.4	2.4	0.6
2015	1 453.5	162.5	44.9	3.6	1

5. 主要畜禽规模化养殖的产量占比

2008—2012年，中国各主要畜禽规模化养殖户所生产的肉类产量占比快速提高，猪、牛、羊、蛋鸡和肉鸡的规模化养殖的肉产量占比分别提高了14.4％、7.5％、11％、11.6％和13％（表18）。其中，鸡和猪的规模化养殖的肉产量占比较高，牛的规模化养殖的肉产量占比最低；2012年，猪、蛋鸡和肉鸡的规模化养殖的肉产量占比分别达到70％、68％和72.3％，牛的规模化养殖的肉产量占比仅为45.5％。

表18 2008—2012年不同畜禽规模化养殖的产量占比

单位：%

年份	猪	牛	羊	蛋鸡	肉鸡
2008	55.6	38	44.3	56.9	59.3
2010	64.5	41.6	48.8	62.9	67.9
2012	70	45.5	55.3	68.5	72.3

注：本表中的规模化养殖指的是猪年出栏50只以上，牛年出栏10只以上，羊年出栏30只以上，蛋鸡存栏2 000只以上，肉鸡年出栏10 000只以上的养殖场（户）。

二、中国肉类消费

（一）中国肉类消费的历史趋势和现状

1. 人均消费水平增长快速

由于中国肉类进出口在消费中的比例很小，中国肉类的消费量和生产量基本持平，人均消费水平增长与肉类产量增长速度近似相等。国家统计局所公布的居民肉类消费数据指的是居民的肉类户内消费。改革开放以来，中国居民的肉类户内需求快速度增加，人均肉类消费由1978年的8.86千克增加到2012年的28.66千克，增长了2.24倍。猪肉、牛羊肉和禽肉分别由1978年的7.67千克、0.75千克和0.44千克增加到2012年的17.99千克、2.89千克和7.78千克，分别增长了1.35倍、2.85倍和16.68倍；禽肉消费增长最快，猪肉消费增长最慢（表19）。

表19 中国人均肉类户内消费

单位：千克

年份	肉类	猪肉	牛羊肉	禽肉
1978	8.86	7.67	0.75	0.44
1980	11.79	10.16	0.83	0.8
1985	14.36	11.81	1.02	1.53
1990	16.23	12.6	1.45	2.18
1995	16.69	12.53	1.21	2.96
2000	20.91	14.54	1.91	4.46
2005	25.97	17.56	2.45	5.97

（续）

年份	肉类	猪肉	牛羊肉	禽肉
2006	25.71	17.5	2.57	5.65
2007	24.77	15.61	2.62	6.54
2008	25.34	15.73	2.31	7.31
2009	26.89	17.14	2.51	7.23
2010	27.35	17.56	2.59	7.2
2011	28.2	17.6	2.95	7.64
2012	28.66	17.99	2.89	7.78

数据来源：《中国统计年鉴》（历年）。

2. 消费结构发生很大变化

1978 年以来，中国居民肉类户内消费结构呈现的特点是，猪肉消费比例大幅下降，由 1978 年的 86.57% 下降到 2012 年的 62.76%；禽肉消费比例大幅上升，由 1978 年的 4.97% 增加到 2012 年的 27.15%；牛羊肉消费比例微幅上升（表 20）。

表 20　中国人均肉类户内消费结构

单位:%

年份	猪肉	牛羊肉	禽肉
1978	86.57	8.47	4.97
1980	86.17	7.04	6.79
1985	82.25	7.09	10.66
1990	77.63	8.96	13.41
1995	75.07	7.25	17.73
2000	69.55	9.12	21.33
2005	67.62	9.43	22.99
2010	64.21	9.46	26.33
2012	62.76	10.09	27.15

数据来源：《中国统计年鉴》（历年）。

3. 城乡肉类消费差异明显

由于二元经济结构，中国城乡居民人均户内肉类消费存在显著差异。2012 年，农村居民人均户内猪肉、牛羊肉和禽肉消费分别为城镇居民的 67.8%、

52.5％和41.8％。中国城乡居民人均户内肉类消费的趋势是：一是农村居民人均户内肉类消费的增长速度高于城镇居民，1985—2012年，城镇和农村居民人均户内肉类消费增速分别为1.48％和2.06％；二是城镇和农村居民人均户内肉类消费的绝对差异仍在增大，由1985年的12千克增加到14.86千克（表21）。

表21　中国城乡人均户内肉类消费对比

单位：千克

年份	城镇肉类	农村肉类	城镇			农村		
			猪肉	牛羊肉	禽肉	猪肉	牛羊肉	禽肉
1985	24	12	17.2	3	3.8	10.3	0.7	1
1990	25.18	12.6	18.46	3.3	3.42	10.54	0.8	1.26
1995	25.48	13.12	17.24	2.44	5.8	10.58	0.71	1.83
2000	27.46	17.22	16.73	3.33	7.4	13.28	1.13	2.81
2005	32.83	20.76	20.15	3.71	8.97	15.62	1.47	3.67
2010	34.72	20	20.73	3.78	10.21	14.4	1.43	4.17
2012	35.71	20.85	21.23	3.73	10.75	14.4	1.96	4.49

数据来源：《中国统计年鉴》（历年）。

中国城乡居民肉类消费结构变化的主要特点是：一是猪肉消费比例大幅下降，禽肉消费比例大幅上升。1985—2012年城镇居民猪肉消费比例由71.8％下降到59.5％，农村居民猪肉消费比例由85.8％下降到69.1％；城镇居民禽肉消费比例由15.8％增加到30.1％，农村居民禽肉消费比例由8.3％增加到21.5％。二是城镇居民牛羊肉消费比例略减，农村居民牛羊肉消费比例略增。1985—2012年城镇居民牛羊肉消费比例由12.5％下降到10.4％，农村居民牛羊肉消费比例由5.8％增加到9.4％。三是当前城乡居民肉类消费结构存在的差异主要体现在猪肉和禽肉消费比例上。2012年城镇居民猪肉消费比例比农村居民低9.6％，而禽肉消费比例比农村居民高8.6％；城乡居民的牛羊肉消费比例基本相当，城镇居民的消费比例比农村居民高1％（图7、图8）。

4. 不同收入阶层和地域消费差异明显

2012年，中国居民高收入组人均肉类消费量达到33.63千克，比低收入组多50％。各类畜产品消费地区分布主要有如下特征：猪肉消费，地域分布广泛，最主要的消费群体集中在南部和东部地区，这些省份同时也都是生猪主产区。牛羊肉消费由饮食习惯决定，主要集中在居民平均收入水平并不高的北

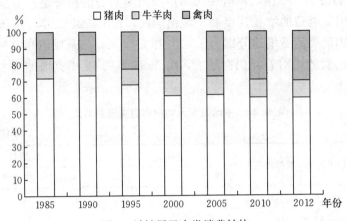

图 7　城镇居民肉类消费结构

数据来源：《中国统计年鉴》（历年）。

图 8　农村居民肉类消费结构

数据来源：《中国统计年鉴》（历年）。

部和西北部地区。禽肉消费，最广泛，全民皆宜，但由于地理位置和饮食习惯不同，消费偏好也存在差异，北方地区以白羽肉鸡消费为主，南方地区以黄羽肉鸡消费为主；人均禽肉消费水平最高的地区在南方。

5. 户外消费占比变化显著

改革开放以来，随着居民收入水平的提高和城市化进程，中国居民户外饮食消费快速增长。2008 年城镇居民人均在外餐饮支出达到 877.85 元，比 1995 年的 160.66 元增长了 5.5 倍，同时在外用餐支出占食物总支出的比重也由

9%增长到20.6%。1978年，农村居民人均在外饮食支出仅为3元，到2007年已达190元，增长61.3倍，年均增长18.8%，占食品支出的比重也由1978年的2.0%提高到2007年的13.5%。2009年中国住宿和餐饮业的餐费收入由3 373.1亿元增加到2013年的5 430.5亿元，增长了61%，年均增长12.6%。户外饮食消费的快速增长，也带来中国肉类户外消费比重的不断增大。

确定中国居民肉类户外消费水平有两种方法：一是抽样调查法，二是使用统计年鉴数据推导。李志强（2000）对1998年全国六省大中城市的调查研究表明，城镇居民户外肉类消费比重为38.9%，其中牛羊肉外出消费比例为65%、禽肉40.4%；农村居民猪肉、牛羊肉、禽肉和禽蛋的在外饮食比例分别为9.9%、16.7%和14.8%。陈琼（2010）对2008年全国七大区域的11个样本地区的省会城市、地级市、县级市、乡镇和农村的城乡居民第二季度肉类消费调查研究表明，中国居民肉类户外消费比例达到43%，其中城镇居民猪肉、牛肉、羊肉和禽肉户外消费比重分别为48%、56%、56%和46%；农村居民猪肉、牛肉、羊肉和禽肉户外消费比重分别为33%、51%、64%和27%。计算中国居民肉类户外消费量也可使用肉类产量加上肉类净进口减去肉类户内消费量的方式获得。表22表明，自1990年代开始，中国居民肉类户外消费比例已达50%以上。由于国家统计局所公布的肉类生产的历史数据有可能存在虚增，2010年以前的肉类户外消费比例有可能存在高估。

表22　中国人均肉类户内消费

单位：万吨

年份	肉类产量	肉类净进口	肉类消费量	肉类户内消费	肉类户外消费	肉类户外消费比例（%）
1980	1 205.4	−9.2	1 196.2	1 163.7	32.5	2.7
1985	1 926.5	−14.1	1 912.4	1 520.0	392.4	20.5
1990	2 857	−30.6	2 826.4	1 855.6	970.8	34.3
1995	5 260	−12.7	5 247.3	2 021.5	3 225.8	61.5
2000	6 013.9	97.7	6 111.6	2 650.2	3 461.4	56.6
2005	6 938.87	33.3	6 972.2	3 395.7	3 576.5	51.3
2010	7 925.83	128.5	8 054.3	3 667.4	4 386.9	54.5
2011	7 965.14	163.7	8 128.9	3 799.5	4 329.3	53.3
2012	8 387.24	171.4	8 558.7	3 880.7	4 678.0	54.7

数据来源：《中国统计年鉴》（历年），FAO数据库。

（二）影响中国肉类消费的主要因素分析

1. 人口数量和年龄结构

人口绝对数量的增长会带来肉类需求的增加。2014 年，中国总人口 13.67 亿人，比 1980 年增长了 38.6%；同期国内肉类产量增长了 620%。可知人口绝对数量的增长并不是国内肉类需求快速增长的主要因素。1985—2014 年中国人口增长了 3.09 亿，如按照 2014 年中国人均肉类占有量计算，这部分新增人口导致肉类需求增加约 2 000 万吨。最近 10 年中国人口增速明显放缓，年均增长仅为 0.5% 左右，每年人口增长 600 多万人。可推断，最近 10 年人口绝对数量的增加对当前肉类需求的影响非常有限。另外中国正在步入老龄化社会，一般年轻人会消费更多的肉类，人口老龄化也会对肉类消费产生一定影响。老龄化在短期对中国肉类消费的影响幅度将不会太明显。

2. 城市化

由于城镇与农村居民的收入和消费方式的差异，城镇居民的人均肉类消费水平远高于农村居民。当前中国的城市化进程对肉类需求的影响主要体现在城乡人口结构的变化。1980 年中国城镇人口比例为 19.4%，2014 年的比例为 54.8%。最近 10 年中国城镇居民人口数量年均增长约 2 000 万，农村居民人口数量年均减少约 1 500 万。中国城市化导致过去 30 年中有 4.25 亿农村人口转变为城镇人口（以 2014 年全国人口统计数据为基准），城市化进程导致中国居民户内肉类需求增长 630 万吨（国家统计局公布的居民人均肉类消费实际上指的是肉类产品的户内消费，2014 年居民人均肉类消费水平使用国家统计局公布的 2012 年居民人均肉类消费水平代替）。如果考虑到户外消费，过去 30 年中城市化进程导致中国居民户内肉类需求增长大概在 1 000 万吨左右。由于中国每年城市化人口基数较大，故近期和未来较长一段时间内城市化进程会对居民的肉类消费产生一定的影响。

3. 收入增长

收入增长被认为是近 30 年来中国肉类消费增长的最重要拉动因素。经济增长首先通过增加居民可支配收入，进而增加消费支出和食品消费支出，最后拉动肉类消费支出。1985—2012 年，中国城镇居民家庭人均可支配收入增长了 32.23 倍，农村居民家庭人均纯收入增长了 18.91 倍，收入增长能够增加居民的肉类消费水平。1985—2012 年，中国城镇人均户内肉类消费由 24 千克增加到 35.68 千克，农村人均户内肉类消费由 12 千克增加到 20.85 千克。如果假定居民的人均肉类消费增长完全由收入增长决定，1985—2012 年，居民收入增长导致中国肉类的户内需求增长 1 400 万吨；中国肉类产品的户外消费增长约 4 200 万吨（居民户外肉类消费等于肉类产量加上肉类净进口减去户内消费，以 2012 年全国人口总数为基准，剔除人口增长因素）。上述分析表明，居民收入增长所引起的人均肉类消费水平的提高是过去近 30 年中国肉类消费增长的首要驱动因素。

2010 年以前，中国 GDP 增长率增速高于居民可支配收入，2011 年以后居民可支配收入增速远高于 GDP 增长率（见表 23）。随着国家收入分配政策进一步向消费倾斜，我们认为即便中国未来 GDP 增长率出现进一步放缓，居民的可支配收入仍会维持相对稳定或不会下降太多。

1991—2014 年，中国居民的消费支出略低于可支配收入增速（见表 23）。2001—2010 年中国消费支出与可支配收入增速持平，我们预计未来中国消费支出与可支配收入增速基本相当。

表 23　中国 GDP、收入和支出增长情况（实际收入、实际支出）

单位：%

年份	GDP 增长率	可支配收入	消费支出	食品消费支出
1978—1990	9.05	7.7	—	—
1991—2000	10.4	7.4	6.4	3.6
2001—2010	10.5	9.6	9.7	4.9
2011—2014	8.3	10.3	8.8	3.9

注：表中数据均为使用不变价格计算。

食品消费支出增速保持相对稳定，远低于消费支出增速。1991—2014 年，食品消费支出大约为可支配收入增速的一半左右。

1978 年至今，中国城镇和农村居民的恩格尔系数均呈下降趋势，当前城镇和农村居民的恩格尔系数均在 40% 以下，并在近期有趋同迹象（表 24）。居民人均食品消费支出与居民人均可支配收入占比也呈不断下降趋势，目前城镇居民人均食品消费支出在城镇居民人均可支配收入的占比已不足四分之一，农村居民的这项指标占比不到 30%。这表明，在未来中国居民的收入增长对食品支出增长的引致作用会越来越弱。

表24　中国食品支出占比情况

单位:%

年份	城镇居民恩格尔系数	农村居民恩格尔系数	城镇居民人均食品消费支出/城镇居民人均可支配收入	农村居民人均食品消费支出/农村居民人均可支配收入
1978	57.5	67.7	—	—
1985	53.3	57.8	—	46.1
1990	54.2	58.8	45.9	50.1
1995	50.1	58.6	41.4	48.7
2000	39.4	49.1	31.4	36.4
2005	36.7	45.5	27.8	35.7
2010	35.7	41.1	25.1	30.4
2013	35	37.7	23.4	28.1

4. 生活方式和消费理念变化

随着中国经济结构的调整，第三产业的比重不断增大，人们的工作和生活方式也会发生变化，进而影响居民的肉类消费。另外，随着居民收入水平和科技教育水平提高，人们的消费理念也在发生变化，居民正在追求更加科学合理的健康饮食，这也会影响未来居民的肉类消费。

三、中国肉类进出口

整体看，中国肉类进出口对国内肉类消费的影响非常小。据USDA的统计，2014年中国猪肉、牛肉和鸡肉分别进口76.1万吨、41.7万吨和28.2万吨，出口27.7万吨、3万吨和43万吨；净进口72.3万吨，仅为肉类产量的0.83%（图9）。单肉种来看，猪肉、牛肉和鸡肉进口量分别是国内产量的1.34%、6.05%和1.61%，牛肉进口比例相对较高。2008年以前，除少数年份外，中国的猪肉、牛肉和鸡肉的进口量一般低于出口量；2008年以后，猪肉、牛肉和鸡肉的进口量高于出口量成为常态，并且净进口有不断增大的趋势。中国肉类净进口增加和近期牛肉进口量激增有很大关系，2011年中国牛肉进口量只有2.9万吨，而2013年、2014年牛肉进口量则分别激增到41.2万吨和41.7万吨。

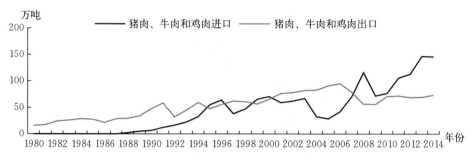

图 9 USDA 的中国猪肉、牛肉和鸡肉进出口

数据来源：USDA 数据库。

由于统计口径差异，FAO 的中国肉类进出口数据与 USDA 存在较大差异。据 FAO 的统计，2012 年中国肉类进口 343.5 万吨，其中猪肉、牛肉、羊肉、禽肉和其他肉类分别为 107.9 万吨、48 万吨、15.9 万吨、170 万吨和 1.9 万吨；出口 172.1 万吨，其中猪肉、牛肉、羊肉、禽肉和其他肉类分别为 34.3 万吨、11.5 万吨、0.6 万吨、125 万吨和 2.2 万吨；净进口 171.4 万吨，为 2012 年中国肉类产量的 2%。1997 年以前中国肉类进口量小于出口量，但肉类进出口均呈增长趋势且增长幅度相近；1997 年以后中国肉类进口量大于出口量，虽然肉类进口仍呈增长趋势，但出口基本保持稳定，并且净进口呈现增大趋势（图 10）。

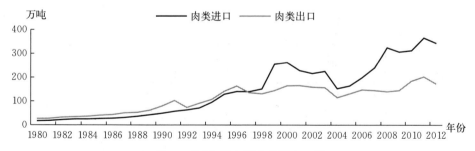

图 10 FAO 的中国肉类进出口量

数据来源：FAO 数据库。

最近 20 年，中国的禽肉和猪肉进口比例最大，二者的进口数量之和占中国肉类进口比例超过 80%，且进口数量均超过 100 万吨。2000 年以后，中国猪肉和牛肉进口所占比例显著增加，禽肉进口所占比例不断减少（图 11）。

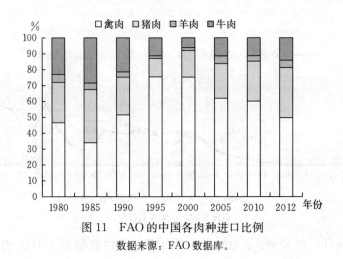

图 11   FAO 的中国各肉种进口比例

数据来源：FAO 数据库。

中国肉类中的禽肉和猪肉出口比例最大，最近 20 年二者出口占中国肉类出口量的 90％以上，2012 年禽肉的出口占比达到 72.7％，出口量超过 100 万吨。2005年以后，中国禽肉的出口比例出现增长，猪肉出口比例则出现下降（图 12）。

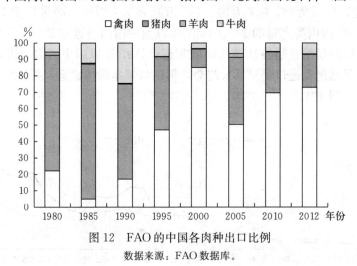

图 12   FAO 的中国各肉种出口比例

数据来源：FAO 数据库。

四、中国肉类的价格变动

（一）生产者价格

过去的 13 年，中国的肉类生产成本呈现快速增长态势，猪肉、牛肉、羊肉和禽肉的生产者价格指数分别增长了 85.21%、126.23%、213.63% 和 120.52%。国家统计局公布的 2002—2014 年中国肉类生产者价格指数见表 25。2002—2014 年，羊肉生产成本增长最快，年均增速为 9.19%；牛肉和禽肉的生产成本增长居中，年均增速接近分别为 6.48% 和 6.27%；猪肉的生产成本增长最慢，年均增速为 4.85%。样本期，猪肉、牛肉和禽肉的生产者价格指数的算术平均值比较接近为 106.4～106.8，羊肉的生产者价格指数的算术平均值最高为 109.7。

中国肉类的生产成本变动幅度非常大。以猪肉为例，2007 年猪肉生产者成本比前一年上升幅度高达 45.9%，而 2009 年猪肉生产者成本比前一年下降幅度为 18.4%。样本期，各种肉类生产者成本的波动幅度从大到小依次为：猪肉、羊肉、牛肉和禽肉，对应的生产者价格指数极差分别为：64.3、43.7、32.2 和 14.2。

中国肉类生产成本短期变动方向来看，不同肉类也存在一定区别。猪肉的生产成本变动呈周期性，短期内生产成本的上涨和下跌交错出现；羊肉、牛肉和禽肉的生产成本则呈现逐年上涨态势，这三种肉类在样本期除各有 1 年生产成本出现下降外，其余年份的生产成本均为上涨。

样本期的肉类生产成本增速在不同时间段也存在差异。猪肉的生产成本增速由高变低，2001—2007 年，猪肉的生产成本年均增速为 6.6%，2007—2014 年的年均增速降低到 3.38%；牛肉的生产成本增速由低变高，2001—2007 年，牛肉的生产成本年均增速为 2.52%，2007—2014 年的年均增速提高到 10%；羊肉和禽肉的生产成本增速在整个样本期保持基本稳定。

表 25　中国肉类生产者价格指数（上年为 100）

年份	猪肉	牛肉	羊肉	禽肉
2002	98	91.4	140	106.1
2003	102.9	101.7	96.3	101
2004	112.8	103.9	103.7	111.8
2005	97.6	101.7	101.7	105.6
2006	90.6	100.6	101.8	97.2
2007	145.9	117.5	121	117
2008	130.8	123.6	118.8	111.9
2009	81.6	101	101.1	102.2
2010	98.3	104.7	108.7	107

（续）

年份	猪肉	牛肉	羊肉	禽肉
2011	137	108.1	115.7	112
2012	95.9	116.8	107.8	103.8
2013	99.3	113.1	109.1	103.2
2014	92.2	104.4	100.8	104.4
均值	106.4	106.8	109.7	106.4
最大值	145.9	123.6	140	111.9
最小值	81.6	91.4	96.3	97.2
极差	64.3	32.2	43.7	14.2

数据来源：中国统计局网站。

表 26　中国肉类生产者价格变动

单位：%

年份	猪肉	牛肉	羊肉	禽肉
2001—2014	85.21	126.23	213.63	120.52
2001—2014（年均）	4.85	6.48	9.19	6.27
2001—2007（年均）	6.6	2.52	9.79	6.25
2007—2014（年均）	3.38	10	8.68	6.29

（二）消费者价格

中国居民消费价格指数（CPI）、食品类居民消费价格指数、粮食类居民消费价格指数和肉禽及其制品类居民消费价格指数见表27。1993—2014年，中国食品类消费价格增长快速，涨幅远高于CPI，二者的涨幅分别为2.28倍和1.22倍。而肉禽及其制品类价格涨幅（2.87倍）略高于粮食类价格涨幅（2.7倍），粮食类价格涨幅明显高于食品类价格涨幅（2.28倍）。肉禽及其制品类价格涨幅是同期CPI涨幅的1.74倍。1993—2014年，CPI、食品类居民消费价格指数、粮食类居民消费价格指数和肉禽及其制品类居民消费价格指数年均增长分别为3.88%、5.81%、6.42%和6.65%。

表 27 中国居民消费价格指数和食品类、粮食类和居民肉禽及其制品类消费价格指数

年份	CPI	食品类居民消费价格指数	粮食类居民消费价格指数	肉禽及其制品类居民消费价格指数
1993	100	100	100	100
1994	124.1	131.8	150.7	141.6
1995	145.3	162.0	206.2	179.0
1996	157.4	174.3	219.6	187.0
1997	161.8	174.1	200.0	197.3
1998	160.5	168.5	193.8	179.4
1999	158.3	161.5	187.8	162.7
2000	158.9	157.3	166.4	160.2
2001	160.0	157.3	165.2	162.8
2002	158.7	156.3	162.4	162.0
2003	160.6	161.6	166.2	167.3
2004	166.9	177.6	210.0	196.8
2005	169.9	182.8	213.0	201.7
2006	172.5	187.0	218.7	195.9
2007	180.7	210.0	232.5	258.0
2008	191.4	240.0	248.8	313.9
2009	190.0	241.7	262.7	286.6
2010	196.3	259.1	293.7	294.9
2011	206.9	289.7	329.5	361.6
2012	212.3	303.6	342.7	369.2
2013	217.8	317.9	358.5	385.0
2014	222.2	327.7	369.6	386.6

数据来源：中国统计局网站。

1997—2014 年，中国城市和农村食品类、粮食类和居民肉禽及其制品类价格涨幅基本相当，涨幅在 84.2%～92.8%。这表明 1993—2014 年，中国食品类、粮食类和居民肉禽及其制品类价格上涨幅度大体同步，且城乡之间没有显著差异。

表 28 中国城市和农村食品类、粮食类和居民肉禽及其制品类消费价格指数

年份	CPI	食品类城市居民消费价格指数	粮食类城市居民消费价格指数	肉禽及其制品类城市居民消费价格指数	食品类农村居民消费价格指数	粮食类农村居民消费价格指数	肉禽及其制品类农村居民消费价格指数
1997	100	100	100	100	100	100	100
1998	99.2	96.9	96.9	91.6	96.6	96.9	90.0
1999	97.8	92.6	93.7	82.8	92.7	94.1	82.1
2000	98.2	90.2	83.2	81.0	90.4	83.2	81.6
2001	98.9	90.3	82.5	82.4	90.2	82.9	82.7
2002	98.1	89.9	81.1	81.8	89.6	81.6	82.7
2003	99.3	92.9	83.0	84.1	92.7	83.4	86.2
2004	103.2	101.4	104.3	99.1	103.3	106.5	100.9
2005	105.0	104.5	105.9	101.2	105.9	107.9	104.1
2006	106.6	107.1	108.8	98.3	108.1	111.0	101.0
2007	111.7	119.7	115.7	129.3	122.8	117.9	133.1
2008	118.3	137.0	124.1	158.6	140.0	125.8	159.7
2009	117.4	138.4	131.1	145.1	140.2	132.7	145.0
2010	121.3	148.2	146.2	148.8	150.7	149.0	150.1
2011	127.9	165.4	164.0	181.9	169.3	167.2	185.6
2012	131.2	173.8	170.8	187.0	176.1	173.2	186.0
2013	134.6	181.8	178.5	195.2	184.7	181.5	193.4
2014	137.3	187.8	184.2	196.4	189.6	187.2	192.8

数据来源：中国统计局网站。

1997—2014 年，CPI、食品类城市居民消费价格指数、粮食类城市居民消费价格指数和肉禽及其制品类城市居民消费价格指数年均增长分别为 1.88%、3.78%、3.66%和 4.05%；食品类农村居民消费价格指数、粮食类农村居民消费价格指数和肉禽及其制品类农村居民消费价格指数年均增长分别为 3.83%、3.76%和 3.94%。

从分时间段来看，1997—2006 年，城市和农村食品类消费价格指数年均增长（分别为 0.87％和 0.98％）略高于 CPI（年均增长 0.8％）涨幅。城市和农村粮食类价格指数年均增长分别为 1.06％和 1.31％，高于同期的食品类价格指数涨幅。肉禽及其制品类价格指数年均增长（分别为－0.22％和 0.12％）远低于 CPI、城市和农村食品类和粮食类价格指数涨幅。

2006—2014 年，城市和农村食品类消费价格指数年均增长（均为 7.27％）远高于 CPI（年均增长 3.22％）涨幅，城市和农村粮食类价格指数年均增长（分别为 6.8％和 6.75％）略低于同期的食品类价格指数涨幅。肉禽及其制品类价格指数年均增长（分别为 9.04％和 8.43％）高于 CPI、城市和农村食品类和粮食类价格指数涨幅。

总体看，肉类消费价格相对 CPI 更具弹性。当经济环境较差时（CPI 较低），肉类需求会受到抑制，变现为肉价涨幅低于食品类价格涨幅；当经济环境较好时（CPI 较高），肉类需求会增长过快，变现为肉价涨幅高于食品类价格涨幅。

表 29　中国城市和农村食品类、粮食类和居民肉禽及其制品类消费价格指数年均增长

单位：％

年份	CPI	食品类城市居民消费价格指数	粮食类城市居民消费价格指数	肉禽及其制品类城市居民消费价格指数	食品类农村居民消费价格指数	粮食类农村居民消费价格指数	肉禽及其制品类农村居民消费价格指数
1997—2014	1.88	3.78	3.66	4.05	3.83	3.76	3.94
1997—2006	0.80	0.87	1.06	－0.22	0.98	1.31	0.12
2006—2014	3.22	7.27	6.80	9.04	7.27	6.75	8.43

数据来源：中国统计局网站。

由表 30 可知，2006—2014 年，中国居民粮食类居民消费价格指数年均涨幅为 6.78％，谷物生产价格指数年均涨幅为 6.71％，二者涨幅基本相等；肉禽及其制品类居民消费价格指数年均涨幅为 8.78％，畜牧业产品生产价格指数年均涨幅为 8.28％，畜牧业产品消费与生产价差年均增长约 0.5％。中国肉类产量由 1996—2006 年的年均增长 4.46％，下降为 2006—2014 年的年均增长 2.6％。肉禽及其制品类居民消费价格指数年均涨幅过快可能是 2006—2014 年肉类产量增速下降的部分原因。

表 30　各种价格指数和肉类产量年均增长

单位:%

年份	CPI	食品类居民消费价格指数	粮食类居民消费价格指数	谷物生产价格指数	肉禽及其制品类居民消费价格指数	畜牧业产品生产价格指数	肉类产量
1996—2006	0.92	0.71	0.04	—	0.46	—	4.46
2006—2014	3.22	7.26	6.78	6.71	8.87	8.28	2.6

数据来源:中国统计局网站。

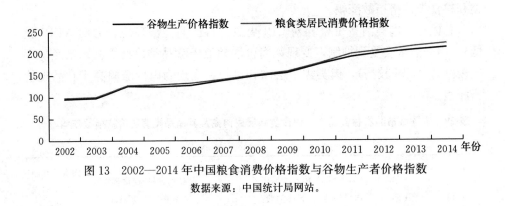

图 13　2002—2014 年中国粮食消费价格指数与谷物生产者价格指数

数据来源:中国统计局网站。

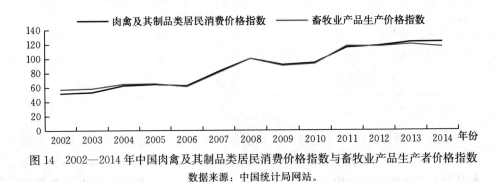

图 14　2002—2014 年中国肉禽及其制品类居民消费价格指数与畜牧业产品生产者价格指数

数据来源:中国统计局网站。

　　图 13 和图 14 显示,2002—2014 年中国粮食、肉类的消费价格与生产者价格(2001 年粮食价格为 100,2008 年肉类价格为 100)变动几乎同步;但 2002—2014 年中国粮食、肉类的消费价格与生产者价格价差随时间呈增加趋势,二者的价差分别增加了 4.6% 和 17%。

参考文献

陈琼.城乡居民肉类消费研究 [D].北京：中国农业科学院，2010.

李志强，王济民.我国畜产品消费及消费市场前景分析 [J].中国农村经济，2000 (7)：46 -51.

中国肉类供需的局部均衡
模型构建及供需预测

孙振[1]　王济民[23]

(1. 华北科技学院管理学院；2. 中国农业科学院农业经济与发展研究所；
3. 中国农业科学院办公室)

中国肉类产品的供需预测比较困难，其中一个重要的原因是国家统计局所公布的肉类统计数据的准确性一直备受质疑（表1）。2008年以前，国家统计局每年所公布的畜禽产量数据由地方各级统计部门经过层层上报获得，而为了政绩需要，地方统计部门往往会夸大畜禽产量，从而导致畜禽的生产统计数据失真。本文首先对中国肉类生产数据进行修正，并在此基础上建立包含猪、牛、羊和禽的中国主要肉类品种的局部均衡模型，对建立的局部均衡模型进行参数估计，并对中国肉类产品供需中长期预测。

表1　中国肉类产量被虚增的相关文献

文　献	研究年份	结　论
钟甫宁（1997）	1981—1996	1996年肉类总产量的55%被虚增
卢峰（1998）	1981—1995	1995年肉类、禽蛋和水产品产量统计分别有40%以上为失真的水分
奥伯特（1999）	1981—1996	1996年实际的肉类产量只有官方公布产量的53%～67%
袁学国（1999）	1998	1998年猪、牛、羊肉和奶类的产量数据基本上能够反映中国的生产实际，而家禽和禽蛋产量有可能存在25%～30%的高估
Aubert（2008）	1985—2005	2005年猪肉和禽肉比官方数字低30%

本文的主要创新之处在于：一是对1985—2012中国畜禽生产数据进行了修正；二是建立反映中国肉类生产周期性特点的多肉种局部均衡模型；三是预测时使用修正后的肉类产量数据；四是求解时使用非线性规划方法。

一、中国肉类生产数据修正

（一）中国肉类统计数据存在虚增

1996 年和 2006 年中国分别进行了第一次和第二次全国农业普查，普查结果显示，通过普查所得到的中国畜禽存栏量远低于统计年鉴上的数据，因此可推断上世纪 90 年代至 2006 年中国畜禽的生产数据存在较大水分，也验证了相关学者对肉类产量虚增的质疑。2008 年，中国统计部门建立了主要畜禽监测调查制度，猪、牛、羊、禽等主要畜禽的生产数据均以抽样调查数为法定数据，抽样数据造假的可能性不大，故 2008 年以后统计部门所公布的畜禽生产数据被认为较为可靠。

2008 年以前，中国主要肉类品种的产量到底为多大？部分学者对统计年鉴上的肉类产量进行了调整，调整的方法主要有三种：一是使用中国饲料粮数据推导肉类产量，一般认为统计局所公布的粮食数据相对准确，较少存在争议。但该方法的最大问题是，在推导肉类产量过程中需要用到肉类的料肉比指标，不同学者对于该指标的推测存在较大分歧，从而导致计算结果差异过大。二是通过肉类的消费量推导肉类产量，由于国家统计局所公布的居民肉类消费量实际上仅是指居民的户内肉类消费，因此在使用肉类的消费量推导肉类产量时，还需在户内肉类消费基础上加上居民的户外肉类消费。三是使用农业普查所获得的畜禽存栏数据对肉类产品的产量进行修正。蒋乃华在进行数据调整时，假定中国肉类产量的虚增幅度从基年开始每年按照一固定比例逐年放大；国家统计局后来使用类似的方法根据两次农业普查的结果对中国畜禽的生产数据进行了调整。本文接下来对"国家统计局对中国畜禽生产数据调整"思路进行了梳理，并对其调整可能存在的问题进行了探讨，然后对 1984—2012 年中国肉类产量数据进行修正。

（二）国家统计局对中国畜禽生产数据的调整

1. 国家统计局的数据调整

中国统计局公布的畜禽生产数据分为三种：一是经地方各级统计部门层层上报的数据；二是全国农业普查数据；三是抽样调查数据。一般认为，为了政绩需要地方部门往往会夸大畜禽的产量，因此通过地方部门层层上报的数据被认为是不准确的，上报的产量通常要大于实际产量；而农业普查数据和抽样调查数据被认为相对客观和准确。中国在 1996 年和 2006 年分别进行了第一次和第二次全国农业普查，普查结果表明，原有统计年鉴上的畜禽生产数据被虚增严重。国家统计局根据农业普查的结果对 1996 年和 2006 的畜禽生产数据进行调整，见表 2 和表 3；并使用类似蒋乃华（2002）的方法对 2000—2005 年的畜禽生产数据进行调整。

表2　1996年中国主要畜禽产品产量的调整

单位：万吨

项　　目	肉类	猪肉	牛肉	羊肉	禽肉
1996 年产量（1997 年年鉴）	5915.1	4037.7	494.9	240	1074.6
1996 年产量（1998 年年鉴）	4595.4	3158	355.7	181	834.8
下调比例（%）	22.31	21.79	28.13	24.58	22.32
年鉴虚增比率（%）	28.72	27.86	39.13	32.60	28.73

表3　2006年中国主要畜禽产品产量的调整

单位：万吨

项　　目	肉类	猪肉	牛肉	羊肉	禽肉
2006 年产量（2007 年年鉴）	8 051.45	5 197.17	749.99	469.66	1 506.61
2006 年产量（2008 年年鉴）	7 089.04	4 650.45	576.67	363.84	1 363.11
下调比例（%）	11.95	10.52	23.11	22.53	9.52
年鉴虚增比率（%）	13.58	11.76	30.06	29.08	10.53

对比表 2 与表 3 可知：

（1）自 1996 年以来，中国畜禽产品产量的统计数据质量明显提高，畜禽产品年鉴产量被虚增的幅度在变小（假定 1998 年和 2008 年统计年鉴的畜禽生产数据为准确数据）。在 1997 年年鉴中，1996 年中国肉类产量数据被虚增了 28.72%；而在 2007 年年鉴中，2006 年中国肉类产量数据被虚增幅度只有 13.58%。其中猪肉和禽肉产量被虚增的幅度减少最大，分别由 27.81% 和 28.73% 减少至 11.76% 和 10.53%。

（2）不同畜禽产品产量被虚增的幅度存在差异。牛肉和羊肉产量被虚增幅度最大，猪肉和禽肉产量被虚增幅度较小。在 1997 年年鉴中，1996 年牛肉和羊肉产量被虚增的幅度超过 30%；在 2007 年年鉴中，2006 年牛肉和羊肉产量被虚增的幅度仍为 30% 左右，猪肉和禽肉产量被虚增的幅度仅为 10% 左右。

2. 国家统计局的数据调整并不充分

首先，统计部门没有对 1996 年以前，1997—1999 年的畜禽生产数据进行调整。第一次农业普查表明 1996 年以前的畜禽生产数据存在严重虚增；第二次农业普查表明 1996—2006 年间的畜禽生产数据均有可能存在虚增，但国家统计局仅对 2000—2005 年畜禽生产数据进行了调整。

其次，统计部门在对畜禽的生产数据进行调整时，没有将畜禽的产量、存栏量和出栏量同比例调整。在某一特定年份，畜禽产品的产量、存栏量和出栏量之间存在一个固定比率，国家统计局在对畜禽生产数据进行调整时，应依据存栏量的虚增比率对产量和出栏量进行同比例修正（农业普查仅对畜禽的存栏量进行统计）。但国家统计局在对 1996 年和 2006 年的畜禽生产数据进行调整时，没有严格按照存栏量的变化进行调整，见表 4 和表 5。

表 4　1996 年中国畜禽存栏量、出栏量和肉产量调整幅度

项　　目	猪	牛	羊	家禽
第一次农业普查存栏量虚增幅度（%）	36.38	43.37	39.92	76.06
根据第一次农业普查存栏量、出栏量和肉产量应下调幅度（%）	26.68	30.25	28.53	43.2
1998 年年鉴中的存栏量下调幅度（%）	20.67	21.1	21.79	—
1998 年年鉴中的出栏量下调幅度（%）	21.72	26.44	30.96	22.5
1998 年年鉴中的肉类产量下调幅度（%）	21.79	28.13	24.58	22.32

表 5　2006 年中国畜禽存栏量、出栏量和肉产量调整幅度

项　　目	猪	牛	羊	家禽
第二次农业普查存栏量虚增幅度（%）	18.13	33.24	30.06	10.91
根据第二次农业普查存栏量、出栏量和肉产量应下调幅度（%）	15.35	24.95	23.11	9.84
2008 年年鉴中的存栏量下调幅度（%）	15.35	24.95	23.11	9.84
2008 年年鉴中的出栏量下调幅度（%）	10.06	24.64	24.98	8.56
2008 年年鉴中的肉类产量下调幅度（%）	10.52	23.11	22.53	9.52

表 4 表明：①1997 年年鉴中的 1996 年中国畜禽生产数据被虚增严重。与第一次农业普查数据相比，1997 年年鉴中的 1996 年中国猪、牛、羊和家禽的存栏量数据分别被高估了 36.38%、43.37%、39.92% 和 76.06%（假定农业普查的存栏数据是准确数据）。根据各畜禽存栏量的应下调比例，将 1997 年年

鉴中的猪、牛、羊和家禽的出栏量和肉产量数据进行等比例下调，得到 1996 年中国猪、牛、羊和家禽肉的实际产量分别为 2 960.4 万吨、345.2 万吨、171.5 万吨和 610.4 万吨，推算得 1996 年中国实际肉类产量为 4 135.05 万吨（这四种畜禽产品占 1996 年肉类产量的 98.85%）。与实际肉类产量相比，1997 年年鉴中的 1996 年肉类产量被虚增的幅度为 43.05%。②调整后的 1996 年中国畜禽生产数据仍存在较大幅度虚增。调整后的 1998 年年鉴中的 1996 年肉类产量存在 11.13% 虚增；除羊出栏量外，1998 年年鉴中的 1996 年的畜禽产品的产量、存栏量和出栏量调整幅度均小于应下调幅度，其中禽肉和禽出栏的调整程度最不充分，少调整幅度约 20%。

表 5 表明：①2006 年畜禽生产数据的虚增情况要明显好于第一次农业普查，其中猪和家禽存栏量虚增幅度已经低于 20%，但牛和羊的存栏量虚增幅度仍高于 30%。②根据第二次农业普查，对 2008 年年鉴中的 2006 年的各主要畜禽的产量和出栏量的调整较为充分，各生产数据的下调幅度与应下调幅度基本一致（除了猪出栏量和猪肉产量少调整幅度约 5%）。经过修正，中国 2006 年猪、牛、羊和家禽肉的实际产量分别为 4 399.3 万吨、562.9 万吨、361.1 万吨和 1 358.3 万吨，推算得 2006 年中国肉类实际产量为 6 789.53 万吨（这四种畜禽产品占 2006 年肉类产量的 98.41%）。与实际肉类产量相比，2007 年年鉴中的 2006 年肉类产量被虚增的幅度为 18.59%；2008 年年鉴中的 2006 年肉类产量只存在 4.41% 的虚增。

（三）1984—2012 年中国肉类产品的产量修正

数据的修正起点为 1984 年，并假定国家统计局所公布的 1984 年、1985 年的数据是基本真实的。1984—2012 年中国肉类产量修正采用"三阶段基准法"，即存在三组准确的肉类产量基准数据：第一，假定 1984—1990 年的肉类产量数据是准确的（1990 年以前的产量数据即便出现虚增，我们认为幅度也不大）；第二，假定两次农业普查所获得的畜禽存栏数据是准确的，并依据两次农业普查的畜禽存栏量虚增幅度将 1996 年和 2006 年这两年各主要肉类产品的产量进行等比例修正，假定修正后的产量为准确产量；另外假定国家统计局公布的 2007—2012 年各主要肉类产品的产量为准确产量。

1. 猪肉产量修正

由猪肉产量变化趋势发现，猪肉产量的三组基准数据近似分布在一条直线上，对猪肉产量的三组基准数据关于时间做线性回归，回归结果为：

$$pork_t = -267\ 782 + 135.707t \quad (R^2 = 0.999)$$

$$(-75.85)(76.74)$$

式中，*pork* 表示猪肉产量，*t* 表示时间（年），回归系数下面括号里数字为 *t* 值。

该回归方程的拟合情况非常好，这表明在样本期中国猪肉产量与时间近似呈线性关系，1984—2012 年中国猪肉产量年平均增长 135 万吨左右。除基准数据外，使用上式的拟合值作为其他猪肉产量的修正值。年鉴的猪肉产量（未调整和调整后）、FAO 产量和修正后的猪肉产量见图 1。修正后的猪肉产量与 FAO 猪肉产量变化趋势较为一致，但自 1998 年，修正后的猪肉产量要高于 FAO 猪肉产量，并且缺口呈增大趋势。2012 年的猪肉修正产量比 FAO 的猪肉产量高了 10%左右，这表明，FAO 近期有可能低估了中国猪肉的产量。由该图可知，1991—2006 年，中国统计年鉴上的猪肉产量数据曾出现过较严重的虚增现象，国家统计局后来虽然对猪肉产量数据进行调整，但调整后的猪肉产量仍存在较大幅度的虚增。

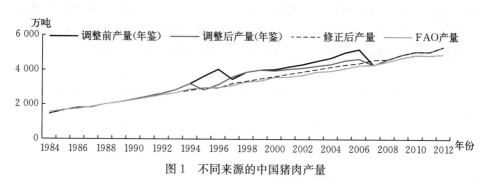

图 1 不同来源的中国猪肉产量

2. 牛肉产量修正

1991—1995 年牛肉产量的修正方法：假定 1990—1996 年中国牛肉产量按一固定增长率增长（环比增长率为 18.35%），可求得 1991—1995 年的牛肉修正产量。1997—2005 年中国牛肉产量的修正方法：对 1996 年与 2006 年的基准产量使用等额差值法获得（即 1997—2005 年中国牛肉产量每年增加 21.77 万吨）。年鉴的牛肉产量（未调整和调整后）、FAO 产量和修正后的牛肉产量见图 2（2007 年牛肉修正产量采用调整后的年鉴产量）。图 2 显示，调整后的牛肉年鉴量与 FAO 的牛肉产量数据较为接近；但 1991—2006 年调整后的牛肉年鉴量和 FAO 的牛肉产量明显低于修正产量。

3. 羊肉产量修正

1991—1995 年羊肉产量的修正方法：对 1990 年和 1996 年的基准产量使

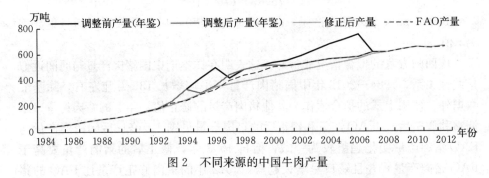

图 2　不同来源的中国牛肉产量

用等额差值法获得（即 1991—1995 年中国羊肉产量每年增加 10.78 万吨）。1997—2005 年羊肉产量的修正方法：对 1996 年与 2006 年的基准产量使用等额差值法获得（即 1997—2005 年中国羊肉产量每年增加 18.96 万吨）。年鉴的羊肉产量（未调整和调整后）、FAO 产量和修正后的羊肉产量见图 3。调整后的羊肉年鉴产量与 FAO 产量基本一致，但 1997—2000 年的羊肉修正产量比 FAO 的产量要低。由该图可知，1991—2006 年，中国的羊肉产量数据曾出现过较严重的虚增现象，但统计部门后来对羊肉产量虚增的调整较为充分。

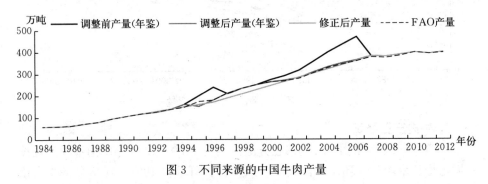

图 3　不同来源的中国牛肉产量

4. 禽肉产量修正

由禽肉产量变化趋势发现，1996 年和 2006—2012 年的禽肉产量数据近似分布在一条直线上。首先对 2006—2012 年的禽肉产量关于时间进行线性回归，回归结果为：

$$poultry_t = -144\,569 + 72.752\,t \quad (R^2 = 0.995)$$
$$(-22.49)\quad(22.73)$$

式中，$poultry$ 表示禽肉产量；t 表示时间（年）；回归系数下面括号里数字为 t 值。

该回归结果显示，线性方程的拟合情况非常好。该方程在 1996 年的拟合值为 644 万吨，和 1996 年禽肉实际产量 610.4 万吨，之间差距仅为 5.5%；因此可推断，1996—2012 年中国禽肉产量与时间之间近似呈线性关系。1997—2005 年禽肉产量的修正方法：对 1996 与 2006 年禽肉的基准产量进行等额差值法获得（即 1997—2005 年中国禽肉产量每年增加 74.81 万吨）。1991—1995 年禽肉产量修正方法：对 1990 和 1996 年的基准产量进行等额差值法获得（即 1991—1995 年中国禽肉产量每年增加 41.92 万吨）。2007 年禽肉的修正产量采用回归方程的拟合值。年鉴的禽肉产量（未调整和调整后）、FAO 产量和修正后的羊肉产量见图 4。调整后的禽肉年鉴产量与 FAO 产量基本一致；而修正后的禽肉产量与其他三个产量数据存在较大差异。由该图可知，1991—2006 年，中国统计年鉴上的禽肉产量数据曾出现过较严重的虚增现象，虚增程度远大于其他肉类；而统计部门调整后的禽肉产量和 FAO 的禽肉产量仍存在较大幅度的虚增。

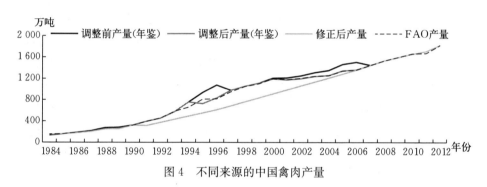

图 4　不同来源的中国禽肉产量

1984—2012 年修正后的中国肉类产量见表 6。表 6 中的肉类产量包括其他肉类，其他肉类产量所占比例与统计年鉴中的其他肉类产量占比相同。

表 6　1984—2012 年中国肉类的修正产量

单位：万吨

年份	肉类	猪肉	牛肉	羊肉	禽肉
1984	1 689.7	1 444.8	37.3	58.6	149.0
1985	1 926.5	1 654.7	46.7	59.3	160.2
1986	2 112.4	1 796	58.9	62.2	180.2
1987	2 215.5	1 834.9	79.2	71.9	206.0
1988	2 479.5	2 017.6	95.8	80.2	252.2

（续）

年份	肉类	猪肉	牛肉	羊肉	禽肉
1989	2 628.5	2 122.8	107.2	96.2	253.8
1990	2 857	2 281.1	125.6	106.8	322.9
1991	3 072.5	2 410.6	148.7	117.6	370.8
1992	3 303.9	2 546.3	175.9	128.4	418.7
1993	3 535.3	2 682.1	208.2	139.1	466.7
1994	3 771.8	2 817.8	246.4	149.9	514.6
1995	4 015.8	2 953.5	291.7	160.7	562.5
1996	4 138.6	2 960.4	345.2	171.5	610.4
1997	4 502.1	3 224.9	367	190.5	685.2
1998	4 776.5	3 360.6	388.7	209.4	760.0
1999	5 030.2	3 496.3	410.5	228.4	834.8
2000	5 291.2	3 632	432.3	247.3	909.6
2001	5 561.4	3 767.7	454.0	266.3	984.5
2002	5 825.4	3 903.4	475.8	285.3	1 059.3
2003	6 083.1	4 039.1	497.6	304.2	1 134.1
2004	6 338.0	4 174.8	519.3	323.2	1 208.9
2005	6 592.6	4 310.5	541.1	342.2	1 283.7
2006	6 816.8	4 399.3	562.9	361.1	1 358.5
2007	7 142	4 581.9	613.4	382.6	1 447.6
2008	7 278.8	4 620.5	613.2	380.4	1 533.7
2009	7 649.8	4 890.8	635.5	389.4	1 594.9
2010	7 925.9	5 071.2	653.1	398.9	1 656.1
2011	7 965.1	5 060.4	647.5	393.1	1 708.8
2012	8 387.3	5 342.7	662.3	401	1 822.6

表 6 中的肉类产量修正值与国家统计局根据农业普查调整后的肉类产量对比发现，国家统计局调整后的肉类产量仍存在一定幅度虚增（图 5）。另外，1984—2012 年中国肉类总产量修正值、猪肉产量修正值均与时间近似呈线性关系，其中肉类总产量年均增长 239 万吨，猪肉产量年均增长 139 万吨。

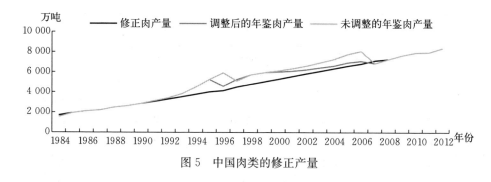

图 5　中国肉类的修正产量

（四）1984—2012 年中国畜禽出栏量修正

统计年鉴中畜禽的肉产量等于出栏量与胴体重的乘积，而畜禽的胴体重为通过抽样获得，故出现虚增的可能性不大。修正后的畜禽出栏量等于修正后的畜禽肉产量除以对应的胴体重，见表 7。

表 7　1984—2012 年中国畜禽出栏量修正值

单位：万只

年份	生猪出栏	牛出栏	羊出栏	家禽出栏
1984	22 047	386.9	5 080.5	—
1985	23 875.2	456.5	5 081	—
1986	25 721.5	555	5 227.1	—
1987	26 177	740.3	6 052.9	—
1988	27 570.3	858	6 827.2	—
1989	29 023.3	943	8 122.9	—
1990	30 991	1 088.3	8 931.4	—
1991	32 337.7	1 263.1	9 766.4	265 072.9
1992	33 981.9	1 482.1	10 545.9	294 329.7
1993	35 443.2	1 690.8	11 293.0	323 603.2
1994	37 018.6	1 893.2	12 228.3	349 428.7
1995	38 897.3	2 141.5	13 188.8	379 260.6
1996	38 612.3	2 546.7	13 881.6	408 356.9
1997	41 962.2	2 746.5	14 082.9	450 381.2
1998	43 451.2	2 905.1	15 425.4	492 405.4

（续）

年份	生猪出栏	牛出栏	羊出栏	家禽出栏
1999	45 375.3	3 058.8	17 108.1	556 158
2000	47 454.8	3 216.9	18 477.7	610 058.8
2001	49 464.7	3 407	19 763.2	657 934.3
2002	51 139.5	3 582.0	20 972.6	705 910.9
2003	52 918.3	3 712.3	22 094.3	768 041.6
2004	54 876.1	3 856.1	22 941.3	811 379.8
2005	56 862.9	4 021.2	24 206.8	864 840.2
2006	57 603.3	4 205.2	25 347.2	917 563
2007	60 383.9	4 256.4	25 570.7	957 867
2008	61 016.6	4 446.1	26 172.3	1 022 156
2009	64 538.6	4 602.2	26 732.9	1 060 945
2010	66 686.4	4 716.8	27 220.2	1 100 578
2011	66 362.1	4 670.7	26 661.5	1 132 715
2012	69 789.5	4 760.9	27 099.6	1 207 000

注：—代表年鉴数据缺失。

（五）1984—2012 年中国畜禽存栏量修正

畜禽存栏量数据的修正比较困难，虽然畜禽的出栏量与存栏量存在一定比例关系；但地方部门在上报数据时，出栏量和存栏量的虚增幅度有可能不一致，这样出栏量与存栏量之间比例关系就会被破坏，通过出栏量推导存栏量变得不准确。我们尝试通过使用修正后的肉类产量除以畜禽的出栏存栏比以获得畜禽的存栏量，使用这种方法所得到的畜禽存栏量数据结果不能令人满意，故也证实了我们对中国畜禽的历史出栏量与存栏量虚增幅度是不一致的猜测。

1984—2012 年中国畜禽存栏量数据修正分为两步：第一，修正畜禽的出栏存栏比。首先，假定 1984—1990 年，2006—2012 年统计年鉴的出栏存栏比是真实的；其次，根据农业普查所得到的 1996 年和 2006 年畜禽存栏量和修正后的出栏量算出 1996 年和 2006 年出栏存栏比并作为基准。1991—1995 年和 1997—2005 年出栏存栏比通过等额插值法获得；其他年份同调整后的统计年鉴。第二，使用修正后的出栏量除以修正后的出栏存栏比，得到存栏量数据。1984—2012 年中国畜禽修正后的存栏量见表 8（空白处为数据缺失）。

表8　1984—2012年中国畜禽存栏量修正值

单位：万只

年份	生猪存栏	牛存栏	羊存栏	家禽存栏
1984	30 679.2	8 212.8	15 840.0	—
1985	33 139.6	8 682.0	15 588.0	—
1986	33 719.1	9 166.7	16 623.0	—
1987	32 773.3	9 465.1	18 034.0	—
1988	34 221.8	9 794.8	20 153.0	—
1989	35 281.0	10 075.2	21 164.0	—
1990	36 240.8	10 288.4	21 002.0	—
1991	35 750.8	9 592.9	21 180.1	—
1992	35 623.5	9 406.3	21 220.9	—
1993	35 326.4	9 216.3	21 195.7	—
1994	35 165.5	9 043.2	21 504.3	254 851.3
1995	35 294.3	9 103.3	21 818.1	247 253.3
1996	33 532.9	9 752.2	21 678.5	267 676.9
1997	35 743.9	9 979.7	21 163.3	288 211.4
1998	36 316.5	10 042.7	22 338.2	307 792.8
1999	37 224.8	10 083.8	23 906.1	339 760.3
2000	38 225.5	10 135.1	24 945.1	364 425.1
2001	39 135.4	10 278.3	25 806.1	384 498.6
2002	39 753.1	10 366.5	26 516.1	403 777.6
2003	40 428.9	10 323.2	27 075.2	430 182.7
2004	41 216.3	10 319.4	27 274.1	445 200.9
2005	41 999.1	10 370.9	27 944.7	465 062.7
2006	41 850.6	10 465.7	28 369.8	483 690.9
2007	43 989.5	10 594.8	28 564.7	501 900
2008	46 291.3	10 576.0	28 084.9	528 197.2
2009	46 996.0	10 726.5	28 452.2	533 000
2010	46 460.0	10 626.4	28 087.9	535 300
2011	46 862.7	10 360.5	28 235.8	555 000
2012	47 592.2	10 343.4	28 504.1	580 000

二、中国肉类供需的局部均衡模型

(一) 数据来源、变量选取

本文模型所涉及的变量见表 9。除猪肉的生产者价格使用国家统计局公布的猪肉生产价格指数代替外，其他肉类产品的生产者价格、进出口价格和进出口数量来源于 FAO 数据库；玉米价格来自《中国农业发展年鉴》；其余数据来源于《中国统计年鉴》和《中国畜牧业年鉴》。肉类产品的消费由农村消费、城镇消费和户外消费三部分组成；肉类产品的户外消费等于肉类产品的消费量减去农村消费和城镇消费之和；肉类产品的消费量等于产量加上净进口（假定不考虑肉类产品的库存变动）；肉类产品的产量使用前文所获得的修正后的产量。实际价格和实际收入通过使用 CPI 进行调整获得（1995 年的 CPI 为100）；样本期为 1991—2015 年（部分未公布数据为作者估计）。在模型所用数据方面，本文的一个突出特点是在建模时肉类生产模型的存栏、出栏数据使用统计年鉴数据，肉类消费模型的肉类产量使用前文的肉类产量修正数据。这样做的好处是：一是使用修正后的肉类产量能更真实地反映中国肉类消费量的变化；二是生产模型中的肉类出栏、存栏等方程主要反映畜禽出栏和存栏的相对变化关系，与肉类总量的调整关系不大，使用统计年鉴数据的存栏、出栏数据仍能较好反映畜禽出栏和存栏的相对变化关系；三是由于中国畜禽的历史存栏和历史出栏虚增幅度并不一致，尽管可以根据两次农业普查的结果获得相对准确的肉类产量和畜禽出栏数据，但很难获得较为准确的畜禽存栏数据，故无需使用修正后的畜禽出栏和存栏数据。

表 9 模型的变量

变　量	名　称	单　位
$P1$	猪肉生产者价格指数 1984 年为 100	
$P2$	牛肉生产者价格	元/千克
$P3$	羊肉生产者价格	元/千克
$P4$	禽肉生产者价格	元/千克
$P5$	玉米价格	元/千克
$X5$	城镇人均猪肉消费	千克
$X6$	农村人均猪肉消费	千克
$X7$	户外人均猪肉消费	千克

（续）

变　量	名　称	单　位
X8	人均牛肉消费	千克
X9	城镇人均羊肉消费	千克
X10	农村人均羊肉消费	千克
X11	户外人均羊肉消费	千克
X12	城镇人均禽肉消费	千克
X13	农村人均禽肉消费	千克
X14	户外人均禽肉消费	千克
IMP	猪肉进口量	万吨
EXP	猪肉出口量	万吨
IMB	牛肉进口量	万吨
EXB	牛肉出口量	万吨
IMS	羊肉进口量	万吨
EXS	羊肉出口量	万吨
IMQ	禽肉进口量	万吨
EXQ	禽肉出口量	万吨
IMPP	猪肉进口价格	元/千克
EXPP	猪肉出口价格	元/千克
IMBP	牛肉进口价格	元/千克
EXSP	羊肉出口价格	元/千克
IMQP	禽肉进口价格	元/千克
EXQP	禽肉出口价格	元/千克
I1	城镇人均实际可支配收入	元
I2	农村人均实际纯收入	元
I	人均实际收入	元
PO1	城镇人口	万人
PO2	农村人口	万人
PO	总人口	万人
T	时间（1991年=1）	
T2	时间的平方根（1991年=1）	
S1	生猪存栏	万头

（续）

变 量	名 称	单 位
S2	牛存栏	万头
S3	羊存栏	万头
S4	母猪存栏（能繁母猪存栏）	万头
S5	新生猪存栏	万头
S14	禽存栏	万头
C1	猪出栏	万头
C2	牛出栏	万头
C3	羊出栏	万头
C4	禽出栏	万头
W1	猪胴体重	千克
W2	牛胴体重	千克
W3	羊胴体重	千克
W4	禽胴体重	千克
D	虚拟变量 （1991—1996 年，取 0；1997—2012 年，取 1）	
D1	虚拟变量 （1991—1995 年，取 0；1996—2012 年，取 1）	
D2	虚拟变量 （1991—2002 年，取 0；2003—2012 年，取 1）	
D3	虚拟变量 （1991—2006 年，取 0；2007—2012 年，取 1）	

（二）模型设定和参数估计

肉类供需局部均衡模型分为猪肉模型、牛肉模型、羊肉模型和禽肉模型四个模块，每个模块又分别由生产模型、消费模型、进出口模型和均衡条件四部分组成。模型的参数估计采用三阶段最小二乘法，由于样本容量限制，本文没有将肉类的进出口模型与生产和消费模型一起进行估计，而是对畜禽进出口模型进行单独估计。为了获得更好的回归效果，本文将回归方程中不显著的变量予以剔除，仅保留回归显著的解释变量。

1. 猪肉模型

在猪肉的生产模型中,生猪存栏、母猪存栏、新生猪存栏、猪出栏和猪胴体重采用统计年鉴未调整数据(1998年,2008年国家统计局根据农业普查的结果对生猪的存栏和出栏数据作了调整,但未对母猪存栏作相应调整;经比较,采用未经统计局调整的猪的生产数据优于调整后的数据)。L. 表示变量的滞后一期。

生产模型:

$$\text{Ln}(S1) = \alpha_{10} + \alpha_{11}L.\text{Ln}(P1) + \alpha_{12}L.\text{Ln}(S1) + \alpha_{13}L.\text{Ln}(S4) +$$
$$\alpha_{14}L.\text{Ln}(C1) + \alpha_{15}D \tag{1}$$

$$\text{Ln}(S4) = \alpha_{20} + \alpha_{21}\text{Ln}(P1) + \alpha_{23}L.\text{Ln}(P1) + \alpha_{24}L.\text{Ln}(P5) +$$
$$\alpha_{25}L.\text{Ln}(S4) + \alpha_{26}L.\text{Ln}(S5) \tag{2}$$

$$\text{Ln}(S5) = \alpha_{30} + \alpha_{31}L.\text{Ln}(P1) + \alpha_{32}L.\text{Ln}(S4) + \alpha_{34}D \tag{3}$$

$$\text{Ln}(C1) = \alpha_{40} + \alpha_{41}\text{Ln}(P1) + \alpha_{42}L.\text{Ln}(P1) + \alpha_{43}L.\text{Ln}(S4) +$$
$$\alpha_{44}L.\text{Ln}(S5) + \alpha_{45}T + \alpha_{46}D \tag{4}$$

$$\text{Ln}(W1) = \alpha_{50} + \alpha_{51}\text{Ln}(P1) + \alpha_{52}L.\text{Ln}(W1) + \alpha_{53}D \tag{5}$$

消费模型:

$$\text{Ln}(X5) = \alpha_{60} + \alpha_{61}\text{Ln}(P1) + \alpha_{62}\text{Ln}(P2) + \alpha_{63}\text{Ln}(I1) + \alpha_{64}T \tag{6}$$

$$\text{Ln}(X6) = \alpha_{70} + \alpha_{71}\text{Ln}(P1) + \alpha_{72}\text{Ln}(I2) + \alpha_{73}D \tag{7}$$

$$\text{Ln}(X7) = \alpha_{80} + \alpha_{81}\text{Ln}(P1) + \alpha_{82}\text{Ln}(P5) + \alpha_{83}\text{Ln}(I) + \alpha_{84}D_1 \tag{8}$$

进出口模型:

$$\text{Ln}(IMP) = \alpha_{90} + \alpha_{91}\text{Ln}(IMPP) + \alpha_{92}L.\text{Ln}(IMP) + \alpha_{93}T \tag{9}$$

$$\text{Ln}(EXP) = \alpha_{00} + \alpha_{01}\text{Ln}(EXPP) + \alpha_{02}\text{Ln}(P1) +$$
$$\alpha_{03}L.\text{Ln}(EXP) + \alpha_{04}D_1 + \alpha_{05}D_2 \tag{10}$$

$$\text{Ln}(IMPP) = \alpha_{110} + \alpha_{111}\text{Ln}(P1) + \alpha_{112}\text{Ln}(P3) + \alpha_{113}\text{Ln}(P4) + \alpha_{114}D1$$
$$\tag{11}$$

$$\text{Ln}(EXPP) = \alpha_{120} + \alpha_{121}\text{Ln}(P1) + \alpha_{122}L.\text{Ln}(EXPP) \tag{12}$$

均衡条件:

$$(X5 \cdot PO1 + X6 \cdot PO2 + X7 \cdot PO)/1\,000 = C1 \cdot W1/1\,000 + IMP - EXP$$
$$\tag{13}$$

猪肉模型的估计结果见表10。生猪存栏(S1)由前期猪肉生产者价格、前期生猪存栏、前期母猪存栏和前期生猪出栏决定。前期猪肉生产者价格、前期生猪存栏和前期母猪存栏的回归系数为正,前期生猪出栏的回归系数为负。前期母猪存栏对当期生猪存栏量影响最大,前期母猪存栏增加1%,当期生猪存栏量将增加 0.438 9%。另外，前期猪肉生产者价格增加 1%，当期生猪存栏量将增加 0.123 8%；前期生猪存栏增加 1%，当期生猪存栏量将增加 0.163 4%；前期生猪出栏对当期生猪存栏量影响方向为负，前期生猪出栏增加 1%，当期生猪存栏量将减少 0.089 2%。

母猪存栏（S4）由前期猪肉生产者价格、当期猪肉生产者价格、前期玉米价格、前期母猪存栏和前期新生猪决定。前期猪肉生产者价格、当期猪肉生产者价格、前期母猪存栏和前期新生猪的回归系数为正，前期玉米价格的回归系数为负。前期猪肉生产者价格和当期猪肉生产者价格对当期母猪存栏影响为正，猪肉价格越高饲养户保留的母猪存栏越大；前期猪肉生产者价格的回归系数相对更大，意味着当前母猪存栏水平更多地取决于前期的猪肉生产者价格水平。前期猪肉生产者价格增加 1%，当期母猪存栏量将增加 0.554 6%；当期猪肉生产者价格增加 1%，当期母猪存栏量将增加 0.314 8%。前期玉米价格的回归系数为负，意味着更高的猪肉饲养成本会导致饲养户减少母猪存栏；前期玉米价格增加 1%，当期母猪存栏量将减少 0.899 7%。前期母猪存栏和前期新生猪的回归系数为正，意味着前期新生猪越多，未来母猪存栏水平越高；前期母猪存栏增加 1%，当期母猪存栏量将增加 0.205 3%；前期新生猪存栏增加 1%，当期母猪存栏量将增加 0.653 8%。

新生猪存栏（S5）由前期猪肉生产者价格和前期母猪存栏决定，且二者的回归系数均为正。意味着前期猪肉生产者价格和前期母猪存栏会对当期新生猪存栏的影响为正。前期猪肉生产者价格增加 1%，当期新生猪存栏将增加 0.379 8%；前期母猪存栏增加 1%，当期新生猪存栏将增加 1.007 3%。

生猪出栏（C1）由当期猪肉生产者价格、前期猪肉生产者价格、前期母猪存栏和前期新生猪决定，且四个回归系数均为正。意味着当期猪肉生产者价格、前期猪肉生产者价格、前期母猪存栏和前期新生猪对当期生猪出栏的影响均为正。当期生猪出栏受前期母猪存栏影响最大，前期母猪存栏增加 1%，当期生猪出栏将增加 0.488 8%。前期猪肉生产者价格对当期生猪出栏的影响要高于当期猪肉生产者价格，前期猪肉生产者价格增加 1%，当期生猪出栏将增加 0.218 8%；当期猪肉生产者价格增加 1%，当期生猪出栏将增加 0.082 9%。另外，前期新生猪增加 1%，当期生猪出栏将增加 0.149 1%。

生猪出栏胴体重（W1）由当期猪肉生产者价格和前期出栏胴体重决定，且回归系数均为正。当期猪肉生产者价格增加 1%，当期生猪出栏将增加 0.014 8%；前期出栏胴体重增加 1%，当期生猪出栏将增加 0.710 7%。

城镇人均猪肉消费（X5）由当期猪肉生产者价格、当期牛肉生产者价格和当期城镇人均实际可支配收入决定。当期猪肉生产者价格的回归系数为负，意味着当期猪肉价格越高，城镇人均猪肉消费量越少；当期牛肉生产者价格的回归系数为正，意味着对于城镇居民猪肉为牛肉的替代性消费品，更高的牛肉价格会导致城镇居民消费更多的猪肉；城镇人均实际可支配收入的回归系数最大，表明收入提高是城镇居民猪肉消费增长的重要因素。当期猪肉生产者价格增加 1%，当期城镇人均猪肉消费将减少 0.284 3%；当期牛肉生产者价格增加 1%，当期城镇人均猪肉消费将增加 0.114 7%；当期城镇人均实际可支配收入增加 1%，当期城镇人均猪肉消费将增加 0.827%。

农村人均猪肉消费（X6）由当期猪肉生产者价格和农村人均纯收入决定。当期猪肉生产者价格的回归系数为负，意味着当期猪肉价格越高，农村人均猪肉消费量越少；农村人均纯收入的回归系数为正，表明收入提高对农村居民猪肉消费起到正向影响作用。当期猪肉生产者价格增加 1%，当期农村人均猪肉消费将减少 0.366 2%；当期农村人均纯收入增加 1%，当期农村人均猪肉消费将增加 0.393 1%。

人均户外猪肉消费（X7）由当期猪肉生产者价格、当期玉米价格和当期人均可支配收入决定。当期猪肉生产者价格和当期人均可支配收入的回归系数为正，意味着二者对当期人均户外猪肉消费产生正向影响；当期玉米价格回归系数为负，意味着其对当期人均户外猪肉消费产生负向影响。当期猪肉生产者价格增加 1%，当期人均户外猪肉消费将增加 0.206 9%；当期玉米价格增加 1%，当期人均户外猪肉消费将减少 0.223 5%；当期人均可支配收入增加 1%，当期人均户外猪肉消费将增加 0.408 2%。

表 10   猪肉模型估计结果

变量	S1	S4	S5	C1	W1	X5	X6	X7
常数项	6.284 2***	0.353 1	2.501 7***	4.988 5***	1.250 7***	1.637***	2.004 3***	1.831 9***
P1		0.314 8***		0.082 9**	0.014 8**	−0.284 3***	−0.366 2***	0.206 9**
P2					0.114 7*			
P5								−0.223 5***
L.P1	0.123 8***	0.554 6***	0.379 8***	0.218 8***				
L.P5		−0.899 7***						
L.S1	0.163 4*							
L.S4	0.438 9***	0.205 3**	1.007 3***	0.488 8***				
L.S5		0.653 8***		0.149 1***				

（续）

变量	S1	S4	S5	C1	W1	X5	X6	X7
$L.C1$	−0.089 2**							
$L.W1$					0.710 7***			
$I1$						0.827***		
$I2$							0.393 1***	
I								0.408 2***
T				0.017 1***		−0.055 6***		
D	−0.089 1***			−0.164 6***	−0.199 7***	−0.005 8**		−0.090 2***
$D1$								0.106 7***
$RMSE$	0.022	0.057	0.057	0.029	0.004	0.045	0.027	0.051
R^2	0.91	0.92	0.91	0.98	0.66	0.79	0.95	0.96
$chi2$	362.55	296.73	246.34	1032.8	75.6	88.49	498.6	551.56

由表 10 可知，除猪胴体重、城镇人均猪肉消费外，其余模型的 R^2 均在 0.9 以上，模型的拟合程度较好，其中猪出栏的 R^2 达到 0.98。

2. 牛肉模型

经比较，牛肉生产模型中的存栏量和出栏量采用统计年鉴调整后的数据。

生产模型：

$$Ln(C2) = \beta_{10} + \beta_{11} Ln(P2) + \beta_{12} Ln(LC2) + \beta_{13} D_3 \tag{14}$$

$$Ln(S2) = \beta_{20} + \beta_{21} Ln(LP5) + \beta_{23} Ln(LS2) \tag{15}$$

$$Ln(W2) = \beta_{30} + \beta_{31} Ln(LW2) \tag{16}$$

消费模型：

$$Ln(X8) = \beta_{40} + \beta_{41} Ln(P4) + \beta_{42} Ln(I) + \beta_{43} D \tag{17}$$

进出口模型：

$$Ln(IMB) = \beta_{50} + \beta_{51} Ln(IMBP) + \beta_{52} Ln(P2) + \beta_{53} L.Ln(IMB) +$$
$$\beta_{54} T + \beta_{55} D_1 + \beta_{56} D_2 \tag{18}$$

$$Ln(EXB) = \beta_{60} + \beta_{61} L.Ln(EXB) \tag{19}$$

$$Ln(IMBP) = \beta_{70} + \beta_{71} Ln(P3) + \beta_{72} L.Ln(IMBP) + \beta_{73} T \tag{20}$$

均衡条件：

$$X8 \cdot PO = C2 \cdot W2/1\,000 + IMB - EXB \tag{21}$$

牛肉模型的估计结果见表 10。

牛出栏（$C2$）由当期牛肉生产者价格和前期牛出栏决定。二者的回归系数均为正，这表明当期牛肉生产者价格和前期牛出栏对当期牛出栏的影响均为正。当期牛肉生产者价格增加 1%，当期牛出栏增加 0.054 1%；前期牛出栏增加 1%，当期牛出栏将增加 0.858 4%。

牛存栏（S2）由前期玉米价格和前期牛存栏决定。前期玉米价格的回归系数为负，这表明前期玉米价格对当期牛存栏的影响均为负；前期牛存栏的回归系数为正，这表明前期牛存栏对当期牛存栏的影响均为正。前期玉米价格增加 1%，当期牛存栏减少 0.016 9%；前期牛存栏增加 1%，当期牛存栏将增加 0.882 9%。

牛出栏胴体重（W2）由前期牛出栏胴体重决定。前期牛出栏胴体重增加 1%，当期牛出栏胴体重增加 0.775 1%。

人均牛肉消费（X8）由当期鸡肉生产者价格和当期人均可支配收入决定。当期鸡肉生产者价格的回归系数为正，意味着对于城镇居民鸡肉为牛肉的替代性消费品，更高的鸡肉价格会导致城镇居民消费更多的牛肉；当期人均可支配收入的回归系数为正，表明当期人均可支配收入对当期人均牛肉消费影响为正。当期鸡肉生产者价格增加 1%，当期人均牛肉消费增加 0.098 9%；前期当期人均可支配收入增加 1%，当期人均牛肉消费增加 0.192 6%。

表 11　牛肉模型估计结果

变量	C2	S2	W2	X8
常数项	1.374 6***	1.107 4***	1.108 1***	6.105 9***
$P2$	0.054 1***			
$P4$				0.098 9***
$L.P5$		−0.016 9***		
$L.S2$		0.882 9***		
$L.C2$	0.858 4***			
$L.W2$			0.775 1***	
I				0.192 6***
D				0.059 3***
$D3$	−0.022 4***			
$RMSE$	0.020 1	0.006 9	0.012 6	0.016 3
R^2	0.99	0.97	0.9	0.98
chi^2	7 371.89	781.14	186.75	814.61

由表 11 可知，所有模型的 R^2 均在 0.9 以上，模型的拟合程度较好，其中牛出栏的 R^2 达到 0.99。

3. 羊肉模型

经比较，羊肉生产模型中的存栏量和出栏量采用统计年鉴调整后的数据。

生产模型：

$$Ln(C3)=\lambda_{10}+\lambda_{11}Ln(P2)+\lambda_{12}Ln(P2)+\lambda_{13}Ln(P4)+$$
$$\lambda_{14}L.Ln(S3)+\lambda_{15}L.Ln(C3)+\lambda_{16}D_3 \tag{22}$$
$$Ln(S3)=\lambda_{20}+\lambda_{21}Ln(P3)+\lambda_{22}L.Ln(S3)+\lambda_{23}Ln(C3) \tag{23}$$
$$Ln(W3)=\lambda_{30}+\lambda_{31}L.Ln(W3)+\lambda_{32}T \tag{24}$$
$$Ln(P3)=\lambda_{40}+\lambda_{41}Ln(P1)+\lambda_{42}L.Ln(P2)+\lambda_{43}Ln(C3) \tag{25}$$

消费模型：

$$Ln(X9)=\lambda_{50}+\lambda_{51}Ln(P2)+\lambda_{52}Ln(P4)+\lambda_{53}Ln(I1) \tag{26}$$
$$Ln(X10)=\lambda_{60}+\lambda_{61}Ln(P2)+\lambda_{62}Ln(I2)+\lambda_{63}D_1 \tag{27}$$

进出口模型：

$$Ln(IMS)=\lambda_{70}+\lambda_{71}L.Ln(IMS)+\lambda_{72}T+\lambda_{73}D_1 \tag{28}$$
$$Ln(EXS)=\lambda_{80}+\lambda_{81}Ln(EXSP)+\lambda_{82}Ln(P3)+\lambda_{83}L.Ln(EXS)+\lambda_{84}D_2 \tag{29}$$
$$Ln(EXSP)=\lambda_{90}+\lambda_{91}Ln(P2)+\lambda_{92}L.Ln(EXSP)+\lambda_{93}D_1 \tag{30}$$

均衡条件：

$$(X9\cdot PO1+X10\cdot PO2+X11\cdot PO)/1\,000=C3\cdot W3/1\,000+IMS-EXS \tag{31}$$

上式中，假定 $Ln(X11)$ 每年增长 0.02。

羊肉模型的估计结果见表 12。

羊出栏（$C3$）由当期猪肉生产者价格、当期牛肉生产者价格、当期禽肉生产者价格、前期羊出栏和前期羊存栏决定。当期猪肉生产者价格和当期禽肉生产者价格的回归系数均为负，表明猪肉和禽肉是羊肉的互补性消费品，猪肉和禽肉价格升高会减少羊肉的消费。当期牛肉生产者价格的回归系数均为正，表明牛肉是羊肉的替代性消费品，牛肉价格的提高会导致羊肉消费的增加。另外，前期羊出栏和前期羊存栏的回归系数均为正。表 11 显示，当期猪肉生产者价格增加 1%，当期羊出栏减少 0.143 6%；当期牛肉生产者价格增加 1%，当期羊出栏将增加 0.124 7%；当期禽肉生产者价格增加 1%，当期羊出栏将下降 0.049 6%；前期羊出栏增加 1%，当期羊出栏将增加 0.663 7%；前期羊存栏增加 1%，当期羊出栏将增加 0.684 3%。

羊存栏（S3）由当期羊肉生产者价格、当期羊出栏和前期羊存栏决定。当期羊肉生产者价格的回归系数均为负，羊肉价格升高会减少羊肉的消费。当期羊出栏和前期羊存栏的回归系数均为正，表明二者对当期羊存栏有正向影响。当期羊肉生产者价格增加 1%，当期羊存栏减少 0.042 5%；当期羊出栏增加 1%，当期羊出栏将增加 0.148 4%；前期羊存栏增加 1%，当期羊出栏将增加 0.637 3%。

羊出栏胴体重（W3）由前期羊出栏胴体重决定。前期羊出栏胴体重增加 1%，当期羊出栏胴体重增加 0.609 7%。

羊肉生产者价格（P3）由当期猪肉生产者价格、前期牛肉生产者价格和当期羊出栏决定。当期猪肉生产者价格增加 1%，羊肉生产者价格增加 0.226 7%；前期牛肉生产者价格增加 1%，羊肉生产者价格增加 0.344 5%；当期羊出栏增加 1%，羊肉生产者价格增加 0.368 6%。

城镇人均羊肉消费（X9）由当期牛肉生产者价格、当期禽肉生产者价格和当期城镇人均实际可支配收入决定。当期牛肉生产者价格的回归系数为负，意味着对于城镇居民牛肉和羊肉为互补性消费品，当期牛肉价格越高，城镇人均羊肉消费量越少；当期禽肉生产者价格的回归系数为正，意味着对于城镇居民禽肉为羊肉的替代性消费品，当期禽肉价格越高，城镇人均羊肉消费量越高。当期牛肉生产者价格增加 1%，城镇人均羊肉消费减少 0.404 4%；当期禽肉生产者价格增加 1%，城镇人均羊肉消费增加 0.119 4%；当期当期城镇人均实际可支配收入增加 1%，城镇人均羊肉消费增加 0.154%。

农村人均羊肉消费（X10）由当期牛肉生产者价格和农村人均纯收入决定。当期牛肉生产者价格的回归系数为负，意味着对于农村居民牛肉和羊肉为互补性消费品，当期牛肉价格越高，农村人均羊肉消费量越少；农村人均纯收入的回归系数为正，表明农村人均纯收入对农村人均羊肉消费存在正向影响作用。当期牛肉生产者价格增加 1%，农村人均羊肉消费减少 0.696 1%；农村人均纯收入增加 1%，农村人均羊肉消费增加 0.892 8%。

表 12　羊肉模型估计结果

变量	C3	S3	W3	P3	X9	X10
常数项	−3.299 1***	2.089 3***	0.988 5***	−5.741 4***	−1.021 6**	−4.355 8***
P1	−0.143 6***			0.226 7**		
P2	0.124 7***				−0.404 4***	−0.696 1***
P3		−0.042 5***				

（续）

变量	C3	S3	W3	P3	X9	X10
P4	−0.049 6 ***				0.119 4 **	
L.P2				0.344 5 ***		
C3		0.148 4 ***		0.368 6 ***		
L.C3	0.663 7 ***					
L.S3	0.684 3 ***	0.637 3 ***				
L.W3			0.609 7 ***			
I1					0.154 ***	
I2						0.892 8 ***
T			0.003 4 **			
D1						0.229 4 ***
D3	−0.025 6 **					
RMSE	0.01	0.007	0.016	0.08	0.071	0.113
R^2	0.999	0.997	0.938	0.882	0.47	0.837
chi^2	25 064.58	8 337.78	322.82	171.84	22.86	117.45

由表 12 可知，羊存栏和出栏方程的 R^2 均在 0.99 以上，存栏量和出栏量的拟合程度较好。

4. 禽肉模型

经比较，禽肉生产模型中的存栏量和出栏量统计年鉴调整后的数据。

生产模型：

$$Ln(C4)=\rho_{20}+\rho_{21}Ln(P4)+\rho_{22}Ln(P5)+\rho_{24}Ln(LC4) \quad (32)$$

$$Ln(S4)=\rho_{10}+\rho_{11}Ln(P4)+\rho_{12}Ln(P5)+\rho_{13}Ln(LS4)+$$
$$\rho_{14}T+\rho_{15}D1+\rho_{16}D2 \quad (33)$$

$$Ln(W4)=\rho_{30}+\rho_{31}Ln(LW4) \quad (34)$$

消费模型：

$$Ln(X12)=\rho_{40}+\rho_{41}Ln(P1)+\rho_{42}Ln(P2)+\rho_{43}Ln(P3)+$$
$$\rho_{44}Ln(P4)+\rho_{45}Ln(I1) \quad (35)$$

$$Ln(X13)=\rho_{50}+\rho_{51}Ln(P1)+\rho_{52}Ln(P2)+\rho_{53}Ln(P3)+$$
$$\rho_{54}Ln(P4)+\rho_{55}Ln(I2)+\rho_{56}T \quad (36)$$

进出口模型：

$$Ln(IMQ)=\rho_{70}+\rho_{71}Ln(IMQP)+\rho_{72}Ln(P4)+\rho_{73}T \quad (37)$$

$$\text{Ln}(EXQ) = \rho_{80} + \rho_{81}\text{Ln}(EXQP) + \rho_{82}D1 \tag{38}$$

$$\text{Ln}(IMQP) = \rho_{90} + \rho_{91}\text{Ln}(P1) + \rho_{92}\text{Ln}(P2) + \rho_{93}T + \rho_{94}D1 \tag{39}$$

$$\text{Ln}(EXQP) = \rho_{00} + \rho_{01}\text{Ln}(P2) + \rho_{02}\text{Ln}(P3) + \rho_{03}\text{Ln}(P4) + \rho_{04}T \tag{40}$$

均衡条件：

$$(X12 \cdot PO1 + X13 \cdot PO2 + X14 \cdot PO)/1\,000 = C4 \cdot W4/1\,000 + IMQ - EXQ \tag{41}$$

上式中，假定 $\text{Ln}(X14)$ 每年增长 0.01。

禽肉模型的估计结果见表 13。

表 13　禽肉模型估计结果

变量	S14	C4	W4	X12	X13
常数项	8.197 7***	1.205***	0.110 7***	0.465 7**	−0.458 6*
P4	−0.31***			−0.169**	−0.091 8*
P5		0.075 2***			
L.S14	0.238 7**				
L.C4		0.908 4***			
L.W4			0.730 1***		
T	0.038 9***				
T2				0.352 7***	0.341 4***
D					
D1	−0.069 5**			−0.254 2***	
D2	0.178 5***				0.092*
RMSE	0.026	0.022	0.01	0.094	0.043
R^2	0.994	0.998	0.688	0.882	0.985
chi2	3 998.36	14 069.17	71.93	201.37	1 384.2

禽存栏（S14）由当期禽肉生产者价格和前期禽存栏决定。当期禽肉生产者价格的回归系数均为负，表明禽肉价格升高会减少禽的存栏。前期禽出栏的回归系数均为正，表明其对当期禽存栏有正向影响。当期禽肉生产者价格增加 1%，禽存栏减少 0.31%；前期禽存栏增加 1%，禽存栏增加 0.238 7%。

禽出栏（C4）由当期玉米价格和前期禽出栏决定。当期玉米价格和前期禽出栏的回归系数均为正，表明当期玉米价格和前期禽出栏均对禽出栏产生正向影响。当期玉米价格增加1%，当期禽出栏增加0.075 2%；前期禽出栏增加1%，当期禽出栏增加0.908 4%。

禽出栏胴体重（W3）由前期禽出栏胴体重决定。前期禽出栏胴体重增加1%，当期禽出栏胴体重增加0.730 1%。

城镇人均禽肉消费（X12）由当期禽肉生产者价格决定。当期禽肉生产者价格的回归系数为负，表明当期禽肉生产者价格对城镇人均禽肉消费产生负向影响。当期禽肉生产者价格增加1%，城镇人均禽肉消费减少0.169%。

农村人均禽肉消费（X13）由当期禽肉生产者价格决定。当期禽肉生产者价格的回归系数为负，表明当期禽肉生产者价格对农村人均禽肉消费产生负向影响。当期禽肉生产者价格增加1%，农村人均禽肉消费减少0.091 8%。

由表13可知，禽存栏和出栏方程的 R^2 均在0.99以上，存栏量和出栏量的拟合程度较好。由于禽肉胴体重方程的拟合情况欠佳，假定式（41）中 $Ln(W4)$ 年增长0.001 4。

5. 肉类进出口模型估计结果

肉类进出口模型的估计结果见表14。

表14　肉类进出口量估计结果

变量	IMP	EXP	IMB	EXB	IMS	EXS	IMQ	EXQ
常数项	−3.810 9***	−4.999 6***	−1.995 7***	0.981***	−1.280 5***	−2.183 3***	−5.381 2***	−2.095 3***
P1		1.041 7***						
P2			0.637 3**					
P3						1.207 6***		
P4								−0.769**
IMPP	−0.739***							
EXPP		−1.871 3***						
IMBP			−1.084***					
EXSP						−1.667 4		
IMQP							−1.133***	
EXQP								−1.493 6***
L.IMP	0.386 8***							
L.EXP		0.426 6***						
L.IMB			0.203 6**					
L.EXB				0.461 7***				

（续）

变量	IMP	EXP	IMB	EXB	IMS	EXS	IMQ	EXQ
L. IMS					0.695 3***			
L. EXS						0.414 1***		
T	0.151 2***		0.122 2***		0.034 3**		0.147 2***	
D1		0.305***	−0.944 8***		1.274 3***			1.205 1***
D2		0.340 9***	−0.491 9***			1.277 4***		
RMSE	0.632 7	0.186 3	0.24	0.291	0.169 7	0.204	0.352	0.141
R^2	0.932	0.792	0.911	0.379	0.993	0.967	0.772	0.919
chi^2	295.49	141.89	251.59	12.28	2 967.14	733.88	73.69	226.38

猪肉进口量（IMP）由当期猪肉进口价格和前期猪肉进口量决定。当期猪肉进口价格增加 1%，猪肉进口量减少 0.739%；前期猪肉进口量增加 1%，猪肉进口量增加 0.386 8%。

猪肉出口量（EXP）由当期猪肉生产者价格、当期猪肉出口价格和前期猪肉出口量决定。当期猪肉生产者价格增加 1%，猪肉出口量增加 1.041 7%；当期猪肉出口价格增加 1%，猪肉出口量减少 1.871 3%；前期猪肉出口量增加 1%，猪肉出口量增加 0.426 6%。

牛肉进口量（IMB）由当期牛肉生产者价格、当期牛肉进口价格和前期牛肉进口量决定。当期牛肉生产者价格增加 1%，牛肉进口量增加 0.637 3%；前期牛肉进口价格增加 1%，牛肉进口量减少 1.084%；前期牛肉进口量增加 1%，牛肉进口量增加 0.203 6%。

牛肉出口量（EXB）由前期牛肉出口量决定。前期牛肉出口量增加 1%，牛肉出口量增加 0.461 7%。

羊肉进口量（IMS）由前期羊肉进口量决定。前期进口量增加 1%，当期羊肉进口量增加 0.695 3%。

羊肉出口量（EMS）由当期羊肉生产者价格、当期羊肉出口价格和前期羊肉出口量决定。当期羊肉生产者价格增加 1%，羊肉出口量增加 1.207 6%；当期羊肉出口价格增加 1%，羊肉出口量减少 1.667 4%；前期羊肉出口量增加 1%，羊肉出口量增加 0.414 1%。

禽肉进口量（IMQ）由当期禽肉生产者价格、当期禽肉进口价格决定。当期禽肉生产者价格增加 1%，禽肉进口量减少 0.769%；当期禽肉进口价格增加 1%，禽肉进口量减少 1.133%。

禽肉出口量（*EXQ*）由当期禽肉出口价格决定。当期禽肉出口价格增加1%，禽肉出口量减少1.4936%。

除了猪肉和牛肉出口方程外，其他方程的R^2均在0.99以上，模型整体拟合程度较好。

肉类进出口价格模型的估计结果见表15。

表 15　肉类进出口价格估计结果

变量	IMPP	EXPP	IMBP	EXSP	IMQP	EXQP
常数项	−8.4336***	−1.938***	−8.7765***	0.9129***	−6.0522***	−2.0685***
P1	1.8681***	0.6188***			0.636***	
P2				0.7586***	−0.4869***	0.4466***
P3	−2.6725***		−1.9457***			−0.2922***
P4	1.0783***					0.076*
L.EXPP		0.4676***				
L.IMBP			0.4262***			
L.EXSP				0.4268***		
T			0.0849***		0.0608***	−0.026***
D1	−0.6409**			−0.3215***	−0.4664***	
RMSE	0.304	0.063	0.265	0.101	0.136	0.059
R^2	0.837	0.836	0.662	0.881	0.796	0.845
chi^2	148.14	127.16	46.22	178.2	130.07	258.41

猪肉进口价格（*IMPP*）由当期猪肉生产者价格、当期羊肉生产者价格和当期禽肉生产者价格决定。当期猪肉生产者价格增加1%，猪肉进口价格减少1.8681%；当期羊肉生产者价格增加1%，猪肉进口价格减少2.6725%；当期禽肉生产者价格增加1%，猪肉进口价格增加1.0783%。

猪肉出口价格（*EXPP*）由当期猪肉生产者价格和前期猪肉出口价格决定。当期猪肉生产者价格增加1%，猪肉出口价格增加0.6188%；前期猪肉出口价格增加1%，猪肉出口价格增加0.4676%。

牛肉进口价格（*EXPP*）由当期羊肉生产者价格和前期牛肉进口价格决定。当期羊肉生产者价格增加1%，牛肉进口价格减少1.9457%；前期牛肉进口价格增加1%，牛肉进口价格增加0.4262%。

牛肉进口价格（IMBP）由当期羊肉生产者价格和前期牛肉进口价格决定。当期羊肉生产者价格增加1%，牛肉进口价格减少1.945 7%；前期牛肉进口价格增加1%，牛肉进口价格增加0.426 2%。

牛肉出口价格（EXSP）由当期牛肉生产者价格和前期牛肉出口价格决定。当期牛肉生产者价格增加1%，牛肉进口价格增加0.758 6%；前期牛肉出口价格增加1%，牛肉进口价格增加0.426 8%。

禽肉进口价格（IMQP）由当期猪肉生产者价格和当期牛肉生产者价格决定。当期猪肉生产者价格增加1%，禽肉进口价格增加0.636%；当期牛肉生产者价格增加1%，禽肉进口价格减少0.486 9%。

禽肉出口价格（EXQP）由当期牛肉生产者价格、当期羊肉生产者价格和当期禽肉生产者价格决定。当期牛肉生产者价格增加1%，禽肉出口价格增加0.446 6%；当期牛肉生产者价格增加1%，禽肉出口价格减少0.292 2%；当期禽肉生产者价格增加1%，禽肉出口价格增加0.076%。

方程的 R^2 在 0.662～0.881 之间，模型整体拟合程度较好。

三、中国肉类供需预测

（一）外生变量预测值

预测模型所需外生变量的2013—2025年预测值见表16，其中CPI和人均实际GDP增长率采用USDA的预测，假定在预测期中国城镇人均实际收入增长率等于人均实际GDP增长率；农村人均实际收入增长率在2016—2019年，2020—2025年分别比人均实际GDP增长率高0.015和0.01。人口预测为本人估算，放开二胎政策后新增人口数参考任远（2015）的估算。

表16 外生变量预测值

年份	人口（万人）	农村人口（万人）	城镇人口（万人）	农村人均收入（元）	城镇人均收入（元）	平均人均收入（元）	玉米价格（元/斤[①]）	CPI
2016	138 075	58 861	79 214	11 853	34 314	24 739	2.54	629.7
2017	138 633	57 296	81 336	12 931	36 910	26 999	2.66	643.6
2018	139 115	55 687	83 428	14 077	39 614	29 392	2.78	657.1
2019	139 559	54 051	85 508	15 289	42 419	31 911	2.90	670.2

（续）

年份	人口（万人）	农村人口（万人）	城镇人口（万人）	农村人均收入（元）	城镇人均收入（元）	平均人均收入（元）	玉米价格（元/斤①）	CPI
2020	139 946	52 381	87 565	16 609	45 649	34 780	3.05	687.0
2021	140 233	50 666	89 567	18 038	49 106	37 881	3.20	704.2
2022	140 487	48 931	91 556	19 578	52 795	41 226	3.36	721.8
2023	140 679	47 169	93 510	21 231	56 713	44 816	3.53	739.8
2024	140 800	45 379	95 420	23 035	60 950	48 730	3.71	758.3
2025	140 864	43 569	97 295	25 004	65 535	52 999	3.89	777.3

① 斤为非法定计量单位，1斤＝500克。

（二）中国肉类供需预测

在外生变量确定情况下，通过对式（1）至式（41）的联立方程组进行求解，可获得2016—2025年肉类产品的生产、消费、进出口和价格的预测值。本文使用非线性规划方法对模型进行求解，使用非线性规划方法求解需要对原联立方程组进行变换，变换后的非线性规划问题的目标函数为：

$$MIN\ (f) = \mid (X5 \cdot PO1 + X6 \cdot PO2 + X7 \cdot PO)/1\ 000 -$$
$$(C1 \cdot W1/1\ 000 + IMP - EXP) \mid +$$
$$\mid X8 \cdot PO - (C2 \cdot W2/1\ 000 + IMB - EXB) \mid +$$
$$\mid (X9 \cdot PO1 + X10 \cdot PO2 + 1.6212 \cdot PO)/1\ 000 -$$
$$(C3 \cdot W3/1\ 000 + IMS - EXS) \mid +$$
$$\mid (X11 \cdot PO1 + X12 \cdot PO2 + X13 \cdot PO)/1\ 000 -$$
$$(C4 \cdot W4/1\ 000 + IMQ - EXQ) \mid \qquad (42)$$

将式（1）至式（40）［除式（13）、（21）和（31）外］转变为不等式约束，以式（1）为例，变换后的不等式约束为：

$$Ln(S1) - (\alpha_{10} + \alpha_{11}L.Ln(P1) + \alpha_{12}L.Ln(S1) + \alpha_{13}L.Ln(S4) +$$
$$\alpha_{14}L.Ln(C1) + \alpha_{15}D) \leqslant 0 \qquad (43)$$

求解所得的预测结果见表17至表20。

表 17 猪的供需预测

单位：万吨，万只

年份	产量	消费量	进口	出口	出栏量	存栏量	猪肉生产者价格
2016	5 514.7	5 568.7	77.4	23.4	70 969.1	46 129.9	999.5
2017	6 113.0	6 166.6	75.3	21.7	78 433.0	49 178.5	879.7
2018	6 381.6	6 448.7	88.1	21.0	81 633.9	48 103.6	1 180.3
2019	6 561.3	6 654.2	111.5	18.6	83 681.9	47 713.6	1 029.5
2020	6 694.6	6 821.1	144.1	17.6	85 126.1	45 261.9	1 279.4
2021	6 938.8	7 117.2	194.5	16.1	87 967.0	46 612.6	1 017.9
2022	6 979.6	7 207.8	245.3	17.1	88 219.4	46 746.6	1 033.7
2023	7 102.3	7 385.9	302.3	18.7	89 500.5	47 666.2	930.4
2024	7 216.8	7 557.7	361.2	20.3	90 671.6	46 936.7	1 412.2
2025	7 421.7	7 832.9	429.6	18.4	92 967.0	49 115.0	1 080.3

表 17 显示，2025 年中国的猪肉产量将达到 7 421.7 万吨，消费量为 7 800 多万吨，出栏 92 967 万头，存栏 49 115 万头；分别比 2016 年增长 34.6%，40.7%，31% 和 6.5%。预测期，猪肉产量年均增长约 212 万吨，年均增长 3.35%；猪肉生产者价格基本平稳；猪肉进口将持续增加，2025 年中国猪肉的进口量将达到约 430 万吨。出栏存栏比由 2016 年的 1.538 增加到 1.893，这表明生猪生产的生产率将继续显著提高。

表 18 牛的供需预测

单位：万吨，万只，元/千克

年份	产量	消费量	进口	出口	出栏量	存栏量	牛肉生产者价格
2016	741.8	793.6	58.0	6.2	5 271.1	10 255.7	64.7
2017	770.5	817.3	53.0	6.2	5 458.9	10 233.7	73.0
2018	808.5	858	55.7	6.2	5 710.1	10 210.1	100.9
2019	844.2	898.1	60.1	6.2	5 943.2	10 185.2	109.6
2020	874.5	932.5	64.2	6.2	6 136.4	10 159.1	105.7
2021	897.7	952.3	60.8	6.2	6 279.2	10 132.0	95.8

（续）

年份	产量	消费量	进口	出口	出栏量	存栏量	牛肉生产者价格
2022	910.9	963.6	58.9	6.2	6 351.1	10 104.0	112.1
2023	928.2	978.7	56.7	6.2	6 451.1	10 075.2	102.7
2024	938.6	995	62.6	6.2	6 502.9	10 045.7	153.2
2025	943.2	998.3	61.3	6.2	6 513.6	10 015.7	104.4

表 18 显示，2025 年中国牛肉产量将达到 943 万吨，消费量约 1 000 万吨，出栏 6 513.6 万头和存栏 10 015 万头；分别比 2012 年增长 27.2%、25.8%、23.6% 和 −2.3%。预测期，牛肉产量年均增长约 22.3 万吨，年均增长 2.7%；牛肉生产者价格快速上涨，进口增长平稳。预测期，牛的存栏量略有下降，出栏存栏比由 2016 年的 0.51 增长到 0.63，表明牛的生产效率在未来 10 年仍将显著提高。

表 19 羊的供需预测

单位：万吨，万只，元/千克

年份	产量	消费量	进口	出口	出栏量	存栏量	羊肉生产者价格
2016	442.3	456.2	14.2	0.3	29 294.7	30 515.3	38.1
2017	454.4	470.1	15.9	0.2	29 990.4	31 045.9	40.0
2018	463.9	481.5	17.8	0.2	30 521.5	31 400.7	44.9
2019	473.1	492.8	19.9	0.2	31 024.2	31 722.1	49.4
2020	472.0	494	22.2	0.2	30 849.9	31 351.5	53.8
2021	479.9	504.7	24.9	0.1	31 267.1	31 582.9	51.0
2022	490.0	517.7	27.8	0.1	31 819.1	31 979.0	50.3
2023	508.1	539.1	31.1	0.1	32 886.8	32 886.8	53.0
2024	524.7	559.4	34.8	0.1	33 849.7	33 681.3	57.5
2025	524.1	563	39.0	0.1	33 706.9	33 373.2	62.6

表 19 显示，2025 年中国羊肉产量将达到 524 万吨，消费量 563 万吨，出栏 33 707 万只和存栏 33 373 万只；分别比 2016 年增长 18.5%、23.4%、

15.1％和9.3％。预测期,羊肉产量年均增长9.1万吨,年均增长1.9％;羊肉生产者价格快速上涨。在预测期,羊的存栏和出栏量基本相当,预计从2023年开始,羊的出栏将首次超过存栏,羊的出栏存栏比由2016年的0.96上升到1.01,变化幅度不大。

表20 禽的供需预测

单位:万吨,亿只,元/千克

年份	产量	消费量	进口	出口	出栏量	存栏量	禽肉生产者价格
2016	1 873.6	1 906.8	74.5	41.3	123.5	56.3	40.3
2017	1 917.5	1 949.7	71.2	39.0	126.2	56.8	59.8
2018	1 966.1	1 991.4	58.6	33.3	129.3	57.4	83.7
2019	2 013.6	2 043.9	63.9	33.6	132.2	58.0	102.4
2020	2 052.3	2 081.9	67.9	38.3	134.6	58.3	85.8
2021	2 095.1	2 125.8	71.6	40.9	137.2	58.8	105.5
2022	2 139.7	2 187.4	86.1	38.4	139.9	59.2	104.5
2023	2 181.5	2 242.6	105.2	44.1	142.5	59.6	95.2
2024	2 219.8	2 306.5	124.2	37.5	144.8	59.9	78.9
2025	2 260.3	2 308.5	98.5	50.3	147.3	60.2	118.8

值得注意的是,中国禽肉产量在2013年和2014出现连续两年的下滑,我们猜测这种产量下滑为短期下滑,可能与这两年H7N9流感疫情所引发的禽肉消费下降有关。在未来10年,中国禽肉消费还应保持增长趋势,2015年中国禽肉产量即出现了正增长并且超过产量下降前的2012年。表20显示,2025年禽肉产量将达到2 260万吨,消费量2 308万吨,出栏147亿只和存栏60亿只;分别比2016年增长20.6％、21.1％、19.3％和6.9％。预测期,禽肉产量年均增长43万吨,年均增长2.1％;禽肉生产者价格快速上涨。禽的出栏存栏比将由2016年的2.19上升到2025年2.45,这表明中国禽的生产效率在未来会进一步提高。

中国猪、牛、羊和禽四种肉类的产量之和、消费量之和、进口量之和、出口量之和与中国肉类总产量之和(2015年,猪、牛、羊和禽四种肉类的产量之和占肉类总产量的98％,假定预测期猪、牛、羊和禽四种肉类的产量之和占肉类总产量的98％,并保持不变)见表21。该表显示,2025年中国猪、牛、羊和禽四种肉类的产量、消费量和进出口分别为11 149.3万吨,11 702.7

万吨，628.4 万吨和 75 万吨；肉类总产量为 11 376.8 万吨。年均增长量分别为 286.3 万吨、330.8 万吨、44.9 万吨、0.4 万吨和 292.2 万吨，年均增长率分别为 2.96%、3.32%、12.14%、0.6% 和 2.96%。预计 2019 年中国肉类产量将首次突破 1 亿吨。未来由于中国肉类进口增速较快，出口基本稳定，中国肉类的净进口与消费的比率继续上升，中国四种主要肉类的净进口占消费的比重由 2016 年的 1.8% 上升到 2025 年 4.7%。

表 21 猪、牛、羊和禽肉类总量和肉类总产量的供需预测

单位：万吨

年份	四种肉类产量	四种肉类消费量	四种肉类进口	四种肉类出口	肉类总产量
2016	8 572.4	8 725.3	224.1	71.2	8 747.3
2017	9 255.4	9 403.7	215.4	67.1	9 444.3
2018	9 620.1	9 779.6	220.2	60.7	9 816.4
2019	9 892.2	10 089	255.4	58.6	10 094.1
2020	10 093.4	10 329.5	298.4	62.3	10 299.4
2021	10 411.5	10 700	351.8	63.3	10 624.0
2022	10 520.2	10 876.5	418.1	61.8	10 734.9
2023	10 720.1	11 146.3	495.3	69.1	10 938.9
2024	10 899.9	11 418.6	582.8	64.1	11 122.3
2025	11 149.3	11 702.7	628.4	75	11 376.8

OECD-FAO Agricultural Outlook 2015—2024，中国农业展望报告（2015—2024）和本文对猪、牛、羊和禽四种肉类产量之和的预测对比，见表 22。2014 年 OECD，中国农业展望报告所预测的四种肉类产量之和明显低于本文的预测，三种预测的产量分别为 9 776 万吨、10 059 万吨和 10 900 万吨。本文的预测值最高，OECD 预测值最低，本文的预测值分别比 OECD 和中国农业展望报告的预测值高 11.5% 和 8.3%。需要注意的是，2015 年中国这四种肉类的产量之和分别为 8 454 万吨，分别比 OECD 和中国农业展望报告预测低 171 万吨和 190 万吨。预测期，OECD、中国农业展望报告和本文的四种肉类产量之和年均增长分别为 127.8 万吨，157.2 万吨和 286.3 万吨；年均增长率分别为 1.4%、1.7% 和 3.0%。

表 22 不同预测来源的四种主要肉类产量之和的对比

单位：万吨

年份	OECD-FAO	中国农业展望报告	本文
2015	8 625.6	8 644	—
2016	8 738.1	8 823	8 572.4
2017	8 975	9 015	9 255.4
2018	9 120	9 190	9 620.1
2019	9 246.4	9 362	9 892.2
2020	9 367.9	9 527	10 093.4
2021	9 472.9	9 676	10 411.5
2022	9 569.5	9 812	10 520.2
2023	9 682.4	9 941	10 720.1
2024	9 776	10 059	10 899.9
2025	—	—	11 149.3

OECD、中国农业展望报告和本文的四种肉类产量之和预测趋势见图6。从该图可知，本文的未来10年中国肉类产量预测与前文1996—2006年的肉类修正产量近似在一条直线上，这意味着未来10年中国肉类产量仍将与时间近似呈线性关系。OECD、中国农业展望报告未来肉类产量相对偏低，我们推测这主要由于统计年鉴对2006年以前的中国肉类产量调整不充分所致。在预测时，如果使用相对更高的年鉴肉类产量会导致未来肉类产量的预测曲线斜率降低，从而低估未来肉类产量。

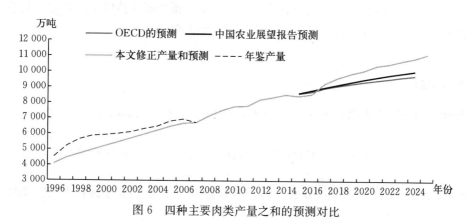

图6 四种主要肉类产量之和的预测对比

（三）总结

一是 2016—2025 年中国的肉类生产继续保持平稳增长。2025 年，中国的猪肉、牛肉、羊肉和禽肉产量将分别为 7 421.7 万吨，943 万吨，524 万吨和 2 260 万吨；分别比 2016 年增加 34.6%、27.2%、18.5% 和 20.6%。2025 年中国肉类总产量将达到 11 377 万吨，比 2016 年增加 30.1%，2016—2025 年中国肉类总产量年均增长 2.96%。2025 年，中国的猪、牛、羊和禽的存栏分别为 49 115 万头、10 015 万头、33 373 万只和 60 亿只，比 2016 年增加 6.5%、−2.3%、9.3% 和 6.9%；出栏量分别为 92 967 万头、6 513.6 万头、33 707 万只和 147 亿只，比 2016 年增加 31%、23.6%、15.1% 和 19.3%。

二是 2016—2025 年中国的肉类消费增长略高于产量增长，肉类进口继续保持高增长。2025 年中国的猪肉、牛肉、羊肉和禽肉的消费量分别为 7 800 万吨、1 000 万吨、563 万吨和 2 309 万吨，分别比 2016 年增长 40.7%、25.8%、23.4% 和 21.1%。2025 年中国猪、牛、羊和禽四种肉类的进口量之和达到 628.4 万吨，出口量之和达到 75 万吨，分别比 2016 年增长 180.4% 和 5.35%。

三是中国肉类的生产结构基本稳定。2016 年猪肉、牛肉、羊肉和禽肉产量分别占肉类总产量的 63.0%、8.5%、5.1% 和 21.4%；2025 年上述四种肉类占比分别为 65.2%、8.3%、4.6% 和 19.9%。

四是中国肉类的生产效率继续提高。2025 年中国的猪、牛、羊和禽肉的出栏存栏比分别为 1.89、0.65、1.01 和 2.45，分别比 2016 年提高了 23%、26.6%、5.2% 和 11.5%。

五是中国肉类产品的生产者价格继续上涨。预测期除猪肉生产者价格较平稳外，牛肉、羊肉和禽肉的生产者价格均大幅上涨。

参考文献

奥伯特. 中国的食品消费和生产：一些有根据的推测 [J]. 中国农村经济，1999 (12)：16 -21.

蒋乃华. 全国及分省肉类产品统计数据调整的理论和方法 [J]. 农业技术经济，2002 (6)：12 - 20.

卢峰. 我国若干农产品产消量数据不一致及产量统计失真问题 [J]. 中国农村经济，1998 (10)：47 - 53.

任远. 即刻"全面放开二胎"完全可行 [OL]. http://www. thepaper. cn/newsDetail _ for-
    ward _ 1286308.

袁学国. 我国城乡居民畜产品消费研究 [D]. 北京：中国农业科学院，2001.

钟甫宁. 关于肉类生产统计数字中的水分及其原因的分析 [J]. 中国农村经济，1997
    (10)：63 - 66.

Aubert，Claude. Food security and consumption patterns in China [J]. China Perspectives，
    2008 (2)：5 - 23.

绿色发展及其他

基于饲料需求的中国饲料谷物需求预测分析

冉娟[1]   王济民[23]

（1 新疆农业职业技术学院；2. 中国农业科学院农业经济与发展研究所；
3. 中国农业科学院办公室）

　　随着居民收入水平不断提高，中国养殖业取得了突飞猛进的进展，饲料需求量也不断提高。继蛋白质饲料主要来源大豆主要依赖进口之后，2011 年起，能量饲料的主要来源谷物包括玉米、小麦、高粱、大麦等进口量也迅速增长。尽管中国非粮食饲料资源有很大的开发潜力，但饲料粮短缺将长期存在（韩昕儒等，2014；中国养殖业可持续发展战略研究项目组，2013；王济民等，2013；黄季焜，2013；Hansen 等，2014）。中国粮食概念包括谷物、薯类、豆类，用于现代工业饲料原料的主要是玉米，由于价格原因，会用小麦、稻谷、高粱、大麦等替代。薯类除木薯加工品外多见于农户庭院传统养殖，豆类主要使用大豆榨油后的副产品豆粕和豆饼。随着工业饲料普及率的不断提升和农户庭院传统养殖的萎缩，中国饲料粮问题核心在饲料谷物上，饲料谷物供求平衡难题未来将愈加凸显。粮食问题一直是中外学者研究热点，国内外学者针对饲料粮均展开了影响因素分析和各种方法预测。例如，Masuda 等（2012）采用弹性分析预测了未来 20 年中国的豆粕（饼）饲料需求量，预计 2030 年中国的需求量将达到 3 400 万吨。陈蓉等（2012）实证研究发现，收入水平、城镇化等因素对中国饲料谷物消费有显著影响。王明华（2012）对国内饲料粮的测算与分析发现，饲料粮增加是国内粮食消费刚性增长的主要需求，由于饲养方式改变而增加的饲料粮约 1 500 万吨。杨阳等（2013）采用系统动力学模型对中国 1990—2050 年的饲料用谷物进行预测发现，到 2020 年，饲料谷物将达到 2.74 亿吨，并在长期一段时期仍继续增长。胡向东等（2015）研究发现，玉米或豆粕等饲料粮的短缺或过剩引起价格调整，会在一定程度上改变饲料中各成分比重。综上所述，目前不乏对饲料用粮的预测分析，然而，研究对象较少涉及整体的饲料谷物（玉米、小麦和稻谷）分析。本文拟考虑饲料谷物需求量与肉蛋奶产量两者关系。首先，采用误差修正模型计算饲料谷物需求量和肉蛋奶产量的长期均衡弹性；其次，通过 ARIMA 法预测肉蛋奶的产量；最后，通过一定的计算预测中国未来饲料谷物的需求量，旨在预测中国饲料谷物的需求量，为缓解饲料粮的供需矛盾提供决策考量。

一、研究方法与数据说明

（一）研究方法

1. 误差修正模型

根据研究目的，本研究主要采用误差修正和 ARIMA 模型进行分析和预测。误差修正模型（Error correction model）由 Davidson 等在 1978 年提出，又称 DHSY 模型（高铁梅，2009）。模型的基本式推导如下：

一阶自回归分布滞后模型如下：

$$y_t = \beta_0 + \beta_1 x_t + \beta_2 y_{t-1} + \beta_3 y_{x-1} + \varepsilon \tag{1}$$

对（1）式移项后整理得到：

$$\Delta y_t = \beta_0 + \beta_1 \Delta x_t + (\beta_2 - 1) \, ecm_{t-1} + \varepsilon \tag{2}$$

式（2）为 ECM 模型，其中 ecm 为误差修正项。误差修正模型对因变量短期波动的决定因素进行了解释：一是自变量短期波动发挥的影响，二是误差修正项的作用。因而，ECM 反映了因变量在短期的波动中偏离长期均衡关系的程度，故称为均衡误差。

式（2）可简写为：

$$\Delta y_t = \beta_0 + \beta_1 \Delta x_t + \lambda ecm_{t-1} + \varepsilon \tag{3}$$

2. ARIMA 模型

20 世纪 70 年代初，Box 等提出了精确度较高的时间序列预测方法，即自回归积分滑动平均模型（Autoregressive integrated moving average model，ARIMA）。该模型是由因变量和误差项及其两者的滞后项构成，为使自身具有变动规律和接受外在因素的影响，模型把时间序列看作随机序列，表现原始时间序列数据的延续性。从结构来看，模型由自回归模型 AR 和滑动平均模型 MA 组合而成，ARMA（p，q）的模型公式如下：

$$y_t = a_1 y_{t-1} + a_2 y_{t-2} + \cdots + a_p y_{t-p} + \varepsilon_t - \delta_1 \varepsilon_{t-1} - \delta_2 \varepsilon_{t-2} - \cdots - \delta_q \varepsilon_{t-q} \tag{4}$$

式中，y_t 是时间序列，p 和 q 分别为自回归和移动平均阶数，阶数主要根据偏自相关函数图和相关函数截尾阶数确定；a_i 是自回归平均参数，δ_j 是移动平均参数，y_{t-i} 是时间序列 y_t 的滞后项，ε_{t-j} 是随机误差项 ε_t 的滞后项。然而，ARMA 模型只适合平稳时间序列的预测，如果原序列不平稳，需经过 d 阶差分后才能变为平稳序列，则模型为 ARIMA（p，d，q）[①]，d 为 y_t 的单整阶数。

（二）数据说明

中国畜产品主要以肉、蛋、奶为主，由于涉及面广，拟以大宗的猪肉、牛肉、羊肉、禽肉、牛奶和禽蛋的累计产量代表肉蛋奶产量，1980—2013 年的产量如表 1 所示。中国的肉蛋奶产量保持稳健的增长趋势，从 1980 年的 1 657.53万吨增长到 2013 年的 14 779.86 万吨，年均增长了 6.86％。

表 1　1980—2013 年中国肉蛋奶产量及其组成

单位：万吨

年份	猪肉	牛肉	羊肉	禽肉	牛奶	禽蛋	累计
1980	1 134.07	26.87	44.48	81.41	114.10	256.60	1 657.53
1985	1 654.70	46.70	59.32	160.20	249.90	534.70	2 666.00
1990	2 281.10	125.60	106.80	322.90	415.70	794.60	3 711.50
1995	2 853.50	298.50	152.00	724.30	576.38	1 676.70	6 369.74
2000	3 965.99	513.12	264.13	1 191.10	827.43	2 182.01	8 943.78
2005	4 555.33	568.10	350.06	1 344.20	2 753.37	2 438.10	12 009.18
2006	4 650.45	576.67	363.84	1 363.10	3 193.41	2 424.00	12 571.47
2007	4 287.82	613.41	382.62	1 447.60	3 525.24	2 529.00	12 785.67
2008	4 620.50	613.17	380.35	1 533.70	3 555.82	2 702.20	13 405.74
2009	4 890.76	635.54	389.42	1 594.88	3 518.84	2 742.50	13 771.91
2010	5 071.24	653.06	398.86	1 656.60	3 575.62	2 762.70	14 117.60
2011	5 060.43	647.49	393.10	1 708.8	3 657.85	2 811.40	14 279.09
2012	5 342.70	662.26	400.99	1 822.6	3 743.60	2 861.20	14 833.32
2013	5 357.63	671.78	414.12	1 804.6	3 769.21	2 762.52	14 779.86

注：数据来源《中国畜牧业统计年鉴》（历年）。

---

① 由于序列非平稳，对其差分后平稳的序列进行 ARMA 模型的建立，即 ARIMA 模型。

本研究延续了陈永福（2005）、韩昕儒等（2014）、胡向东（2015）的饲料转化率与饲料用粮的计算思路，即用需求法计算基于《全国农产品成本收益资料汇编》中肉蛋奶等产品生产精饲料用量并加总仔畜或幼雏饲料用粮得到精饲料总量，通过文献确定谷物比重，计算出用于饲料的玉米、小麦、稻谷等谷物累计消费量作为饲料谷物的需求量，如表2所示，中国的饲料谷物需求量逐年上升，从1980年的3507.15万吨增长到2013年的18 673.99万吨，年均增长5.20%。

表2　1980—2013年中国饲料谷物需求量及其组成

单位：万吨

年份	饲料玉米	饲料小麦	饲料稻谷	累计
1980	2 610.00	160.00	737.15	3 507.15
1985	4 320.00	230.00	1 053.78	5 603.78
1990	5 290.00	270.00	1 311.31	6 871.31
1995	7 040.12	257.25	1 407.60	8 704.97
2000	8 725.65	1 040.63	2 121.59	11 887.88
2005	10 025.96	1 195.71	2 437.75	13 659.42
2006	10 651.06	1 270.26	2 589.74	14 511.06
2007	11 349.37	1 353.54	2 759.53	15 462.44
2008	12 095.46	1 442.52	2 940.94	16 478.93
2009	11 951.45	1 425.35	2 905.92	16 282.72
2010	12 910.97	1 539.78	3 139.23	17 589.98
2011	13 302.48	1 586.47	3 234.42	18 123.37
2012	13 496.17	1 609.57	3 281.51	18 387.26
2013	13 618.12	1 621.98	3 433.89	18 673.99

注：数据来源为作者计算。

二、实证分析

（一）ADF 法单位根检验（序列相关性检验）

以 *grain* 表示饲料谷物需求量，以 *meateggmilk* 表示肉蛋奶产量（万吨），为消除异方差，对2个变量取自然对数，记为 lngrain 和 lnmeateggmilk。

由图1可知，序列 lngrain 与序列 lnmeateggmilk 表现出明显的非平稳性，具有共同趋势，且变量的初始值不为零，故选取的检验方程会包含常数项和时间趋势项。变量的平稳性是建立时间序列模型的重要前提。对非平稳性的时间序列，如果不进行单位根检验，则可能出现"伪回归"现象。利用 Eviews7.2 统计软件，运用 ADF 法对序列 lngrain 和序列 lnmeateggmilk 进行单位根检验，判断两者是否为平稳的时间序列。根据图 1 的走势选取检验方程，采用 AIC 准则确定最佳的滞后阶数，差分序列的检验类型按照相应的原则确定。如表 3 所示，序列 lngrain 与序列 lnmeateggmilk 的统计值均超过 10％的临界水平，故不能拒绝存在单位根的零假设。当一阶差分之后，2 个序列的 ADF 检验值均小于 10％水平的临界值，则这 2 个时间序列是平稳的，皆符合协整分析的前提。序列 Δlngrain 和序列 Δlnmeateggmilk 均在置信水平为 99％的情况下平稳，即得到 lngrain～I（1），lnmeateggmilk～I（1）。

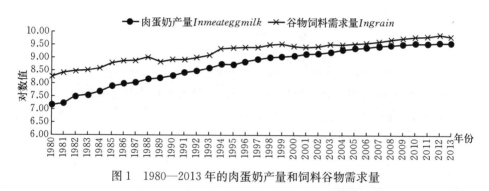

图 1　1980—2013 年的肉蛋奶产量和饲料谷物需求量

表 3　肉蛋奶产量和饲料谷物需求量序列单位根的 ADF 检验

变　　量	检验类型 (C, T, K)	ADF 检验值	显著性水平临界值			检验结果
			1％	5％	10％	
lngrain	$(C, T, 0)$	−2.352	−4.262 735	−3.552 973	−3.209 642	不稳定
lnmeateggmilk	$(C, T, 0)$	−1.824	−4.273 277	−3.557 759	−3.212 361	不稳定
Δlngrain	$(C, T, 1)$	−6.061	−4.273 277	−3.557 759	−3.212 361	99％的情况下稳定
Δlnmeateggmilk	$(C, T, 1)$	−9.130	−4.273 277	−3.557 759	−3.212 361	99％的情况下稳定

（二）协整检验

为确定饲料需求量与肉蛋奶产量之间是否存在长期的均衡关系，拟采用协整检验做进一步分析。以 ln*grain* 为因变量，ln*meateggmilk* 为自变量，用 OLS 方法进行线性回归，结果如下

$$\ln (grain_t) = 3.964 + 0.606 \times \ln (meateggmilk_t) \tag{5}$$

其中：拟合优度 $R^2 = 0.9713$，调整后的拟合优度 $R^2 = 0.9704$。对式（5）的残差序列进行平稳性检验，结果如表 4 所示，由于 t 统计值为 2.738 226，小于 10% 的临界值 -2.615 817，可以认为，残差序列为平稳序列，表明 ln*grain* 和 ln*meateggmilk* 之间具有协整关系。

表 4　残差序列的 ADF 检验结果

指　标		t 值	Prob.
ADF 检验值		-2.738 226	0.078 5
检验的临界值	1% 水平	-3.646 342	
	5% 水平	-2.954 021	
	10% 水平	-2.615 817	

从长期来看，肉蛋奶产量对饲料谷物需求量有着较为显著的影响，在其他条件不变的情况下，当肉蛋奶产量每增加 1%，饲料谷物需求量将提高 0.606%，其中，误差修正项序列为：

$$ECM_t = \ln (grain_t) - 3.964 - 0.606 \times \ln (meateggmilk_t) \tag{6}$$

（三）误差修正模型

通过建立误差修正模型，分析饲料谷物需求量与肉蛋奶产量的短期和长期变化。模型表达式如下

$$\Delta \ln (grain_t) = \beta_0 + \beta_1 \Delta \ln (meateggmilk_t) + \lambda ecm_{t-1} + \varepsilon \tag{7}$$

其中：$\Delta \ln (grain)$ 与 $\Delta \ln (meateggmilk)$ 分别代表 ln*grain* 和 ln*meateggmilk* 的差分序列。式（7）描述了均衡误差对饲料谷物需求量的短期动态影响，反映了饲料谷物需求量与肉蛋奶产量的短期波动以及偏离长期均衡关系的程度。其中 λ（$\lambda > 0$）代表误差修正模型系数，一般情况下为负数，这符合相反修正机制，即上一期均衡误差对饲料谷物需求量短期变动具有显著的影响，如果上一期收入偏低，本期饲料谷物需求量就会相应调高，反之，若上一期收入偏高，本期饲料谷物需求量就会调低，从而保证了饲料谷物需求量与肉蛋奶产量之间关系不会明显偏离均衡状态。

通过采用相关数据进行拟合，最终估计的 ECM 模型表达式如下：

$$\Delta\ln\ (grain_t)=0.001-0.624\times\Delta\ln\ (meateggmilk_t)-0.392\times ecm_{t-1}+\varepsilon$$

$$(8)$$

其中：

$$ecm_{t-1}=\ln\ (grain_{t-1})-3.964-0.606\times\ln\ (meateggmilk_{t-1})\ (9)$$

从增长率来看，根据式（9），误差修正项的系数为负，ecm_{t-1} 的系数是 -0.392，说明长期均衡趋势误差修正项对肉蛋奶产量的调整幅度为 39.2%，具有一定的调节作用。

通过式（9）可知，玉米饲料需求量和肉蛋奶产量之间存在长期的均衡关系，由式（9）得到：

$$\ln\ (grain_{t-1})=3.964+0.606\times\ln\ (meateggmilk_{t-1})\quad(10)$$

式（10）是协整方程，且系数 0.606 是上一期肉蛋奶产量与饲料谷物需求量的长期弹性，即从长期来看，在其他条件不变的情况下，当肉蛋奶产量每增加 1%，饲料谷物需求量将消耗 0.606%。

参照 Masuda 等推导公式的方法，由式（10）得到：

$$\ln\ (grain_{t+1})=3.964+0.606\times\ln\ (meateggmilk_{t+1})\quad(11)$$

$$\ln\ (grain_t)=3.964+0.606\times\ln\ (meateggmilk_t)\quad(12)$$

通过式（11）和（12）得到：

$$\ln\ (grain_{t+1})=\ln\ (grain_t)+0.606\times\Delta\ln\ (meateggmilk_{t+1})$$

$$(13)$$

对式（13）两边取对数，得到：

$$grain_{t+1}=grain_t\times e^{0.606\times\Delta\ln(meateggmilk_{t+1})}\quad(14)$$

（四）饲料谷物的预测

由式（14）可知，为了预测饲料谷物需求量，需要先得到未来肉蛋奶的产量。

1. 序列平稳性检验

建立 ARMA 模型的序列必须是平稳序列，所以先进行序列的平稳性检验。

如表 5 所示，原序列的 ADF 检验值大于 1%、5% 和 10% 的临界值，即原序列是不平稳序列，再对序列进行一阶差分，发现序列不具有单位根，属于平稳序列，即一阶差分序列，则可以进行 ARIMA 建模。

表5　肉蛋奶产量序列的 ADF 检验结果

序　列	t 值	显著性水平临界值		
		1%	5%	10%
肉蛋奶产量 时间序列	−2.609	−4.263	−3.553	−3.210
一阶差分的肉蛋奶 产量时间序列	−5.637***	−4.273	−3.558	−3.212

注：*、** 和 *** 分别表示在 1%、5%、10% 显著。

2. ARIMA 模型的识别及优化

原序列的自相关和偏自相关图如图 2 所示，"Autocorrelation"表示自相关图，"Partilecorrelation"表示偏自相关图，右侧表中的第一列自然序数是滞后期从 1 到 16，与自相关图和偏相关图相对应。"AC"列是估计的自相关系数值，"PAC"列是估计的偏自相关系数值，它们的数值与左侧图相对应。"Q-Stat"是表示 Q 统计量数值，"Prob"表示的是 Q 统计量取值大于该样本计算的 Q 值的概率。该 Q 统计量的原假设为序列是非自相关的，如果 P 值大于给定的显著性水平（0.05），则是接受原假设，即序列非自相关；如果 P 值

Autocorrelation	Partial Correlation		AC	PAC	Q-Stat	Prob
		1	0.906	0.906	30.465	0.000
		2	0.806	−0.084	55.335	0.000
		3	0.719	0.018	75.755	0.000
		4	0.627	−0.085	91.786	0.000
		5	0.538	−0.031	104.00	0.000
		6	0.460	−0.002	113.23	0.000
		7	0.382	−0.053	119.85	0.000
		8	0.302	−0.061	124.15	0.000
		9	0.227	−0.039	126.67	0.000
		10	0.151	−0.064	127.84	0.000
		11	0.080	−0.037	128.18	0.000
		12	0.014	−0.040	128.19	0.000
		13	−0.050	−0.055	128.33	0.000
		14	−0.108	−0.032	129.05	0.000
		15	−0.157	−0.019	130.64	0.000
		16	−0.210	−0.093	133.65	0.000

图 2　肉蛋奶产量原序列的自相关和偏自相关

注：Autocorrelation 为自相关；Partial correlation 为偏相关；AC 为估计的自相关系数值；PAC 为估计的偏自相关系数值，它们的数值与左侧图相对应。Q-Stat 表示 Q 统计量数值，Prob 表示的是 Q 统计量取值大于该样本计算的 Q 值的概率。

小于给定的显著性水平，则拒绝原假设，即序列存在自相关。因此从图 2 可以看出，自相关出现了明显的拖尾现象，并且第一到第七根线超出了一边的虚线，表明为平稳序列；而偏自相关的第一根线超出了一边的虚线，之后出现"截尾"，可以判断数据明显存在一阶自相关。所以初步认定 meateggmilk 原序列服从自回归 AR（1）过程。

然后，为确定 MA 项，需要增加模型的滞后长度。但根据简约原则，不宜建立太多滞后期的模型。因此，拟取值 MA（0）、MA（1）、MA（2）分别建立 ARIMA（1，0，0）、ARIMA（1，0，1）、ARIMA（1，0，2）等三类模型。通过比较一些重要的指标，对上述 3 个模型进行优劣取舍。调整的拟合优度 R^2 越大，代表模型的拟合效果越好。AIC 和 SC 都表示信息准则，其值越小越好。

如表 6 所示，各模型具有不显著的残差序列相关性，综合各项指标，ARIMA（1，0，0）的各项指标比其他模型更优。因此，估计最优的模型是 ARIMA（1，0，0），模型的估计结果为：

$$meateggmilk_t = 75\,855.1 + 0.994 \times meateggmilk_{t-1} + \varepsilon_t \qquad (15)$$

表 6　三种肉蛋奶产量 ARIMA 模型的比较

模型	调整 R^2	AIC	SC	残差序列相关[①]	常数项	AR（1）	MA（1）	MA（2）
ARIMA（1，0，0）	0.996	14.098	14.188	不相关	75 855.1	0.994 ***	—	—
ARIMA（1，0，1）	0.996	14.129	14.266	不相关	285 456.9	0.999 **	−0.042	—
ARIMA（1，0，2）	0.996	14.123	14.304	不相关	252 978.0	0.998 ***	−0.095	0.309

注：常数项、AR（1）、MA（1）、MA（2）表示系数值，* 、** 和 *** 表示在 10%、5% 和 1% 显著性水平下显著。

[①]残差序列相关性是模型取舍的关键之一，通过 LM 检验对回归结果残差序列相关性进行检验，如果出现残差相关性，即使其他指标较优也要拒绝使用该模型。

3. ARIMA 模型的预测

确定 ARIMA（1，0，0）模型之后，拟利用该模型进行预测，预测期间为 12 年，即 2014—2025 年，预测结果如图 3 所示，肉蛋奶产量呈现平缓逐年上升的趋势，预计中国 2014 年肉蛋奶产量为 14 938.55 万吨，在 2023 年突破 18 000 万吨，到 2025 年，产量增长至 18 788.11 万吨，比 2013 年增产

4 008.25万吨，年均增长率为 2.11%，相比 1980—2013 年的年均增长率
（6.86%）低 4.75 个百分点。

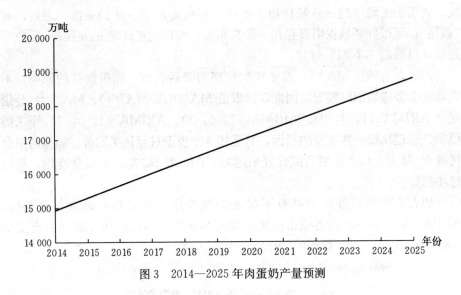

图 3 　2014—2025 年肉蛋奶产量预测

（五）饲料谷物需求量的预测

基于肉蛋奶产量的预测结果，未来的饲料谷物需求量由式（14）计算得
到，结果如表 7 所示。2014—2025 年，饲料谷物需求量也呈现逐年递增的态
势，与未来中国饲料用粮保持增长趋势的结论相符。据估计，2014 年为
18 795.24万吨，在2019年需求量突破20 000 万吨关口，2025 年达到21 596.83 万
吨，比 2013 年增长 2 922.84 万吨，年均增长率为 1.27%，显然，也比 1980—
2013 年的增长率（5.20%）低 3.93%。这表明，由于受到人口增长、环境破坏
以及资源缺乏的限制，未来的饲料谷物需求量增长速度可能放缓。

表 7　2014—2025 年中国饲料谷物需求量的预测量

单位：万吨

年　份	肉蛋奶产量预测	饲料谷物需求量预测
2014	14 938.55	18 795.24
2015	15 298.99	19 068.76
2016	15 657.29	19 338.16
2017	16 013.47	19 603.57

（续）

年　份	肉蛋奶产量预测	饲料谷物需求量预测
2018	16 367.55	19 865.11
2019	16 719.53	20 122.91
2020	17 069.43	20 377.06
2021	17 417.26	20 627.69
2022	17 763.03	20 874.89
2023	18 106.75	21 118.75
2024	18 448.44	21 359.37
2025	18 788.11	21 596.83

三、结论与政策建议

饲料粮安全成中国未来粮食安全的主要问题。为更好解决饲料粮供需矛盾，基于 1980—2013 年的肉蛋奶总产量和饲料谷物需求量的时间序列，采用误差修正模型和 ARIMA 模型预测未来肉蛋奶的生产及饲料谷物的需求量。最终研究发现，2014—2025 年，由于食物消费结构转型和城镇化加快，中国未来肉蛋奶的需求量呈刚性增长，预计 2025 年达到 18 788 万吨，年均增长 2.11%。为满足肉蛋奶的供给，饲料谷物需求量也随之逐年增长，预计到 2019 年突破 20 000 万吨，在 2025 年达到 21 596 万吨。在饲料谷物需求增长压力的背景下，拟提出如下政策建议：

一是合理规划和利用土地资源，扩大生产面积。未来肉蛋奶的消费趋势倒逼饲料谷物产量增加，势必会引起饲料粮和口粮对土地的争夺战，很可能导致口粮生产面积的下降，威胁"饭碗"。因此，需根据未来饲料量的增长需要，对口粮和饲料粮种植面积比例对土地资源进行合理规划，尤其是对荒山、荒沟、荒丘、荒滩等四荒地进行有效的开发和利用，为饲料粮的增产提供资源保障。

二是努力提高饲料谷物的单产量和单位营养价值。除了扩大生产面积，重点还需要放在饲料谷物的单产水平及品质上面。一方面，保护饲料谷物生产区的生态环境，避免水源、土壤、空气受到污染，将生活区和工业区与饲料谷物种植区严格分开，减少来自生活和工业的面源和点源污染，同时，采用科学合理的耕作制度，保护地力。另一方面，在饲料谷物的主产区进行农业生产基础设施建设，并大力推行有效的生物、基因和科学种植技术，提高对病虫害、旱涝灾害的抵抗能力，达到增产的目的。专门的饲料玉米、小麦、稻谷、大麦、高粱等品种单位营养价值大大提高，可有效节约饲料谷物用量。

三是适当进口，进行储粮计划。新时期中国粮食安全战略的方针提到适当进口的原则，这表明，中国可以充分利用国外资源进口饲料谷物。然而，需要把握好饲料谷物进口的规模和节奏，不能过度依赖进口，应保证大部分饲料谷物自给的前提下，有计划有步骤地利用国外的农业资源进口土地资源替代性较高的饲料谷物品种，满足中国畜产品生产的需要。并且应将饲料谷物通盘考虑，避免出现近 2 年大麦、高粱、燕麦由于无配额限制而进口量猛增，同时国内玉米出现高库存的倒挂现象。因为农户种植信心一旦失去将很难短期恢复，可能造成产量陡降，无法保障持续均衡供给。

四是进一步加大对饲料科技的支持力度以及加快提高科技转化效率，特别是畜牧科技方面的转化效率。饲料粮使用效率提高可有效降低谷物需求量，中国长期养殖实践中虽善于利用各种非常规饲料资源，但由于蛋白水平偏低造成能量饲料浪费，现代畜牧业大量使用配合饲料，能提高饲料转化率，减少饲料谷物需求。另外，目前养殖研究中的大量成果无法转化到实践中，由于推广系统作用有限，专业户养殖及散养由于缺乏规划与动物营养知识，凭感觉和惯例饲养，饲养效率低，造成饲料资源不经济。

参考文献

陈蓉，傅新红. 我国谷物消费变动趋势及影响因素分析 [J]. 农村经济，2012 (7)：37 - 41.

陈永福. 中国食物供求与预测 [M]. 北京：中国农业出版社，2004：4 - 30.

高铁梅. 计量经济分析方法与建模 [M]. 北京：清华大学出版社，2009：50 - 180.

国家发展和改革委员会价格司. 全国农产品成本收益资料汇编 [M]. 北京：中国统计出版社，1980—2014.

韩昕儒，陈永福，钱小平. 中国目前饲料粮需求量究竟有多少 [J]. 农业技术经济，2014 (8)：60 - 68.

胡向东，王济民. 我国生猪饲料耗粮量估算及结构分析 [J]. 农业技术经济，2015 (10)：4 - 13.

黄季焜. 农产品进入供需难平衡期的国家食物安全问题 [J]. 江西农业大学学报 (社会科学版)，2013，12 (1)：1 - 3.

李嫣怡，刘荣，丁维岱. Eviews 统计分析与应用 [M]. 北京：电子工业出版社，2013：128 - 161.

钱力. 农村居民收入区域差异发展趋势预测——基于二次指数平滑法和 ARMA 模型分析

［J］．中央财经大学学报，2014（7）：78－82．

王济民，肖红波．我国粮食八年增产的性质与前景［J］．农业经济问题，2013（2）：22－30．

王丽娜，肖冬荣．基于 ARMA 模型的经济非平稳时间序列的预测分析［J］．武汉理工大学
　　学报（交通科学与工程版），2004，28（1）：133－136．

王明华．对我国饲料粮供需形势的分析［J］．调研世界，2012（2）：24－26．

杨阳，等．基于中国可持续发展模型的谷物供需研究［J］．中国软科学，2013（12）：32－44．

中国养殖业可持续发展战略研究项目组．中国养殖业可持续发展战略研究：畜禽养殖卷
　　［M］．北京：中国农业出版社，2013．

Box G EP，Jenkins G M，ReinselGC，LjungGM. TimeSeries Analysis：Forecasting and
　　Control［M］. 5th edition. Hoboken：John Wiley & Sons Inc，2015：21－43．

Hansen J，Gale F. China in the Next Decade：Rising Meat Demand and Growing Imports of Feed［EB/
　　OL］.（2014－04－07）. http：//reports. qtinfo. com/uploads/e039d8a951950fae61bae2b60f5c3a51.
　　pdf．

Masuda T，Goldsmith P D. China's meat and egg production and soybean meal demand for
　　feed：An elasticity analysis and long－term projections［J］. International Food and Agri-
　　business Management Review，2012，15（3）：35－54．

会议综述

2016 年中国肉鸡产业经济
分析研讨会综述

辛翔飞[1] 吕新业[1] 鄂昱州[1] 张怡[2] 王济民[13]

（1. 中国农业科学院农业经济与发展研究所；
2. 青岛农业大学管理学院；3. 中国农业科学院办公室）

2016 年 7 月 19 日，国家肉鸡产业技术体系产业经济岗位在北京召开了
"2016 年中国肉鸡产业经济分析研讨会"。会议由国家肉鸡产业技术体系产业
经济岗位专家、中国农业科学农业经济与发展研究所副所长王济民研究员主
持。国家肉鸡产业体系首席科学家、中国农业科学院北京畜牧兽医研究所副所
长文杰研究员，农业部畜牧业司畜牧处副处长王健，农业部畜牧业司统计监测
处副处长张富，全国畜牧总站行业统计分析处处长田建华，中国畜牧业协会禽
业分会秘书长宫桂芬，农业部农业贸易促进中心处长吕向东，中国白羽肉鸡联
盟秘书长黄建明，中国畜牧业协会禽业分会高海军和腰文颖，农业部肉鸡生产
信息监测专家组成员、中国农业科学院畜牧所郑麦青副研究员，中国农业科学
院农业信息研究所朱增勇副研究员，北京市家禽创新团队经济岗位团队成员、
北京农学院经管学院肖红波博士，扬州大学商学院崔彬副教授，中国农业科学
农业经济与发展研究所钟钰副研究员，国家肉鸡产业技术体系部分岗位科学
家、试验站站长、岗位和试验站团队成员、部分试验站依托企业负责人，现代
农业产业技术体系北京市家禽创新团队成员，以及相关肉鸡企业代表等近 50
人参加了此次研讨会。

上午，会议进行了专题报告。腰文颖做了 "2016 年上半年白羽肉种鸡生
产监测分析" 报告，高海军做了 "2016 年上半年黄羽肉种鸡生产监测分析"
报告，郑麦青做了 "2016 年上半年肉鸡生产监测分析" 报告，吕向东做了
"2016 上半年肉鸡贸易分析" 报告，朱增勇做了 "2016 年上半年主要畜产品进
出口数量及价格变动情况分析" 报告，肖红波做了 "北京市城镇居民鸡肉消费
信心影响因素分析" 报告，崔彬做了 "养鸡户禽流感防疫知识及其生物安全措
施的影响因素分析" 报告，钟钰做了 "禽流感防护行为及政策研究" 报告。下

午，会议进行了讨论。本次会议在交流肉鸡产业研究成果、调研情况，分析2016年上半年中国肉鸡产业发展现状以及未来肉鸡产业发展形势等方面，均取得了有益的成果。

一、2016 年上半年肉种鸡生产形势

（一）白羽肉种鸡

腰文颖在"2016 年上半年白羽肉种鸡生产监测分析"报告中分析了中国白羽祖代肉种鸡、父母代肉种鸡、商品代雏鸡生产状况。

1. 祖代种鸡

（1）上半年引种情况。2016 上半年，中国共引进祖代白羽肉雏鸡 10.92万套。其中，第一季度 3.02 万套，第二季度 7.90 万套。单月来看，由于 6 月份实现了西班牙向中国的供种，因此，当月引进祖代白羽肉雏鸡为上半年单月最多。从品种来看，科宝引进 5.68 万套，占比 52.01%；罗斯引进 5.24 万套，占比 47.99%。

表 1　2016 上半年白羽祖代肉种鸡引种量

引种时间	单月引种数量（万套）	按月累计引种数量（万套）
2016 年 1 月	0	0
2016 年 2 月	2.42	2.42
2016 年 3 月	0.60	3.02
2016 年 4 月	1.50	4.52
2016 年 5 月	0.34	4.86
2016 年 6 月	6.06	10.92

（2）祖代种鸡存栏。2016 上半年，全国祖代白羽肉种鸡存栏 108.48 万套，较上年同比下降 28.21%。其中，后备存栏 24.09 万套，较上年同比下降50.81%；在产存栏 84.39 万套，较上年同比下降 17.37%。2015 年 1 月和 12月分别对美、法封关，引种减少对祖代存栏的影响非常明显。后备、在产及总存栏均处于有监测数据以来历史同期最低值。

从月度数据的环比来看，后备存栏一路减少，在 5 月触底，当月祖代后备存栏为 12.27 万套，随着西班牙实现向中国大陆供应祖代种鸡，祖代后备存栏持续下降的趋势得以终结，6 月祖代后备存栏为 12.73 万套，环比增加3.82%。2016 上半年祖代企业正常生产，在产种鸡存栏总体稳定，但由于后

备持续减少，6月在产存栏环比略微有所下降，环比下降1.28%。

根据在新常态下重新测算的供求平衡水平，在产祖代白羽肉种鸡存栏80万套即可满足市场需要，单月来看只有2月份的77.43万套低于这一水平，其他月份存栏均高于80万套，因此祖代存栏水平较为合适，在不发生重大突发事件的情况下，满足市场对父母代雏鸡以及商品代雏鸡的需求没有问题。

2016年上半年强制换羽祖代鸡的数量共计12.22万套。其中，1月3.51万套；2月3.51万套；3—4月没有祖代鸡强制换羽；5月3.51万套；6月1.69万套。

（3）父母代雏鸡生产及销售。2016上半年，父母代雏鸡的销售量比较符合月度销量数据的环比走势。2013年以来积累的过剩产能在产业链的消化已经完成，行业产能压缩以及引种受阻的影响体现在父母代雏鸡的销售价格上。

2016上半年，父母代雏鸡累计产销量2 423.75万套，与上年同期持平；父母代雏鸡平均价格29.95元/套（理论生产成本15.88元/套，实际生产成本15.36元/套），较上年同比上涨了151.51%。父母代雏鸡的价格在第一季度为缓涨，第二季度以每个月上一个台阶的速度大幅上涨。6月，父母代雏鸡产销量为464.18万套，价格为55.04元/套。

6月，父母代雏鸡产销量430.37万套，环比增加了17.65%，价格46.37元/套（理论生产成本15元/套，实际生产成本15.36元/套），环比增加44.08%。从周数据来看，父母代雏鸡销售价格上涨的速度已经明显放缓，加之商品代雏鸡的价格已经回落至成本线以下，因此预计后市父母代雏鸡价格不会超过60元/套。

需要指出的是，父母代雏鸡的产销量与2015年同期是一样多的，但价格却上涨了一倍多，这引起了一些从业者的疑问。这个问题可以从三个方面进行解释：一是，以往祖代场的生产能力并未得到充分发挥，而2016上半年，虽然祖代种鸡存栏降低，但通过强制换羽，甚至是两轮强制换羽，增加了父母代的供应；二是，市场行情虽有波动，只要祖代企业正常生产，那么父母代雏鸡的供应就是平稳可预期的；三是，父母代场向祖代场订购父母代雏鸡一般要提前2个月，至少45天时间，那么订单价格反映了市场对于未来父母代雏鸡供应以及价格走势的预期。

2. 父母代种鸡

（1）全国父母代总存栏。2016上半年，全国父母代种鸡存栏稳中有升，平均存栏量为4 306.56万套（在产3 014.59万套）。从月度数据的环比来看，父母代种鸡存栏在2015年8月达到高峰，随后一路下降至2015年12月的3 887.12万套。2016上半年，父母代种鸡存栏出现恢复性增长。2015年9—12

月，父母代种鸡存栏减少，一是父母代场在消化过剩产能，二是商品代雏鸡价格太低，父母代场亏损严重。2016 上半年，父母代种鸡存栏增加反映出两点：一是由于商品代雏鸡价格"蹿高"，父母代场有补栏意愿；二是对后市父母代雏鸡供应短缺存在预期，进一步促进父母代场尽快补栏。

从近两年的总体形势来看，2015 年，全国父母代种鸡平均存栏量为 4 456.21 万套，2016 上半年为 4 306.56 万套，6 月存栏规模为 4 585.19 万套（在产 3 209.63 万套），可见，2016 下半年父母代种鸡规模并不少，商品代雏鸡供应将保持稳定。

（2）监测企业父母代存栏量。2016 上半年，监测企业父母代总存栏量为 2 091.38 万套。其中，后备的平均存栏 858.61 万套，在产的平均存栏 1 232.76 万套。6 月，监测企业父母代总存栏量为 2 232.93 万套。其中，后备的平均存栏 905.50 万套，在产的平均存栏 1 327.43 万套。监测企业父母代种鸡存栏在 2016 上半年增加速度较快，已经接近有监测数据以来的最高水平。

3. 商品代雏鸡

（1）商品代雏鸡产销量。2016 上半年，监测企业商品代白羽肉雏鸡产销量为 11.30 亿只。据协会推算，2016 上半年全国商品代白羽肉雏鸡理论销售量约 22.02 亿只，较上年同比增加 2.05%。其中，6 月为 3.99 亿只。

（2）商品代雏鸡价格。2016 上半年，商品代雏鸡平均价格 3.31 元/只，较上年同比增加 132.44%。从规律来看，每年春节过后，商品代雏鸡价格都会出现一波行情。2016 年 3 月，商品代雏鸡价格快速上涨，但由于终端消费并没有明显的变化，因此雏鸡价格在 4 月出现回落。6 月下旬下降至 2.28 元/只（实际成本 2.26 元/只），已经接近成本线。

（二）黄羽肉种鸡

高海军在"2016 年上半年黄羽肉种鸡生产监测分析"报告中分析了中国黄羽祖代种鸡、父母代种鸡、商品代雏鸡的生产状况。

1. 信息监测情况

（1）黄羽肉鸡监测企业数量及覆盖率。目前参与监测的大型黄羽肉种鸡企业有 31 家，其中，既生产祖代黄羽肉种鸡，又生产父母代黄羽肉种鸡的企业有 26 家；仅生产祖代黄羽肉种鸡的企业有 1 家；仅生产父母代黄羽肉种鸡的企业有 4 家。2016 年 6 月，监测企业的祖代种鸡存栏量占全国总存栏量的比重为 86.90%，父母代环节，监测企业的存栏量占全国总存栏量的比重为 27.60%。

（2）黄羽肉鸡监测企业地区分布及业务范围。从地区分布来看，这 31 家监测企业，来自两广的企业有 19 家（广东 9 家、广西 10 家），占监测企业总数的 61.29%。从业务范围来看，在快速、中速、慢速三种类型黄羽肉鸡当中，以单一类型生产为主的企业有 21 家（快速型生产企业 6 家、中速型 3 家、慢速型 12 家）；以两种类型生产为主的企业有 3 家；三种类型都生产的企业有 7 家。

2. 祖代种鸡

2016 年 6 月，监测企业的在产祖代种鸡平均存栏量约为 109.04 万套，较上月环比小幅减少 1.31%，较上年同比减幅 8.50%。据监测祖代种鸡存栏占全国的比例测算，2016 年 6 月全国在产祖代种鸡平均存栏量在 130 万套左右。当前存栏水平虽然相对不高，但满足后市供应充足有余。据测算，以当前的祖代存栏水平，有能力在未来一年向社会提供商品代雏鸡 50 亿只以上。

2016 年 1—6 月，监测企业的平均存栏量为 105.38 万套，较上年同比减少 11.26%。与其他年份相比，2016 年以来，在下游市场较好（6 月份以来开始回落）及父母代种鸡量持续增加的情况下，祖代种鸡存栏量始终相对不高。

祖代种鸡存栏量指标是行业生产潜力的体现。而祖代种鸡存栏水平低于往年、但依然充足的事实，说明了此前祖代过剩的情况一直是比较严重的。实际上，根据国内黄羽肉鸡祖代种鸡使用上的特点，在市场需要时，祖代种鸡可用做父母代、父母代雏鸡可转商，这造成了对于影响下游市场行情或在体现行业生产情况时，父母代种鸡存栏情况往往就具有了更直接的依据意义。

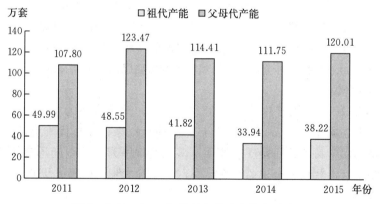

图 1　2011—2015 年黄羽肉种鸡产能水平对比

根据监测，发现不同类型的黄羽肉种鸡在生产上有所不同。监测将黄羽肉鸡分为三大类：快速型、中速型以及慢速型。快速型肉鸡是 60～65 天的出栏时间，中速型肉鸡是 65～95 天的出栏时间，慢速型肉鸡是 100 天以上的出栏时间。2016 年上半年快速型祖代黄羽肉种鸡平均存栏较上年减少了 19.52%，在各种类型里减少的最多；中速型祖代黄羽肉种鸡上半年平均存栏较上年减少了 2.93%，在各种类型的肉鸡里减少的最少；慢速型祖代黄羽肉种鸡上半年平均存栏较上年减少了 11.47%，减少的幅度可能与市场行情有关。由此，推断快速型祖代黄羽肉鸡的市场效应可能比慢速型祖代黄羽肉鸡的市场效应差一些。

3. 父母代种鸡

2016 年 6 月，监测企业的在产父母代种鸡平均存栏量为 1 032.41 万套，较上月环比、较上年同比均有所增加，增幅分别为 0.55% 和 4.81%。据监测父母代种鸡存栏占全国的比例测算，2016 年 6 月全国在产父母代种鸡平均存栏量在 3 800 万套左右。

2016 年 1—6 月，监测企业的在产父母代种鸡平均存栏量为 974.30 万套，较上年同比增加 3.08%。自 2014 年下半年以来，父母代种鸡存栏量长期持续稳定增加，2016 年 6 月存栏已经是 2014 年 2 月以来的最高水平。当前父母代种鸡存栏尤其是慢速型父母代种鸡存栏量已趋于过剩，受此影响，近期下游活鸡市场及价格已出现较明显的回落趋势。

监测数据显示，2016 年上半年，快速型父母代种鸡平均存栏量较上年同比减少 8.02%，快速型黄羽肉鸡盈利水平为 0.78 元/只；中速型父母代种鸡平均存栏量较上年同比增加 1.11%，中速型黄羽肉鸡盈利水平为 0.83 元/只；慢速型父母代种鸡平均存栏量较上年同比增加 8.79%，慢速型黄羽肉鸡盈利水平为 2.26 元/只。在各种类型的种鸡中，慢速型父母代种鸡增加的比较多，根据监测，慢速型父母代种鸡的存栏量是最多的，大约有 500 多万只。从单只来看，慢速型父母代种鸡占有很大的优势。当前慢速型黄羽肉种鸡存栏趋于过剩，受此影响，从 2016 年 6 月下旬到 7 月上旬下游活鸡市场及价格已出现较明显的回落趋势。

4. 父母代雏鸡

2016 年 1—6 月销售总量为 2158.49 万套，销售价格为 6.54 元，销售量和价格较上年同比减少 1.36% 和 0.41%。一直以来，父母代雏鸡销售量和价格均呈现出两个特点：一是规律性强，多数情况下月度曲线随季节规律变化；二是走势稳定，相较于其他监测指标而言，父母代雏鸡销售量及价格受市场因素影响较小。

5. 商品代雏鸡

数量方面，2016 年 1—6 月销售总量为 5.73 亿只，较上年同比增加 5.51%。分类型来看，快速型商品代鸡苗销售量为 1.41 亿只，较上年同比减少 1.78%；中速型商品代鸡苗销售量为 2.08 亿只，较上年同比增加 6.86%；慢速型商品代鸡苗销售量为 2.56 亿只，较上年同比增加 8.84%。

价格方面，2016 年 1—6 月平均价格为 2.47 元/只，较上年同比小幅上升 0.38%，基本持平。

效益方面，2016 年上半年快速型商品代雏鸡销售均价为 2.31 元/只（成本 1.44 元/只），较上年同比上升 14.05%，涨幅明显；中速型商品代雏鸡销售均价为 2.05 元/只（成本 1.57 元/只），较上年同比上升 4.43%，小幅增加；慢速型商品代雏鸡销售均价为 3.09 元/只（成本 1.80 元/只），较上年同比下降 10.00%，降幅明显，但盈利空间依然很大。

二、2016 年上半年商品代肉鸡发展形势

郑麦青 在"2016 年上半年肉鸡生产监测分析"报告中分析了 2016 年上半年中国商品代肉鸡存出栏及成本收益情况。总体来讲，2016 年 1—6 月，中国肉鸡生产在经历 2 年多的调整后，近期表现平稳，处于产销基本平衡的状态，活鸡价格、养殖收益均处于常规范围，价格波动逐渐趋同于往年。

（一）存栏、出栏情况

从监测数据看，肉鸡出栏量低于历史同期，减幅较前期明显减小。商品代肉鸡累计出栏 3 698.6 万只，较上年同比减少 8.5%；平均存栏较上年同比减少 3.3%。白羽肉鸡累计监测出栏 1 645.5 万只，较上年同比减少 7.8%，比 2012 年下半年减少 17.99%；平均存栏较上年同比减少 1%。黄羽肉鸡累计监测出栏 2 053.2 万只，较上年同比减少 9.1%，比 2012 年下半年减少 4.3%；平均存栏较上年同比减少 4.1%。

表 2　2016 年 1—6 月肉鸡平均生产情况

分　类		出栏（万只）			存栏（万只）		
		2015	2016	变化	2015	2016	变化
总体情况	01 月	853.5	669.2	−21.60%	1553.3	1326.1	−14.63%
	02 月	614.3	512.2	−16.62%	1 400.7	1 444.1	3.09%
	03 月	552.8	556.3	0.63%	1 694.3	1 500.8	−11.42%
	04 月	648.3	661.2	1.99%	1 672.0	1 620.5	−3.08%
	05 月	664.3	650.2	−2.12%	1 726.2	1 678.9	−2.74%
	06 月	709.7	649.7	−8.45%	1 572.3	1 728.2	9.92%
	1 季度	2 020.6	1 737.6	−14.00%	1 549.5	1 423.7	−8.12%
	2 季度	2 022.2	1 961.0	−3.03%	1 656.8	1 675.9	1.15%

（续）

分　类		出栏（万只）			存栏（万只）		
		2015	2016	变化	2015	2016	变化
白羽肉鸡	01 月	365.1	315.2	−13.67%	337.3	274.8	−18.54%
	02 月	193.8	186.0	−4.02%	335.1	430.9	28.57%
	03 月	264.8	262.6	−0.83%	469.1	386.3	−17.64%
	04 月	307.9	280.2	−9.01%	465.4	470.8	1.17%
	05 月	292.8	291.0	−0.60%	516.5	474.6	−8.11%
	06 月	359.6	310.5	−13.65%	378.3	438.3	15.86%
	1 季度	823.7	763.8	−7.27%	380.5	364.0	−4.34%
	2 季度	960.3	881.7	−8.18%	453.4	461.3	1.73%
黄羽肉鸡	01 月	488.5	354.0	−27.53%	1 216.0	1 051.3	−13.54%
	02 月	420.5	326.2	−22.42%	1 065.6	1 013.2	−4.92%
	03 月	288.0	293.6	1.97%	1 225.2	1 114.5	−9.04%
	04 月	340.4	381.0	11.94%	1 206.6	1 149.6	−4.72%
	05 月	371.5	359.2	−3.32%	1 209.7	1 204.3	−0.45%
	06 月	350.1	339.2	−3.12%	1 193.9	1 289.9	8.04%
	1 季度	1 196.9	973.8	−18.64%	1 168.9	1 059.7	−9.35%
	2 季度	1 061.9	1 079.3	1.64%	1 203.4	1 214.6	0.93%

（二）生产成本

监测户的肉鸡养殖成本较上年同期相比呈现以下变化特点：一是体重成本减少 5.93%，二是饲料价格下降 5.60%，三是活鸡价格下降 3.50%，四是出栏体重增加 3.77%，五是成本增长幅度小于价格增长幅度。

表 3　肉鸡平均饲养成本

项　目	1 月	2 月	3 月	4 月	5 月	6 月	2016 年平均	2015 年平均	同比
一、只生产费用	20.46	22.35	20.05	20.87	19.34	19.86	20.49	20.98	−2.32%
1. 雏鸡费用（元）	2.86	2.88	3.26	3.78	3.41	3.54	3.29	3.00	9.57%
2. 饲料总费用（元）	14.82	17.27	14.28	14.76	13.72	14.08	14.82	15.66	−5.33%
3. 防疫治疗费（元）	1.08	0.99	1.03	1.13	1.04	1.06	1.05	1.01	4.18%
4. 雇工费（元）	0.62	0.35	0.49	0.41	0.46	0.46	0.47	0.46	2.22%

（续）

项　　目	1月	2月	3月	4月	5月	6月	2016年平均	2015年平均	同比
5. 水电费（元）	0.21	0.18	0.19	0.17	0.18	0.21	0.19	0.18	6.02%
6. 煤火费（元）	0.55	0.36	0.49	0.31	0.23	0.20	0.36	0.36	−0.51%
7. 其他费用（元）	0.31	0.31	0.31	0.31	0.31	0.31	0.31	0.31	0.00%
二、产值合计	21.38	24.76	22.17	22.71	21.04	21.54	22.27	22.22	0.20%
活鸡均重（千克/只）	2.16	2.21	2.15	2.26	2.08	2.16	2.17	2.09	3.77%
活鸡价格（元/千克）	9.88	11.19	10.30	10.07	10.10	9.96	10.25	10.62	−3.50%
三、饲料价格（元/千克）	3.27	3.34	3.24	3.20	3.19	3.15	3.23	3.42	−5.60%
四、体重成本（元/千克）	9.45	10.10	9.31	9.25	9.28	9.18	9.43	10.03	−5.93%

注：表中所列数据均为当月监测户出栏后的统计结果。

表4　白羽肉鸡平均饲养成本

项　　目	1月	2月	3月	4月	5月	6月	2016年平均	2015年平均	同比
一、只生产费用	19.10	18.88	18.46	20.06	18.29	18.77	18.93	19.44	−2.65%
1. 雏鸡费用（元）	2.60	2.53	3.18	4.13	3.53	3.77	3.29	2.82	16.64%
2. 饲料总费用（元）	13.16	13.83	12.33	13.15	12.25	12.42	12.86	13.87	−7.30%
3. 防疫治疗费（元）	1.24	1.05	1.14	1.35	1.20	1.21	1.20	1.15	3.97%
4. 雇工费（元）	0.82	0.51	0.66	0.56	0.58	0.60	0.62	0.62	0.77%
5. 水电费（元）	0.26	0.21	0.21	0.20	0.20	0.25	0.22	0.21	3.22%
6. 煤火费（元）	0.71	0.44	0.62	0.36	0.23	0.21	0.43	0.46	−6.29%
7. 其他费用（元）	0.31	0.31	0.31	0.31	0.31	0.31	0.31	0.31	0.00%
二、产值合计	19.24	20.07	20.18	21.16	19.46	19.91	20.00	19.80	1.01%
活鸡均重（千克/只）	2.30	2.39	2.27	2.43	2.21	2.32	2.32	2.23	3.85%
活鸡价格（元/千克）	8.38	8.39	8.89	8.70	8.81	8.58	8.62	8.86	−2.69%
三、饲料价格（元/千克）	3.13	3.19	3.07	3.07	3.08	3.03	3.09	3.32	−6.84%
四、体重成本（元/千克）	8.32	7.90	8.13	8.24	8.28	8.09	8.16	8.71	−6.31%

注：表中所列数据均为当月监测户出栏后的统计结果。

表 5　黄羽肉鸡平均饲养成本

项　　目	1月	2月	3月	4月	5月	6月	2016年平均	2015年平均	同比
一、只生产费用	23.22	26.39	23.29	22.26	21.27	21.83	23.04	23.53	−2.06%
1. 雏鸡费用（元）	3.38	3.24	3.41	3.19	3.19	3.12	3.26	3.28	−0.75%
2. 饲料总费用（元）	18.18	21.34	18.24	17.52	16.43	17.08	18.13	18.67	−2.87%
3. 防疫治疗费（元）	0.76	0.92	0.80	0.74	0.75	0.78	0.79	0.77	3.09%
4. 雇工费（元）	0.23	0.17	0.15	0.16	0.23	0.20	0.19	0.18	4.69%
5. 水电费（元）	0.13	0.15	0.15	0.13	0.14	0.16	0.14	0.13	12.74%
6. 煤火费（元）	0.23	0.26	0.24	0.22	0.22	0.17	0.23	0.20	13.17%
7. 其他费用（元）	0.31	0.31	0.31	0.31	0.31	0.31	0.31	0.31	0.00%
二、产值合计	25.72	30.32	26.23	25.33	23.93	24.49	26.01	26.26	−0.96%
活鸡均重（千克/只）	1.90	1.98	1.91	1.95	1.85	1.87	1.91	1.85	3.15%
活鸡价格（元/千克）	13.56	15.28	13.71	12.98	12.92	13.10	13.59	14.15	−3.93%
三、饲料价格（元/千克）	3.48	3.45	3.50	3.38	3.36	3.33	3.42	3.55	−3.86%
四、体重成本（元/千克）	12.24	13.30	12.17	11.40	11.48	11.67	12.04	12.68	−4.99%

注：表中所列数据均为当月监测户出栏后的统计结果。

（三）养殖收益

白羽肉鸡价格从 2016 年 2 月起逐步上升，3 月初达到成本线，并在中旬出现一波大幅震荡后，在成本线附近徘徊 1 个半月，于 5 月初起呈现小幅持续上涨。目前养殖收益已稳定在 1 元/只以上，相对于 2015 年同期有近 2 倍的提升。

黄羽肉鸡的市场价格较上年有所降低，但得益于饲料价格的降低，肉鸡生产成本得以减少，养殖收益反而略有增加。总体市场平稳，产销较为稳定。平均收益 1.78 元/只，成本利润率为 8.6%，比 2015 年增加 2.8 个百分点。

（四）下半年行情判断

2016 年上半年肉鸡出存栏波动规律与往年接近，但幅度明显减小。肉鸡养殖成本收益率虽然并不高，但已为近三年同期最佳。目前，业内整体对下半年市场看好，父母代与商品雏鸡价格呈现持续性上涨，加之市场上的肉鸡产量略微偏紧，维持了近期肉鸡价格的持续上升。上半年父母代在产种鸡维持在

3 000万套以上，下半年估计父母代正常在产数量将保持在3 400 万套左右；肉鸡产销基本均衡，市场波动不会太大，估计价格会逐渐上升至10元/千克左右。

表6　肉鸡平均饲养成本收益

项　　目	1月	2月	3月	4月	5月	6月	2016年平均	2015年平均	同比
产值合计（元/只）	21.38	24.76	22.17	22.71	21.04	21.54	22.27	22.22	0.20%
总成本（元/只）	20.46	22.35	20.05	20.87	19.34	19.86	20.49	20.98	−2.32%
♯生产成本（元/只）	19.84	22.00	19.56	20.46	18.88	19.40	20.02	20.52	−2.42%
♯人工成本（元/只）	0.62	0.35	0.49	0.41	0.46	0.46	0.47	0.46	2.22%
活鸡价格（元/千克）	9.88	11.19	10.30	10.07	10.10	9.96	10.25	10.62	−3.50%
净利润（元/只）	0.92	2.41	2.12	1.83	1.70	1.68	1.78	1.25	0.53
成本利润率（%）	4.50%	10.79%	10.58%	8.79%	8.78%	8.45%	8.65%	5.86%	2.78%

注：表中所列数据均为当月监测户出栏后的统计结果。

表7　白羽肉鸡平均饲养成本收益

项　　目	1月	2月	3月	4月	5月	6月	2016年平均	2015年平均	同比
产值合计（元/只）	19.24	20.07	20.18	21.16	19.46	19.91	20.00	19.80	1.01%
总成本（元/只）	19.10	18.88	18.46	20.06	18.29	18.77	18.93	19.44	−2.65%
♯生产成本（元/只）	18.28	18.37	17.80	19.50	17.71	18.17	18.30	18.82	−2.76%
♯人工成本（元/只）	0.82	0.51	0.66	0.56	0.58	0.60	0.62	0.62	0.77%
活鸡价格（元/千克）	8.38	8.39	8.89	8.70	8.81	8.58	8.62	8.86	−2.69%
净利润（元/只）	0.14	1.19	1.72	1.11	1.17	1.14	1.08	0.36	0.72
成本利润率（%）	0.72%	6.32%	9.31%	5.52%	6.40%	6.05%	5.72%	1.80%	3.92%

注：表中所列数据均为当月监测户出栏后的统计结果。

表8　黄羽肉鸡平均饲养成本收益

项　　目	1月	2月	3月	4月	5月	6月	2016年平均	2015年平均	同比
产值合计（元/只）	25.72	30.32	26.23	25.33	23.93	24.49	26.01	26.26	−0.96%
总成本（元/只）	23.22	26.39	23.29	22.26	21.27	21.83	23.04	23.53	−2.06%
♯生产成本（元/只）	22.99	26.22	23.15	22.10	21.04	21.62	22.85	23.35	−2.12%
♯人工成本（元/只）	0.23	0.17	0.15	0.16	0.23	0.20	0.19	0.18	4.69%

（续）

项 目	1月	2月	3月	4月	5月	6月	2016年平均	2015年平均	同比
活鸡价格（元/千克）	13.56	15.28	13.71	12.98	12.92	13.10	13.59	14.15	−3.93%
净利润（元/只）	2.51	3.93	2.94	3.07	2.66	2.67	2.96	2.73	0.23
成本利润率（%）	10.80%	14.90%	12.63%	13.81%	12.53%	12.23%	12.82%	11.59%	1.23%

注：表中所列数据均为当月监测户出栏后的统计结果。

三、2016 年上半年肉鸡产品贸易形势

吕向东和朱增勇分别在"2016 上半年肉鸡贸易分析"和"2016 年上半年主要畜产品进出口数量及价格变动情况分析"两个报告中，就中国农产品进出口、中国畜产品进出口及肉鸡产品进出口形势进行了详细的分析。

（一）中国农产品进出口

2016 年 1—5 月，中国农产品进出口贸易总额较上年同比略降，进口继续下降，出口增加，贸易逆差收窄。出口金额为 282.9 亿美元，较上年同比增长3.6%；进口金额为 439.7 亿美元，较上年同比减少 5.0%。

在主要出口产品中，蔬菜、水果、谷物、棉花、食糖出口金额增加，畜产品出口金额下降。在主要进口产品中，畜产品进口金额增加，较上年同比增加11.6%；油籽、植物油、谷物、水果、食糖、棉花进口金额下降。其中，谷物进口方面，三大谷物 2016 年上半年进口金额增加，玉米替代品例如玉米酒糟、木薯进口减少。

表 9　2016 年 1—5 月中国农产品贸易情况

项 目	金额（亿美元）	同比增长（%）
总贸易	722.6	−1.8
出口	282.9	3.6
进口	439.7	−5.0
逆差	156.8	−17.3

表 10　2016 年 1—5 月主要出口产品

产品	出口额（亿美元）	同比增长（%）
水产品	79.9	0.5
蔬菜	55.4	7.9
水果	25.1	24.8
畜产品	21.5	−9.0
茶叶	6.3	16.4

表 11　2016 年 1—5 月主要进口产品

产品	进口额（亿美元）	同比增长（%）
油籽	132.1	−5.7
畜产品	94.4	11.6
谷物	29.1	−21.6
水果	29.0	−5.0
植物油	18.3	−11.4
棉花	6.9	−50.7
食糖	3.5	−55.6

表 12　2016 年 1—5 月谷物及相关产品进口情况

产品	进口量（万吨）	同比增长（%）
谷物	1116	−11
♯大米	178	75
♯小麦	131	33
♯玉米	284	60
♯高粱	345	−19
♯大麦	171	−61
玉米酒糟（DDGs）	131	−12
木薯	381	−25
大豆	3 100	15

（二）中国畜产品进出口

2016 年 1—5 月，总体来讲，中国畜产品进口增加、出口下降。其中，畜产品进口为 94.4 亿美元，较上年同比增长 11.6%；出口 21.5 亿美元，较上年同比减少 9.0%，基本与上年持平。

表 13　2016 年 1—5 月主要畜产品进出口情况

产品	进口量（万吨）	同比增长（%）	出口量（万吨）	同比增长（%）
猪肉	57	120	2	−44
牛肉	24	66	0.2	−12
羊肉	12	2	0.08	−44
家禽产品	20	19	18	0.6
奶粉	45	19	0.2	−24

（三）中国肉鸡产品进出口

鸡产品是中国一直保持贸易额顺差的畜产品，近几年常年出口 15 亿美元，进口 10 亿美元。2016 年 1—5 月，出口 5.0 亿美元，较上年同比下降 3.7%；进口 4.3 亿美元，较上年同比增长 20.4%。主要进口产品是鸡翅、鸡爪、鸡块，大约占 95%；主要出口产品是加工鸡产品、种鸡等。

进口鸡翅主要来自巴西、阿根廷、波兰、智利；鸡爪主要来自巴西、阿根廷、智利；冻鸡块主要来自巴西、阿根廷、波兰、智利；种鸡 2/3 来自西班牙、1/3 来自新西兰。此外，进口鸡肉制品中，鸡腿肉主要来自日本、韩国、新加坡、荷兰；鸡胸肉主要来自日本、荷兰、英国、爱尔兰；鸡肉（冻鸡块）主要来自中国香港、东南亚、中亚。

表 14　2016 年 1—5 月鸡产品进出口

产品		出口			进口		
		金额（万美元）	比重（%）	数量（吨）	金额（万美元）	比重（%）	数量（吨）
活鸡	种鸡	1	0	1	557	1	11
	其他鸡	558	1	1 850			

（续）

产　　品		出　　口			进　　口		
		金额 （万美元）	比重 （%）	数量 （吨）	金额 （万美元）	比重 （%）	数量 （吨）
鸡肉	整鸡	7 053	14	22 910	20	0	181
	鸡块	9 131	18	48 377	5 739	13	44 778
鸡杂	鸡翅	311	1	567	24 313	57	82 930
	鸡爪				10 504	25	52 266
	鸡胗				1	0	7
	其他鸡杂	36	0	469	1 455	3	12 847
鸡肉制品	鸡罐头	226	0	1 105			
	鸡胸肉	7 821	16	21 041			
	鸡腿肉	15 976	32	38 486			
	鸡肉及食用杂碎	9 321	18	19 633			
合计		50 435	100	154 439	42 589	100	193 021

（四）国际肉鸡产品进出口

1. 国际肉鸡产品出口

2016 年上半年的出口国情况基本稳定，没有太大波动，国际市场出口方面比较稳定。中国出口排第七。巴西主要出口鸡翅、冻鸡块到中国，鸡翅出口到中国大约 3 000 美元/吨，冻鸡块从 2015 年 1 月的 1 500 美元/吨到 2016 年的 1 260 美元/吨，价格优势并不是特别明显。

种鸡出口上，主要出口国是荷兰、美国、法国、英国，出口基本稳定。鲜冷的整鸡出口上，中国在国际上比较靠前。冻的整鸡出口上，主要出口国是巴西、法国、土耳其，出口规模维持在 40 多亿美元。冻鸡块及杂碎出口上，全世界出口量是 130 多亿美元的规模，主要出口国家是巴西、美国、荷兰等，中国香港作为转口贸易排名靠前。加工鸡肉及杂碎出口上，泰国出口排名第一，中国排名第二。

表 15　2015 年和 2016 年上半年鸡产品主要出口国情况

单位：亿美元

国家	2015 年						2016 年				
	1 月	2 月	3 月	4 月	5 月	6 月	1 月	2 月	3 月	4 月	5 月
巴西	4.55	4.75	5.42	5.22	5.37	6.66	4.15	4.26	5.52	5.73	5.70
美国	3.39	3.12	3.53	3.23	3.26	2.96	2.37	2.51	2.62	2.72	2.96
荷兰	2.00	2.26	2.21	2.18	2.39	2.58	2.24	2.22	2.12		
泰国	1.92	1.72	2.00	1.82	2.00	2.17	1.87	1.92	2.11	1.84	1.97
德国	1.49	1.41	1.45	1.58	1.47	1.61	1.33	1.38	1.39		
波兰	1.14	1.10	1.16	1.17	1.18	1.24	1.12	1.23	1.27		
中国	1.02	0.90	0.97	1.22	1.14	1.23	0.91	0.83	1.07	1.02	1.21
比利时	0.87	0.83	0.83	0.96	0.94	1.02	0.82	0.83	0.80		
法国	0.83	0.77	0.91	0.98	0.85	1.03	0.69	0.67	0.85	0.77	
英国	0.40	0.48	0.44	0.42	0.48	0.50	0.41	0.45	0.48	0.48	

表 16　2015 年和 2016 年上半年鸡产品主要进口国情况

单位：亿美元

国家	2015 年						2016 年				
	1 月	2 月	3 月	4 月	5 月	6 月	1 月	2 月	3 月	4 月	5 月
日本	2.72	2.46	2.14	2.68	2.31	2.82	2.44	2.38	2.34	2.45	2.32
英国	2.04	2.00	2.09	2.17	2.10	2.59	2.11	1.93	2.19	2.04	
德国	1.25	1.17	1.20	1.31	1.36	1.37	1.08	1.10	1.09		
荷兰	1.13	1.04	1.16	1.42	1.40	1.66	1.34	1.33	1.04		
法国	0.91	0.87	0.90	0.89	0.90	0.99	0.87	0.89	0.92	0.96	
中国	0.79	0.57	0.75	0.74	0.68	0.87	0.85	0.59	0.82	1.03	0.97
墨西哥	0.75	0.68	0.75	0.77	0.67	0.77	0.52	0.60	0.65	0.74	
比利时	0.52	0.49	0.58	0.59	0.59	0.63	0.51	0.46	0.51		
加拿大	0.50	0.49	0.54	0.55	0.59	0.59	0.51	0.53	0.50		
新加坡	0.45	0.36	0.4	0.38	0.37	0.38	0.40				

表17 2011—2016年上半年种鸡出口

单位：亿美元

国家	2011	2012	2013	2014	2015	201601	201602	201603	201604	201605
世界	11.99	12.39	13.29	13.44	12.58					
荷兰	2.6	2.41	2.64	2.48	2.36	0.17	0.13	0.16		
美国	1.85	1.88	2.02	2.07	1.39	0.14	0.11	0.13	0.12	0.13
法国	0.93	1.11	1.19	1.27	1.37	0.04	0.04	0.1	0.07	
德国	1.17	1.3	1.39	1.36	1.16	0.09	0.11	0.1		
英国	1.35	1.33	1.07	0.95	1.14	0.12	0.12	0.13	0.12	

表18 2011—2016年上半年鲜冷整鸡出口

单位：亿美元

国家	2011	2012	2013	2014	2015	201601	201602	201603	201604	201605
世界	10.54	10.21	10.32	11.02	10.01					
中国	1.63	1.66	1.53	1.65	1.87	0.05	0.15	0.17	0.14	0.15
波兰	1.04	1.17	1.14	1.3	1.08	0.08	0.08	0.09		
白俄罗斯	1.1	1.74	1.51	1.66	1.06					
法国	0.93	0.86	0.88	0.91	0.79	0.06	0.07	0.07	0.06	
荷兰	0.69	0.74	0.6	0.69	0.69	0.05	0.06	0.05		

表19 2011—2016年上半年冻的整鸡出口

单位：亿美元

国家	2011	2012	2013	2014	2015	201601	201602	201603	201604	201605
世界	42.86	43.15	49.4	42.48	36.78					
巴西	26.06	24.6	28.05	24.32	22.71	1.45	1.42	1.55	1.68	1.72
法国	4.85	4.41	4.83	3.75	3.75	0.25	0.18	0.26	0.19	
土耳其	2.64	3.88	4.11	3.88	2.73	0.1	0.17	0.18	0.16	
阿根廷	2.35	3.29	4.88	3.55	1.47					
荷兰	1.22	1.32	1.14	0.85	0.68	0.05	0.04	0.05		

表 20　2011—2016 年上半年鲜冷鸡块及杂碎出口

单位：亿美元

国家	2011	2012	2013	2014	2015	201601	201602	201603	201604	201605
世界	38.7	41.97	44.29	47.96	43.04					
荷兰	12.47	12.68	11.1	12.82	11.04	0.84	0.89	0.76		
美国	4.47	7.08	7.9	7.87	7.16	0.51	0.55	0.55	0.53	0.62
比利时	6.33	6.27	7.04	6.32	5.23	0.44	0.45	0.41		
波兰	3.4	3.38	3.97	5.22	5.19	0.44	0.49	0.52		
德国	3.84	4.05	4.76	5.25	4.52	0.37	0.35	0.35		
匈牙利	1.11	0.97	1.17	1.36	1.17	0.06	0.07	0.07		
法国	1.31	1.21	1.26	1.28	1.01	0.08	0.09	0.1	0.1	
英国	1.07	1.04	1.27	1.11	0.94	0.06	0.06	0.07	0.07	

表 21　2011—2016 年上半年冻鸡块及杂碎出口

单位：亿美元

国家	2011	2012	2013	2014	2015	201601	201602	201603	201604	201605
世界	131.53	132.52	133.28	141.1	116.1					
巴西	44.54	42.72	41.99	44.61	39.59	2.41	2.48	3.56	3.64	3.58
美国	33.33	36.35	34.83	34.05	22.06	1.43	1.54	1.64	1.77	1.92
荷兰	11.88	12.22	13.73	13.49	11.18	0.79	0.76	0.79		
中国香港	8.94	6.12	5.86	7.56	7.58					
波兰	2.32	2.93	3.71	4.42	4.39	0.37	0.4	0.41		
泰国	0.99	1.72	1.99	3.67	4.1					
中国内地	2.57	2.12	2.33	2.72	2.62	0.15	0.13	0.17	0.15	0.19
智利	2.28	2.12	2.19	2.3	2.57	0.2	0.17	0.19	0.15	
德国	2.44	3.14	2.83	2.67	1.93	0.13	0.14	0.15		
英国	2.41	2.13	2.35	2.6	1.72	0.11	0.15	0.16	0.18	

表 22 2011—2016 年上半年加工鸡肉及杂碎出口

单位：亿美元

国家	2011	2012	2013	2014	2015	201601	201602	201603	201604	201605
世界	66.07	67.85	71.24	72.73	65.53					
泰国	18.92	20.06	19.97	19.08	19.5	1.51	1.55	1.72	1.54	1.64
中国	10.89	12.05	11.78	11.39	9.11	0.66	0.51	0.68	0.67	0.81
德国	6.74	6.89	6.82	6.78	5.68	0.39	0.45	0.43		
荷兰	4.58	4.71	6.16	6.15	4.42	0.26	0.26	0.25		
巴西	5.58	4.79	4.52	4.75	4	0.25	0.3	0.36	0.34	0.35
美国	2.51	2.58	3.05	3.26	2.93	0.22	0.22	0.22	0.22	0.21
丹麦	2.19	2.25	2.53	2.58	2.02	0.17	0.14	0.18		
法国	2.09	2.16	2.37	2.17	2	0.15	0.16	0.18	0.19	
波兰	0.98	1.01	1.5	1.71	1.98	0.17	0.16	0.16		
比利时	2.25	1.94	2.2	2.15	1.87	0.15	0.15	0.16		

2. 国际肉鸡产品进口

进口规模和出口规模差不多，中国主要进口鸡肉制品在冻鸡块上，日本、中国、越南、沙特、英国等进口量排名靠前，其中越南、沙特、中东还有一定的出口潜力。加工鸡肉进口国主要是日本、英国、荷兰、德国、中国香港。

表 23 2011—2016 年上半年冻鸡块及杂碎进口

单位：亿美元

国家	2011	2012	2013	2014	2015	201601	201602	201603	201604	201605
世界	121.33	119.25	123.2	131.09	119.96					
日本	16.26	11.74	11.11	13.19	12.87	1.03	0.98	0.87	0.88	0.81
中国香港	17.46	11.77	10.63	14.09	10.42					
中国内地	8.03	8.7	9.27	8.18	8.99					
越南	0.84	0.65	0.71	0.92	8					
沙特	3.19	3.33	5.36	5.8	5.59					
英国	5.38	4.5	4.73	5.26	4.85	0.35	0.34	0.39	0.35	
法国	3.64	3.84	3.73	3.84	3.77	0.28	0.31	0.28	0.3	
阿联酋		3.38	4.03	3.66	3.19					
德国	3.15	2.95	3.85	3.96	3.18	0.2	0.21	0.2		
荷兰	3.84	3.39	3.46	4.04	2.99	0.18	0.17	0.14		

表 24　加工鸡肉及杂碎进口

单位：亿美元

国家	2011	2012	2013	2014	2015	201601	201602	201603	201604	201605
世界	68.41	68.56	69.2	69.94	66.97					
日本	20.43	22.38	21.32	19.44	18.88	1.39	1.38	1.44	1.54	1.49
英国	13.66	10.6	11.36	12.87	12.62	1.07	0.89	1.03	1.04	
荷兰	6.01	5.64	5.4	5.75	5.59	0.47	0.53	0.29		
德国	7.02	6.79	5.87	5.3	4.47	0.37	0.28	0.31		
中国香港	1.91	1.6	1.87	2.49	2.42					
法国	1.68	1.85	2.14	2.18	2.12	0.14	0.15	0.16	0.16	
美国	0.93	1.18	1.38	1.53	2.04	0.15	0.18	0.2	0.19	0.2
加拿大	1.57	1.73	1.91	1.93	1.65	0.12	0.14	0.13		
爱尔兰	0.97	1.31	1.35	1.38	1.35	0.11	0.1	0.11	0.11	
比利时	1.52	1.7	1.9	1.54	1.3	0.11	0.09	0.12		
瑞典	1.18	1.29	1.42	1.38	1.13	0.09	0.08	0.1		

四、肉鸡消费

　　肖红波在"北京市城镇居民鸡肉消费信心影响因素分析"报告中阐述了北京市城镇居民鸡肉消费信心状况，以及影响消费信心的因素。

　　鸡肉从营养、口味、成本和价格等方面与其他肉类相比具有明显优势，从世界和中国肉类消费趋势看，鸡肉消费量在肉类消费比重排名第二，且不断上升。近年来，禽流感及一些食品安全事件频发，严重影响了消费者对于鸡肉消费的信心，因而极有必要在科学分析消费者鸡肉消费信心影响因素的基础上，有针对性地消除不利影响，提振消费信心。

（一）北京城镇居民鸡肉生产和消费现状

1. 北京鸡肉产业发展状况

　　北京市肉鸡产业的发展历程与中国肉鸡产业发展历程大致相同，经历了三个发展阶段。第一阶段是缓慢增长阶段，大约在 20 世纪 70 年代至 80 年代初期，肉鸡养殖属于自给自足的家庭副业，在农业中处于补充地位。第二阶段是快速增长阶段,大约在 20 世纪 80 年代中期至 90 年代中期,该阶段合同养殖模式兴起,随着家庭联产承包责任制的出现和独立自主市场主体的形成,正大集团在中国建立了配套种鸡场及多级技术服务体系,并采取由企业性质的公司和农户签订合同,提供鸡苗、饲料、药品和技术给农民,之后按预定价格购回成鸡等,这一养殖模式极大地促进了当地肉鸡养殖业的发展和饲料销售量的增加。第三阶段是标准化规模发展阶段,该阶段初步形成产业化体系,北京市畜牧业发展面临着市场和资源的双重制约和环境保护压力,一些企业在竞争中,不得不进行产业结构的优化和产品质量的提升,从而完成从数量增长向质量效益的转变,规模化养殖和专业化养殖逐步取代了以前广泛流行的散养方式。肉鸡养殖产业整合速度逐步加快,一种新型的养殖方式逐步发展起来。

虽然北京肉鸡养殖业的发展较为迅速,但也面临着压力。整体来看,小规模的养殖依然占主体地位。虽然一些龙头企业引领带动着肉鸡养殖业的发展,但是依然存在着大量分散的肉鸡养殖户。这些分散的养殖户质量参差不齐,养殖规模大小不等。由于一些养殖户缺乏肉鸡养殖知识以及经验,管理水平相对较低,养殖设施的落后影响肉鸡的出栏数量。这些因素都会对肉鸡养殖业的发展造成影响。这就要求完善肉鸡养殖体系,加快北京市肉鸡养殖业的规模化发展。此外,由于在养殖过程中的用药不规范等,都会对肉鸡的质量产生影响,从而影响消费者的健康,影响消费者对于鸡肉消费的信心。

2004—2014 年,北京肉鸡的出栏数量整体呈下降趋势,从 2004 年的 1 347.5 万只下降到了 2014 年的 584.64 万只。出现这种情况,一是与北京市近年来肉鸡产业的规划有关,由于环保等方面要求的不断提升,很多肉鸡饲养者选择转换行业或者外迁;二是与近年来发生的禽流感事件有关。禽流感在一定程度上影响了消费者的购买信心,从而影响生产者的生产信心,导致数量下降。

2. 北京市鸡肉总体消费情况

2005—2014 年,北京农村居民家庭平均每人主要禽肉消费量低于全国平均水平,但人均禽肉消费量呈上升趋势,范围在 2.93~6.70 千克/人,年增长率正负交替,北京城镇居民禽类消费量处于整体上升的趋势。

北京人均鸡肉消费量城乡差异较大,城镇居民人均消费量高于农村居民,占主导地位,但整体来说农村增长比市区快。2005—2014 年,农村居民家庭平均每人禽肉消费量增长了 128.67%,城镇居民家庭平均每人禽肉消费量增长了 1.45%。

表 25　北京肉鸡消费情况

年份	全国农村 （千克/人）	北京农村 （千克/人）	北京城镇 （千克/人）
2005	3.67	2.93	8.97
2006	3.51	2.57	8.34
2007	3.86	2.91	9.66
2008	4.36	3.41	8.00
2009	4.25	3.29	10.47
2010	4.17	3.06	10.21
2011	4.54	3.99	10.59
2012	4.49	3.96	10.75
2013	7.20	6.20	8.10
2014	8.00	6.70	9.10

（二）研究方法与调研情况

本研究主要采用问卷调查法和统计分析法。统计分析法包括了描述性统计分析，信、效度分析，因子分析，回归分析等。调查对象是购买鸡肉的北京市城镇居民，调研地点定位在北京市六个区县。具体地点选取为大型连锁超市（家乐福、物美、永辉等）或住宅小区。共对 300 位城镇居民进行了调查，最终收回有效问卷 292 份。

（三）消费者信心指数测定

1. 样本基本情况

被调查者中男性 128 人，占 43.8%；女性 164 人，占 56.2%。总体来说女性被调查者人数略多于男性。在现实生活中女性为主要的家庭生活食品的采购者，所以女性人数多于男性符合实际情况。

受教育程度。大专及以下的人数有 72 人，占 24.7%。本科人数最多，达到了 154 人，占 52.7%，超过了调查数量的一半。硕士研究生人数 59 人，占 20.2%，博士及以上学历人数最少，为 7 人，占 2.4%。此人数分布符合社会现状。

职业分布。机关/企事业单位职员人数最多，达到了 117 人，占所有被调查者 40.1%。其次为科教/文体/专业人员，人数为 58 人，占被调查者

19.9%。数量最少的为农民/农民工，人数只有 4 人。

收入。被调查者的家庭月收入情况一定程度上反映购买行为，在被调查者中，其中月收入在 1 000 元以下的家庭仅有 3 个，占 1%；月收入在 4 404～8 000 元范围的人数最多，达到了 113 人，占 38.7%；其次为 8 000～12 000 元有 65 人，占 22.3%。从月平均食品支出所占比率分布来看，10%～20% 的人数最多，为 83 人，占 28.4%；20%～30% 的人数为 62 人，占 21.6%；5% 以下的人数最少，仅有 5 人。可以看出，北京市城镇居民月平均食品支出所占比率总体较低，大多分布在 10%～20%，人们花费在食品上的支出较少。根据恩格尔系数定律，可看出人们的生活水平较高。

对鸡肉安全事件关心度。在被调查者中，有 199 人能够回想起过去一年内发生的鸡肉安全事件，占 68.2%，所占比例较高，可看出人们对鸡肉安全事件关心度高。过去一年中鸡肉安全事件的发生，会间接影响人们对鸡肉消费的信心。

鸡肉食品风险感知。在被调查者中，有 147 人能主动感知鸡肉食品存在的风险，占 50.3%，有 145 人不能主动感知鸡肉食品存在的风险。二者人数较为平均，说明人们的感知风险能力处于中等水平，人们的风险意识不高。在购买鸡肉的途径方面，有 80.8% 的人都会选择大型连锁超市，说明人们对小商贩销售的鸡肉并不放心，人们更希望从大型连锁超市购买到安全新鲜的鸡肉。在被调查者中，选择在网络购买鸡肉的只有 1 人，说明鸡肉消费的网络市场并不发达，选择人数较少。

2. 信、效度检验和因子分析

对因变量——消费者信心部分进行信度分析，Cronbacn's alpha 系数为 0.762，信度值良好，通过了信度检验。对消费者信心、对鸡肉消费的信任和感知风险以及对鸡肉消费安全问题的焦虑特质进行了因子分析，三者的 KMO 值均通过检验，表明适合做因子分析。

鸡肉消费的信任和感知风险部分提取了四个因子，分别命名为政府方面维度、农户方面维度、企业方面维度和零售商方面维度。鸡肉消费安全问题的焦虑特质提取了两个因子，分别命名为乐观因子和焦虑因子。将消费者信心部分提取两个因子，分别命名为消费满意度和消费预期。基于数据的因子分析得出的因子与原构思基本一致。由于测量消费者信心的指标分为消费满意度和消费预期，所以采取因子加权总分的方法，其中权重的确定是这两个因子的方差贡献率比例。由因子分析的结果可知，消费者满意度因子的方差贡献率比例为 0.361 27，消费者预期方差贡献率比例为 0.312 5，消费者信心的累计方差贡献率为 0.673 77。于是，因变量的计算公式为：综合消费者信心指数 =（0.361 27×消费者满意度＋0.312 5×消费者预期）/0.673 77。当所得综合消费者信心指数大于等于零时认为具有信心，小于零时则不具有信心。

（四）消费者信心影响因素分析

1. 北京市城镇居民鸡肉消费影响因素描述分析

（1）消费者特征与消费信心的关系。

性别。根据统计情况，有 46 名男性具有消费者信心，占所调查男性的 35.9%；有 77 名女性具有购买鸡肉的消费者信心，占所有被调查女性的 46.9%。女性比男性具有信心的比例略高，但二者都没有过半。

收入。本研究将收入分为大于 4 404 元和小于 4 404 元。从统计情况看，高收入人群的鸡肉消费信心高于低收入人群。但无论收入大于 4 404 元还是小于 4 404 元，消费者购买鸡肉的信心普遍较低，均没有超过 50%。

受教育程度。从样本数据看，受教育程度和鸡肉消费信心呈正相关。

职业。样本数据显示，拥有稳定职业的人员中具有消费者信心所占比例较高，具有信心的数量占总数的 45.26%，而职业相对不稳定的消费者购买鸡肉的消费信心相对较低，仅有 35.92%。

（2）对食品安全的关心程度与消费信心的关系。样本数据显示，大多数人在过去一年内，都听到过关于鸡肉安全事件的报道，具有信心的人数占总人数的 40.9%，而没有听到鸡肉安全新闻的人，具有信心的人数占总人数的 47.9%。能感知到鸡肉食品安全风险的人，具有消费者信心的人数占 42.8%；不能感知鸡肉食品安全风险的人，具有消费者信心的人数占 41.4%。二者相差不大，总体来说，能感知到风险的人更加有信心。

（3）消费者购买行为与消费信心的关系。购买渠道。购买途径的选择往往能够影响到商品的质量，人们普遍认为大型连锁超市的食品质量高于小商小贩。数据显示，绝大部分都会选择大型连锁超市购买鸡肉，分别只有 1 人选择了街头流动摊点和网络购买。可以看出人们对街头流动摊点和网络上的鸡肉并不信任，除了这两个人以外，选择大型连锁超市购买鸡肉的人，具有消费者信心占人数的 44.9%，比例较高。

购买计划。样本数据显示，购买计划与消费者信心呈正相关。

信息来源。样本数据显示，有 129 人都是根据自己的经验进行鸡肉消费，但是凭自己经验所具有消费信心所占比例较低，人们更倾向于亲朋好友的推荐，可见一个良好口碑的重要性。人们对商业广告的关注较少，只有 11 人注重商业广告的传播。

购买意愿。样本数据显示，大多数人都愿意购买价格略高的绿色食品，且其中有 118 人都具有消费者信心，占总数的 43.5%；仅有 21 人愿意购买价格低廉的食品，具有消费者信心的比例为 23.8%。可以说明人们对质量安全健康的食品的需求高于价格低廉的食品，食品安全与消费者信心呈正比。

2. 北京市城镇居民鸡肉消费信心影响因素回归分析

回归分析结果表明，北京市鸡肉消费信心的显著性影响因素有六个，分别是受教育程度、是否已婚、政府方面、农户方面、家庭老人人数、焦虑特质。没有通过显著性检验的有性别、家庭月收入、职业、感知风险、购买途径、购买种类、零售商方面因子、企业方面因子、家庭儿童人数、乐观因子。

通过模型运算结果可以看出，消费者性别、月收入、职业未通过显著性检验，说明性别、月收入、职业解释变量对北京市城镇居民鸡肉消费信心并没有显著性影响。出现这种结果不能说明这些因素对消费者信心没有影响，只能说明一些解释变量对于不同的研究主体的影响因素是有差异的。性别没有通过检验，可能是因为虽然女性是家庭用品的主要购买者，但现在无论男女，对食品安全的关注度都越来越高，人们都希望能吃到健康安全的鸡肉。月收入和职业之所以没有通过检验，可能是因为鸡肉并不是高消费类物品，无论收入的高低或者职业的不同，鸡肉的消费和食用都非常普遍。

从回归结果可以看出受教育程度、是否已婚对消费者信心有正的影响。我们一般认为受教育程度越高，则具备更多的知识，对于消费者来说，受过高等教育的消费者则能更快更准确地了解鸡肉消费市场信息，更加能够理性地看待和对待消费风险问题。受教育年限越高，则消费者购买鸡肉信心越高，这与前面我们得出的结果相一致，受教育程度与消费者信心正相关。而对于婚姻状况，已婚者往往购买鸡肉的行为比未婚者多，他们对购买鸡肉方面比未婚者更有经验，且购买行为受到自身和家庭因素的影响。从家庭成员来看，家庭中儿童数量的多少对人们鸡肉消费的信心并没有显著性影响，但是家庭老人的人数对消费者鸡肉消费的信心有正影响。可能是因为老人对于鸡肉消费方面更加有经验，但儿童对于鸡肉消费的感知较弱。

在消费者的购买行为中，购买途径和购买种类均未通过检验。究其原因，通过调研结果来看，可能是因为大部分人都是通过大型连锁超市购买鸡肉，通过其他途径购买的人群并不多，所以存在的差异较小。至于购买种类，调研结果显示仅有 21 人愿意购买价格低廉的商品，而 271 人都愿意购买价格相对较高的绿色食品。

对鸡肉消费的信任和感知风险因子中，政府方面因子和农户方面因子对消费者信心有着正向影响，而零售商方面和企业方面未通过检验。政府方面，人们认为政府可以发挥经济职能，对鸡肉市场进行市场监管，并加强政策的监督与执行，政府对鸡肉市场的发展起着重要的作用。农户方面，农户的饲养行为可能会影响到鸡肉的食用安全和质量保证。人们对政府行为和农户行为越信任，对鸡肉消费的信心越大。

对鸡肉安全的焦虑特质方面，乐观因子对于鸡肉消费信心没有显著性影响。焦虑因子对消费者信心有着正向影响。也就是说人们的心理越焦虑，其鸡肉消费信心越小。

（五）结论及建议

1. 结论

从调研数据来看，消费者在整体上对鸡肉消费是缺乏信心的。人们对鸡肉消费的满意度并不高，对之后的消费预期也不乐观。消费者对鸡肉安全的关心程度很高，绝大部分人对鸡肉安全事件表示关注。相对于价格低廉的食品，人们更愿意去购买价格相对较高的绿色食品。

对消费者信心指数的实证分析结果表明，北京市鸡肉消费信心的显著性影响因素有 5 个，分别是受教育程度、是否已婚、政府方面、农户方面、家庭老人人数、焦虑特质。消费者的受教育程度越高，就越具有鸡肉消费信心。对政府和农户信任的消费者，也具有较高的消费者信心。如果降低人们的焦虑感，则可能提高消费者的信心。

2. 政策建议

（1）强化政府监督管理，建立鸡肉的安全检测体系。公开化、制度化、透明化地处理鸡肉安全事件，增强政府公信力和责任心。对消费者设立最低赔偿金制度，这样不仅能够提高消费者的积极性，也能够使生产者意识到对消费者造成损害的违法行为不再有利可图，自然会减少鸡肉安全事件的发生，同时提高消费者的购买信心。

（2）提高农户安全生产认知。养殖户的安全生产是健康鸡肉的第一步，加强对养殖户的生产培训，引导农户重视学习相关法律法规，并严惩生产者的违法行为。从调研分析中得出，消费者对农户做法的认知直接影响到消费者的鸡肉消费信心，所以要激励农户生产的自我约束，引导至正确的生产方式，提高人们的消费信心。

（3）加强信息沟通渠道，提高消费者感知。近年来，消费者对鸡肉安全的关注度越来越高，如近几年的禽流感事件，加深了人们对鸡肉消费的焦虑。社会各界也非常关注禽业的发展，一些媒体新闻为追求卖点，在报道上往往不够全面客观真实，容易造成消费恐慌。因此应针对这个问题进行统一宣传，发挥规范和协调作用，给消费者一个公正的消费环境。从调研分析中得出，消费者的焦虑特质与鸡肉消费信心呈负相关，这就要求社会各界不断努力排除人们的焦虑，提升消费者信心。

（4）完善鸡肉生产和流通过程相关标准，将管理纳入法制化轨道。完善的体系有利于提高鸡肉安全的管理水平。我们应该以现有的国际食品安全法典为依据，对国内现有的法律法规修改与补充，使中国的鸡肉安全管理与监督体系更加完善。

五、疫病防控

崔彬和钟钰分别在"养鸡户禽流感防疫知识及其生物安全措施的影响因素分析"、"禽流感防护行为及政策研究"报告中，介绍了他们基于江苏养殖户微观调研数据的实证分析。江苏省是中国家禽养殖大省，其禽产品产量居全国各省份前列，也是受禽流感屡次暴发影响较重的区域。两个研究报告均根据江苏省经济社会梯度递进的发展格局，采用分层逐级抽样和随机抽样结合的方法选取样本，由此确定了宿迁、南通、镇江分别为苏北、苏中、苏南三大区域板块的代表，并在宿迁、南通、镇江分别确认两个采样的县（区）。在每个县（区）随机抽取 2 个乡镇，并在每个乡镇随机抽取 3 个行政村进行调查。共完成问卷297 份。从样本的基本特征看，被调查养鸡户年龄偏大，受教育程度偏低，这也与目前农村家禽养殖户的实际情况相符。

（一）防疫知识认知对家禽养殖户疫苗依赖程度影响研究

疫苗免疫是防止禽流感暴发和造成巨大损失的主要措施、关键环节和最后防线。近年来，中国家禽养殖户的防疫意识在经历了多次禽流感疫情后较以往有了较大提高，但养殖户"手中有苗（疫苗），心中不慌""一针（疫苗）定天下"的错误观念仍较严重，还未能遵循传染病防疫的基本规律，未在消灭传染源、切断传播途径和保护易感畜群 3 个环节上形成合力。在禽流感病毒变异速度不断加快，疫苗研制的步伐跟不上病毒变异速度，以及对禽流感病毒的免疫效果不稳定，免疫禽自然发病和多亚型禽流感病毒共存的情况下，及时转变家禽养殖户在禽流感防疫过程中过度依赖免疫疫苗的错误观念，进而采取包括接种免疫疫苗在内的综合性防疫措施依旧是目前完善禽流感综合防控体系的重要基础工作。本研究尝试基于"知识—信念—行为"关系模式和技术接受模型来构建禽流感防疫知识认知对家禽养殖户免疫疫苗依赖程度影响的分析框架，并利用江苏省家禽养殖户的调查数据进行实证检验。

1. 分析框架与研究假说

本研究通过分析"知识—信念—行为"模式与技术接受模型的内在关联来逐步厘清并构建禽流感防疫知识认知对家禽养殖户免疫疫苗依赖程度影响的分析框架，即防疫知识认知通过弱化家禽养殖户对免疫疫苗的感知有用性，进而影响其对免疫疫苗的态度和依赖程度。

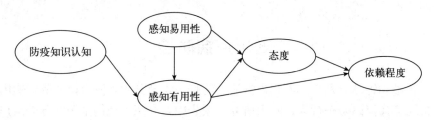

图 2　防疫知识认知对家禽养殖户禽流感免疫疫苗依赖程度的影响

2. 量表设计

采用家禽养殖户对防疫知识掌握状况的主观感受作为其防疫知识的一般测度将会带来较大的测量误差。在查阅了禽流感防治知识的相关技术资料，以及咨询江苏省家禽科学研究所和扬州大学兽医学院相关专家的基础上，归纳和总结了 16 条禽流感防疫有关的禽流感病毒流行特征和预防措施知识题项，并将答案设计成"知道"和"不知道"的判断选项，以"1"和"0"表示。

技术接受模型部分的测量表是在参考了李后建（2012）基于技术接受模型的农户循环农业技术采纳意愿测量表和 Venkatesh 等（2000）的技术接受模型测量表后，根据本研究对家禽养殖户在禽流感防疫过程中对免疫疫苗依赖程度解析的研究目的，确定了 16 个免疫疫苗感知的有用性、感知的易用性、态度和依赖程度的测量题项；并于 2013 年 10 月中旬，对江苏省宿迁市泗洪县龙集镇和瑶沟镇 45 位养鸡户进行了预调查。根据预调查结果，笔者删除了感知有用性和感知易用性测量题项中的各一个因子载荷低于 0.5 的题项，最终确定了 13 个家禽养殖户免疫疫苗依赖程度形成过程的测量题项。所有测量题项均采用李克特7级量表，其中，1代表"非常不赞同"或强度最弱，7代表"非常赞同"或强度最强。

3. 数据统计描述

（1）样本养鸡户防疫知识认知情况分析。样本养鸡户对大多数防疫知识题项的知晓程度较高，尤其对"接种免疫疫苗能有效预防禽流感"（X16）这一题项的知晓率高达99.7%（所有样本中仅有1人回答"不知道"），说明在样本养殖户中，应用免疫疫苗来预防禽流感已成为常识，这也与目前养殖户对应用免疫疫苗预防禽流感的较高认可度和接受度相符。但样本养鸡户对"不同种类家禽感染禽流感的几率不同"（X6）、"禽流感病毒潜伏期从数小时到数天，最长可达21天"（X7）、"鸡、鸭、鹅、猪不能混养"（X11）3个题项的知晓率分别为24.9%、64.3%、58.6%，明显低于其他题项。从反映的防疫知识内容看，这3个题项属一般常识性知识，但与其他题项相比，其同养殖户日常直接的防疫实践活动关联性较小，而且，访谈中发现，样本养鸡户大多数常年从事单一的养鸡工作，这或许是这3个题项知晓率偏低的原因。这几个题项的较低知晓率也反映养殖户对防疫知识的掌握仍不够全面。此外，样本养鸡户对各知识题项的知晓率存在不同程度的差异，而这16个题项是否可归于一大类，还是应分为不同类型，仍需要通过探索性因子分析予以确认。

表 26　被调查养殖户的基本特征

统计特征	分类指标	人数（人）	所占比例（%）
性别	男	226	76.1
	女	71	23.9
年龄	25 岁以下	1	0.3
	26～35 岁	17	5.7
	36～45 岁	37	12.5
	46～55 岁	151	50.8
	56 岁以上	91	30.6
受教育程度	小学及以下	73	24.6
	初中	153	51.5
	高中或中专或技校	60	20.2
	大专	10	3.4
	本科及以上	1	0.3

（续）

统计特征	分类指标	人数（人）	所占比例（%）
养殖年限	1～5 年	51	17.2
	6～10 年	78	26.3
	11～15 年	52	17.5
	16～20 年	71	23.9
	21～25 年	22	7.4
	26 年以上	23	7.7
养殖种类	蛋鸡	168	56.6
	肉鸡	129	43.4
养殖规模	散养户（300 只及以下）	12	4.0
	小规模养殖户（300～1 000 只）	14	4.7
	中等规模养殖户（1 000～10 000 只）	235	79.1
	大规模养殖户（10 000 只以上）	36	12.1

表 27　样本养鸡户防疫知识认知情况的描述分析

测量题项	题项代码	回答"知道"人数（人）	回答"知道"人数比例（%）	均值	标准差
健康家禽一般通过呼吸道和消化道感染禽流感病毒	X1	227	76.4	0.76	0.425
野鸟是禽流感病原传播的来源	X2	266	89.6	0.90	0.306
禽流感病毒可以通过空气、粪便、饲料和饮水传播	X3	260	87.5	0.91	0.674
冬春季节是禽流感的多发季节	X4	276	92.9	0.93	0.257
禽流感病毒抗原经常发生变异	X5	209	70.4	0.70	0.457
不同种类家禽感染禽流感的几率不同	X6	74	24.9	0.25	0.433
禽流感病毒潜伏期从数小时到数天，最长可达 21 天	X7	191	64.3	0.64	0.480
给家禽提供营养平衡的饲粮能预防禽流感	X8	235	79.1	0.79	0.407
勤换垫草，保持地面干燥能有效预防禽流感	X9	275	92.6	0.93	0.262

（续）

测量题项	题项代码	回答"知道"人数（人）	回答"知道"人数比例（%）	均值	标准差
禽舍良好的光照和通风能有效预防禽流感	X10	287	96.6	0.97	0.181
鸡、鸭、鹅、猪不能混养	X11	174	58.6	0.59	0.493
养禽场内的环境、道路应该定期清扫、消毒	X12	290	97.6	0.98	0.152
消毒药应该交替使用	X13	289	97.3	0.97	0.162
家禽养殖应该实行"全进全出"制	X14	287	96.6	0.97	0.181
对进入养禽场的人员、车辆和物品要严格控制和消毒	X15	290	97.6	0.98	0.152
接种免疫疫苗能有效预防禽流感	X16	296	99.7	1	0.058

（2）技术接受模型测量题项描述性统计。养殖户对禽流感免疫疫苗依赖程度 4 个题项的测量均值均远大于李克特 7 级量表的中心点 4，并接近于量表的最大值 7，表明被调查养鸡户对禽流感免疫疫苗确有较高的依赖程度，这也印证了前文所述养殖户较强的"手中有苗（疫苗），心中不慌""一针（疫苗）定天下"的观念。

表28　技术接受模型测量题项描述性统计结果

潜变量	测量题项	题项代码	均值	标准差
感知的易用性	通过培训，我能很容易地掌握疫苗接种技术	X17	5.21	1.176
	通过技术讲解，我能很容易地理解疫苗接种技术原理	X18	5.18	1.183
	我认为疫苗接种操作过程并不复杂	X19	4.81	1.082
感知有用性	疫苗接种能有效降低家禽感染禽流感的可能性	X20	5.66	1.017
	疫苗接种能起到禽流感免疫的效果	X21	5.73	1.040
	疫苗接种能起到对家禽的保护作用	X22	5.78	0.966
态度	疫苗接种是预防禽流感的好方法	X23	5.91	0.778
	疫苗接种是预防禽流感的关键措施	X24	5.99	0.807
	疫苗接种是预防禽流感的重要手段	X25	5.92	0.811

（续）

潜变量	测量题项	题项代码	均值	标准差
依赖程度	我会将接种疫苗免疫作为预防禽流感的主要手段	$X26$	6.62	0.569
	我会说服养殖家禽的亲朋好友更加重视免疫疫苗接种	$X27$	6.55	0.579
	我打算将接种免疫疫苗作为今后预防禽流感的重点工作	$X28$	6.66	0.594
	我将主要依靠接种免疫疫苗来预防禽流感	$X29$	6.69	0.562

（3）各潜变量间的相关性分析。样本数据分析结果显示，在本研究所提出的假说中，除感知的易用性与感知的有用性之间的相关关系未达到 10% 的显著性水平外，防疫知识认知与感知的有用性、感知的易用性与态度、感知的有用性与态度、态度与依赖程度、感知的有用性与依赖程度之间的相关关系均在 10% 或 1% 的水平上显著，并且相关的方向也与假说基本一致。这说明防疫知识认知与技术接受模型的各潜变量之间存在关联性，但在进一步的因果关系分析前还需确定防疫知识的类型，以便能深入解析和检验不同类型防疫知识认知与技术接受模型各潜变量之间的因果关系。

4. 实证分析

（1）防疫知识类型的探索性因子分析。相比于技术接受模型的测量表，家禽养殖户禽流感防疫知识认知情况的测量题项均源自相关技术文献和专家建议。为了对养殖户防疫知识认知的结构和类别有更准确的把握，本研究首先对测量防疫知识认知的 16 个题项进行探索性因子分析。本研究采用 WLSMV 法，并使用 Mplus6.12 统计软件执行分类数据的探索性因子分析。初步分析中发现，题项 $X3$、$X6$、$X7$、$X8$、$X9$、$X10$、$X11$、$X16$ 在各因子的载荷均小于 0.5，因此将其删除，并对余下 $X1$、$X2$、$X4$、$X5$、$X12$、$X13$、$X14$、$X15$ 等题项继续进行探索性因子分析并执行 GEOMIN 旋转，计划萃取 2～4 个因子。从 Mplus6.12 的分析结果看，随着萃取因子数目的增加，各项拟合指标趋于合理，但从各题项在各因子上的载荷看，萃取 3～4 个因子时，$X12$、$X13$、$X14$、$X15$ 等题项均出现两个因子上的载荷同时大于 0.5 的状况；且在萃取 4 个因子时，所有题项在因子 4 上的载荷均小于 0.5。配合 Mplus6.12 输出的探索性因子分析碎石图可以看出，特征根大于 1 的仅有 2 个因子。因此本研究认为，从这些题项中萃取 2 个因子较合适。根据各题项的具体含义，本研究将因子 1 命名为"禽流感流行特征知识认知"，简称"特征知识认知"，将因子2命名为"禽流感综合防疫措施知识认知",简称"综合知识认知"。

（2）信度与效度检验。本研究采用 Cronbach's alpha 系数和各潜变量的平均差异萃取量分别作为信度和效度检验的测量指标。所有潜变量的 Cronbach's alpha 系数均大于 0.7，具有较高的信度，说明量表的可靠性和稳定性较好。

（3）结构方程模型检验。本研究使用 Mplus6.12 软件，并采用 WLSMV 法对本研究所构建的分析模型进行参数估计和拟合度检验。在根据修正指数提示并联系实际对模型进行修正后，模型拟合指数值均达到了参考值标准，说明模型能很好地拟合样本数据。

表 29　模型估计结果

路　　径	路径系数	标准误
禽流感流行特征知识认知→感知的有用性	−0.109	0.066
禽流感综合防疫知识认知→感知的有用性	−0.120**	0.060
感知的易用性→感知的有用性	−0.078	0.063
感知的易用性→态度	0.196***	0.059
感知的有用性→态度	0.260***	0.059
感知的有用性→依赖程度	0.244***	0.059
态度→依赖程度	0.431***	0.049

各潜变量间的路径系数及其标准误差和显著性显示：

第一，家禽养殖户感知的免疫疫苗的易用性与其态度、感知的有用性与其态度和依赖程度、态度与依赖程度的路径系数均通过了显著性检验。这基本验证了应用技术接受模型解析家禽养殖户免疫疫苗依赖性形成过程机理的效能。但家禽养殖户感知的易用性与感知的有用性之间的路径系数未能通过显著性检验，与预期不符。调查发现，样本中 32.6% 养鸡户已选择将免疫疫苗接种交由专业防疫人员完成。免疫疫苗接种的专业化现象可能造成了养鸡户感知的免疫疫苗易用性对其感知的有用性影响不显著，但这种影响是否存在，仍需进一步验证。

第二，在防疫知识认知的两个因子中，仅有综合防疫措施知识认知因子与养殖户感知有用性之间的路径系数为负，且通过了显著性检验，与预期相符。这说明在所调查的防疫知识中，综合防疫措施知识认知才是转变家禽养殖户过度依赖免疫疫苗错误观念的关键因素。

5. 结论与讨论

本研究基于"知识—信念—行为"和技术接受模型关系模式构建了防疫知

识认知对家禽养殖户禽流感免疫疫苗依赖程度影响的分析框架，并利用江苏省297 户养鸡户的调查数据对其进行了实证检验，进一步揭示和厘清了防疫知识认知对家禽养殖户禽流感免疫疫苗依赖程度影响的过程机理。分析结果显示，在家禽养殖户所掌握的防疫知识中，综合防疫措施知识认知是降低家禽养殖户禽流感免疫疫苗依赖程度的显著因素。综合防疫措施知识认知通过弱化家禽养殖户对禽流感免疫疫苗在禽流感预防中的感知有用性，进而改变其态度，并最终转变家禽养殖户在禽流感防疫过程中过度依赖免疫疫苗的错误观念。

需要注意的是，研究结果虽显示综合防疫措施知识认知是降低家禽养殖户禽流感免疫疫苗依赖程度的显著因素，但还必须认识到，转变养殖户对免疫疫苗过度依赖这一错误观念的目的是促进并提高养殖户实施防疫措施的综合性。因此，在防疫知识的宣传和普及过程中，除重视家禽养殖户对综合防疫措施及其防疫原理的实际掌握和理解外，还应着重引导家禽养殖户在消灭传染源、切断传播途径和保护易感畜群 3 个环节上形成合力，以此推动禽流感综合防疫措施在家禽养殖户中的全面落实。

此外，虽然畜禽标准化和规模化已成为养殖业的发展方向，但全国中小规模家禽养殖户仍占总数的 90％以上，并在稳定禽产品供给方面继续发挥重要作用。因此，在日益严峻的禽流感疫情形势下，仍不能忽视对中小规模家禽养殖户的禽流感防疫知识宣传和普及工作。然而，在农村剩余劳动力非农化的趋势下，年龄偏大，受教育程度偏低已成为中国农村地区中小规模分散经营家禽养殖户的一种普遍现象，这也在一定程度上增加了普及防疫知识的难度，并影响其效果。此外，不断出现的禽流感疫情，尤其是禽流感病毒的新变异且呈现出人畜共患特性的新型 H7N9 流感病毒在近年的出现所引发的禽产品市场价格波动，又使中小规模家禽养殖户的数量呈现较大的波动性。因此，在对中小规模家禽养殖户宣传和普及防疫知识的过程中，应采取何种组织和知识传授方式才能有效地促进家禽养殖户对防疫知识的吸收和掌握仍是需要探讨的问题。

（二）家禽养殖户禽流感防护行为及影响因素

家禽养殖户是密切接触活禽的职业人群，因养殖工作需要而导致的与活禽密切接触也使其成为感染 H7N9 流感病毒的高危人群。本研究拟基于保护性动机理论构建家禽养殖户人感染 H7N9 流感防护行为及其影响因素的分析框架，并利用江苏省养鸡户的调查数据，以期通过实证分析厘清人感染 H7N9流感风险下，影响家禽养殖户防护行为的主要因素，为进一步提升家禽养殖户的防护水平提供决策参考。

1. 理论分析

（1）基于保护性动机理论的家禽养殖户人感染 H7N9 流感防护行为分析。根据保护性动机理论，影响家禽养殖户人感染 H7N9 流感防护行为的内外环境因素包括以下几类：

第一，个体特征因素。家禽养殖户的个体特征差异会造成其对人感染 H7N9 流感病毒的严重性和易感性感知，以及其实施防护行为自我效能和反应效能的不同。如：相比男性而言，女性显示出较强的风险感知，因此，在人感染 H7N9 流感风险下，细心的女性较男性有更强的人感染禽流感 H7N9 流感病毒的严重性和易感性感知；因年龄增长导致的身体抵抗力下降，也会增加年长家禽养殖户人感染 H7N9 流感的严重性和易感性感知；受教育程度越高的家禽养殖户会更主动地搜寻，并更容易理解和掌握 H7N9 流感病毒传播、流行及危害等相关知识，进而拥有较强的防护自我效能和反应效能。这样，具有不同个体特征的家禽养殖户因其对人感染 H7N9 流感的"危险评估"和"应对评估"差异而最终影响其防护的积极性和主动性。

第二，组织特征因素。目前，家禽养殖合作组织和"公司＋农户"经营组织仍是影响家禽养殖户人感染 H7N9 流感防护行为的主要组织因素。养殖合作组织为家禽养殖户提供了家禽养殖技术以及禽流感防护知识交流的平台，而"公司＋农户"经营组织也是向养殖户传递防护知识的重要组织渠道，且为养殖户提供养殖技术指导的企业也具备宣传相关防护知识的能力和条件。家禽养殖户通过以上途径获取的防护知识都能极大地增强其防护 H7N9 的自我效能和反应效能，进而促进其采取更为积极的防护行为。

第三，养殖特征因素包括养殖年限和养殖规模。一般而言，随着养殖年限的增加，家禽养殖户经历的各类禽流感疫情而积累的防护经验也会转化为其实施 H7N9 防护措施的自我效能和反应效能。此外，规模较大养殖户的较高活禽接触几率也是其被感染几率增高的主要诱因，其易感性感知也会因此增大。这样，养殖年限较长和规模较大的家禽养殖户，其较强的自我效能、反应效能和易感性感知最终都会促使其采取积极的防护行为。

第四，与 H7N9 流感防护行为相关的其他因素包括对政府发布的 H7N9 疫情信息信任、以往自身感染和自家家禽感染禽流感的经历、与邻近养殖户的距离、人感染 H7N9 流感防护培训等。首先，政府部门披露的人感染 H7N9 流感疫情信息会直接影响养殖户的防护行为决策，家禽养殖户对疫情信息信任程度越高，其感知的严重性和易感性就会越强；其二，养殖户以往自身感染禽流感的经历会增强其对感染 H7N9 流感的严重性和易感性感知；其三，因

H7N9 流感病毒有随空气传播的特点，家禽养殖户间相邻禽舍的距离越近，相互传染的几率就会增加。因此，与相邻养殖户的距离越近，家禽养殖户的人感染 H7N9 流感病毒易感性感知会越强；其四，参加过人感染 H7N9 流感防护培训的养殖户，其防护的自我效能和反应效能都会增高。以上因素导致的家禽养殖户对人感染 H7N9 流感病毒"危险评估"和"应对评估"的提高都会促成其采取积极的防护行为。

（2）变量设定。为降低感染风险，确保防护效果，禽流感职业暴露人员应采取综合防护措施。为此，本研究将家禽养殖户人感染 H7N9 流感防护行为定义为家禽养殖户防护人感染 H7N9 流感的综合措施采用行为，并以采用综合防护措施数量的多少来判定其防护行为的积极与否。在上述防护指导原则和防控方案的基础上，结合家禽养殖户的特点，在两位预防兽医学专家的协助下，本研究确定了家禽养殖户需采用的各项综合防护措施，包括：工作中戴防护手套，工作中穿工作服，工作中戴防护口罩，工作中戴防护帽，工作中穿橡胶靴，工作结束后自身消毒，接触病死禽后立即用肥皂洗手，接触禽类粪便后立即用肥皂洗手，通过锻炼身体增强抵抗力，鸡、鸭、鹅煮熟再吃，远离野生禽类，居住的房屋勤通风换气，每周对住所、房间进行消毒，咳嗽、打喷嚏时掩盖口、鼻，注意自身营养以预防人感染禽流感，病死禽立即掩埋等 16 项综合防护措施。

H7N9 流感病毒防护措施采用数量是通过询问受访家禽养殖户在最近一批次家禽养殖过程中严格实施了多少项以上防护措施来确定。上述变量及其他各变量的定义与预期影响方向如表 30 所示。

表 30　变量定义及预期影响方向

变　量	定　义	均值	标准差	预期方向
被解释变量				
综合防护措施采用行为（Y）	实际采用的综合防护措施数量（项）	8.79	2.78	
解释变量				
1. 个体特征				
性别（X_1）	男性＝1，女性＝0	0.76	0.43	—
年龄（X_2）	25 岁以下＝1，26～35 岁＝2，36～45 岁＝3，46～55 岁＝4，56～65 岁＝5，66 岁以上＝6	4.06	0.83	＋

（续）

变　　量	定　　义	均值	标准差	预期方向
教育程度（X_3）	小学及以下＝1，初中＝2，高中/中专/技校＝3，大专＝4，本科及以上＝5	2.03	0.78	＋
2. 组织特征				
是否参加合作社（X_4）	参加了＝1，未参加＝0	0.21	0.41	＋
是否与企业签订收购合同（X_5）	签订了＝1，未签订＝0	0.20	0.40	＋
3. 养殖特征				
养殖年限（X_6）	实际养殖年限（年）	13.87	7.92	＋
养殖规模（X_7）	实际养殖数量（只）	5 534.04	4 818.12	＋
养殖收入百分比（X_8）	养鸡收入占全家总收入百分比（%）	0.58	0.30	＋
4. 禽流感防疫与防护相关变量				
对政府披露人流感疫情信息信任程度（X_9）	完全不信＝1，不太相信＝2，一般＝3，比较相信＝4，完全相信＝5	4.96	0.24	＋
自家家禽是否感染过禽流感（X_{10}）	感染过＝1，未感染过＝0	0.29	0.45	＋
自身是否感染过禽流感（X_{11}）	感染过＝1，未感染过＝0	0.00	0.00	＋
与相邻养鸡户的距离（X_{12}）	相邻养鸡户的实际距离（千米）	0.95	1.55	－
是否参加防护培训（X_{13}）	参加过＝1，未参加＝0	0.00	0.00	＋

（3）家禽养殖户人感染 H7N9 防护行为描述性统计分析。样本数据显示，被调查养鸡户较多地采取了工作中穿工作服，工作中戴帽子，接触病死禽后立即用肥皂洗手，接触禽类粪便后立即用肥皂洗手，鸡、鸭、鹅煮熟再吃，远离野生禽类，居住的房屋勤通风换气，病死禽立即掩埋等基本或一般常识性的防护措施。而较少采取如：工作中穿橡胶鞋，工作结束后对自身消毒，锻炼身体提高抵抗力，每周对住所、房间进行消毒，咳嗽、打喷嚏时掩盖口、鼻等要求更高且相对更加谨慎和严格的防护措施。说明总体而言，被调查养鸡户仍未对 H7N9 流感的防护予以足够重视。

表 31　家禽养殖户人感染 H7N9 防护行为的描述性统计分析

采用的防护措施	频数	百分比（%）	采用的防护措施	频数	百分比（%）
1. 工作中戴手套	170	57.2	9. 锻炼身体增强抵抗力	45	15.2
2. 工作中穿工作服	261	87.9	10. 鸡、鸭、鹅煮熟再吃	297	100
3. 工作中戴口罩	96	32.3	11. 远离野生禽类	286	96.3
4. 工作中戴帽子	218	73.4	12. 居住的房屋勤通风换气	284	95.6
5. 工作中穿橡胶鞋	61	20.5	13. 每周对住所、房间消毒	75	25.3
6. 工作结束后对自身消毒	46	15.5	14. 咳嗽、打喷嚏时掩盖口、鼻	75	25.3
7. 接触病死禽后立即用肥皂洗手	267	89.9	15. 注意自身营养以预防人感染 H7N9 流感	135	45.5
8. 接触禽类粪便后立即用肥皂洗手	296	99.7	16. 病死禽立即掩埋	296	99.7

2. 实证分析

（1）计量模型选择。本研究以 H7N9 流感综合防护措施采用数量来反映养殖户防护行为的积极与否。选用负二项回归模型来分析养殖户禽流感综合防护措施采用数量的影响因素。负二项回归模型表达式为：$Ln\lambda_i = \alpha + \beta_1 x_1 + \beta_2 x_2 + \cdots + \beta_k x_k + \varepsilon$，式中，$\lambda_i$ 表示养殖户综合防护措施采用数量的期望频数，α 代表常数项，β_k 分别代表各解释变量的系数，x_k 代表各解释变量，ε 代表误差项。

（2）估计结果与分析。本研究以被调查养鸡户采用综合防护措施数量（Y）为被解释变量，以性别（X_1）、年龄（X_2）、受教育程度（X_3）、是否参加合作社（X_4）、是否与企业签订收购合同（X_5）、养殖年限（X_6）、养殖规模（X_7）、养殖收入占全家总收入的比重（X_8）、对政府披露的人感染 H7N9 流感疫情信息信任（X_9）、自家家禽是否感染过禽流感（X_{10}）、与相邻养鸡户间的距离（X_{12}）等为解释变量（由于被调查养鸡户都没有自身感染禽流感的经历，也无人参加过人流感防护培训，因此在计量模型中舍去这两个变量）。通过在参数估计推断时进行标准误的稳健性调整，得到养鸡户 H7N9 流感综合防护措施采用数量的负二项回归模型估计结果。从估计结果看：

个体特征因素中，性别未能通过显著性检验，这与已有文献就社会公众及城市居民对 SARS、H1N1、H5N1 等病毒防护行为的检验结果不同，这可能与本研究女性样本较少有关，进一步研究应增加女性样本来检验性别的影响。

检验结果中，年龄和受教育程度均通过了显著性检验，与 Kuo 等的研究结论基本相同，说明年长和受教育程度较高养鸡户的防护意识更强，防护行为也更为积极。

组织特征因素中，是否参加养殖合作社和是否与企业签订收购订单这两个变量分别在 5% 和 1% 的水平上正向显著影响养鸡户的综合防护措施采用数量，与预期相符，说明与未组织化的养殖户相比，参加养殖合作社和与企业签订收购订单的家禽养殖户通过组织化显著提升了其防护水平。

养殖特征因素及相关其他因素中，养殖年限、对政府发布人感染 H7N9 疫情信息的信任、自家家禽感染禽流感的经历虽然都通过了显著性检验，但方向为负，而养殖规模、养殖收入占全家总收入的比重、与相邻养鸡户之间的距离等都未通过显著性检验，均与预期不符。造成这一结果的原因可能与被调查养鸡户并未有自身感染禽流感的经历，以及与官方发布的 H7N9 疫情信息本身有关。虽然官方发布的 H7N9 疫情信息证实了与活禽接触有较大的感染可能性，但在公布的实际感染病例中，70% 以上为生活在城市的人群，且目前仍未报告有家禽养殖户感染 H7N9 流感的病例。因此，养鸡户对官方疫情信息的较高信任程度，反而会降低其自身的 H7N9 流感易感性感知，加之在长期的养殖经历中，被调查养鸡户都未曾有被感染的经历，这又更使被调查养鸡户确信其与 H7N9 流感的低度关联性，并最终降低其防护的主动性和积极性，也使养殖规模、养殖收入占全家总收入的比重、与相邻养鸡户之间的距离等变量对养鸡户的 H7N9 流感防护行为影响不显著。

表32　负二项回归估计结果

变　量	系　数	稳健标准误	Z 值
常量	1.857 9	0.268 2	6.93
性别（X_1）	−0.015 7	0.033 4	−0.47
年龄（X_2）	0.047 0***	0.017 9	2.62
受教育程度（X_3）	0.067 2***	0.020 5	3.28
是否参加养殖合作社（X_4）	0.073 1**	0.036 5	2.00
是否与企业签订收购合同（X_5）	0.126 8***	0.031 5	4.02
养殖年限（X_6）	−0.002 4	0.002 2	−1.13
养殖规模（X_7）	4.22e−06	2.96e−06	1.43
养殖收入占全家收入百分比（X_8）	0.000 51	0.000 52	0.99
对政府披露人感染 H7N9 流感疫情信息信任（X_9）	−0.168 2***	0.045 9	−3.66

（续）

变　　量	系　　数	稳健标准误	Z 值
自家家禽感染经历（X_{10}）	−0.074 8**	0.033 1	−2.26
与相邻养鸡户的距离（X_{12}）	0.009 1	0.007 5	1.21
对数伪似然值	−646.603 7		
Wald chi²	587.33		

注：** 、*** 分别表示在 5% 和 1% 的统计水平上显著。

3. 主要结论与建议

本研究实证分析结果显示，较高的受教育程度、参加养殖合作社与"公司＋农户"经营组织是正向影响家禽养殖户人感染 H7N9 流感防护行为，提高其防护积极性和主动性的显著因素。但官方发布的 H7N9 疫情信息中反映出的 H7N9 流感感染病例与家禽养殖户的较少关联性却降低了家禽养殖户的易感性感知，并最终对其防护行为产生负面影响。然而，在新型 H7N9 流感病毒的传播模式仍未厘清的情况下，我们仍不能对家禽养殖户的 H7N9 流感防护工作掉以轻心。为防患于未然，无论从减少甚至消除 H7N9 流感病毒给家禽养殖户带来的风险角度，还是从确保家禽养殖业的健康发展角度，都需要我们未雨绸缪，并切实做好以下工作：

首先，应组织相关力量切断禽流感病毒的传播机制。20 世纪 50 年代，美国、加拿大和欧洲等发达国家规定，蛋产出后必须经过清洗、干燥、紫外线消毒和涂油保鲜等处理，成为"洁蛋"后才能上市销售。1970 年 12 月 29 日，美国国会审议批准《蛋制品检查法》，将表面污浊的鸡蛋列为"脏蛋"，并对市场上经查确认的"脏蛋"销毁处理。目前，亚洲的日本、新加坡、马来西亚、中国台湾省等 70% 以上的鸡蛋都是洁蛋。中国要抓紧制定全国洁蛋标准，为安全卫生、检测检验、认证认可及加工规程等方面提供统一的管理规范。

其二，应尽快弥补针对家禽养殖户的人感染禽流感防护知识的培训空白，疫区的卫生防疫部门应在下一波可能的疫情来临之前，联合有关机构通过多种方式开展针对家禽养殖户的人感染禽流感相关防护知识培训，进一步提升家禽养殖户的 H7N9 流感防护自我效能。

其三，在进一步鼓励并扶持养殖合作社和"公司＋农户"经营方式的同时，充分运用养殖合作社和"公司＋农户"的组织渠道，在家禽养殖户中有目的地宣传和普及预防人感染禽流感的知识并强化技术指导，通过提高家禽养殖户防护的自我效能来进一步提升其防护水平。

六、促进肉鸡产业健康发展的对策探讨

（一）国家应提高对肉鸡产业发展的重视程度

黄建明认为，中国白羽肉鸡发展了 30 多年，已经成为中国标准化、规模化、集中度、国际化程度最高的产业。肉鸡产业具有节约饲料、节约土地等诸多优势。目前肉鸡产业仍然存在被忽视和低估的倾向。肉鸡产业的发展，既要靠市场，也要靠政府的支持和引导。各级政府应充分估价肉鸡产业在国民经济中的地位和作用，给予足够的重视和支持。

国家肉鸡产业技术体系河北试验站站长、河北省畜牧兽医研究所魏忠华研究员和国家肉鸡产业技术体系河北试验站团队成员、河北美客多食品集团有限公司董事长胡晓江建议，国家把鸡肉纳入国家粮食安全体系中统筹考虑，因为鸡肉是料肉比最低的一种转换方式，国家可建立鸡肉储备制度。

（二）引导行业有序发展

王健认为，前几年因白羽肉鸡引种过多导致产能过剩，对行业发展产生了不利的影响，这两年控制的比较好，整个白羽肉鸡行业效益不错。白羽肉鸡产业联盟要更好地发挥作用，引导行业控制好产能，实现有序发展。

黄建明谈到，中国前几年肉鸡产能与市场需要脱节，盲目发展。2014 年白羽肉鸡联盟成立以后，首先在产能方面做了大量工作，起到了一定的作用。2013 年引进 154 万套，到 2014 年下降到 118 万套，2015 年加上美国禽流感的叠加作用只有 70 多万套。肉鸡行业的复苏与这两年减量有一定关系。将来禽流感过后对美国种鸡贸易放开了，我们业内认为产能还是需要管控的，而不是完全放开。应当汲取前几年产能过大的教训，对产能加以必要的管控，避免形势一好就盲目扩张。要创新管控方式，例如种鸡，包括祖代鸡和父母代鸡，国家制定祖代鸡和父母代鸡鸡场的标准，协会负责验收，不达标的不放行。制定标准，包括硬件的标准、软件的标准和量的标准，在布局方面做工作。

陈智武提出，目前优质黄羽肉鸡行情不错，利润比较可观，在这种形势下，养殖数量出现了快速增长的趋势。这应当引起我们的重视，防止出现盲目发展的现象。

（三）坚定不移推进标准化规模养殖

王健认为，在整个六大畜种产业发展中，白羽肉鸡的产业化、标准化、规模化水平确实比较高。但从发展趋势来讲，整个肉鸡产业在标准化提升方面还有很大空间，在一些偏远的地方正在由地面平养向网上平养转变，在一些地方从网上平养向笼养转变。将来随着产业融合的不断推进，包括饲料转化效率、产业增效和转型升级还有很大的文章可做。

（四）高度重视食品安全问题

王济民提出，降低药残不仅能够提升质量，还能够减少成本增加利润。要切实降低药残，大力发展健康养殖，并提高动物福利水平。消费者的消费理念已经发生了变化，许多人对鸡肉顾虑重重，主要是药残。建议政府统一药残的标准并对社会公布，取信于消费者。

黄建明提出，新常态下发展速度会放缓，这和国际上发达国家是一样的，美国、巴西年增速在3%左右。速度放缓更要重视提质增效，转变发展方式。要逐步建立如无抗养殖、动物福利等制度，提高产品质量，这也是产业发展的必然要求。

（五）进一步做好育种工作

王健介绍，前段时间，农业部专门发出了关于畜禽种业发展的指导意见，这一意见汇集了团队科学家的智慧，阐述了整个畜禽种业发展的指导思想、发展路径和重点任务。希望白羽肉鸡行业通过努力逐步摆脱对国际市场和国外品种的依赖。黄羽肉鸡也要适应中国农业供给侧结构性改革大背景的需求，提升地方特色的新品种配套系培育力度。同时，应规范推进817育种工作，并研究如何把这个产品推向市场。

黄建明提出，要把推进遗传育种放到重要议事议程上，尽快变被动为主动。此外，陈智武认为，中国的养殖环境与美国等国家有很大差别，中国开展白鸡育种，不一定要和美国或一些跨国大公司追求同质化，跟在它们后面走，应当发展我们中国特色的育种。

（六）关注中小养殖户的生存和发展问题

山西肉鸡产业体系首席科学家、山西畜禽繁育工作站站长曹宁贤认为，在目前阶段，尤其是贫困人口较多的地区，农民从事中小规模肉鸡养殖，对于就业和脱贫仍具有很大的必要性，应给予关注和鼓励。中小规模肉鸡养殖产业的废弃物，可以借鉴养猪的模式，通过自己承包的土地进行消化。

黄建明认为，白羽肉鸡现在有三种模式：第一是垂直产业化一条龙，从祖代鸡开始到产品全部由自己经营，没有合作，自己的资产自己管理，占比大概25%左右。另外是公司加契约合作，也就是"公司＋农户"。这种方式中一部分是自己养的，另一部分是靠合作方式来养，基本上占40%左右。前两种模式加起来有65%左右，剩余还有35%左右就是散户，这部分产品因为没有用药方面的管控，在食品安全方面有一定的隐患。对这部分养殖户（场），应制定一个规范的标准，加强监管，并引导其转型或与大企业合作，纳入产业化的经营体系。

（七）实现生产生态协调发展

王健认为，肉鸡粪污处理并不是一个难点，但是由于肉鸡密度比较大，规模比较大，因此总体粪污产量比较大，希望找到一些可行的粪污处理方式。2016年农业部启动了绿色畜牧业发展示范县创建，"十三五"期间将在全国创建200个示范县，着力从县级层面通过农牧结合的思路，尽量保证产业发展稳定，又要把粪污处理问题解决好。家禽特别是肉鸡也是一个重要的方面。我们也在争取财政上的支持，通过生产生态协调推进，使肉鸡产业寻找到一条更加有序的发展道路。

（八）通过创新破解发展中的各种难题

曹宁贤认为，土地已越来越成为养殖业发展的制约因素，很多企业已没有新的土地空间了。要通过创新土地利用方式，在有限的土地上养更多的肉鸡。2015年在山西开的肉鸡会，推广笼养鸡，原来能养1万只，现在能养2.5万只，类似于这样的措施还有很多文章可做。

陈智武谈到，据调查显示，肉鸡养殖户基本上都是50岁以上的人，年轻人都不养鸡。有的地方出现了"空心村"的问题，年轻人都出去打工，一些公司面临发展农户难的问题，公司之间的互相竞争也很厉害；也有农户不讲信用，想很多办法损害公司利益。在法国，并不是公司发展农户，而是公司全部是农户的，每个农户都是股东，这也是今后发展养殖户的思考方式。农户可以持一部分股份，农户之间互相监督，农户鸡养的好不但能赚到钱，在公司里也能赚到钱。

陈智武还指出，疾病是养殖业发展的很大困扰因素。对于白痢、白血病，有些企业一直在做净化，但是大环境是没有净化的，这些病还是会困扰。中国养鸡生物安全投入不足，特别是南方，两广、浙江、江苏，黄羽肉鸡鸡舍建的非常简陋，一平方米几十元，环境投入少病就很多，用药成本就很高，优质鸡养 100 多天大概用药成本在 1 元钱左右。一个农户一年养 2 万只鸡，用药成本就达到 2 万元。如果把这部分钱投入到鸡舍建设上，就能有效控制疾病，减少药物使用，效益会更好。

陈智武还提出，要探讨物联网、大数据在养鸡方面的应用，做好预测性的工作。如可以根据白鸡祖代的进口量推出可以提供多少鸡苗，可以知道多少年后鸡苗量有多大的缺口，对价格产生什么影响，以及如何应对。

（九）加强宣传引导消费

黄建明认为，消费阻碍行业发展已是共识。这几年消费不力，消费信心不足，与宣传工作力度不够有很大关系。要重视企业宣传，更要重视行业性宣传。烟台市几大公司比较集中，烟台畜牧局非常支持肉鸡产业的发展，经常牵头做白羽肉鸡的宣传，效果非常好。行业协会、企业联盟也在想宣传的方式，平面文字宣传，报纸、杂志刊登，上中央电视台相关栏目，把握消费者的心态。我们最近也和全国妇联儿童少年基金会接触，他们也有这方面的规划。国务院提出青少年食品安全守护行动规划，全国妇联将来会和教育部、中小学开展食育课堂，把一些食品安全知识放到中小学课堂中。我们应多利用这样的平台，或合作，或组织社会上的一些消费代表、媒体代表和专家到企业实地体验，让生产过程信息透明化。现在很多信息不对称，造成消费者不敢吃鸡肉。因此这需要持续地做正面宣传，企业把自律做好，把产品质量做好，配合起来，产业才能发展。

黄建明还提出，中国消费者注重口感，我们可以找一些餐饮协会或食品学院搞研发，研发以鸡肉为食材的符合中国人口味的菜谱，在口感方面做工作，更好地拉动消费。

2016 年中国肉鸡产业形势
分析研讨会综述[①]

辛翔飞[1]　周慧[1]　王晨[1]　钟苑[1]　王济民[12]

（1. 中国农业科学院农业经济与发展研究所；2. 中国农业科学院办公室）

2016 年 12 月 16 日，国家肉鸡产业技术体系产业经济岗位在北京召开了"2016 年中国肉鸡产业形势分析研讨会"。会议由国家肉鸡产业技术体系产业经济岗位专家、中国农业科学农业经济与发展研究所副所长王济民研究员主持。国家肉鸡体系首席科学家、中国农业科学院北京畜牧兽医研究所副所长文杰研究员，农业部畜牧业司统计监测处处长辛国昌，农业部畜牧业司畜牧处副处长王健，全国畜牧总站行业统计分析处处长田建华，农业部农业贸易促进中心处长吕向东，中国白羽肉鸡联盟秘书长黄建明，中国畜牧业协会禽业分会高海军和腰文颖，农业部肉鸡生产信息监测专家组成员、中国农业科学院北京畜牧兽医研究所副研究员郑麦青副研究员，山东家禽产业创新团队骨干成员、山东农科院家禽所石天虹研究员，华南农业大学经济管理学院薛春玲教授，国家肉鸡产业技术体系部分岗位科学家、试验站站长、岗位和试验站团队成员、部分试验站依托企业负责人，以及相关肉鸡企业代表等近 50 人参加了此次研讨会。

上午，会议进行了专题报告。腰文颖做了"2016 年白羽肉种鸡生产监测分析"报告，高海军做了"2016 年黄羽肉种鸡生产监测分析"报告，郑麦青做了"2016 年肉鸡生产监测分析"报告，吕向东做了"2016 年中国肉鸡产品贸易形势分析"报告，国家肉鸡产业技术体系广西试验站团队成员、广西金陵农牧集团有限公司经理粟永春做了"广西肉鸡产业生产形势"报告，石天虹做了"山东肉鸡产业发展形势"报告，薛春玲做了"广东肉鸡产业发展形势"报告，黄建明做了"白羽肉鸡产业发展形势"报告。下午，会议进行了讨论，总

[①]　本次研讨会于 2016 年 12 月中旬召开，相关专题报告中关于 12 月份的数据分析为当时的估计值。

结了 2016 年中国肉鸡产业发展的现状、特点、存在的问题，并探讨了促进肉鸡产业进一步健康发展的对策建议。

一、2016 年中国肉鸡生产形势

腰文颖、高海军和郑麦青的三个主题报告"2016 年白羽肉种鸡生产监测分析""2016 年黄羽肉种鸡生产监测分析"和"2016 年肉鸡生产监测分析"，全面分析了 2016 年中国肉鸡从祖代到商品代的生产形势。

（一）白羽肉种鸡生产形势

1. 祖代种鸡

（1）祖代种鸡引种。2016 上半年，中国共引进祖代白羽肉雏鸡 10.92 万套，第一季度 3.02 万套，第二季度 7.90 万套，第三季度 15.15 万套。10 月引种 8.74 万套，11 月引种 9.55 万套。1—11 月累计引种 45.86 万套。

11 月，山东益生种畜禽股份有限公司率先引进哈伯德曾祖代 8262 套（D 系母鸡）1.70 万只（四系双性别），使得国内白羽肉鸡种源供应受国际禽流感的威胁大幅降低，改变了国家间因疫情疫病发生等因素所造成的贸易禁运带来的种源中断风险。

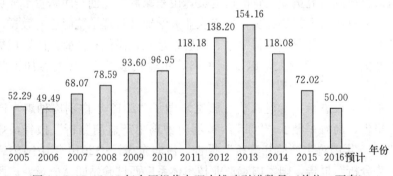

图 1　2005—2016 年全国祖代白羽肉雏鸡引进数量（单位：万套）

（2）祖代种鸡存栏。2016 年 1—11 月，总存栏 111.18 万套，较上年同比下降 22.36%；后备 25.98 万套，较上年同比下降 45.96%；在产 85.20 万套，较上年同比下降 10.44%。其中，2016 年 11 月，全国祖代白羽肉种鸡存栏 115.36 万套，环比增加 0.58%；后备存栏 38.56 万套，环比增加 9%；在产存栏 76.80 万套，环比下降 3.18%。引种数量增加和强制换羽是 11 月后备祖

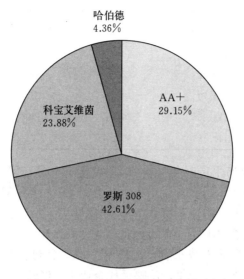

图2 2016年1—11月各品种祖代白羽肉雏鸡市场占有率

代存栏大幅增加的主要原因，后备存栏在2016年5月触底，之后便持续恢复。

根据在新常态下重新测算的供求平衡水平，在产祖代白羽肉种鸡存栏80万套即可满足市场需要，因此目前祖代存栏水平已略低于平衡值。未来一段时间父母代雏鸡的供应将有所减少，但考虑2016年绝大部分时间，祖代在产种鸡存栏都在80万套以上，在产种鸡存栏目前已接近触底，且父母代种鸡仍有相当的规模，以及父母代种鸡普遍提高的换羽率，在不发生重大突发事件的情况下，父母代雏鸡满足市场对商品代雏鸡的需求没有问题。

表1 2016年1—11月全国祖代白羽肉种鸡存栏量

单位：万套

时　间	全部存栏量	在产存栏量	后备存栏量	♯强制换羽
2016.01	118.45	81.88	36.56	3.51
2016.02	114.39	80.26	34.13	3.51
2016.03	113.51	84.08	29.42	0.00
2016.04	109.54	92.10	17.44	0.00
2016.05	105.30	93.04	12.27	3.51
2016.06	106.78	92.55	14.23	1.69
2016.07	107.49	88.54	18.96	0.00

（续）

时　　间	全部存栏量	在产存栏量	后备存栏量	♯强制换羽
2016.08	107.07	86.42	20.65	1.36
2016.09	110.38	82.23	28.14	1.76
2016.10	114.70	79.32	35.38	1.74
2016.11	115.36	76.80	38.56	3.50
合计	111.18	85.20	25.98	20.58

（3）父母代雏鸡生产及销售。2016 年 1—11 月，父母代雏鸡累计销售 4 297.86 万套，较上年同比增加 0.29%。预计 2016 全年父母代雏鸡累计销售 4 587.86 万套，较上年同比下降 1.50%。父母代雏鸡销售价格受封关影响一路飙升，祖代企业效益丰厚，有的企业甚至可以弥补过去几年的亏损。

从月度数据的环比走势来看，2016 年以来，父母代雏鸡的销售量比较符合月度销量数据的季节性变化，反映祖代企业生产经营情况较为正常。

2016 年 11 月，父母代雏鸡产销量为 297.63 万套，环比下降 9.99%；价格为 71.24 元/套（实际生产成本 15.70 元/套），环比大幅上涨 25.80%。11 月父母代雏鸡销售量走势与往年不同，往年 11—12 月父母代雏鸡销售量环比增加，但是 2016 年由于在产祖代鸡数量减少以及鸡龄偏大，老鸡偏多，攒蛋时间较长，所以供应减少。

2. 父母代种鸡

（1）全国父母代种鸡总存栏。2016 年 1—11 月，全国父母代种鸡存栏 4 414.82 万套，与上年总体持平，略有下降，同比降幅 1.81%。从月度数据的环比来看，2016 上半年，全国父母代种鸡存栏稳中有升，全年高点出现在 7 月，7 月存栏规模为 4 658.58 万套（在产 3 261.01 万套），下半年存栏较为平稳。虽然由于封关影响，祖代雏鸡引种大幅减少，但是祖代、父母代种鸡的大量换羽使得种鸡整体规模并没有出现明显下降。

（2）监测企业父母代存栏量。2016 年 1—11 月，监测企业父母代白羽肉种鸡存栏量虽然依旧保持"产能大扩张"以来的高位，监测企业父母代种鸡存栏量为 2 319.48 万套（截至 2016 年底，监测企业父母代种鸡存栏量占全国父母代种鸡存栏量的比重提升至约 53%），较上年同比增加 9.57%。其中，后备平均存栏 965.19 万套，较上年同比增加 6.28%，在产平均存栏 1 354.30 万套，较上年同比增加 12.05%。由于 2016 年商品代雏鸡效益较好，父母代种鸡的利用率明显提高，饲养周龄延长，使得监测企业在产的父母代种鸡较上年同比具有较大增幅。

同时，在 2016 年父母代雏鸡价格高企的情况下，更具实力的大型白羽肉鸡龙头企业（集团）仍然保持一定的扩张势头，行业内新一轮的整合加速进行，中小规模种鸡企业的空间被进一步压缩。

3. 商品代雏鸡

（1）全国商品代雏鸡产销量。据协会推算，2016 年 1—11 月，全国商品代白羽肉雏鸡累计产销量 42.32 亿只，较上年同比增加 2.94%，预计全年全国商品代白羽肉雏鸡产销量约 46 亿只，较上年增加 2%～3%。

（2）监测企业商品代雏鸡产销量。2016 年 1—11 月，监测企业的商品代白羽肉雏鸡产销量为 23.31 亿只，较上年同比增加 15.43%。大型白羽肉鸡一条龙企业（集团）增加自养场的数量及规模的趋势在近几年较为明显。

（3）商品代雏鸡价格。2016 年 1—11 月，商品代雏鸡平均价格 3.24 元/只（成本 2.27 元/只，平均每销售一只雏鸡盈利 0.97 元），较上年同比增加 138.71%。

（二）黄羽肉种鸡生产形势

1. 祖代种鸡

2016 年 11 月，监测企业的在产祖代种鸡平均存栏量约为 99.95 万套，较上月环比微幅减少 0.29%，较上年同比减少 8.70%。祖代存栏呈持平略减趋势，但不同类型祖代种鸡表现存在差异：快速型祖代种鸡此前处于历史低位，目前以增加势头为主；中速型和慢速型则在前期增幅较大致总量过剩的基础上，呈逐渐减少趋势。2016 年的祖代种鸡存栏整体低于上年及之前几年的水平，据监测祖代种鸡存栏占全国的比例测算，2016 年 11 月全国在产祖代种鸡平均存栏量在 115 万套左右。当前存栏水平虽然相对较低，但满足后市供应充足有余。以当前的祖代存栏水平，有能力在未来一年向社会提供商品代雏鸡47.91 亿只。

2. 父母代种鸡

2016 年 11 月，监测企业的在产父母代种鸡平均存栏量为 1 003.36 万套，较上月环比增加 1.50%，较上年同比增加 1.78%。11 月父母代种鸡存栏结束了此前连续 4 个月的减少势头，开始逐渐增加。据监测父母代种鸡存栏占全国的比例测算，2016 年 11 月，全国在产父母代种鸡平均存栏量在 3 635 万套左右。不同类型的父母代种鸡存栏走势具有较大差异：快速型较上年同比减少9.79%，减幅较大；慢速型则较上年同比增加 8.77%，增幅较大；中速型表现稳定，较上年同比微幅减少 0.44%。

父母代雏鸡销售量和价格均继续维持稳定，规律性较强，环比同比的变动幅度都不大。2016 年 1—11 月销售总量为 3 972.34 万套，销售价格为 6.53 元/套，销售量和价格同比减少（下降）的幅度分别为 2.45% 和 1.41%。

一直以来，父母代雏鸡销售量和价格均呈现出两个特点：一是规律性强，多数情况下月度曲线随季节规律变化；二是走势稳定，相较于其他监测指标而言，父母代雏鸡销售量及价格受市场因素影响较小。

3. 商品代雏鸡

2016 年 11 月，监测企业的商品代雏鸡销售量 1.02 亿只，较上月环比减少 5.63%，较上年同比增加 3.78%。2016 年 1—11 月，商品雏鸡销售总量 11.37 亿只，较上年同比增加 4.91%。不同类型商品代雏鸡变化趋势与其父母代种鸡存栏量基本保持一致：快速、中速、慢速型商品代雏鸡销售总量及同比情况分别为：2.62 亿只（较上年同比增长 2.66%）、3.85 亿只（较上年同比增长 4.76%）、4.90 亿只（较上年同比增长 9.58%）。

2016 年 11 月，商品代雏鸡销售价格为 1.91 元/只，环比下降 11.47%，为 2016 年最低水平，中速型雏鸡已出现亏损。2016 年 1—11 月平均价格为 2.35 元/只，较上年同比持平略升（增幅 0.32%），整体雏鸡效益依然不错。分类型来看，2016 年 1—11 月份，各类型雏鸡依然具有一定的盈利空间。

表 2　2016 年 11 月各类型黄羽肉鸡商品代雏鸡养殖效益

类别	价格 （元/只）	环比 （%）	同比 （%）	成本 （元/只）	收益 （元/只）
快速型	1.77	−13.92%	0.64%	1.42	0.35
中速型	1.53	−11.07%	6.72%	1.57	−0.04
慢速型	2.44	−9.88%	8.40%	1.82	0.62

（三）商品代白羽肉鸡生产形势

1. 出栏量

2016 年 1—11 月白羽商品肉鸡累计出栏量较上年同比基本持平。其中，中小规模监测户累计出栏减少 1.69%，月均存栏增加 5.13%；大规模场监测户累计出栏增加 1.37%，月均存栏较上年同比减少 0.21%；商品鸡雏监测户累计销售量增加 4.2%。综合估计，2016 年商品肉鸡累计出栏量较上年同比增加 1.5%，约为 40.3 亿只；平均出栏体重增加 1.81%，累计产肉量增加 3.3%，为 713.6 万吨。

2. 成本收益

2016 年 11 月肉鸡饲养成本呈现以下变化特点：①较上月环比，出栏肉鸡的养殖成本雏鸡费用减少 8.8%，饲料价格减少 1.7%，雇工费增加 23.2%，防疫治疗费减少 4%，水电费减少 22.4%，煤火费增加 0.7%。②饲料价格较上月环比下降 1.7%，较上年同比下降 5%；雏鸡价格较上月环比大幅下降 0.31 元/只，较上年同比高 1.31 元/只（增幅 57%）；饲料费用占生产费用的 67.1%，饲料和雏鸡费用共占生产费用的 86.7%，较上月环比减少 0.7 个百分点。③单位体重的生产成本较上月环比减少 2.6%（减少 0.21 元/千克），较上年同比减少 2.0%。

表 3　肉鸡养殖成本构成

项　　目	单位	2016.11		2016.10	2015.11	环比（%）	同比（%）
一、只生产费用	元	19.09	100%	19.93	19.53	−4.20	−2.22
1. 雏鸡费用	元	3.74	19.6%	4.10	2.40	−8.80	55.84
2. 饲料总费用	元	12.82	67.1%	13.32	14.23	−3.78	−9.97
3. 防疫治疗费	元	1.01	5.3%	1.05	1.22	−3.94	−17.40
4. 雇工费	元	0.70	3.7%	0.57	0.72	23.30	−3.02
5. 水电费	元	0.23	1.2%	0.29	0.30	−22.41	−24.55
6. 煤火费	元	0.29	1.5%	0.29	0.34	0.70	−14.20
7. 其他费用	元	0.31	1.6%	0.31	0.31	0.00	0.00
生产成本	元	18.39	96.3%	19.36	18.80	−5.01	−2.19
人工成本	元	0.70	3.7%	0.57	0.72	23.30	−3.02
二、产值合计	元	19.74		20.97	20.27	−5.85	−2.60
活鸡均重	千克/只	2.44		2.48	2.45	−1.68	−0.26
活鸡价格	元	8.09		8.45	8.29	−4.24	−2.35
三、饲料价格	元/千克	3.03		3.08	3.19	−1.65	−5.04
四、利润	元/只	0.65		1.04	0.74	−37.58	−12.53
成本利润率	%	3.39%		5.21%	3.79%	−34.84	−10.54
五、体重成本	元/千克	7.83		8.03	7.98	−2.56	−1.97

表4　白羽肉鸡养殖成本构成对比

项　　目	单位	市场	合同	合计
一、只生产费用	元	18.38	19.41	19.09
1. 雏鸡费用	元	3.16	4.00	3.74
2. 饲料总费用	元	13.18	12.65	12.82
3. 防疫治疗费	元	0.76	1.12	1.01
4. 雇工费	元	0.51	0.79	0.70
5. 水电费	元	0.21	0.23	0.23
6. 煤火费	元	0.24	0.31	0.29
7. 其他费用	元	0.31	0.31	0.31
二、活鸡均重	千克/只	2.34	2.48	2.44
三、饲料价格	元/千克	3.11	2.99	3.03
四、利润	元/只	0.73	0.61	0.65
五、体重成本	元/千克	7.84	7.82	7.83
六、生产指数		290.27	347.19	328.59

　　肉鸡养殖收益情况变化呈现如下特征：①11月份活鸡销售价格8.09元/千克，销售价格较上月环比下降4.2%，下降0.36元/千克；较上年同比下降2.4%，下降0.2元/千克。②单位活重成本减少，而活鸡价格也出现较大幅度的下降，最终使肉鸡养殖收益减少，较上月环比减少37.6%，较上年同比减少0.09元/只（下降幅度12.6%）；成本利润率为3.4%，较上月环比减少1.8个百分点，较上年同比减少0.4个百分点。11月份监测户中有28户出现亏损，占总体的21.2%。11月份出栏132个监测批次中，总监测数量达到238.1万只，其中有85.6万只出栏肉鸡处于亏损状态，占监测总数的36%，有较好盈利的为152.5万只，占监测总数的64%。

表5　白羽肉鸡饲养成本收益构成对比

项　　目	单位	市场	合同	合计
产值合计	元	19.11	20.02	19.74
总成本	元	18.38	19.41	19.09
♯生产成本	元	17.87	18.62	18.39
♯人工成本	元	0.51	0.79	0.70
活鸡价格	元	8.15	8.07	8.09
净利润	元	0.73	0.61	0.65
成本利润率	%	3.98	3.14	3.39

表 6 白羽肉鸡饲养成本收益构成

类别	市场	合同	合计
养殖户	63	84	147
	42.9%	57.1%	100.0%
养殖量	834 805	1 695 553	2 530 358
	33.0%	67.0%	100.0%
养殖户亏损面	14.3%	17.9%	16.3%
肉鸡亏损面	16.95%	33.61%	28.11%

3. 鸡肉价格走势与屠宰场效益

2016 年 11 月，屠宰场生产经营情况正常，多数屠宰场获得了比 10 月份更好的盈利。主要原因是 11 月毛鸡价格便宜，屠宰场效益明显好于一条龙。分部位来看，鸡胸肉价格近期上涨较快，这主要与肉类加工企业需求量增加有关。对于下一年行情预测：①由于祖代企业、父母代企业大量换羽，所以明年商品代鸡不会少；②对于 2017 年上半年行情预判有分化，一些企业不看好 2017 年第一季度行情，但是大部分观点还是认为 2017 年行情好于 2016 年，尤其是 2017 下半年行情转好。

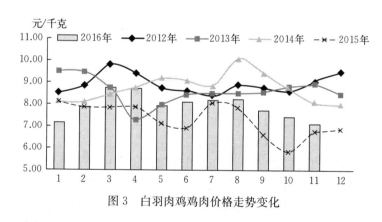

图 3 白羽肉鸡鸡肉价格走势变化

（四）商品代黄羽肉鸡生产形势

1. 出栏量

2016 年 1—11 月商品肉鸡累计出栏量较上年同期增加 4.1%。其中，中小规模监测户累计出栏减少 2.5%，月均存栏较上年同比减少 3.9%；大规模场

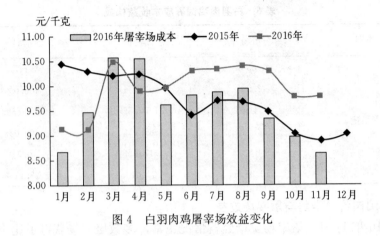

图 4 白羽肉鸡屠宰场效益变化

监测户累计出栏增加 54.8%，月均存栏较上年同比增加 58.7%（数据偏离较大，未采信）。综合估计，商品肉鸡累计出栏量较上年同期增加 4.1%，约为 35.5 亿只；平均出栏体重为 1.89 千克/只，增加 3.3%；累计产肉量增加 7.6%，为 436.5 万吨。

2. 成本收益

2016 年 11 月，黄羽肉鸡养殖成本呈现以下变化特点：①出栏鸡的养殖成本雏鸡费用减少 1.6%，饲料价格增加 2%，雇工费增加 24.1%，防疫治疗费减少 22%，水电费增加 2.2%，煤火费减少 6.3%。②饲料价格有上升 2.0%，但比 2015 年同期上升 4.7%；雏鸡费用有所下降 0.05 元/只，比 2015 年同期低 0.5%（0.015 元/只）；饲料费用占生产费用的 79.1%，饲料和雏鸡费用共占生产费用的 93.3%，与上月相比基本无变化。③最终单位体重的生产成本增加 0.44 元/千克，较上月环比增加 3.8%，较上年同比增加 1.5%。

2016 年 11 月，肉鸡养殖收益情况变化呈现如下特征：①肉鸡出栏体重减少 3.0%。②销售价格上升 0.5%；11 月活鸡销售价格 12.5 元/千克，较上月环比上升 0.06 元/千克，较上年同比上升 3.0%（上升 0.4 元/千克）。③单位活重成本增加，活鸡价格也出现较小幅度的上升，肉鸡养殖收益减少，较上月环比减少 40.5%，较上年同比减少 46.8%（减少 0.1 元/只）；成本利润率为 5.1%，较上月环比减少 3.5 个百分点，较上年同比减少 4.8 个百分点。11 月份的监测户中有 37 户出现亏损，占总体的 18.6%。11 月份出栏的 199 个监测批次中，总监测数量达到 131.8 万只，其中有 35.2 万只出栏肉鸡处于亏损状态，占监测总数的 26.7%，有较好盈利的为 96.6 万只，占监测总数的 73.3%。

表 7　黄羽肉鸡养殖成本构成

项　　目	单位	2016.11		2016.10	2015.11	环比（%）	同比（%）
一、只生产费用	元	22.22	100.0%	22.06	21.43	0.74	3.67
1. 雏鸡费用	元	3.15	14.2%	3.20	3.16	−1.57	−0.13
2. 饲料总费用	元	17.57	79.1%	17.18	16.84	2.27	4.34
3. 防疫治疗费	元	0.73	3.3%	0.94	0.68	−21.91	7.91
4. 雇工费	元	0.18	0.8%	0.15	0.14	23.51	24.29
5. 水电费	元	0.14	0.6%	0.14	0.14	2.47	2.08
6. 煤火费	元	0.14	0.6%	0.14	0.17	−6.00	−18.87
7. 其他费用	元	0.31	1.4%	0.31	0.31	0.00	0.00
生产成本	元	22.04	99.2%	21.91	21.29	0.59	3.53
人工成本	元	0.18	0.8%	0.15	0.14	23.51	24.29
二、产值合计	元	23.35		23.95	23.55	−2.52	−0.87
活鸡均重	千克/只	1.86		1.92	1.82	−2.99	2.17
活鸡价格	元	12.54		12.48	12.93	0.48	−2.98
三、饲料价格	元/千克	3.37		3.31	3.54	2.01	−4.64
四、利润	元/只	1.13		1.90	2.12	−40.46	−46.76
成本利润率	%	5.08%		8.60%	9.90%	−40.89	−48.64
五、体重成本	元/千克	11.93		11.49	11.76	3.84	1.46

表 8　黄羽肉鸡养殖成本构成对比

项　　目	单位	市场	合同	合计
一、只生产费用	元	21.11	22.91	22.22
1. 雏鸡费用	元	2.43	3.60	3.15
2. 饲料总费用	元	17.26	17.76	17.57
3. 防疫治疗费	元	0.65	0.78	0.73
4. 雇工费	元	0.25	0.14	0.18
5. 水电费	元	0.11	0.16	0.14
6. 煤火费	元	0.10	0.16	0.14
7. 其他费用	元	0.31	0.31	0.31
二、活鸡均重	千克/只	1.78	1.91	1.86
三、饲料价格	元/千克	3.18	3.50	3.37
四、利润	元/只	0.55	1.49	1.13
五、体重成本	元/千克	11.88	11.96	11.93
六、生产指数		63.16	87.76	77.30

表 9　黄羽肉鸡饲养成本收益构成对比

项　　目	单位	市场	合同	合计
产值合计	元	21.67	24.39	23.35
总成本	元	21.11	22.91	22.22
♯生产成本	元	20.87	22.77	22.04
♯人工成本	元	0.25	0.14	0.18
活鸡价格	元	12.20	12.74	12.54
净利润	元	0.55	1.49	1.13
成本利润率	％	2.63％	6.49％	5.08％

表 10　黄羽肉鸡饲养成本收益构成

	市场	合同	合计
养殖户	101	98	199
占比	50.8％	49.2％	100.0％
养殖量	504 977	813 338	1 318 315
占比	38.3％	61.7％	100.0％
亏损面（户）	19.8％	17.3％	18.6％
亏损面（鸡）	40.51％	18.12％	26.70％

二、中国肉鸡产品贸易形势

（一）中国农产品贸易地位

加入 WTO 以来，中国农产品贸易额占全球农产品贸易额的比重不断提高，2011 年开始成为世界第一大农产品进口国。目前，中国是世界第二大农产品贸易国，第五大农产品出口国。

表 11　中国农产品贸易额排名及比重

项　　目	2011 年		2015 年	
	出口	进口	出口	进口
世界排名	11	8	5	1
占全球贸易比重	3.0％	3.4％	4.6％	10.2％

2015 年世界主要农产品出口国排序在前的主要有美国（1 608 亿美元）、荷兰（954 亿美元）、德国（864 亿美元）、巴西（799 亿美元）、中国（725 亿

美元)、法国（689 亿美元）、加拿大（636 亿美元）、西班牙（492 亿美元）、比利时（440 亿美元）、意大利（425 亿美元）和印度尼西亚（398 亿美元）；主要农产品进口国排序在前的主要有中国（1 597 亿美元）、美国（1 566 亿美元）、德国（1 045 亿美元）、日本（734 亿美元）、英国（704 亿美元）、荷兰（674 亿美元）、法国（612 亿美元）、意大利（538 亿美元）、比利时（395 亿美元）、西班牙（386 亿美元）、加拿大（382 亿美元）。

2015 年中国主要进口农产品贸易量占国内产量的比重分别是谷物 6%、大豆 693%、油菜籽 30%、棉花棉纱 73%、食糖 46%，主要出口农产品贸易量占国内产量的比重分别是蔬菜 1.3%、水果 1.7%、水产品 6%、茶叶 15%。

（二）中国农产品贸易形势

2016 年中国农产品贸易形势总体呈现出"进口下降、出口增加"的特点。2016 年 1—11 月，农产品进出口贸易总额较上年同比略降，进口下降，出口增加，贸易逆差收窄。农产品贸易形势好于全部商品贸易。在主要出口农产品贸易中，水产品、蔬菜、水果出口额增加，畜产品出口额下降。在主要进口农产品贸易中，畜产品进口额增加，油籽、植物油、谷物、水果、食糖、棉花进口额下降，其中饲用谷物进口下降幅度较大。

表 12　2016 年 1—11 月中国农产品贸易情况

项目	农产品		全部商品	
	金额（亿美元）	同比（%）	金额（亿美元）	同比（%）
总贸易	1 645	−1.7	33 192	−6.9
出口	653	4.7	18 972	−7.5
进口	992	−5.5	14 221	−6.2
逆差	339	−20.3	4 751	−11.9

表 13　2016 年 1—10 月中国主要出口农产品

项目	出口金额（亿美元）	同比（%）
水产品	166	2.6
蔬菜	118	10.9
水果	55	8.1
畜产品	45	−6.4
茶叶	13	11.4

表 14　2016 年 1—10 月中国主要进口农产品

项目	进口金额（亿美元）	同比（%）
油籽	294	−6.6
畜产品	194	14.7
谷物	50	−39.1
水果	50	−3.6
植物油	38	−22.4
棉花	14	−38.4
食糖	10	−34.1

表 15　2016 年 1—10 月中国饲用谷物和食用谷物进口情况

项目	进口金额（亿美元）	同比（%）
谷物	1 947	−32
大米	278	5
小麦	315	22
玉米	299	−35
高粱	621	−29
大麦	418	−57
玉米酒糟（DDGS）	283	−52
木薯	583	−29
大豆	6640	2

（三）中国畜产品贸易形势

2016 年中国畜产品贸易形势总体呈现出"进口增加、出口下降"的特点。2016 年 1—10 月，畜产品进口 194 亿美元，同比增加 15%；出口 45 亿美元，同比减少 6%。

表 16　2016 年 1—10 月主要畜产品进出口情况

项　目	进口（万吨）	同比（%）	出口（万吨）	同比（%）
猪肉	139	133	4	−37
牛肉	48	31	0.3	−8
羊肉	19	1	0.2	−17
家禽产品	50	46	38	−5
奶粉	70	14	0.5	−16

（四）中国肉鸡产品进出口

肉鸡产品是最大的家禽贸易产品，也是重要的畜产品贸易产品，肉鸡产品出口占家禽出口的 85%，占畜产品出口的 25%。总体上出口大于进口，出口最多时超过 16 亿美元。

2016 年 1—10 月，出口 10.6 亿美元、下降 7.1%，进口 10.5 亿美元、增长 36.5%。顺差减至 1 000 万美元。预计全年进口、出口在 13 亿美元左右，进口创历史新高。

表 17　2016 年 1—10 月鸡产品进出口情况

产品名称		出　口			进　口		
		金额（万美元）	同比（%）	数量（万吨）	金额（万美元）	同比（%）	数量（万吨）
活鸡	种鸡	3	494		1 800	−6.1	
	其他鸡	1 141	−2	0.4	0		0
鸡肉	整鸡	15 112	0.4	4.9	112	1 165	0.2
	鸡块	17 698	−20	9	19 913	−10	0.3
鸡杂	鸡翅	613	158	0.1	53 463	24	17.7
	鸡爪	0		0	25 079	19	11.9
鸡肉制品	鸡罐头	522	5	0.3	34	44 602	0.009
	鸡胸肉	16 412	−4	4.2			
	鸡腿肉	34 295	−11	8.3			
	鸡肉及杂碎	19 827	4	4.2	3		
总计		105 685	−7	31.7	104 658	37	48

（五）主要进口来源地及出口市场

进出口市场较为集中。进口来源地主要为巴西、阿根廷、智力、波兰、西班牙和新西兰。出口市场主要为日本、中国香港、马来西亚、中国澳门、荷兰和韩国。

表 18 2016 年 1—10 月主要进口来源地及出口市场

进口			出口		
进口来源地	进口额（万美元）	占比（%）	出口市场	进口额（万美元）	占比（%）
巴西	87 878	84	日本	56 122	53.1
阿根廷	8 617	8.2	中国香港	33 575	31.8
智利	3 953	3.8	马来西亚	3 017	2.9
波兰	2 383	2.3	中国澳门	2 485	2.4
西班牙	1 299	1.2	荷兰	2 112	2
新西兰	478	0.5	韩国	1 148	1.1
合计	104 609	100	合计	98 459	93.2

三、主产省区山东、广西肉鸡产业发展情况

（一）山东省肉鸡产业发展情况

石天虹关于"山东肉鸡产业生产形势"报告分析了山东肉鸡产业 2016 年的发展形势、问题及对策建议。

1. 产业现状

（1）饲养肉鸡种类。山东省肉鸡饲养种类主要包括三种，白羽肉鸡（快大型肉鸡）、肉杂交鸡和黄羽肉鸡（优质地方鸡种）。其中，快大型肉鸡占主流，主要有罗斯 308、AA、哈伯德；肉杂交鸡是山东肉鸡养殖的特色品种，主要有 817 肉杂鸡、青脚麻鸡等；优质地方鸡种在山东占有一定存养量份额，主要有汶上芦花鸡、琅琊鸡、寿光鸡、鲁西斗鸡等。

（2）养殖规模。山东省 2016 年出栏肉鸡数量总计约 24 亿只。①快大型肉鸡。全省各地都有饲养，最集中的区域在烟台、潍坊、滨州、聊城、临沂等地。山东省快大型祖代肉鸡（益生和诸城外贸）存栏 30 万套。山东省父母代存栏 2 000 万套，年孵化商品鸡苗 20 亿只以上，年出栏商品肉鸡 15 亿只左右。②肉杂交鸡。817 肉杂鸡主要饲养在聊城、德州、滨州地区，年出栏 6 亿只左右，主要用于扒鸡、烧鸡，也制作冰鲜鸡；青脚麻鸡主要饲养在日照、潍坊、济南、泰安、菏泽等地，年出栏 2 亿只左右，用于饭店的炒鸡、炖鸡、烧鸡等。③优质地方鸡种。年出栏 1 亿只左右。

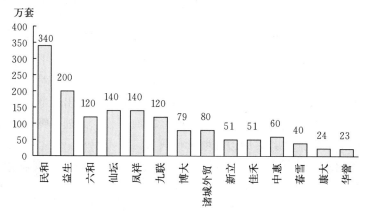

图 5　2016 年 12 月山东省部分知名企业的快大型肉鸡父母代存栏量

（3）饲养方式。山东肉鸡饲养方式主要有笼养、网上平养、地面平养、地面散养四种。①笼养。新建的快大型肉鸡场几乎都是笼养，其中 90％以上为垂直立体式笼养，全自动清粪、上料和供水，机械化程度高。少数鸡场采用阶梯式笼养，管理也非常好。②网上平养。一些原来的快大型肉鸡场、一些杂交鸡饲养场，还有些地方鸡的饲养，采用的是网上平养。③地面平养。有些快大型肉鸡场仍采用地面平养方式，但由于养殖效率低于笼养，地面平养正逐渐被笼养代替。④地面散养。一部分地方鸡种采用散养，甚至是多群、多品种混养，管理也比较落后。采用这种方式饲养的鸡数量比较少。

（4）省肉鸡产业化模式。山东省肉鸡产业化模式主要可以分为三大类，一是"公司＋自养场（或农户）＋屠宰加工"一条龙模式，这是近年大型企业集团，如凤祥、六和、民和、中慧等投资建设的快大型肉鸡生产的一种主要模式。二是"合作社＋农户"，这是山东肉鸡生产的一种主要组织模式，且组织管理和生产水平都很高，但没形成完整产业链，市场风险很高。三是散户饲养，主要饲养地方鸡和杂交鸡。

（5）肉类产品加工。山东省包括肉鸡在内的肉类产品加工业发达。山东省肉类加工企业名录（2016）1 414 家，中国肉制品十大品牌企业（2015），山东 3 家企业上榜，全国 50 强肉类食品企业（2005），山东省 18 家企业上榜。

（6）废弃物处理。跟全国整体形势一致，山东省的废弃物、病死禽无害化处理水平也有待提高，生态环保压力大。总体上缺乏成熟的、实用的无害化处理技术和设施设备。大部分鲜鸡粪直接运送到蔬菜大棚，堆积发酵；少部分鸡粪制成有机肥，如诸城外贸、山东民和（烟台）等少数大企业。此外，管理机制还不完善，主要是奖惩措施不到位，放任了部分小企业的脏乱差局面。

2. 存在的问题

（1）资源环境约束趋紧。一是土地资源紧张。城镇化的推进和法律法规对养殖用地的从紧规定，使得家禽养殖特别是集约化规模养殖可用土地形势严峻，用地成本不断上升。二是粮食和饲料原料资源相对不足，对耗粮为主的家禽业发展限制越来越紧。三是养鸡业和环境保护的矛盾突出。部分区域养殖规模大、密度高、布局不合理，而且没有配套的粪污废水处理设施，养殖废弃物超过了土地的消纳能力，对周边环境影响较大。

（2）产业发展进程不匀。快大型白羽肉鸡方面，标准化、规模化程度高，加工率也高，产业化方面处于全国领先地位。肉杂交鸡方面，生产水平与白羽肉鸡还有一定的差距，主要表现在制种不规范、用料混乱、疾病发生率高等方面。优质地方鸡方面，规模、养殖水平都较低。

（3）食品安全仍存在一定问题。一是兽药生产方面，在中兽药中非法添加抗生素，如头孢类、阿奇霉素、丁胺卡那等，不易被发现。二是食品加工方面，个别加工厂片面追求色香味及防腐保质，超量使用食品添加剂，甚至非法添加一些非食用添加剂。三是检测方面，由于一些项目没有国家标准而不能依法治理，也有一些标准没有及时更新，不能适应新的检测要求。四是监管方面，对社会散养鸡监管力度不够，个别屠宰加工厂对社会收购鸡，不进行药残检测而流向社会，从而危害人类健康。

（4）生物安全技术体系不完善。一是生产管理。盲目追求高产，饲养密度非常大，养殖环境自污染程度高，防疫压力加大。二是疫病防控。种禽（雏鸡）质量问题，像杂交鸡不规范的制种；免疫监测不到位；疫苗的研制跟不上禽病的发展，难以制定科学的免疫程序。三是饲养方式。一些地方鸡甚至采用散养、混养等落后的养殖方式，养殖环境差，用药量大，疫病防制困难，生产效率低。四是基础设施设备。有些养殖场机械化、自动化程度不高，人员进出频繁，消毒和防疫难度加大。

（5）缺少自主知识产权的肉鸡品种，市场竞争能力不强。一是白羽肉鸡品种完全依赖进口。二是没有突出的优质鸡品种。尽管817肉杂鸡、青脚麻鸡等有较大的存养量，但都不是经国家审定的品种。三是山东地方鸡种，如汶上芦花鸡、琅琊鸡、寿光鸡等存养量相对较少，科研投入较少，养殖水平相对较低，没有专门的饲养标准，用料比较混乱。

（6）禽产品加工及创新水平偏低。一是禽加工产业整体技术水平仍然很低，深加工率较低，机械化程度低，与世界水平有很大差距。二是大企业仍然沿袭传统加工工艺，关键工序工艺参数模糊，主要依赖操作者的经验，质量不稳定。三是缺乏具有中国特色、色香味俱全、档次高、受欢迎的快餐型禽肉产品。

3. 产业发展趋势

总体来讲，发展方向是标准化、生态化、安全化、产业化、特色化、科技化，发展目标是建设成环境友好、产品安全、经济高效的家禽健康养殖新模式。

（1）越来越重视种质的创新利用。大众的消费习惯在发生变化，从对家禽产品数量的追求逐渐转变为对产品质量、风味的追求。家禽饲养品种的多样性将增强，优质肉鸡的消费量逐年增大，自主培育品种比重越来越大。

（2）越来越重视设施设备的升级换代。健康的家禽养殖模式受到推崇，标准化、规模化（适度）和品牌化成为发展方向。新建场均采用先进设备，旧设备也进行更新换代，更加注重智能化、自动化和信息化。

（3）越来越重视废弃物无害化处理、减量化排放和资源化利用。一是减量排放。改变饲养模式，调整饲料配方，提高饲料利用率。二是资源化利用。粪便、垫料、病死禽堆肥发酵，快速生物发酵，生产有机肥。三是污水无害化处理。通过沙滤、污水处理工艺（人工湿地）等措施，创制液态肥料。

（4）越来越重视饲料安全。一是注重饲料营养平衡研究及新型饲料配方的研制，实现肉鸡健康高效生产；二是注重无公害饲料添加剂的开发与应用；三是注重饲料毒物检测与控制技术研究。

（5）越来越重视禽肉产品深加工，促进禽产品消费。一是加大对熟食制品的开发。重点研究肉制品调料、配方、烹饪方法，加大对禽肉产品菜谱的开发，开拓市场，促进消费。二是重视家禽副产物的综合利用。以血液、内脏、骨架、鸡皮、头脖为主要对象，利用独特的加工技术，研发新颖的产品。与食品化学（风味、色泽）、食品生物技术、生化制药等学科相结合，实现高效利用和效益倍增。

（6）越来越重视食品安全，家禽产品质量不断提高。一是政府监管越来越严格。二是越来越重视食品检测技术。特别是对药残和微生物的检测研发投入加大。微生物安全是鸡肉品质安全控制的主攻方向，如沙门氏杆菌、大肠杆菌、弯曲杆菌等的检测。

（二）广西肉鸡产业发展情况

粟永春关于"广西肉鸡产业生产形势"报告分析了广西壮族自治区肉鸡产

业 2016 年的发展形势、问题及对策建议。

1. 种鸡存栏和肉鸡出栏

经广西家禽协会统计和国家肉鸡产业技术体系南宁试验站的调查了解，到 2016 年第三季度，全区黄羽肉种鸡父母代存栏约为 1 356 万套（包含 30% 的后备种鸡），比 2015 年同期增长 10.6% 左右，预计 2017 年广西区黄羽肉种鸡存栏将达到 1 582 万套，呈逐年递增的趋势。前三季度鸡苗产量大约为 10.9 亿只。

全区规模养殖企业前三季度投放肉鸡鸡苗 9 617 万只，出栏肉鸡 10 402 万只，较上年同比出栏量下降约 20%。

2. 鸡苗生产成本与销售价格

2016 年全年因为饲料原料价格较低，各品种生产成本比往年均有所下降，而销售价格方面，一直处于成本线以上。

（1）快速型黄羽肉鸡鸡苗生产成本与销售价格。单只鸡苗生产成本在 1.3 元左右，基本处于平稳状态；销售单价在 2.4 元/只左右波动，最高月均单价为 7 月份的 2.67 元/只，最低月均单价为 1 月份的 2.19 元/只。全年均在利润线上，效益明显。

（2）中速型黄羽肉鸡鸡苗生产成本与销售价格。单只鸡苗生产成本在 1.5 元左右，基本处于平稳状态；销售单价在 2.5 元/只左右波动，最高月均单价为 2 月份的 2.76 元/只，最低月均单价为 4 月份的 1.95 元/只。全年均在利润线上，效益明显。

（3）慢速型黄羽肉鸡鸡苗生产成本与销售价格。单只鸡苗生产成本在 1.3 元左右，基本处于平稳状态；销售单价变动较大，行情不稳定，从 4 月份后逐月下降，全年最高月均单价为 4 月份的 2.34 元/只，最低月均单价为 10 月份的 1.26 元/只。利润空间不大，到了 10 月份，销售单价低于成本，处于亏本状态。

比较来看，中、快速型黄羽肉鸡鸡苗行情全年都比较稳定，有较好的利润空间，而慢速型黄羽肉鸡鸡苗波动较大，从 4 月份后一直下滑，到了 10 月份进入亏本状态。

3. 肉鸡生产成本与销售价格

2016 年前 10 个月肉鸡市场行情一般，利润空间不是很大，但还能有微利。

（1）中快速型黄羽肉鸡生产成本与销售情况。生产成本受饲料原料影响，3—9 月有一个下降的过程，但在 10 月后出现上扬，各月平均生产成本 17.41

元/只；销售单价波动也比较明显，在 4 月有一个较好的价格表现，但 5 月后就一直下跌，全年平均销售单价仅为 19.45 元/只，利润空间较薄。每出栏一只肉鸡公司获得的利润平均为 2.04 元/只，农户获得的利润为 0.79 元/只，农户获得利润偏少，主要是农户管理水平低、疫病防控不到位、发病率高，平均出栏率仅 90%，严重影响农户养殖效益。

（2）慢速型黄羽肉鸡生产成本与销售情况。生产成本受饲料原料影响，3—9 月有一个下降的过程，在 10 月后出现上扬，各月平均生产成本 20.52 元/只；销售单价波动也比较明显，在 3 月有一个较好的价格表现，但从 4 月后就一直下跌，全年平均销售单价仅为 22.28 元/只，利润空间较薄。每出栏一只肉鸡公司获得的利润平均为 1.76 元/只，农户获得的利润为 1.11 元/只，农户获得利润偏少，主要是农户管理水平低、疫病防控不到位、发病率高，平均出栏率仅 91%，严重影响农户养殖效益。

4. 2017 年广西肉鸡市场发展预测

一是近期饲料价格上涨，将对 2017 年肉鸡生产有重大影响，再加上整个经济环境不景气，预计市场行情不容乐观，利润空间将更低。预计 2017 年第一季度将是一个肉鸡生产的冬天。

二是根据现阶段种鸡存栏量，2017 年父母代种鸡存栏预计比 2016 年增加 15%，将对鸡苗销售价格进一步挤压，减少种鸡企业的利润空间。

三是由于最严环保法的实施，特别是对环境污染较大的一些产业，均受到严重影响，现在鸡苗纸箱涨价 100%，豆类饲料原料一货难求，因为豆粕的缺货，部分饲料厂出现停产现象。这些因素的产生，将大大增加饲养成本，影响养殖企业的利润空间，部分散户和小规模企业的生存压力将增加。

5. 存在问题与建议

（1）存在问题。一是据调查，玉林的优质品种三黄鸡有缩小的趋势，其他品种如灵山土鸡的品种等有逐步扩大的可能。二是整个养殖治污工作压力增大。三是流动资金方面，由于 2013—2014 年上半年猪、鸡连续大亏本，各企业大量拖欠各种款项，当前虽然盈利，但需补以前的亏损大坑，又要生产发展，流动资金还是有困难。

（2）建议。一是需要政府协调银行，支持养殖业的稳定发展，政府增加投入扶持资金，解决养殖企业的流动资金困难。二是根据专家预测，2017 年将是疫病卷土重来年，希望主管部门和企业关注疫病动态，做好防控。三是做好治污工作的同时，要科学、理智地对待相关"拆、搬、禁"行为，确保养殖业稳定健康发展。

四、关于产业发展的重要聚焦议题

（一）着眼新变化，研究新需求

王济民提出，现在实行供给侧结构性改革，一定要把需求端分析清楚。现在我们人均 8 000 美元，8 000 美元意味着中高收入。可以把一个国家想像成一个人，中高收入的消费一定和过去人均 2 000～3 000 美元截然不同，也和人均 10 000 以上的不同。白羽肉鸡产业在发达国家是什么样的产业？比如美国，肉鸡原来是第二大、第三大肉类，现在一跃成为第一大肉类，这一转变主要得益于以下两点：

一方面，因为鸡肉最便宜，是低收入者的食品。例如，麦当劳、肯德基在 20 世纪 80 年代进入中国时是富人的食品，那时候低收入者想吃还吃不起，但是现在麦当劳、肯德基在我们国家已经发生了变化，也慢慢变成低收入者的食品了。所以白羽肉鸡的定位在 10 年、20 年以前是富人的食品，但是到今天已成为低收入者的食品了。这一点做白羽肉鸡的人要有一个清醒的认识。

另一方面，鸡肉因为是白肉，是健康食品。美国人过去吃牛肉吃得太多，对身体有损害，鸡肉是白肉、低脂肪、低胆固醇。在美国鸡肉将牛肉替代了，牛肉从健康的角度讲有三高，另外牛肉价格很高，牛肉在肉类里是奢侈品。鸡肉价格低又健康，才能在美国打败牛肉，一跃成为第一大肉类。反过来，再来定位中国。中国在 10 年前，鸡肉是很受欢迎的，现在受欢迎程度明显下降了。这里面就有消费观念和收入水平变化的关系。从目前来讲，中国的白羽肉鸡已经和美国定位差不多了，都是低收入者食品这一点相同，但两国对健康食品的评判有差异。中国的健康与外国不一样，外国认脂肪、蛋白的化学分析原理，但中国认中医，中国如果想把鸡肉认定为健康食品，做到这一点难度非常大。黄羽肉鸡为什么好？老母鸡补身体。羊肉补身体，也是健康概念。但是白羽肉鸡什么都补不了，从中医的概念上打不出这个牌，从西方物理、化学分析角度讲中国人又不大相信。所以在很长一段时间我们还是得以低收入者这块为主了。

现在提健康中国，但是要看宣传力度大不大，如果白羽行业能将白羽肉鸡作为健康食品宣传，并且能得到老百姓认可的话，还会有更大的发展空间，当然还要找到一个适合中国的饮食方式，否则，那只能是低收入者的食品了，赚低收入人的钱。现在是 8 000 美元，过几年到了高收入国家，富人会更多，当然高收入国家也有低收入人群，就看低收入人群有多少的问题。低收入人口多消费量也大，低收入人口少那就难了。富人注重一是食品安全，二是补身体。补身体就是健康的概念，所以下一步就要看如何做健康概念。所以说我们的生产体系要对应升级。生产体系不能对应 10 年前消费者的需求，也不能对应现在，而是要对应 5 年、10 年以后国人收入水平进一步提高所带来的消费偏好的改变，所有的生产体系都应该和那时候对应才行。

分析肉类消费结构，不仅应从数量角度看，还应从质量角度看。现在吃的40 千克猪肉与 10 年前 40 千克的猪肉相比，猪肉两个字是一样的，但质量绝对不同。鸡肉也是一样。现在的鸡肉和 10 年前、20 年前的鸡肉，分析蛋白质、营养可能差不多，但是分析药残等其他的指标也不一样。所以今后数量的需求可能不会有太大变化，但对质量的要求会更加重视。这一点我们做生产的一定要跟上来，如果跟不上来，就只能淘汰。质量的变化很关键。过去只要吃饱，有肉吃就很高兴，现在就不是有肉吃的问题，而是安全不安全的问题。这与 10 年、20 年前是大不一样的。

国家肉鸡产业技术体系鹤壁试验站站长、河南大用实业有限公司鹤壁基地总经理杜彦斌认为，在国民收入水平和消费水平、消费理念都已经发生很大变化的情况下，要对鸡肉产品定好位。白羽肉鸡就是最便宜的蛋白，这个核心竞争力不能丢，不能把白羽肉鸡搞成保健品。牛奶宣传成保健品广告花钱太多，本来就是和豆浆一样的蛋白饮料，炒作成保健品，最后自食恶果。我们产业不应该走这条路，就是普普通通的，畜牧业最低端、最廉价的蛋白。

（二）重视肉鸡产业良性发展的长效机制建设

国家肉鸡产业技术体系河北试验站团队成员、河北飞龙家禽有限公司总经理姚彤认为，肉鸡产业前几年经历了供过于求的危机，连续几年全行业亏损。白羽肉鸡联盟成立后，主动联合祖代企业一块研究祖代鸡限产、减产的方案，再加上因禽流感对美国、法国封关，进口受限，整个行业开始扭亏为盈。现在出现了令人非常担心的现象。父母代产品价格过高，目前市场并不支撑这个价格。全国一年消费 90 亿只鸡，有白鸡、黄鸡、"817" 等构成，这几年也是比较稳定，并没有增加。国家经济的下滑对白羽肉鸡的冲击是非常大的，购买下降，快餐业萎缩，直接受影响的都是白羽肉鸡产品。白羽肉鸡消费在没有明显增加的情况下，我们作为源头，价格产品卖得这么高，是不正常的。现在已经开始感觉到有点停滞的苗头。希望行业能拿出好的办法，在量的良性发展方面建立起长期的调节机制。

国家肉鸡产业技术体系信阳试验站团队成员、固始县固始鸡原种场技术总监赵河山也提出，父母代鸡苗炒到 60 元、80 元，但终端消费没有起来，所以不具有可持续性。对这一现象必须引起重视。

（三）大力提振消费信心

赵河山认为，做任何产品经营，创品牌是唯一的通道。所以一个企业要敢于拍着胸脯保证自己的产品质量安全。随着自媒体、互联网的发展，原来说十年磨一剑，现在如果运作好的话，特别是靠产品口碑本身来去做产品承载的话，3～5 年也可能创立一个品牌。另外，每个企业都做一个品牌，可能企业投入太大。可以借鉴国外的做法，用协会来做，协会共同维系一个品牌。也建议农业部对龙头企业的品牌创建给予适当的补贴。

杜彦斌认为，要提振消费者信心，必须高度重视食品安全。目前，一条龙企业做的食品是比较安全的。比如圣农，全产业链自己来做，是可控的；还有双汇，自己做终端。但是一条龙企业在市场上有时无法与小厂竞争。如，小城市婚宴的鸡肉包括其他肉都来自小厂，成本低、价格低，产品在小地方的宾馆不会检查有没有药残、有没有有害物质。希望协会和农业部门能在宣传与政策上给予一条龙企业更多的支持，使其能够稳健地发展，使中国民众能吃上健康放心的食品。

国家肉鸡产业技术体系鹤壁试验站团队成员、河南大用实业有限公司鹤壁基地技术管理中心主管杜好鹏认为，保障产品安全应重视无抗问题。首先，苗鸡出壳以后不用抗生素。第二，饲料厂不加促生长的抗生素。第三，肉鸡在饲养的过程中不用抗生素或少用抗生素。现在是过渡期，可以用一些国家在停药期之外兽医处方的药。这方面一条龙企业做得比较好。首先需要把养殖场升级换代，由原来粗犷的饲养方式升级到智能化的饲养方式，通风、饮水、饲料都是自动的，西方国家已经做到了，中国现在也在升级。通风做好，水的卫生包括水管线高度压力都控制好，鸡粪不影响地下水线，在这种情况下养的鸡基本不用抗生素。应该向这方面发展，提高生产力和生产水平。但是这样投入会很大，成本很高，如果没有协会或品牌的宣传，就会被农户或国外的企业打败。原因是农户没有环保的成本，没有无公害处理的成本，会形成不当的竞争。

赵河山也谈到，通常来讲治疗还是可以用抗生素的，但是需要兽医处方，遵守规定。无抗是一个理念，并不是简单替代抗生素，就是要在通风、饲料、内环境、外环境、管理等方面做到位，是一个系统工程。但是市场劣币驱逐良币现象非常严重，需要逐步加以解决。

国家肉鸡产业技术体系潍坊试验站团队成员、山东省农科院畜牧兽医研究所许传田副研究员认为，提振消费信心，还应更大力度地做好宣传工作。H7N9 从 2013 年到现在已经 3 年了，但想消除这个影响是很困难的。一是我们的产品做得还不够精致，风味等方面还有待提高；另一方面是宣传力度不够，行业应该加大宣传力度让消费者放心，让他们对禽流感有正确的理解。

姚彤也认为，目前市场对白羽肉鸡有误解，但白羽肉鸡在节粮、节地、健康方面有优势，需要业界和专家多宣传。

（四）共同努力做好环保工作

姚彤提出，我们的祖代场主要分布在河北石家庄、邢台、沧州，从 2016 年开始政府要求煤改气，烧煤的全改造成天然气，但是建养鸡场根本就没有管道。再者，环保致使成本增加，包括纸箱。现在纸箱压力大，在广东纸箱厂大厂报价 4 800 多元/吨，小厂 5 000 多元/吨。另外，环保也导致用地受限。这些问题都需要政府统筹考虑，为企业排忧解难、消化压力。

许传田提出，在无害化处理方面，如果一栋鸡舍或养殖场一年只死几百只鸡，这种比较好处理，我们建 10 平方米的阳光房，用玻璃做的，夏天能达到 70 ℃，1 个月或 2 个月就实现无害化处理了。但是商品肉鸡由于量大，如果养殖不好一天死几百只，养几年后没有地方掩埋。如果使用发酵方法，成本太高，不但占用场地，消耗电费，往外销还要包装费、人工费，在当前行情不好的情况下，即使有这些无害化处理的方法，如果没有国家项目补贴，都是亏本的，所以企业不愿做。有的可能会象征处理几批，但不会每批都处理。如果政府、行业能补偿一部分，让企业不用承担很大的费用，会比较好。虽然现在有些地方有补偿，但是并不是每一个地方都能享受，政策执行不到位。

杜彦斌认为，环保是个比较好的事情，通过环保使一些比较落后的产能比较低的企业退出市场，通过市场化，减少密度，降低疫病的发生，但同时环保成本比较高，现在要求用天然气，很多地方没有天然气，希望政府能给出切实可行的解决方案。

国家肉鸡产业技术体系内江试验站团队成员、内江金鑫畜禽有限责任公司经理王成聪也谈到，我们做企业的确实感受到了环保的压力。环保问题使肉鸡养殖成本增加，一个增加是在包装费用上，一个增加是在废弃物处理上。希望政府能在这些方面给予企业一些帮助。

（五）加大对产业的金融支撑

辛国昌认为，整个养殖业资金压力都很大，尤其是全产业链企业的资金压力更大。现在有一些突破，养殖业与金融保险捆绑到一起，以保单作为抵押物。但是也有企业反映，用保单作为抵押物银行给的额度非常低。现在政府扶持的主要方法是用财政资金撬动市场资金，财政投入 1 元钱，撬动金融资本、社会资本 3 元或 4 元钱。今后应加大对产业的金融支持力度，也希望产业协会在这方面做更多的工作。

（六）重视规模化养殖的标准化建设

许传田提出，肉鸡规模化养殖已经 20 多年了，规模越来越大，但是标准还是不统一。鸡舍多大？怎样运行？养殖规模是 3 万只还是 5 万只？全国各地都不一样，在山东每个示范县也都不一样。很多鸡舍还是靠天吃饭，2016 年 3 月之前，疫情比较严重，3—10 月，整体禽流感发生率很低，指标还是很好的。如果 2016 年 12 月到 2017 年 1 月，疫情增加，指标又会马上降下来，成活率达不到 90％也是有可能的。现在一些规模化是形式上的，就是扩大的散户，达不到正规的标准。应加强规模化养殖的标准化建设。

（七）处理好产业链之间的利益关系

许传田谈到，2016 年饲料便宜，其他养殖成本也便宜，养成一只鸡 1 千克成本要 7.4 元，毛鸡也很便宜，有一阶段毛鸡收购报价 3.2～3.3 元，这时候肉鸡养殖就是亏本的。这种情况下，如果养殖户与屠宰场签了保底合同，屠宰场就会让利，活鸡收购价格 3.7 元、3.8 元，保证 1 千克赚 1 元。如果养殖户没有与屠宰场签保底合同，养殖户肯定不赚钱。

王济民认为，种鸡环节和加工环节都应给养殖环节让利，把养殖保住。否则，种鸡和加工也难以为继。

2017 年中国肉鸡产业经济
分析研讨会综述

辛翔飞[1]　王祖力[1]　欧阳儒彬[12]　王济民[13]

(1. 中国农业科学院农业经济与发展研究所；
2. 农业部发展计划司；3. 中国农业科学院办公室)

　　2017 年 7 月 21 日，国家肉鸡产业技术体系产业经济岗位在北京召开了"2017 年中国肉鸡产业经济分析研讨会"。会议由国家肉鸡产业技术体系产业经济岗位专家、中国农业科学农业经济与发展研究所副所长王济民研究员主持。农业部畜牧业司统计监测处处长辛国昌，全国畜牧总站行业统计分析处处长刘丑生，中国畜牧业协会禽业分会秘书长宫桂芬，中国畜牧业协会禽业分会高海军和腰文颖，农业部肉鸡生产信息监测专家组成员、中国农业科学院北京畜牧兽医研究所郑麦青副研究员，北京家禽创新团队经济岗位专家、北京农学院经管学院院长李华教授，中国白羽肉鸡联盟总裁李景辉，尚农智库总裁袁学国，国家肉鸡产业技术体系部分岗位科学家、试验站站长、岗位和试验站团队成员、部分试验站依托企业负责人，以及相关肉鸡企业代表等近 50 人参加了此次研讨会。

　　上午，会议进行了专题报告。辛国昌在发言中提出了当前畜牧业发展中需要关注的几个重点问题和对肉鸡产业经济研究的几点希望，宫桂芬在发言中简要分析了当前肉鸡产业发展中面临的突出困难和应对措施，袁学国就农业产业链一体化整合问题交流了自己的观点，腰文颖做了"2017 年上半年白羽肉种鸡生产监测分析"报告，高海军做了"2017 年上半年黄羽肉种鸡生产监测分析"报告，郑麦青做了"2017 年上半年肉鸡生产监测分析"报告，国家肉鸡产业技术体系广西试验站站长、广西金陵农牧集团有限公司总经理陈智武做了"广西肉鸡产业生产形势"报告，国家肉鸡产业技术体系鹤壁试验站站长、河南大用实业有限公司鹤壁基地总经理杜彦斌做了"河南肉鸡产业发展形势"报告，李景辉做了"中国白羽肉鸡发展思考"报告，李华做了"京津冀肉鸡垂直协作研究"报告。下午，会议进行了讨论。本次会议在分析 2017 年上半年中国肉鸡产业发展现状以及未来肉鸡市场发展形势，交流肉鸡产业研究成果、调研情况，谋划产业未来发展等方面，均取得了有益的成果。

一、当前中国畜牧业和肉鸡产业发展
需要关注的几个问题

辛国昌在发言中通报了 2017 年上半年畜牧业总体发展形势，并提出了当前中国畜牧业发展需要关注的几个问题。

辛国昌谈到，从上半年的发展形势来看，2017 年对畜牧业司来说是压力特别大的一年，工作节奏、工作压力与 2007 年、2008 年相当。2007 年，当年猪肉涨价很猛，通货膨胀率很高，整个畜牧部门上上下下如临大敌，中央领导批示很多，压力很大。2008 年，一系列质量安全事件特别是三聚氰胺事件，压力也很大。2017 年有很多新问题需要引起我们的关注和重视。

一是养殖废弃物资源化利用问题。2017 年 6 月在长沙开了现场会，汪洋副总理讲话，他说我们农口的会一直是比较多的，过去为粮食开过会，为人开过会，为农村改革开过会，为小麦、玉米都开过会，为养殖废弃物开会，而且是开这么高级别的会是历史第一次。为什么这么重视？2016 年 12 月中央财经领导小组第 14 次会议上，习近平总书记专门听了养殖废弃物资源化利用情况的报告而且作了很长一段讲话。现在大环境和生态文明建设都要求这件事必须得做，并且是毫不犹豫去做。建设生态文明是大趋势、大环境，是民生工程、民心工程。养殖废弃物资源化利用压力大，很多问题都需要和其他相关部委协调，尤其是能源化利用、有机肥享受化肥相应政策待遇等方面，在这种情况下我们还要兼顾保供给。保环境和保供给要统筹协调，这个难度和压力都很大。

二是奶业振兴。现在奶业压力也非常大，2016 年进口乳制品折合液态奶接近 1 200 万吨，这是什么概念？统计数据中国生产乳制品 3 600 万吨，实际上生产量更少，现在进口乳制品已经占国产乳制品一半以上，按统计数据是占 1/3 以上，所以现在养奶牛日子非常难过，尤其是 2016 年，养殖场数量在减少，奶站数量在减少，全国奶站从 3 万多家减到 1 万多家，现在剩下不到 6 000 家，奶业振兴问题压力很大。对国产乳品不信任，到国外去买奶粉，我们感觉很无奈。习近平总书记几次讲话以及党校省部级干部班供给侧结构改革都举奶业例子。

三是粮改饲。粮改饲事件也是一个大反转。为什么说是大反转？在四五年前，提到畜牧业发展一般都是两句话，一是畜牧业发展不与人争粮，二是畜牧业发展不与粮争地，即畜牧业发展不能影响到粮食安全。但是，现在提出加快构建粮经饲三元结构，并写到了中央1号文件里，可见中央十分重视这件事。2017年粮转饲任务全国要完成1000万亩以上，写到了3月份李克强总理的政府工作报告目标里。在过去，畜牧业单项工作完成程度写到政府工作报告里是很少的。

四是草原生态保护建设。中央关于推进生态文明建设的意见和中央生态文明建设总体方案里明确由农业部牵头的草原改革任务有两项，"十三五"规划的约束性目标里草原植被覆盖度达到56%以上，草原生态保护建设的压力也很大。

2017年这上面四件事让在畜牧业司工作十几年的我感受到前所未有的压力。

从产业发展上，我们还是要保障肉、蛋、奶的有效供给。习总书记说中国人的饭碗要牢牢端在自己手里，肉、蛋、奶的菜篮子也得提在自己手里。从具体品种来看，奶牛产业的日子是最难过的。2017年肉鸡也遇到了比较大的冲击，遭遇了比较大的困难。2017年6月上旬我们专门到江苏做了调研，好多企业2017年亏损比较严重，京海、利华等企业都亏损几个亿。我们也知道当前的困难比较大，但是从长远来看，肉鸡产业是最乐观的。奶业进口方面我们没抵挡奶业进口冲击的手段，包括关税和技术手段，关税壁垒和非关税壁垒都无效了，奶牛养殖的困难可能还会持续。生猪这块进口猪肉增加，未来也是常态，现在猪肉进口占中国猪肉总产量比例不大，在1%～2%，但增幅很快，2016年进口160万吨，比2015年翻番，迫切需要加快提升中国生猪养殖市场竞争力。美国牛肉进口也使中国肉牛养殖压力增加，虽然业内养殖企业反映现在压力还不是很大，从长期来看也不乐观。

肉鸡产业相对乐观。一方面是中国鸡肉已经出口到美国，另外一方面中国养鸡有三个方面优势。一是短平快。所有畜禽品种中，肉鸡生长比猪快，比牛、羊更快。因此肉鸡适应市场，自我调节能力相对强一点。二是家禽养殖偏劳动密集型。当然集约化水平越来越高，资本密集程度越来越高，这是大趋势，但相对其他畜种而言家禽偏劳动密集型，中国相对欧美国家还有一定竞争优势。三是家禽是与国家资源环境长远发展方向最契合的品种。现在资源环境方面的约束在收紧，人均资源很紧张，家禽生产饲料转化率高，粪污处理比猪、牛更容易。从统计数据看，禽肉在肉类占比是增加的，这与资源环境条件相匹配。现在养殖废弃物资源利用或环保上，两牛一猪是重中之重，即奶牛、肉牛和生猪。家禽用水量少，粪便好处理，尤其在资源环境利用方面经济价值相对较高。因此，从资源环境条件上，肉鸡比较契合国家资源环境条件，这也是一大优势。

肉鸡有独特的优势，但现在最大的威胁是疫病。此外，背后还有体制、机制的问题。疫病本来是天灾，但如果处理不当，如果体制、机制有问题又会演变成人祸，就比较麻烦。从疫病方面，一要考虑怎样防病、治病；二要考虑怎样形成健康引导舆论的机制，保护产业发展。

建议肉鸡产业经济方面要研究一些敏感问题。例如，在当今经济形势下禽肉和猪肉到底是怎样的替代关系。过去禽肉和猪肉价格同上同下，但是 2017 年养鸡业不景气，但猪肉价格还可以。从 2017 年上半年的总体情况来看，出栏一头猪能赚 240 元钱。为什么会出现这种情况？禽肉和猪肉的替代效应到底有多大？此外，习总书记在畜禽废弃物资源化利用中提出把大企业首先治理好，那么，家禽业什么标准算大企业？肉鸡养殖一年出栏 10 万只算大企业？还是 50 万只算大企业？确定具体标准是很现实的问题。再有，在疫病防控方面有什么好的意见、建议，也希望大家提出来，我们把大家的意见带回去给兽医局。

二、2017 年上半年肉种鸡生产形势

（一）白羽肉种鸡生产形势

腰文颖在"2017 年上半年白羽肉种鸡生产监测分析"报告中分析了中国白羽祖代肉种鸡、父母代肉种鸡、商品代雏鸡生产状况。

1. 祖代种鸡

（1）祖代种鸡存栏。引种情况：2017 年上半年共引种 26.68 万套，来自西班牙、波兰、新西兰 3 个国家。自西班牙、波兰相继发生禽流感以后，第二季度全部从新西兰引种。从品种分布来看，科宝 9.78 万套，占比 36.66%；AA 6.50 万套，占比 24.36%，罗斯 6.40 万套，占比 23.99%；哈伯德 4.00 万套，占比 14.99%。

存栏情况：2017 年上半年全国祖代白羽肉种鸡平均存栏 126.82 万套，较上年同比增加 13.91%。其中，后备存栏 45.81 万套，较上年同比增加近 1 倍，与 2015 年同期大体相当略减；在产存栏 81.01 万套，较上年同比下降 7.23%。由于 2016 年在产存栏的水平是下降的，2017 年上半年的在产存栏数量有所提升，预计 2017 下半年的在产存栏将超过 2016 年同期水平。

换羽情况：受上半年行情与鸡龄影响，2017 年上半年换羽情况比较少。

上半年祖代换羽为 5.28 万套，分别是 2 月 1.68 万套，3 月 3.60 万套，其余月份无。与 2016 年上半年换羽 12.22 万套相比，减少比较多。

（2）祖代种鸡产能利用情况。在行情低迷的 2015 年，虽然在产的祖代鸡存栏较高，但产销的父母代雏鸡的数量并未随之波动，2015 年第 4 季度至今，"封关"影响逐渐显现，祖代在产种鸡的存栏和父母代雏鸡供应量之间的对应关系非常明显，存栏多时供应量多，存栏少时供应量少。这表明，随着行情波动，祖代种鸡产能利用的调节幅度是很大的。同理，父母代种鸡产能利用的调节幅度也很大。这就解释了封关以后从屠宰场那一段似乎感觉不到肉鸡数量减少的原因。从产业链的上游传导到终端，减量的效应逐步递减，所以感觉不到产能缩减。2017 年上半年行情不佳，种鸡的利用率较上年相比有所下降。

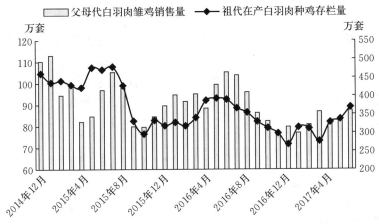

图 1　2015—2017 年上半年祖代白羽肉种鸡产能利用情况

（3）父母代雏鸡生产及销售。2017 上半年，父母代雏鸡产销量累计为 1 999.59 万套，比 2016 年同期下降 18.42％，下降幅度很大，同时价格也下降。这主要与上半年的 H7N9 有关，同时也跟 2016 年下半年父母代种鸡存栏量非常高有关。4 月仍能盈利，5 月、6 月低于成本线。

2. 白羽父母代种鸡

（1）全国父母代种鸡存栏。父母代种鸡存栏这一指标相对于祖代种鸡的存栏更为重要。2017 上半年，全国父母代种鸡存栏 4 644.45 万套（在产 3 251.12 万套），同比增加 7.85％，平均存栏与上年相比是增加的。但从环比来看是降低的，6 月，全国父母代种鸡存栏 4 019.21 万套（在产 2 813.45 万套），环比下降 7.00％。回顾 2017 上半年，父母代种鸡存栏，从 1 月的高于

2016 年同期 20％到 6 月的低于 2016 年同期 10％，波动幅度较大，尤其是第二季度下降幅度很快，峰值出现在 2 月。2017 年 6 月比 2017 年 2 月存栏下降了约 20％。这个现象主要与 2017 年的行情有关，尤其在前 4 个月没有出现太大的变动，到 4—5 月、5—6 月环比降幅都很大，蛋种鸡也是在这两个月大量淘汰，原因在于企业是根据以往的经验对疫情进行判断，认为天气转热之后，疫情就会消失，但是 2017 年不是这样。2017 年对 H7N9 系统跟踪发现，H7N9 主要集中在在 3 月和 5 月，5 月的情况与 3 月的相比还有愈演愈烈态势，天气热了之后也完全没有好转。另外，从企业反映上来的情况看，多个省份之间相互封锁道路的做法使很多合同无法履行，以及一些不主张鸡肉消费的宣传，导致整个家禽行业都处于非常低迷的状态。结果企业只能大量淘汰种鸡。如果按一年出栏 45 亿只肉鸡估算，4 200 万～4 300 万套父母代较为合适且有一定富余，6 月全国父母代种鸡存栏 4 019.21 万套，已经低于这个水平并低于 2015—2016 年同期水平，预计下半年种鸡存栏下降的空间不大，将基本保持这个水平。

（2）全国商品代雏鸡供应量。2017 上半年，商品代雏鸡累计供应量为 23.03 亿只，同比增加 3.79％。2017 年 1—4 月，单月的商品代雏鸡供应量是多于 2016 年同期的，5—6 月少于 2016 年同期，与种鸡存栏同比走势保持一致。

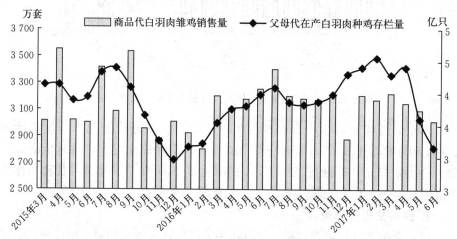

图 2　2015 年 4 月—2017 年 6 月父母代白羽肉种鸡产能利用情况

3. 商品代雏鸡

2017 年上半年，商品代雏鸡平均价格 1.05 元/只，同比下降 68.41％。2017 年上半年雏鸡、毛鸡、鸡肉的价格较上年同比都是下降的，各产业链的效益是低迷的。这也反映出产业链上下游对行业表达的一致性。但是，下降幅度又是依次收窄的，这说明，工业属性越强的产业，波动的幅度就越是减缓的。

商品代雏鸡的成本在6月为2.13元/只，上半年的波动不大。父母代存栏和商品代雏鸡销售的价格关系呈反比。从2016年下半年开始，当父母代存栏量上升，商品代雏鸡的价格就会下降。2017年5月，存栏的数量是下降的，商品代的价格就有所回升。说明这个行业的竞争已经非常激烈，非常饱和了。当产能增加，效益会随之下降。通过测算，上半年白羽肉鸡产业链种鸡环节，即祖代和父母代总共的效益，共亏损了24.62亿元。

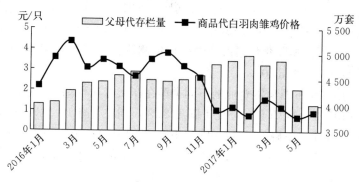

图3　2016年1月至2017年6月商品代白羽肉雏鸡销售价格

（二）黄羽肉种鸡生产形势

高海军在"2017年上半年白羽肉种鸡生产监测分析"报告中分析了中国白羽祖代肉种鸡、父母代肉种鸡、商品代雏鸡生产状况。

1. 种鸡存栏水平

（1）祖代种鸡存栏。2017年上半年，信息监测企业的在产祖代种鸡平均存栏量为110.85万套，较上年同比减少7.80%。2017年6月，信息监测企业的在产祖代种鸡平均存栏量为120.56万套，环比小幅增加1.00%，同比减少4.00%。协会测算，2017年6月全国在产祖代种鸡平均存栏量为132.48万套。

分类型来看，6月不同类型在产祖代种鸡存栏量的变动趋势如下：快速型42.91万套（环比增长3.85%，同比增长2.29%）；中速型为30.36万套（环比增长3.72%，同比增长13.14%）；慢速型为47.28万套（环比增长1.68%，同比下降2.85%）。不同类型种鸡表现存在差异，快速型呈增加趋势，而中速型和慢速型均减少，尤其是中速型减幅较大，三种类型祖代种鸡的市场占有率发生了较大改变。这反映了种鸡企业留种的需要。

总体来看，祖代种鸡存栏量的走势表现为前三个月持续增加，后三个月则相对稳定，当前存栏水平与往年同期相差不大。从 2011—2016 年黄羽肉种鸡产能水平变动趋势来看，若以 2016 年的实际产能进行测算，2017 年 6 月的祖代存栏水平在未来一年有能力向社会提供商品代雏鸡 61 亿只以上，能充分满足当前市场需求。实际上，从当前的市场形势和政策导向来看，当前的祖代种鸡量已表现出更为严重的市场过剩。

（2）父母代种鸡存栏。2017 年上半年，监测企业的在产父母代种鸡平均存栏量为 1 002.64 万套，同比减少 3.59%。2017 年 6 月，监测企业的在产父母代种鸡平均存栏量为 994.33 万套，环比、同比均有所减少，减幅分别为 0.76%、7.23%。据监测数据占全国的比例测算，2017 年 6 月全国在产父母代种鸡平均存栏量为 3 501.15 万套。

分类型来看，6 月监测企业的不同类型在产父母代种鸡存栏量的变动趋势如下：快速型 178.17 万套（环比下降 1.82%，同比下降 14.92%）；中速型为 257.67 万套（环比下降 5.06%，同比下降 22.16%）；慢速型为 558.49 万套（环比增长 1.71%，同比增长 5.11%）。可见，全部监测企业的父母代种鸡存栏量表现为同比减少 7.23%，但其中慢速型是有所增加的，而快速和中速都表现为较大幅度的减少。

总体来看，2017 年上半年，行业受 H7N9 影响严重，持续亏损的时间已经超出了广大从业者的预估，上半年父母代种鸡存栏量上下震荡，整体存栏水平虽然低于上年，但仍高于 2014 年和 2015 年。因此，在当前行业长期亏损以及活禽管控政策越来越严格的背景下，父母代种鸡存栏量仍存在下降空间。

2. 雏鸡销售情况

（1）父母代雏鸡销售情况。2017 年上半年，信息监测企业的父母代雏鸡销售量 2 188.41 万套，较上年同比减少 2.29%；价格为 5.94 元/套，较上年同比下降了 8.39%。走势与 2015 年、2016 年趋同。2017 年 6 月，信息监测企业的父母代雏鸡销售量为 405.52 万套，环比、同比均有所增长（分别增长 8.91%、20.37%）；父母代雏鸡价格为 5.65 元/套，环比微幅下降 0.14%，同比大幅下降 14.63%。

总体来看，6 月父母代雏鸡销售价格进一步触底，突破历史新低，父母代雏鸡价格低迷，加之雏鸡销售量大幅下降，从侧面反映了行业当前所面临的巨大困难。不过，根据中国黄羽肉鸡生产特点，父母代雏鸡多用于企业自用，以满足自身商品代环节产品的需要，外销数量占比不高。

（2）商品代雏鸡销售情况。2017 年上半年，监测企业的商品代雏鸡销售量为 5.70 亿只，较上年同比减少 8.37%；价格为 1.57 元/只，较上年同比大幅下降 36.31%。第二季度降幅很大。2017 年 6 月，监测企业的商品代雏鸡销售量 8 960.73 万只，环比、同比均有所减少（分别减少 8.64%、17.33%）；价格方面，商品代雏鸡销售价格 6 月为 1.22 元/只，环比、同比均继续下降（分别下降 7.95%、49.21%）。

总体来看，6 月商品代雏鸡价格已接近历史最低，仅略高于 2013 年 4 月水平，雏鸡生产平均成本价约在 1.65 元/只左右，因此 6 月单只雏鸡亏损约 0.43 元/只。

三、商品代肉鸡生产形势

郑麦青在"2017 年上半年肉鸡生产监测分析"报告中从商品代肉鸡出栏量、肉鸡产量、养殖收益等方面分析了 2017 年上半年中国商品代肉鸡生产形势。

（一）产量情况

2017 年上半年，商品肉鸡累计出栏 40.2 亿只，较上年同比增加 1.2%。相对于 2016 年同期来说，白羽肉鸡和黄羽肉鸡都有增幅，黄羽肉鸡增幅为 1.0%，白羽肉鸡增幅 1.5%，但相对于 2016 年下半年的产量有所缩减。

2017 年上半年，肉鸡产量 619.2 万吨，较上年同比增加 5.6%。无论是黄羽肉鸡还是白羽肉鸡，在 4 月之前，均在 2015—2017 年三年均值之上，而 5 月、6 月两个月已经跌至三年均值之下。上半年黄羽肉鸡产量较 2016 年同比增加 5.6%，白羽肉鸡较 2016 年同比增加 0.9%。

（二）收益情况

在商品代鸡场，无论是黄羽肉鸡还是白羽肉鸡相对于上年同期都是亏损的。白羽肉鸡在 2016 年上半年也处于亏损状态，而 2017 年的亏损程度进一步加大；黄羽肉鸡降幅更为明显，黄羽肉鸡在 2015 年 1 月至 2017 年 1 月都保持盈利，但从 2 月开始，出现亏损，且亏损程度比较大。

（三）经营情况

从养殖户户数来看，通过对十几个省区的养殖户进行监测，发现养殖户的数量开始下降。以 2015 年行业统计数为基数，肉鸡的养殖户相对于 2016 年同期减少了 9 万户，其中黄羽肉鸡养殖户减少 7 万户，减少幅度相当大。

从经营的盈亏上来看，1/3 养殖户亏损，1/3 的养殖户有盈利。通过与 2016 年进行对比可以发现，亏损范围在不断扩大，黄羽肉鸡亏损范围扩大的更快一些。

从监测户规模的变化来看，近年来监测户规模的变化较稳定。白羽肉鸡养殖户的规模越来越大，在最近连续亏损之后有一个快速的上升；黄羽肉鸡养殖户的规模呈波动下行趋势。其中可能有数量在补足过程中没有记录的情况，但这也反映了公司对农户放苗的数量不够充足。

（四）生产成本

生产成本方面，近两年来，白羽肉鸡呈现出大幅度的价格下调，主要得益于雏鸡价格和饲料价格下调。黄羽肉鸡相对于上年的价格有所增加，主要因为饲养时间与上年相比延长，所以成本增加。

成本指数方面，是固定雏料价格，剔除市场波动的影响，表现养殖效率对成本的影响，以白羽肉鸡 42 天出栏指标为基准进行计算。可以看出白羽肉鸡的成本自 2015 年到现在呈下降趋势，2017 年上半年为 105，相对于 2016 年的 104 有所增加。整体上看，白羽肉鸡的生产效率有所提高，无论从饲料报酬、转化率还是成活率上都有所提高。上半年黄羽肉鸡成本指数平均为 162.1，黄羽肉鸡的生产成本表现为逐步的波动性的提高，原因可能为黄羽肉鸡的产业结构变化，快速型比重大转为慢速型比重大。

（五）预测

2017 年上半年白羽肉鸡较 2016 年下半年同比下降 9%，根据对父母代在产量和产能的估计，2017 年下半年会继续保持 9% 的减幅。2017 年白羽肉鸡全年的产出大概有 40 亿，相对于上年全期下降幅度 9% 左右。

黄羽肉鸡根据父母代后续的情况，产能的潜力较大，如果不再进行产业调整，下半年有可能减幅会逆转，将会有 3% 的增加。全年估计 38.8 亿，与上年相比减幅不到 2%。根据监测数据，黄羽肉鸡在 7 月出现了上升趋势，根据父母代存栏的情况和产能情况进行估计，在后期呈波动上升的局面。

四、主产省区河南与广西肉鸡产业发展情况

（一）河南肉鸡产业发展情况

杜彦斌做了"河南肉鸡产业发展形势"报告，交流了 2017 年上半年河南省肉鸡产业发展特点及面临的困境。

1. 2017 年上半年种蛋、鸡苗和毛鸡市场情况

（1）种蛋。2017 年上半年由国家肉鸡产业技术体系鹤壁试验站监测的数据可知，由于 2017 年饲料原料较为便宜，种蛋的成本下降，价格在 1.1 元/只左右。1—6 月市场销售价格更低，1 月为 0.5 元/只左右，3 月略有提升，后续一直处于下降状态，至 7 月略有上升到 1.3～1.4 元/只左右。

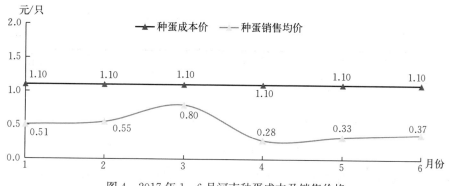

图 4　2017 年 1—6 月河南种蛋成本及销售价格

（2）鸡苗。鸡苗的成本价为 1.5 元/只左右。根据上半年监测数据分析，2017 年 3 月，鸡苗的价格最高，后期不断下降，6 月为 0.63 元/只，7 月又上升到 1.3 元/只。

（3）毛鸡。白羽肉鸡毛鸡成本价为 6.10 元/千克。1—3 月毛鸡是亏损的，尤其是 2 月，价格为 4.99 元/千克。3、4 月毛鸡略有盈利，6 月又进入亏损状态。总体来说，2017 年上半年毛鸡市场是亏大于赢的状态。

2. 2017 年上半年白羽肉鸡加工品市场情况

（1）市场初加工产品销售价格（不含快餐）。主要指完全从市场上收购毛鸡，完全在市场上加工成鸡肉的方式。屠宰的鸡肉成本＝市场毛鸡的成本＋运费/出品率＋1.3 元屠宰费。2017 年 1—3 月毛鸡的价格是下降的，而屠宰鸡肉销售价格没有下降，所以屠宰企业有收益；3 月基本持平；4 月以后，毛鸡价格上涨，鸡肉价格下降，导致后期处于亏损状态。

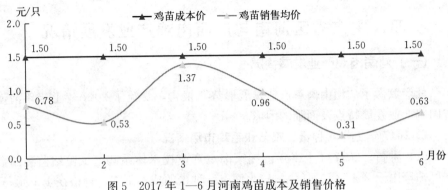

图5　2017年1—6月河南鸡苗成本及销售价格

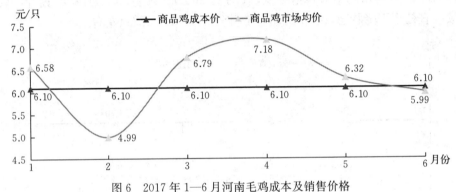

图6　2017年1—6月河南毛鸡成本及销售价格

（2）试验站初加工产品销售价格（含快餐）。根据试验站对龙头企业屠宰场的监测，初加工的成本是一致的，但龙头企业做快餐，快餐的价值较高，所以是盈利的。

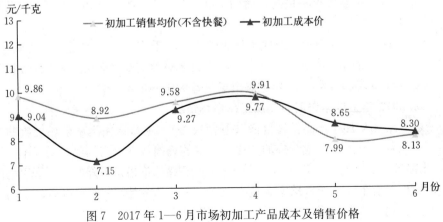

图7　2017年1—6月市场初加工产品成本及销售价格

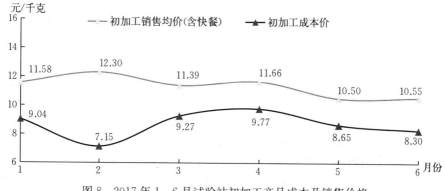

图 8　2017 年 1—6 月试验站初加工产品成本及销售价格

3. 2017 年上半年主要企业白羽肉种鸡存栏情况

河南的四大肉鸡企业集团，其中一个为父母代多的公司，其余为农户养殖。华英集团存栏量为 60 万套，永达集团存栏量为 80 万套，大用集团存栏量为 140 万套，双汇集团存栏量为 50 万套，龙华种禽公司存栏量为 70 万套，还有未进行统计的个体户存栏大约有 30 万套左右。整个河南省存栏量为 430 万套左右。经过测算，试验站周边的合作社，一套父母代种鸡亏损 192 元。

表 1　河南主要企业白羽肉种鸡存栏

企业名称	存栏量（万套）
华英集团	60
永达集团	80
大用集团	140
双汇集团	50
龙华种禽公司	70
合计	400

4. 2017 年上半年白羽肉鸡行情低迷的原因

（1）种鸡存栏量较大。2015 年 10 月祖代种鸡在产存栏量达到近几年的最低点，行业内人士预计在 2017 年初商品代鸡苗将逐渐出现紧缺现象。在这个预期下祖代和父母代企业出现较多的换羽现象，导致 2017 年上半年父母代总存栏量相比 2016 年同期多 7.85%，商品代鸡苗也出现供大于求的局面，鸡苗价格低迷。

（2）H7N9 的过度宣传影响了大众对鸡肉的消费。2017 年春天媒体上出现对 H7N9 流感的过度报道，使大众对鸡肉的消费出现恐惧，在一些学校、机关、工厂出现了拒绝鸡肉产品进入餐厅的现象，因此种蛋、鸡苗和毛鸡价格大幅度下降，种鸡淘汰鸡价格降低 4.0 元/千克以下，因为检疫证难开，种鸡想淘汰都困难，一些种鸡企业被迫换羽或继续饲养，使过剩的产能不能随市场低迷而正常减少。

（3）在新常态下鸡肉消费相比往年增长停滞。2017 年上半年国内经济增长 6.9%，考虑到这一增长主要靠国企和国家投资拉动，实际上大多数实体经济增长出现下滑或微涨，多数民众感受到的是收入降低。鸡肉消费属于大众消费，普通民众的收入下降客观上对鸡肉的消费影响较大。

（4）环保因素的影响。中国大多数肉鸡养殖取暖是靠煤，在新的环保政策的影响下，一些肉鸡养殖户没有能力或条件将鸡舍取暖条件改成天然气和醇类，多数地区出现养殖场被迫拆除和关闭现象，这样对肉鸡苗的销售带来一定的影响。

（5）企业资金紧张，库存产品不断抛售。在新的金融政策影响下，企业贷款越来越困难，使许多养殖企业资金出现非常紧张的现象。企业为了资金的周转减少了库存，价格一出现反弹，马上面临的是屠宰企业为了减少库存增加流动资金进行的抛售现象，使产品价格持续下降，很难出现大的反转局面。

综上所述，多种因素导致了 2017 年上半年白羽肉鸡市场的低迷，以前行业主要是应对产能过剩的挑战，现在问题越来越复杂。2017 年下半年因过剩产能的有效释放和 H7N9 影响的减少等因素会有所好转，但在国家宏观经济和国际同行业的竞争影响下很难出现大的反转局面。

5. 行业面临的困境

一是外资企业大举进军中国白羽肉鸡市场，通过合资或独资在中国从事白羽肉鸡生产，国内龙头企业面临更加惨烈的竞争。二是中国加入 WTO 后，农产品关税逐步取消，同时，中国在原粮价格、肉鸡饲养管理水平和美国、巴西和泰国还存在一些差距，使得白羽肉鸡行业面临着从国内竞争到国际竞争，行业龙头企业竞争更加激烈。三是新闻媒体对禽流感的过度宣传，每年都不同程度地影响着国民大众对鸡肉的消费。四是农业部采取中国进口美国牛肉换取美国进口中国鸡肉的措施，显然对白羽肉鸡行业是有利的，但美国农业部正准备用农产品包括鸡肉、猪肉和牛肉来平衡中国和美国的贸易逆差，未来会对白羽肉鸡行业造成更大的冲击。五是白羽肉鸡行业门槛较低，各金融巨头不断进军养殖行业，市场竞争更加激烈。

（二）广西肉鸡产业发展情况

陈智武做了"广西肉鸡产业生产形势"报告，交流了 2017 年上半年广西壮族自治区肉鸡产业发展特点，以及面临的挑战和机遇。

1. 2017 上半年主要肉鸡价格及成本

黄羽肉鸡分三类：优质型、中速型、快大型。从总的情况来说，售价基本上低于成本价。如果按出栏体重平均 2 千克计算，上半年每只鸡平均亏损 6.92 元。规模化企业，普遍亏损千万到亿元。

快大型优质鸡：公鸡与母鸡价格有差异，快大型优质鸡公母平均出栏体重 2 千克，上半年每只鸡平均亏损 5.8 元。

中速型优质鸡：分为矮脚黄鸡、黄羽防土鸡、麻羽防土鸡，都呈现价格低于成本的状态，中速型优质鸡平均出栏体重 1.9 千克，上半年每只鸡平均亏损 5.81 元。

慢速型优质鸡：麻羽土鸡，也称广西麻鸡，是在两广销售量比较大的品种，销售价格与成本差别较大，亏损更加严重。慢速性优质鸡平均出栏体重 1.7 千克，上半年每只鸡平均亏损 6.73 元。

2. 黄羽肉鸡发展面临的挑战

一是科学认识 H7N9。人和鸡感染的 H7N9 病毒，差别很小，不去逃避这个问题。目前为止，流感病毒中，只有 H1 和 H3 对人易感，不应对 H7N9 妖魔化。目前 H7N9 并不会在人群中大面积流行。但 H7N9 病毒可能长期存在，打疫苗，要有长期的心理准备。

二是屠宰、冷链运输、冰鲜上市是优质肉鸡的发展方向。优质肉鸡必须往屠宰、冷链运输、冰鲜上市方向发展，必须进行减产自保，若抱有侥幸心理，对企业会有不良影响。

三是改变养殖方式和屠宰方式。对于养殖方式，黄鸡放养的养殖方式下，因为南方对保温的要求不高，固定资产投资较少，几十元就可以建一平方米的鸡舍，但目前放养模式生物安全做得不够好。从屠宰企业走访得知，黄鸡企业大部分是"公司＋农户"的形式，这种模式下养成的鸡屠宰合格率很低，只有 40％，造成成本很高，有药残的问题。屠宰企业用在检测的费用很高，必须对每批鸡进行检测，对开发品牌冰鲜鸡有较大影响。所以，"公司＋农户"这种养殖方式会减少一部分，散养方式可能会转为笼养。笼养密度大，饲料转化率高，经过屠宰能够弥补毛色不如散养鸡的缺点。对于品种，育种方式也要有很大的改变，以前外观是第一位的，在屠宰冰鲜上市的情况下，选种要求方面会有较大改变。肉质的选择会是以后主要的选择方式。对于经营方式，以前企业都是活鸡上市为主，经营方式为"公司＋农户"，企业自己养的少。现在要求屠宰冰鲜后，这种经营方式可能会有所改变。

3. 黄羽肉鸡发展面临的机遇

一是养殖方式的改变，有利于疾病的控制，可以使行业健康发展。简陋的养殖方式，养殖密度比较高，不利于疾病的控制。二是冰鲜上市，更易于优质黄羽肉鸡在全国流通，增加消费人群。从中国饮食结构来看，优质黄羽肉鸡有很好的发展前景，且没有国际竞争的问题。企业应注重品牌的提升，以工匠精神经营企业，获得高附加值，健康发展。冰鲜上市，经过 1～2 年减量后，满足中国的饮食需求，黄羽肉鸡仍将有较大的提升空间。

五、会议讨论发言摘要

（一）关于 H7N9 流感应对问题

宫桂芬谈到，H7N9 流感对家禽业影响非常大，希望人医、兽医专家一起研究明白病毒到底是从哪里发现的，是人传染禽，还是禽传染人？鸡场里检出的 H7N9 和人身上检出的 H7N9 是不一样的。H7N9 病毒发展这么多年，鸡场也带毒了，鸡场的从业人员几千万，死亡几乎为零。H7N9 病毒传染渠道一直没有被说明白，希望能有人牵头把这件事情理清楚。2016 年底和 2017 年初，中国畜牧业协会到广东调研，部分养殖场让协会向农业部反映，H7N9 需要打疫苗，但专家分歧较大。有的专家同意，有的专家不同意。农业部委托协会组织召开现场会议，就是否应该打疫苗这一问题进行讨论，大家基本形成共识，需要通过疫苗免疫。农业部发出文件，在两广地区进行试点。此外，其他地区的企业如果想申请免疫也可以参加。从实际情况来看，北方企业也在积极申请参加免疫计划。

王济民谈到，应该认真研究和评估免疫与扑杀的问题。有病不扑杀是违反自然规律、违反市场规律的。之所以有病也是因为供给增加太多了，违反了生物学规律，供给太多了价格下跌。疫病也是，疫病就是想把供给消下去，但是非要打疫苗不让消下去，若干年就会半死不活，与其这样还不如一次都杀了，杀完后干干净净第二年就好了。建议国家通过补偿的方式，分担养殖场户扑杀的大部分成本损失。

陈智武谈到，必须承认 H7N9 流感中鸡发病、死亡的情况确实有，但 H7N9 是不是造成人死亡的原因很难讲。H1 和 H3 是可以在人与人之间传播的流感病毒，但其他病毒还没有发现可以在人与人之间传播，所以不应该妖魔化，不应对这一问题遮遮掩掩，应把事实搞清楚，这样才能更好地解决问题。当时 H5N1 流感时，我们在深圳养鸡，如果选择扑杀，扑杀鸡的数量实际上会很少，结果没扑杀。很多小场自己做疫苗，做好了是疫苗，做不好就是散毒。灭活不好就相当于把病毒扩散了，如果当初发现的时候就杀，可能花几千万就解决问题了，而现在是一年 60 亿元的投入。

国家肉鸡产业技术体系南昌试验站团队成员、江西省农业科学院畜牧兽医研究所谢明贵研究员谈到，以前也扑杀过，有的地方政府扑杀之前说有扑杀补贴，但补贴没有补到位，后来大家都不再扑杀了。没有补贴养殖户自己不会扑杀，如果政府给补贴，还得看补贴多少钱，能否弥补扑杀成本，才可能扑杀。

国家肉鸡产业技术体系武汉试验站站长、湖北省农业科学院畜牧兽医研究所申杰副研究员谈到，2017 年上半年湖北肉鸡养殖的行情是养殖户都没赚钱。原因主要有：一是总量偏多；二是 H7N9 过度渲染，老百姓没有消费信心，很多地方给小学生传达的信息都说不要吃鸡，不要吃鸡蛋。有一阶段，有的省畜产品整体冻结。现在无论是农民、工人，还是公务员，收入提高了，生活水平提高了，不像以前缺吃少喝，现在把身体健康看得很重，宣传之后老百姓很害怕，不敢吃鸡，消费信心缺乏，价格低迷。由于怕承担责任，大学食堂、工厂食堂也都不吃鸡肉，这是影响鸡肉产品价格的重要原因。

国家肉鸡产业技术体系信阳试验站团队成员、固始县固始鸡原种场经理孙健谈到，我们主要做地方品种固始鸡，从育种到鸡苗销售，现在也涉及食品的加工，包括冰鲜鸡的加工和销售。2017 年上半年，H7N9 疫情出现后，一些地方政府在高速路口和主要道路设置关卡，即便带有检疫证的活鸡、鸡苗都不准进入，即使持有城际检疫报告也不行，持有未感染 H7N9 的证明也不行。而且有的乡政府工作人员，直接告知养殖户，鸡不能到市场上去卖，空着的鸡棚也不准进鸡。我们调研的时候，在餐馆里吃饭，点餐时点一些和鸡相关的（如鸡肉、鸡蛋）产品，都点不到。经过询问得知，是政府限制跟鸡有关的产品进入餐馆，活鸡、熟制品都禁止出售。这些问题限制了肉鸡产业的发展。

国家肉鸡产业技术体系潍坊试验站团队成员、山东省农科院畜牧兽医研究所许传田研究员谈到，山东肉鸡养殖规模化程度比较高，H7N9 从 2013 年开始到 2017 年每年发生一次，流行了五拨。现在专家研究发现，H7N9 病毒有两种，一种是高致病性，一种是低致病性。低致病性和 H9N2 差不多，高致病性发现的比较少，H7N9 病毒在山东和两广是有差异的，黄羽肉鸡发病相对多一点，白羽肉鸡可能生物安全做得较好，也可能是与鸡的品种有关，目前

H7N9 在山东发病很少。2017 年山东省畜牧局要求对大型企业和散养户都要抽查，看看 H7N9 的流行情况。我们也跟着做了一些相关调查。我们发现，大部分鸡场抗体都是很低的，在 2 点多到 3 点多，这都算隐性的。从 2013—2016 年，H7N9 过去之后，个别种鸡场监测到的抗体也很高，但鸡没有发病。这说明至少在 2013 年到 2016 年，H7N9 还是很弱的，禽流感病毒的最大特点是不断变异，2016 年两广地区的变异确实增强了，目前在两广长江三角洲和珠江三角洲多一些，再往北比较少。山东最大的疫病不是 H7N9，还是以 H9 为主，H9 是一个很常见的病毒，此外还有传染性支气管炎。所以我们的建议是，如果 H7N9 没发病，就不建议免疫；如果两广发生了，就区别对待。一种是扑杀，一种是免疫。扑杀现在不行，错过了最佳时机，如果说刚发生时很少，这时扑杀肯定没错，但是扑杀也不太可能完全解决问题。因为禽流感进化快，像美国、欧洲扑杀后还是有，但是扑杀在一定时期一定范围是可以的。如果两广在第一家有的时候，就采取扑杀措施，肯定不会像现在这样发展的更多。现在搞不清楚，媒体报道的感染 H7N9 死亡的人其致死因素是否就是单一的 H7N9，有没有其他的病。检查结果显示，H7N9 抗体确实很高，但是这并不能说明就是感染了 H7N9，病人死亡了，也不能确定唯一的病原就是 H7N9。老百姓弄不清楚这件事，宣传过程中少了兽医、养殖户的声音，消费者不知道、不清楚，就是感觉到疫情太可怕了，不敢吃鸡，不敢吃鸡蛋了。宣传应准确透明，不应导致恐慌。

李景辉谈到，H7N9 在中国可能长期存在，要进行长期的、完善的防控措施，建议国家成立 H7N9 专家组，兽医、人医共同合作，对每个发生的病例一个不漏地进行分析，弄清楚是怎么感染的，是否完全因感染 H7N9 死亡，有的放矢地解决问题。

（二）关于环保问题

国家肉鸡产业技术体系河北试验站团队成员、河北飞龙家禽有限公司董事长姚彤谈到，环保是大势所趋，我们要响应政府的号召进行改进，但是改成什么样子？对企业来说，希望专家能够提出改进菜单，防止企业走弯路。另外，还有规划的问题，国家规定许多地方是禁养区，那么是不是也应规划出宜养区，指出哪些地方适宜养殖，并严格执行规划。在石家庄，祖代场过去建场的标准是达到隔离场的标准建设，但随着经济发展，政策的执行和监管不到位，有证的企业慢慢地被无证的企业包围了，一些人在周围养肉鸡，隔离场被迫降格，这个投资就浪费了。

谢明贵谈到，现在各级政府对环境问题抓得比较紧，几十头猪的猪场都必须拆，但现在存在一个问题，补偿不足造成一些矛盾，政府没有那么多资金，地方政府又想做好这件事。当地 1 平方米补 100 元，如果没有及时拆，补偿会下降到 80 元、60 元，如果再推迟就不补了，是有时间性的。因此产生很大的矛盾。

国家肉鸡产业技术体系扬州试验站团队成员、江苏省家禽科学研究所赵振华副研究员谈到，扬州试验站所在地以前是一个郊区，现在已经开发成一个旅游景区和商品住宅区，以前环保是达标的，现在有住宅了，开发旅游区了，按照现在的要求，环保就不达标了，周围有了住户，粪便气味污染产生不少矛盾，是个大问题。希望地方政府能够协助妥善解决这一问题。

许传田谈到，饲养模式很重要，饲养模式先进了，生物安全就好做了，发病几率也小了，鸡就健康了。山东做得好的地方就是除了大型企业带头，民间的养殖水平特别高，山东肉鸡从业人员整体特别敬业。近几年，个体养殖户虽然拆迁了一部分，但是总量没下降，这是为什么呢？因为另一部分未拆迁的养殖户自己把标准化规模养殖做得更好。这部分养殖户，一户不行，就两户、三户，民间养殖户自觉地把合理的养殖规模、养殖模式建立起来，有的甚至比大型龙头企业做的还要好。我们现在遇到一个拆迁的问题，有的养殖户从 20 世纪 80 年代就开始养，也就是说从规模化养殖发展之前他们就已经开始养了，他们把养鸡作为自己的一种职业，现在国家突然说把它拆了，补偿不到位，这确实不大合理。山东的养殖户比较密集，要全部拆迁的话，比较困难，即使这样，他们还是积极响应国家政策，自觉地把养殖模式提高。所以说我们呼吁拆迁不要紧，但是留一点时间给他们，给他们一定的补偿，提供一个缓冲，他们肯定做得更好。

国家肉鸡产业技术体系地方种质资源评价岗位团队成员、江苏省家禽科学研究所章明副研究员谈到，在禽流感暴发过程中江苏企业亏损比较大，一方面是供给的问题，另一方面环境的压力也很大。上半年因环境治理禁养区全面放大，有的政府采用各种手段限制企业继续发展，比如相应证件到年审的时候拖一拖，有的养殖场已经建场 20 年了，之前周围都没有人家，后来有人家了，打电话举报说不符合环评，就很难办。有的政府部门包括畜牧部门、工商部门、环保部门或国土部门互相推诿，都不想担责任，使养殖企业很被动。

申杰谈到，现在环保的压力，主要是对养猪、养牛、养蛋鸡。养肉鸡环保的压力也有但是不大，白鸡基本上都是地面平养或笼养，鸡粪、废水不多，一批鸡出栏后鸡舍清洗有一点废水，但是养猪、养牛排放量大，每天都要清栏，废水需要处理。行政部门一刀切，都要求禁养；说治理，政府也没钱。现在实行折中的办法，不强行拆除，但是现有养的鸡出栏后不能进鸡，建议环保也应从实际出发，做到生产与环保相统一。

（三）关于重建消费信心问题

国家肉鸡产业技术体系长春试验站团队成员、吉林粮食集团农牧有限公司总经理袁树国谈到，最近接触一位医院院长让我感触很深。这位院长认为溜达鸡非常健康，人吃比较安全，他认为白羽肉鸡都是吃激素长大的，无论我怎样解释他都不相信。不少医生都认为白羽肉鸡都是吃激素长大的。从消费角度，怎样才能转变他们的观念，他们代表着一个群体。因此从宣传的角度，要研究如何将他们的消费观念转变过来，否则白羽肉鸡消费不会增加，还可能会逐渐下降。

章明谈到，现在最重要的是引导消费者重建消费信心。农业是很弱势的部门，我们一个企业、一个人发出的声音很小，建议协会、产业体系组织大家一起发出声音，齐心协力把消费者信心重新建立起来。

（四）关于特色发展问题

陈智武谈到，黄羽肉鸡是中国的一个特色。我们做过实验，快大型黄羽肉鸡料肉比和白羽肉鸡差别并不大，屠宰等各方面性能差不多。为什么白羽肉鸡企业总想把白羽肉鸡的鸡胸肉卖到美国去，和美国竞争？黄羽肉鸡的鸡胸肉更好吃一些，为什么不把黄羽肉鸡的鸡胸肉卖到美国去？白羽肉鸡和黄羽肉鸡的肉质口感确实是不一样的，白羽肉鸡胸肉像一团面，虽然都是蛋白质，但不仅仅是蛋白质那么简单，从蛋白质营养价值方面白羽肉鸡和黄羽肉鸡是没有什么区别，但是从口味等方面是有区别的。

陈智武谈到，黄羽肉鸡以后养殖方式必须改变，再这样高密度放养就不行了，如果把生物安全做好，像白鸡一样笼养也行。有些白鸡企业也存活不下去，中国白羽肉鸡市场总规模 40 亿，正大养殖规模 20 亿只，圣农养殖规模 10 亿只，这两个企业已经占了 60% 以上，其他企业怎么办？它们也可以做黄鸡，用白鸡的鸡舍养黄鸡也挺好，只要生物安全做好了，病就能控制住。我们也做过这方面实验，这样养的黄羽肉鸡还是会好吃，用药很少，抗病率很好，817 养 30～40 天，一只鸡用药一元钱，土鸡开放式的养 100 多天，用药 6～8 毛钱，黄羽肉鸡用药比白羽肉鸡用药少很多。

申杰谈到，黄羽肉鸡可能也要走集约化、密闭式养殖道路。现在不准活鸡进入市场，都要卖冰鲜鸡或者是屠宰后的分割鸡。而散养鸡屠宰后酮体不好看，产品合格率不高，笼养鸡均匀度比较好，屠宰的合格率也高。黄羽肉鸡口味好，主要是养殖时间长。因此，黄羽肉鸡的出路也要走集约化、密闭式养殖。但是可把饲料调整一下，养殖时间延长一点，把风味养出来。北方可能在吃鸡方面讲究不多，但是从湖北向南，特别是两广，对吃比较挑剔，比较喜欢黄羽肉鸡风味。

赵振华谈到，黄羽肉鸡的集中屠宰和冰鲜上市是大势所趋。养殖方式由散养变成笼养，但是销售方式是不是也是完全的冷鲜上市，不允许活鸡上市？我觉得这是个可以讨论的问题。是不是一刀切？如果是，可否给予适当的过渡期限？

国家肉鸡产业技术体系肉质检测与评定岗位科学家、扬州大学动物科学与技术学院谢恺舟教授谈到，江苏省农委支持企业采取 1∶1 配套资金的办法鼓励企业建立黄羽肉鸡屠宰场。常州建立两个屠宰场，在禽流感发生后，屠宰就发挥作用，卖不掉就进行屠宰，放入冷库冻起来，再进行销售。关闭活禽市场是大势所趋，最终肯定是冰鲜上市。江苏省 2017 年农业重大品种创制申报指南，里面有一项是特色畜禽重大新品种的创制，现在优质肉鸡主要是屠宰合格率较低，合格率仅 42% 左右，这种情况下需要培养适合加工屠宰的优质肉鸡新品种。这个项目经费 500 万～1 000 万元。这个指南设计的目的就是为了提高黄羽肉鸡屠宰酮体品质，提高屠宰合格率，也是为了关闭活禽市场，有利于控制 H7N9 传播。

（五）关于行业集中度问题

国家肉鸡产业技术体系北京试验站团队成员、北京家禽育种有限公司技术总监吴礼奎谈到，从北京试验站调查的 52 家一条龙企业来看，上半年父母代的平均淘汰周龄是 59.2 周，虽然市场行情不好，有 H7N9 的影响，但是父母代企业的生产性能是最近 5～10 年最好的一年。第一个是淘汰周龄，由原先 55 周龄的行业水平延长到现在 59 周龄，产出突破 120 个，接近世界平均水平了。调查的 52 家企业，出栏肉鸡 16.78 亿只，出栏日龄 40.25 天，出栏体重 2.36 千克，成活率 92.3%，饲料转化效率 1.7∶1。虽然受 H7N9 的影响，但是成活率跟 2012 年比的话并不低，比这两年要高 2 个百分点。第二个是生产性能跟正常鸡群差很多，尤其在一条龙企业中外购鸡苗和强制换羽多的企业，肉鸡的生产性能和往年比是有退步的，但是总的来看，一条龙企业饲养的肉鸡成绩还是比较稳定的。对于卖种蛋的、卖鸡苗的这些非一条龙的企业，市场价格很低，一只鸡苗大概亏 1 元多钱，一只种蛋大概亏 8 毛左右。但是一条龙的企业，特别是有屠宰场的企业、有食品加工厂的企业，盈利能力还是较强的。举个例子，有一家国内公司鸡肉熟食加工转化率可以达到 50％以上，每只肉鸡的利润可以达到 3～4 元，这在行业内是很高的。如果个别公司的熟食加工转化率达到 70％的话，企业一只鸡的利润差不多可达到 6 元。一条龙企业，像福建圣农计划未来三五年之内要做到 10 亿元，正大集团计划在五年之内计划做到国内 22 亿元，外资企业嘉吉也是把产能拉满，一年能够进 52 万套左右的父母代。在市场不好的情况下，这些企业依然在快速发展自己，所以预测未来的集中度会更高，三年之内集中度前五家企业能够达到或超过 35％。现在的水平初步计算前五家不到 23％，三年之内能增加十几个百分点，5 年之内能突破 50％。50％的水平是什么概念呢？应该是 1986 年美国的水平。如果行业集中度上来了，给我们提示什么东西呢？防疫条件不合格的，废弃物处理不符合国家法规的企业必然会消失，原因就是前面的几家已经把市场占领了。在这种情况下，维护低产能、高污染、非盈利的企业，无非就是延长了它一定时间的生命而已，因为它们的退出在行业大资本的环境下是难以阻挡的。

（六）关于精准统计问题

李景辉谈到，中国白羽肉鸡发展的历史很短，但中国已经具备了一年屠宰 100 亿只的能力，其中一体化的生产能力大概有 70 亿只，特别是 2016 年底，曾祖代鸡落户中国，中国白羽肉鸡经过 40 年的发展，已经打下坚实的基础。但是这么大的产业目前缺乏产业数据的精准统计。实际上，我们已经具备了精准统计的各种条件。国务院常务会议多次提出要进行产业的精准统计，新兴行业要纳入精准统计。建议农业部把整个畜产品，每一头猪每一头牛每一只鸡，只要有活禽运输动检证、屠宰动检证、产品动检证的三个数据直接汇总到一个统计中心，使数据更精准，为行业发展决策和调控提供依据。

2017 年中国肉鸡产业形势
分析研讨会综述[①]

辛翔飞[1]　胡向东[1]　刘春[1]　郭荣达[1]　王济民[12]

(1. 中国农业科学院农业经济与发展研究所；2. 中国农业科学院办公室)

2017 年 12 月 20 日，国家肉鸡产业技术体系产业经济岗位在北京召集召开了"2017 年中国肉鸡产业形势分析研讨会"。会议由国家肉鸡产业技术体系产业经济岗位专家、中国农业科学办公室副主任、中国农业科学院战略规划办主任王济民研究员主持。农业部畜牧业司统计监测处处长辛国昌，全国畜牧总站行业统计分析处处长刘丑生，中国畜牧业协会禽业分会秘书长宫桂芬，中国畜牧业协会禽业分会高海军和腰文颖，农业部肉鸡生产信息监测专家组成员、中国农业科学院畜牧所郑麦青副研究员，中国白羽肉鸡联盟执行秘书长黄建明，国家肉鸡产业技术体系部分岗位科学家、试验站站长、岗位和试验站团队成员、部分试验站依托企业负责人，以及相关肉鸡企业代表等近 50 人参加了此次研讨会。

上午，会议进行了专题报告。辛国昌在发言中回顾总结了 2017 年中国畜牧业生产形势，以及近几年畜牧业生产变化特点，刘丑生在发言中提出了今后改进和完善家禽生产统计、监测、预测工作的方向，宫桂芬在发言中介绍了中国畜牧业协会在畜禽业服务管理方面开展的相关工作及近几年肉鸡产业发展出现的一些新趋势，腰文颖做了"2017 年白羽肉种鸡生产监测分析"报告，高海军做了"2017 年黄羽肉种鸡生产监测分析"报告，郑麦青做了"2017 年肉鸡生产监测分析"报告，国家肉鸡产业技术体系广西试验站站长、广西金陵农牧集团有限公司总经理陈智武做了"2017 年广西肉鸡产业生产形势、问题及对策分析"报告，国家肉鸡产业技术体系宣城试验站站长、安徽五星食品股份有限公司总工胡祖义做了"2017 年皖南肉鸡产业生产形势、问题及对策分析"报告，山东家禽产业创新团队首席科学家、山东农业科学院家禽所副所长宋敏

---

① 本次研讨会于 2017 年 12 月中旬召开，相关专题报告中关于 12 月份的数据分析为当时的估计值。

训研究员作了"2017 年山东肉鸡产业生产形势、问题及对策分析"报告，北京家禽育种有限公司技术总监吴礼奎作了"2017 年白羽肉鸡一条龙企业生产形势、问题及对策分析"报告。下午，会议进行了讨论。本次会议讨论分析了 2017 年中国肉鸡产业发展的形势及存在的问题，并就如何在新理念指导下更好地促进肉鸡产业健康发展进行了探讨。

一、2017 年中国畜牧业生产形势

辛国昌在发言中总结分析了 2017 年中国畜牧业生产形势及主要特点。

（一）2017 年中国畜牧业生产基本形势

近几年畜牧业生产形势的影响因素更加复杂，发展变化往往出人意料。

1. 生猪生产："金猪年"连着"银猪年"

如果说 2016 年是"金猪年"，那 2017 年就是"银猪年"。2017 年前 11 个月，平均出栏一头肥猪盈利约 170 元，总体较好。前几个周期，往往在"金猪年"之后生产加速扩张，价格下行较快，从未出现过连续两年持续较高盈利的情况。这一轮自 2015 年 5 月至今，出现了连续 31 个月的超长盈利周期，而且盈利期还在持续。出现这种情况，一方面是随着规模化程度提高，小农户一哄而起的现象少了，生产者更理性了；另一方面是赶上了这一波环保风暴。2017 年，水网地区因拆除猪场减少出栏 1 380 万头，东北、西北 6 省区新建规模猪场实际增加出栏 550 万头，一减一增相差 830 万头。

同时，消费变化尤其值得关注。2017 年前 11 个月猪肉交易量同比下降 0.9%。预计全年猪肉产量增加 0.3%。后期生猪价格总体将保持震荡上行态势，2018 年上半年养殖持续盈利的可能性很大。

2. 蛋鸡生产：行情上演"大逆转"

2017 年前 5 个月鸡蛋价格一路走低，主产区鸡蛋价格跌至 10 年来最低点。低迷的行情加上人感染 H7N9 影响，淘汰蛋鸡价格大幅下滑，个别地方甚至没有销路，蛋鸡养殖持续亏损。据监测，2017 年 5 月主产区鸡蛋价格最低跌至每千克 4.98 元，较上年同比下降 67.7%，蛋鸡养殖陷入严重亏损。前期鸡蛋价格低迷的主要原因，主要是由于消费下降。受亏损影响，5 月开始养殖场户大幅调减产能，6 月以来鸡蛋价格快速反弹，年底主产省鸡蛋价格每千克 8.43 元，比 5 月末上涨 92%。预计全年产量下降 3.5%，但前 11 个月鸡蛋交易量较上年同比下降 5.6%。1—11 月每只产蛋鸡亏损 0.71 元。从目前的产蛋鸡存栏水平来看，供需将维持偏紧局面，价格保持较高水平，全年蛋鸡养殖有望持平。

3. 肉鸡生产：鸡年养鸡很艰难

从生产供应看，2014—2016 年肉鸡养殖连续 3 年盈利，一定程度刺激了产能增长，使得 2017 年上半年肉鸡产能处于相对高位，白羽肉鸡出栏量较上年同比增长 8.4%。从需求看，人感染 H7N9 对消费产生了较大冲击，主要体现在消费明显下降、活禽市场关闭期长、跨地区运输受阻等。6 月初为 2017 年以来的最低价位，活鸡和白条鸡价格较上年同比降幅分别为 17.3% 和 13.4%，每出栏一只肉鸡亏损 1.37 元，肉鸡养殖场户亏损面超过 50%。6 月以来，肉鸡产能加速调减，价格逐步恢复。7 月和 8 月，单月肉鸡出栏较上年同比分别下降 15.6% 和 18.5%，市场供应严重过剩的情况迅速缓解。预计全年鸡肉产量下降 3%，前 11 个月白条鸡消费量较上年同比下降 3.4%，目前看每只肉鸡还能盈利 1 元。

4. 奶牛生产：养、加"冰火两重天"

2017 年以来，乳制品进口高位增加，国内"卖奶难"问题突出。前 11 个月全国奶站生鲜乳产量 1 723.8 万吨，较上年同比下降 1.4%；前三季度乳品进口折鲜约为 1 167.81 万吨，上年同期 1 001.91 万吨，较上年同比增加 16.6%，占国内奶站产量的 82%。受进口冲击和季节性供需矛盾影响，各地普遍出现了生鲜乳限量收购问题，黑龙江等 10 个奶业主产省生鲜乳限收量约占总产量的 10%，生鲜乳的合同外收购价只有成本价的一半甚至 1/3。受此影响，奶牛养殖亏损面超过 45%，一些奶牛养殖场特别是小规模养殖场出现严重经营困难。为应对不利局面，多数养殖场户采取少养、精养策略，奶牛存栏下降。按奶站监测口径，11 月奶牛存栏较上年同比减少 9.7%。

乳品加工业依靠增加低价进口原料和降低国内原料奶收购价，乳制品生产和效益同步增长，上半年全国乳制品产量 1 713 万吨，较上年同比增长 2.7%。占全国市场份额约 40% 的伊利、蒙牛、光明三大乳企上半年营业总额 376 亿元，较上年同比增长 9.2%；利润 48.4 亿元，较上年同比增长 7.3%。

5. 肉牛肉羊生产：消费拉动走高端

受 2016 年牛羊肉价格下行和养殖效益下降的影响，2017 年肉牛、肉羊生产回调缩减。据监测，11 月肉牛存栏较上年同比增加 1.4%，能繁母牛存栏较上年同比下降 1.9%；肉羊存栏较上年同比下降 0.6%，能繁母羊存栏较上年同比下降 3.6%。

牛羊肉产量有所增加，预计全年牛肉产量较上年同比增加 2.1%，羊肉产量较上年同比持平略增。但是消费增加更多，前 11 个月牛肉交易量较上年同比增 7.5%，羊肉增 8.6%。

从养殖效益看，牛羊养殖效益好于上年同期，1—11 月每出栏一头 450 千克活牛可获利约 1 365 元，较上年同比增加约 113 元；每出栏一只 45 千克绵羊可获利约 338 元，较上年同比增加约 142 元。

（二）近几年畜牧业生产形势新特点

回顾近几年的畜牧业生产形势变化，可以看到出现了一些新的特点。深入总结这些特点，有利于更准确地开展形势分析，有利于把握未来的发展趋势。

一是市场以外的因素影响大，形势分析的惯性思维不管用了。比如这一轮猪价上涨，主要是环保因素在起作用，赚一年、平一年、赔一年的规律被打破了。上一轮价格下跌，也是市场以外的因素决定的，2013 年、2014 年连续两年春节消费高峰猪价反常下跌，超出预料，主要是八项规定挤出消费泡沫，公款消费、集团性消费大幅下降。

二是规模养殖占据主导地位，某些畜产品相互之间的价格联动效应削弱了。2013 年全国畜禽养殖规模化率达到 51.3%，首次过半，2016 年进一步提高到 56%，规模化生产明显提高了专业化水平。以往的猪周期中，以生猪价格为主导，禽肉、禽蛋的价格都跟着生猪价格走，但本次周期是各走各的行情，有喜有忧，这就是专业化水平提升的结果。与小农户占据主导地位的时代相比，规模养殖转产难度加大，养鸡户不会因为养猪赚钱而改行去养猪。

三是畜禽生产效率明显提升，不能再简单地以存栏量变化论供给了。随着规模养殖加快发展，设施装备水平和饲养管理水平也随之大幅提升，促进了生产效率大幅度提高。以生猪生产为例，2014 年以来生产效率明显提高，平均每头母猪年提供肥猪由 14 头增加到目前的 16 头，生产水平提高了 14% 左右，出栏肥猪的活重和屠宰率都在提升。综合考虑各种因素的影响，母猪存栏量下降并不意味着猪肉产量会以相同幅度减少。

四是畜产品人均占有量大幅增加，市场对生产供应变化的反应更加敏感了。随着畜牧业综合生产能力不断增强，中国肉蛋奶的人均占有量逐年增加。2016 年，肉类、禽蛋、奶类人均占有量分别达到 61.7 千克、22.4 千克、26.8 千克，肉类人均占有量已超过世界平均水平，禽蛋人均占有量超过了发达国家水平。越是接近消费饱和的畜产品，市场对生产供应的反应就越敏感，多一点就显得很多，少一点就显得很少，这也是 2017 年鸡蛋价格出乎预料地出现大逆转的重要原因。

二、2017 年中国肉种鸡生产形势

（一）白羽肉种鸡生产形势

腰文颖"2017 年白羽肉种鸡生产监测分析"报告中分析了中国白羽祖代肉种鸡、父母代肉种鸡、商品代雏鸡生产状况。

1. 祖代种鸡

（1）祖代种鸡存栏。2017 年 1—11 月累计引种或更新祖代 61.33 万套。11 月全国祖代白羽肉种鸡存栏 112.42 万套。其中，后备祖代白羽肉种鸡存栏 43.36 万套，在产祖代白羽肉种鸡存栏 69.06 万套，总存栏水平与 2016 年同期相当。

2017 年强制换羽祖代鸡的数量 13.44 万套，分别是 2 月 1.68 万套，3 月 3.60 万套，8 月 2.52 万套，11 月 5.64 万套，其余月份无。

（2）父母代雏鸡生产及销售。2017 年 1—11 月，父母代雏鸡产销量累计为 4075.91 万套，较上年同比下降 5.16%。2017 年以来父母代雏鸡产销符合季节性规律。11 月父母代雏鸡产销量 405.34 万套，环比下降 4.59%，价格为 23.06 元/套（实际生产成本 15.70 元/套）。

2. 父母代种鸡

（1）父母代总存栏。2017 年 1—4 月，父母代种鸡存栏处于全年高位，均在 4 700 万套以上，5 月显著下降，6—8 月，父母代种鸡存栏变动不大，父母代种鸡存栏的调整基本到位，处于较为均衡的状态。进入 9 月，父母代种鸡存

图 1 2015—2017 年全国父母代白羽肉种鸡总存栏

栏再次增加，商品代雏鸡价格降至成本线以下。10—11 月父母代种鸡存栏下调，下调原因主要是由于 10 月雏鸡供应量及价格双双下降，种鸡场亏损，减少存栏是出于缓解亏损的目的。11 月全国父母代种鸡存栏 3 396.80 万套（在产 2 377.76 万套）。

（2）商品代雏鸡生产及销售。2017 年 1—11 月，商品代雏鸡累计产销量为 39.91 亿只，较上年同比降低 5.69％。2017 年 1—5 月，商品代雏鸡价格一直低位徘徊，5 月为全年最低点，之后回升，8 月达到全年最高点 2.76 元/只之后，9—10 月又呈现持续下滑走势，11 月雏鸡供应量继续下降，促使雏鸡价格触底反弹，当月均价 1.80 元/只，但仍低于 2.26 元/只的成本价。

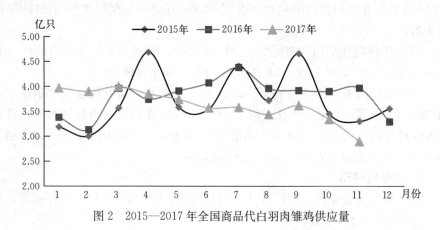

图 2　2015—2017 年全国商品代白羽肉雏鸡供应量

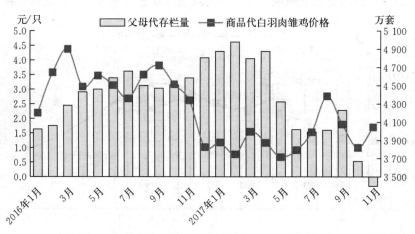

图 3　2016—2017 年 11 月商品代白羽肉雏鸡销售价格

（二）黄羽肉种鸡生产形势

高海军"2017年黄羽肉种鸡生产监测分析"报告中分析了中国黄羽祖代种鸡、父母代种鸡、商品代雏鸡的生产状况。

黄羽肉鸡的类型包括快速型黄羽肉鸡、中速型黄羽肉鸡、慢速型黄羽肉鸡、蛋肉兼用型黄羽肉鸡，本报告主要介绍前三种类型。从祖代种鸡占比来看，快速型占30%，中速型占29%，慢速型占41%。

1. 祖代种鸡

2017年1—11月黄羽祖代肉种鸡存栏量为121.38万套。从近10年祖代在产黄羽肉种鸡年平均存栏量趋势图中可以看到，从2014年开始黄羽祖代肉种鸡存栏量保持了缓慢下降趋势。

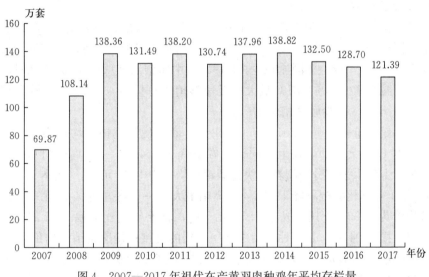

图4 2007—2017年祖代在产黄羽肉种鸡年平均存栏量

分不同类型来看，2017年1—11月，快速型祖代黄羽肉种鸡平均存栏较上年同比减少5.87%；中速型祖代黄羽肉种鸡平均存栏较上年同比减少8.24%；慢速型祖代黄羽肉种鸡平均存栏较上年同比减少5.51%。快、中、慢速祖代黄羽肉种鸡平均存栏均较上年同比有所减少，其中中速型减幅相对较大。

2. 父母代种鸡

（1）父母代种鸡存栏。2017年1—11月，全国父母代在产黄羽肉种鸡平均存栏492.25万套。各年度对比来看，2017年父母代种鸡存栏处于相对较低水平，但仍多于2014年，与2015年差距不大。

（2）父母代种鸡存栏与下游市场的关系。2017 年 1—11 月，快速型父母代种鸡平均存栏量较上年同比减少了 12.60%，减少幅度较大；快速型商品代雏鸡盈利水平为 0.26 元/只，较上年同比下降 67%，降幅明显。中速型父母代种鸡平均存栏量较上年同比大幅减少了 14.30%，在三种类型中减幅最大；中速型商品代雏鸡盈利水平为 −0.04 元/只，较上年同比大幅下降。慢速型父母代种鸡平均存栏量比上年同比增加 3.51%，是唯一同比增加的类型；慢速型商品代雏鸡盈利水平为 0.48 元/只，较上年同比下降 54%，降幅相对较小。可以看出，慢速型黄羽肉鸡在整个黄羽肉鸡中处于中坚力量。

（3）父母代雏鸡销售情况。2017 年 1—11 月，父母代雏鸡销售量较上年同比减少 1.54%，销售量长年变化不大。销售均价较上年同比下降 7.13%，波动大且与往年趋势有明显差异，尤其是 3—7 月波动大。

3. 商品代雏鸡销售情况

（1）销售数量。2017 年 1—11 月，商品代雏鸡销售总量为 10.33 亿只，较上年同比减少 11.75%。分不同类型来看，2017 年 1—11 月，快速型销售总量为 2.60 亿只，较上年同比减少 12.19%；中速型销售总量为 3.17 亿只，较上年同比减少 17.81%，减幅最大；慢速型销售总量为 4.57 亿只，较上年同比减少 6.72%，减少幅度相对小。

（2）销售价格趋势。2017 年 1—11 月，商品代雏鸡销售均价为 1.87 元/只（成本 1.63 元/只），较上年同比大幅下降 19.64%，一只鸡盈利 0.24 元，明显少于上年水平。分类型看，快速型销售均价为 1.76 元/只（成本 1.50 元/只），较上年同比大幅下降 19.25%，降幅最大，一只鸡盈利 0.26 元；中速型销售均价为 1.53 元/只（成本 1.57 元/只），较上年同比大幅下降 21.60%，一只鸡亏损 0.04 元，是三种类型中唯一亏损的类型；慢速型销售均价为 2.86 元/只（成本 1.81 元/只），较上年同比大幅下降 18.60%。一只鸡盈利 0.48 元，效益好于其他两种类型，但盈利水平不如 2016 年。

（三）育种新形势

郑麦青在"2017 年肉鸡生产监测分析"报告中对肉鸡育种进展形势进行了评论。白羽肉鸡曾祖代的引进，不仅使得中国白羽肉鸡在未来较长一段时间内可以自主供种，更重要的是让中国一度中断的白羽肉鸡育种工作重新启动，并获得有效的推进。同时，H7N9 疫情影响不断加剧，活禽市场不断缩减，屠宰冰鲜将逐渐成为中国肉鸡销售的主要渠道，等等，都不断刺激着黄羽肉鸡育种企业的神经。针对屠宰冰鲜市场的育种工作已被众多企业提上日程。而且，随着中国鸡肉深加工的发展，在 20 世纪 80 年代末期出现的"817"肉杂鸡也受到众多育种企业的重视，多家育种公司开展了同类产品的新型配套系的育种研究工作。可以预见，一种全新的"肉杂鸡"——小白鸡将出现在肉鸡产业中。而白羽肉鸡育种工作的推进，将使得这种中国独创的特色品种获得持续性发展。

三、商品代肉鸡生产形势

郑麦青"2017 年肉鸡生产监测分析"报告从商品代肉鸡出栏量、肉鸡产量、养殖收益等全面分析了 2017 年中国商品代肉鸡生产形势。

（一）生产形势

2017 年 1—11 月，全国累计出栏肉鸡 72.9 亿只，较上年同比减少 5.6%；预计年出栏肉鸡 77.6 亿只，较上年同比减少 7.1%。其中，白羽肉鸡 1—11 月累计出栏 39.0 亿只（上年同期 41.0 亿只），较上年同比减少 4.9%；黄羽肉鸡 1—11 月累计出栏 33.8 亿只（上年同期 36.1 亿只），较上年同比减少 6.3%。与 2016 年相比，两个品种均在 5 月形成"剪刀差"走势，年度累计出栏量从 6、7 月份开始持续减少，全年减幅白羽肉鸡小于黄羽肉鸡；而黄羽肉鸡产量在 8 月同比"断崖式"减产后，产量逐渐修复。估计较 2016 年白羽肉鸡出栏减少 8.0%，黄羽肉鸡出栏减少 6.1%。

全年累计肉鸡产量（胴体重）1 200 万吨（上年同期 1 268.3 万吨），较上年同比减少 5.4%。其中，白羽肉鸡累计产量 744.2 万吨（上年同期 783.5 万吨），较上年同比减少 5.0%；黄羽肉鸡累计产量 455.8 万吨（上年同期 484.9 万吨），较上年同比减少 6.0%。

表 1　肉鸡出栏和肉产量情况

年份	白羽肉鸡			黄羽肉鸡			合计	
	出栏（亿只）	出栏重（千克/只）	产肉量（万吨）	出栏（亿只）	出栏重（千克/只）	产肉量（万吨）	出栏（亿只）	产肉量（万吨）
2011	44.0	2.24	738.8	43.3	1.75	492.3	87.3	1 231.1
2012	46.9	2.33	818.9	43.0	1.69	471.0	89.9	1 289.9
2013	45.1	2.32	784.3	38.6	1.76	440.4	83.6	1 224.7
2014	45.6	2.36	804.9	36.5	1.78	424.1	82.1	1 229.0
2015	42.8	2.31	740.9	37.4	1.84	445.5	80.2	1 186.4
2016	44.0	2.37	783.5	39.5	1.89	484.9	83.5	1 268.3
2017	40.5	2.45	744.2	37.1	1.89	455.8	77.6	1 200.0

（二）养殖收益

2016 年肉鸡需求端逐渐复苏，产量也随之增加；但是下半年受 H7N9 的影响，消费量大幅缩减，全年平均养殖收益为－0.07 元/只。

白羽肉鸡，自 10 月中下旬开始振荡回升，11 月持续走高，商品养殖转亏为盈，只均盈利 0.04 元/只（上年同期－2.16 元/只）。全年来看，2017 出栏数量虽有减少，但出栏体重增加，目前白羽肉鸡养殖收益仅为－0.08 元/只，但较上年同期的－0.22 元/只有所改善。

黄羽肉鸡，2016 年下半年产量增幅较大，造成活鸡价格迅速下滑，后期更受市场关闭、销售受阻的影响，下降趋势持续到 2017 年 7 月；随着黄羽肉鸡产能的调整，8 月起养殖收益快速增加。1—11 月份年度平均获利 1.35 元/只，较上年同期减少 3.71 元/只。

伴随着肉鸡整体产能的调整，后 2 个月白羽肉鸡价格有望回升，年均收益有望持平；黄羽肉鸡虽有可能回落，但如果不考虑疫情的因素，全年平均收益仍然有望与上年持平。

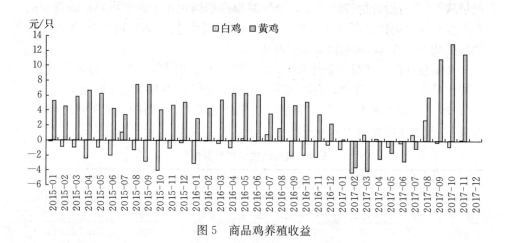

图 5　商品鸡养殖收益

（三）生产成本

饲料转化率，2017 年较 2016 年继续有所提高约 2.1%，商品肉鸡的生产成本减少约 3%（已剔除市场价格波动的影响），白羽肉鸡的养殖生产效率已经接近国际水平。

养殖成本指数^①，2015 年以前中国白羽肉鸡养殖成本指数高于国际水平约 20%以上，到 2017 年第三季度已经非常接近国际水平。由于黄羽肉鸡对肉质的要求较高，部分类型肉鸡养殖时间长，增重速度慢，因此成本一直居高不下。

生产成本，白羽肉鸡年度平均生产成本 6.80 元/千克，2016 年同期 8.16 元/千克，减少 16.7%；黄羽肉鸡年度平均生产成本 11.23 元/千克，2016 年同期 11.13 元/千克，增加 0.9%。

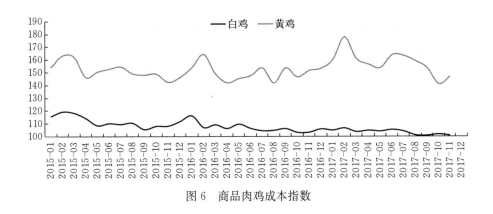

图 6　商品肉鸡成本指数

四、2017 年肉鸡生产形势、问题和对策

（一）2017 年白羽肉鸡一条龙企业生产形势、问题和对策

吴礼奎关于"2017 年白羽肉鸡一条龙企业生产形势、问题和对策"的专题报告主要内容如下：

1. 肉鸡企业规模

（1）调查企业。"2017 年白羽肉鸡一条龙企业生产形势、问题和对策"报告的数据来源为 52 个白羽肉鸡一条龙企业，父母代饲养规模 4728 万套，父母代引种量 3018 万套，年底出栏肉鸡 19.9 亿只，企业屠宰能力共 48.8 亿只，预计 2017 年底屠宰量为 33.0 亿只。

---

① 养殖成本指数（单位产出消耗系数）的计算，是剔除市场价格波动的影响，体现获取每单位体重产品所消耗的生产资料变化比值，逆向表现养殖效率的变化。以白羽肉鸡 4 个通用品种 42 天标准生产参数均值为比较标准。

表 2 调查企业 2017 年生产规模

指　　标	数　　量
调查企业数量（个）	52
父母代饲养规模（万套）	4 728
父母代引种量（万套）	3 018
肉鸡饲养量（亿只）	19.9
屠宰能力（亿只）	48.8
屠宰量（亿只）	33.0

（2）2017 年父母代引种量。行业集约化程度具体表现为：引种量第 1 名企业引种量占 52 家企业总引种量的 9.6%，前 5 名企业引种量占总引种量的 30%，前 10 名企业引种量占总引种量的 40%，前 20 名企业引种量占总引种量的 52%，前 30 名企业引种量占总引种量的 58%。

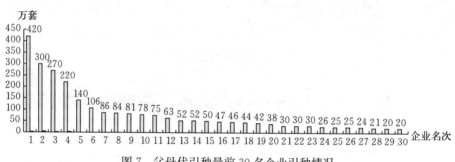

图 7　父母代引种量前 30 名企业引种情况

（3）2017 年屠宰量。行业集约化程度具体表现为：屠宰量第 1 名企业屠宰量占 52 家企业总屠宰量的 10%，前 5 名企业屠宰量占总屠宰量的 32%，前 10 名企业屠宰量占总屠宰量的 40%，前 20 名企业屠宰量占总屠宰量的 48%，前 30 名企业屠宰量占总屠宰量的 75%。

中美肉鸡企业行业集中度对比：2016 年美国前 10 名合计总量 72 亿只，占市场规模（全美 90 亿只）的 80%，第 1 名占比达到 20.7%；2016 年中国前 10 名合计总量 16 亿只，占市场规模的 38.4%，第 1 名占比达到 8.7%。中美相差较大。

屠宰量前 10 名企业，性质如表 3 所示。这 10 家企业中有部分是通过购买社会毛鸡的方式进行屠宰。

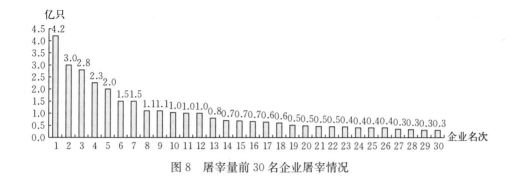

图 8 屠宰量前 30 名企业屠宰情况

表 3 2017 年屠宰量前 10 名企业性质

排名	总部所在地	2017 年屠宰量	企业性质
1	福建	4.2	一条龙；自养
2	山东	3.0	屠宰；回收社会毛鸡
3	辽宁	2.8	一条龙；走合作模式，带动饲料销售
4	北京	2.3	一条龙；鸡肉深加工 50% 以上
5	山东	2.0	一条龙；主要回收社会毛鸡
6	江苏	1.5	一条龙；回收合作户毛鸡
7	青岛	1.5	一条龙；鸡肉产品出口 4 万吨
8	辽宁	1.1	屠宰；回收社会毛鸡
9	山西	1.1	一条龙
10	山东	1.1	一条龙；鸡肉深加工规模 4 万吨

2. 种鸡生产性能

（1）2017 年国内父母代种鸡生产性能调查。52 家调查企业中，父母代企业有 50 家（另外 2 家是纯粹收购社会毛鸡企业）。50 家父母代企业 2016 年引种量 2 863 万套。50 家企业 2017 年平均淘汰鸡龄为 59.9 周；平均每只入舍母鸡生产合格种蛋 145.6 枚，生产健雏 123 只。对照国际水平，国内生产健雏水平与国际平均水平差 7 只以上。

通过 2014—2017 年国内父母代种鸡生产状况对比可以看到，近两年国内父母代种鸡生产性能有了很大提升。2015 年是近几年国内父母代种鸡生产性能水平的低点，入舍母鸡产健雏数不到 100 个，淘汰周龄为 52 周。当然，2015 年国内父母代种鸡生产性能指标水平相对较低与肉鸡行情有很大关系，当年肉鸡行业亏损很大。

图 9   2014—2017 年国内父母代种鸡生产性能

（2）2017 年国内父母代肉种鸡饲养模式。50 家调查企业中，当前父母代肉种鸡平养模式占 72%，笼养模式占 28%。2012 年笼养占 46%，经过 5 年的发展，笼养的比例逐年降低，因为笼养需要更多的人力，所以平养是未来父母代肉种鸡发展的方向。

（3）2001—2017 年商品苗产销情况。2017 年商品代鸡苗 45 亿只，销售价格 1.44 元/只。2009—2017 年商品代鸡苗平均销售价格为 2.06 元/只，而成本为 2.0~2.2 元/只。2.06 元/只的价格对纯粹出售商品蛋商品苗的企业是亏损的，对不注重防疫不注重员工福利的小企业是有盈利的，这易造成"劣币驱逐良币"的情况发生。

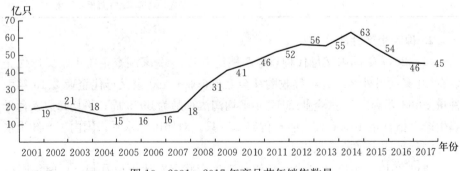

图 10   2001—2017 年商品苗年销售数量

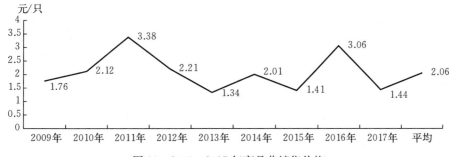

图 11 2009—2017 年商品苗销售价格

3. 肉鸡生产性能

（1）2017 年国内肉鸡生产性能调查。52 家调查企业，2017 年 1—11 月共计 18.3 亿只肉鸡平均性能指标为：出栏日龄为 40 天，成活率为 93.8%，料肉比为 1.7：1，出栏体重为 2.4 千克，欧洲效益指数为 331，欧洲效益指数已经接近国际生长水平。调查数据显示笼养生产性能提升，使得平均值上升。

（2）2017 年国内肉鸡饲养模式。52 家肉鸡养殖企业，商品代肉鸡平养占比 48%，笼养占比 24%，网养占比 28%。笼养由 2005 年的 5% 上升至 24%，表明笼养发展很快。笼养模式生产成绩好以及设备厂家的推动下，在未来一段时间内，笼养可能会是未来商品代肉鸡养殖发展的方向，但发展程度取决于疫病防控的压力和动物福利的要求。平养和笼养的发展方式各有利弊，取决于实践应用水平。

4. 存在的问题

（1）屠宰产能利用率低。2017 年种鸡引种量前 10 名企业的种鸡总引种量为 1 327 万套，8 小时屠宰能力为 25.6 亿只。2017 年屠宰量为 18.3 亿只，8 小时屠宰能力对应屠宰量的屠宰利用率为 71%，16 小时的屠宰利用率为 35%。与国外相比，目前国内屠宰产能利用率太低。这一状况与 2012 年以后行业追求以量取胜、急速扩张密切相关。但是，从现在实际情况看，仅有数量规模的扩大，而效益依旧低下，会造成企业停滞不前。

表 4 种鸡引种量前 10 名企业屠宰状况

排名	总部所在地	种鸡引种量 （万套）	8 小时屠宰能力 （亿只）	2017 年屠宰量 （亿只）
1	福建	420	5.0	4.2
2	辽宁	77	4.0	2.8
3	北京	300	4.2	2.3

（续）

排名	总部所在地	种鸡引种量 （万套）	8 小时屠宰能力 （亿只）	2017 年屠宰量 （亿只）
4	山东	49	3.0	2.0
5	江苏	20	1.5	1.5
6	山东	140	2.4	1.5
7	山西	84	1.2	1.1
8	山东	106	1.5	1.1
9	山东	86	1.5	1.0
10	山东	45	1.3	0.8
合计		1327	25.6	18.3

（2）部分一条龙企业的卫生防疫和环保工作需要整改。部分老旧鸡场存在卫生防疫和环保工作不达标，有的离居民区或水源地太近，有的无有效卫生防疫措施，尤其是占有市场 40% 的散户，卫生防疫措施几乎没有。这些情况必须整改。

（3）2012—2017 年累计一条龙企业多数亏损。完整一条龙配套的企业几乎全线亏损，少部分收购社会鸡的屠宰企业和鸡肉深加工量大的企业有盈利。部分外资企业严重亏损，有退出中国市场的意愿。部分企业处于退出、停产、半停产状态，部分企业退出种鸡或肉鸡饲养环节。单纯卖种蛋或鸡苗的企业艰难存活。

（4）鸡肉深加工（调理）品占比太低。鸡肉深加工企业，大型一条龙占比大。但鸡肉深加工（调理）品占鸡肉总产量的比例太低，这是中国当前肉鸡产业加工环节的显著特点和突出问题。

（5）行业集中度低，鸡肉品牌意识缺乏。中国白羽肉鸡产业集中度相对较低。2017 年中国规模排名前 4 位的企业产量在行业总规模中占比为 29%；而美国 1982 年规模排名前 4 位的企业产量在行业总规模中的占比已经达到 28%，2006 年增长到 58%。行业集中度低导致市场无序。此外，企业普遍缺乏鸡肉品牌意识，这对白羽肉鸡的产业发展的影响是巨大的。

（6）H7N9 疫情和药残鸡事件对白羽肉鸡影响大。受 H7N9 影响，活鸡禁运、活鸡市场休市等严重影响了国内肉鸡消费市场，也严重影响白羽肉鸡的发展。此外，药残鸡、激素鸡、速生鸡等不切实际的负面媒体宣传也加重了消费者对鸡肉消费的担忧。

5. 未来发展路径

（1）政府转变观念，企业依法养鸡。政府要转变观念。近几年养鸡亏损是常态，不宜再鼓励数量增长，应鼓励提质增效，淘汰落后产能。从另外一个角度讲，保护落后生产力就是限制行业健康发展。政府部门要下大力度整治、关停环保不合格、防疫不合格、食品不安全的企业。此外，企业要严格执行肉鸡养殖相关法规，最终实现禽流感得以控制，食品安全得以控制，行业健康发展。

（2）一条龙企业加快推动鸡肉产品深加工。一条龙企业盈利点在于深加工，父母代肉鸡养殖利润点低，未来纯卖苗或肉鸡养殖的生存能力会越来越低。

表 5 一条龙企业收益结构

项　　目	只鸡盈利（元）	占比（%）
饲料内销	1.5	21
父母代种鸡	0.5	7
肉鸡饲养	1	14
屠宰	1	14
深加工	3	43
合计	7	100

（3）未来 5 年行业将实现大规模整合。2012 年以来，受 H7N9 流感、国家政策调控及食品安全事件等影响，肉鸡市场行情差、消费低迷，大多数企业经营亏损严重，部分企业处于停产半停产状态，这一现实状况将促使行业加快整合。预计未来 5 年，行业将实现大规模整合，中国将出现 10 个左右的集团性公司，行业集中度达到 80%，达到美国当前行业集中度水平。

（二）2017 年广西肉鸡产业生产形势、问题及对策

陈智武关于"2017 年广西肉鸡产业生产形势、问题及对策"的专题报告主要内如下：

1. 2017 肉鸡产量、价格及成本

（1）出栏量。随着市场行情的变化，整个行情都不好。由于上年的累计延续，2017 年初广西黄羽肉鸡出栏量较大，后续出栏量逐渐降低。与往年不同的是，行情好了以后，出栏的情况也没有增加，养殖户比较谨慎，对增加产量

的热情不太高。2015 年出栏肉鸡 1 800 万，2016 年出栏肉鸡 1 200 万只，2017 年相对于 2016 年不到 80%。2017 年 1—11 月，快速鸡（60～65 天出栏，体重达到 2 千克）出栏数量 390.18 万只，中速鸡（100 天以内出栏）227.66 万只，慢速鸡（100 天以上出栏）225.97 万只。总体来讲，中大型种鸡企业产量基本维持上年的水平，减量不多，鸡苗销售压力大，投苗积极性不高，多数企业难有盈利，亏损不多；小型种鸡场压力较大，很多停产。

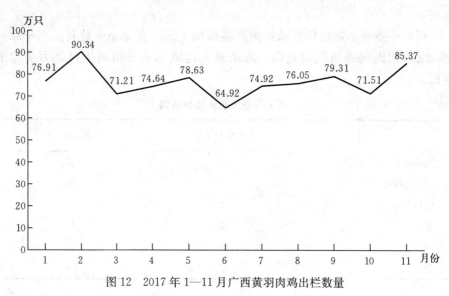

图 12　2017 年 1—11 月广西黄羽肉鸡出栏数量

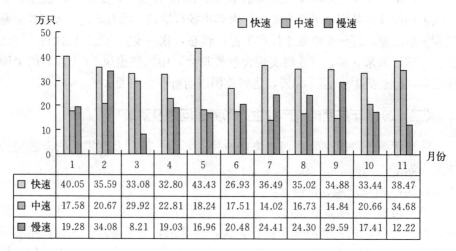

	1	2	3	4	5	6	7	8	9	10	11
快速	40.05	35.59	33.08	32.80	43.43	26.93	36.49	35.02	34.88	33.44	38.47
中速	17.58	20.67	29.92	22.81	18.24	17.51	14.02	16.73	14.84	20.66	34.68
慢速	19.28	34.08	8.21	19.03	16.96	20.48	24.41	24.30	29.59	17.41	12.22

图 13　2017 年 1—11 月黄羽肉鸡分品种出栏数量

（2）出栏体重。行情不好的时候黄羽肉鸡出栏体重比较重，压栏情况比较重；在行情好的情况，出栏较早，体重相对较轻。2017 年 1—11 月，快速鸡出栏体重平均为 2.10 千克/只，中速鸡出栏体重平均为 1.93 千克/只，慢速鸡出栏体重平均为 1.58 千克/只。

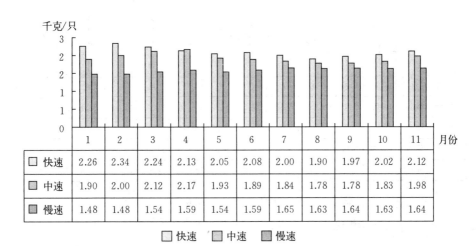

千克/只											
月份	1	2	3	4	5	6	7	8	9	10	11
快速	2.26	2.34	2.24	2.13	2.05	2.08	2.00	1.90	1.97	2.02	2.12
中速	1.90	2.00	2.12	2.17	1.93	1.89	1.84	1.78	1.78	1.83	1.98
慢速	1.48	1.48	1.54	1.59	1.54	1.59	1.65	1.63	1.64	1.63	1.64

□ 快速   中速   ■ 慢速

图 14   2017 年 1—11 月广西黄羽肉鸡出栏体重

（3）价格与成本。2017 年，上半年肉鸡价格总体比较低，下半年价格上升比较快，尤其慢速鸡价格增长的非常快，11 月涨到 20 元/千克。快速鸡，上半年到 6 月都是亏损的，7 月开始逐渐盈利，9 月是最高的，11 月可盈利 9 元/只。中速鸡，由亏损到盈利的拐点出现较快速鸡晚，7 月还在亏损，8 月开始盈利，11 月每只鸡盈利也可达 9 元/只。慢速鸡，8 月销售价格与成本持平，9 月开始盈利，11 月盈利 10 元/只，全年来看，慢速鸡亏损 1 元/只。慢速鸡存栏一直没有降下来，是其盈利晚的原因之一。此外，养殖区发生自然灾害，死亡 600 多万只，也是盈利晚的原因之一。总体来讲，黄羽肉鸡上半年亏损严重，下半年盈利，预计有 80%企业年内能挽回亏损。

2. 黄羽肉鸡发展的面临的困难

（1）疾病的影响。家禽感染 H7N9 病毒将常态化，即使疫苗免疫，但不能保证感染鸡只不排毒，仍有可能在市场和环境中检出病毒，影响不容乐观。政府对疫情的监督和反应将持续，短期不会出现松动。

（2）屠宰的影响。随着国家和一些地方政策的出台，黄羽肉鸡屠宰、冷链运输、冰鲜上市已经成为不可逆转的趋势，并已有明确的时间表。目前企业准备不充分，大都抱着等的心态。一旦黄羽肉鸡需全面屠宰上市，黄羽肉

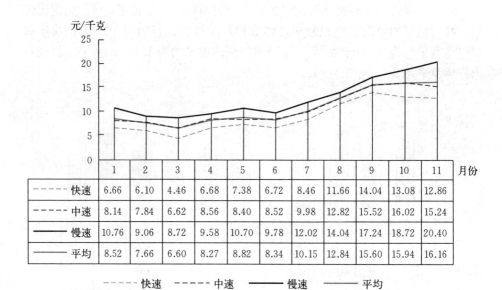

图 15　2017 年 1—11 月广西黄羽肉鸡销售价格

元/千克	1	2	3	4	5	6	7	8	9	10	11
快速	6.66	6.10	4.46	6.68	7.38	6.72	8.46	11.66	14.04	13.08	12.86
中速	8.14	7.84	6.62	8.56	8.40	8.52	9.98	12.82	15.52	16.02	15.24
慢速	10.76	9.06	8.72	9.58	10.70	9.78	12.02	14.04	17.24	18.72	20.40
平均	8.52	7.66	6.60	8.27	8.82	8.34	10.15	12.84	15.60	15.94	16.16

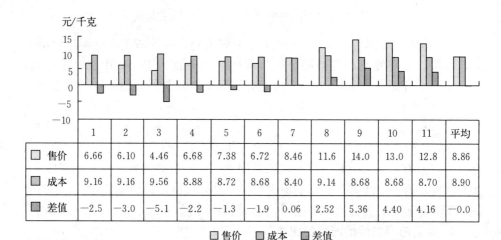

元/千克	1	2	3	4	5	6	7	8	9	10	11	平均
售价	6.66	6.10	4.46	6.68	7.38	6.72	8.46	11.6	14.0	13.0	12.8	8.86
成本	9.16	9.16	9.56	8.88	8.72	8.68	8.40	9.14	8.68	8.68	8.70	8.90
差值	−2.5	−3.0	−5.1	−2.2	−1.3	−1.9	0.06	2.52	5.36	4.40	4.16	−0.0

图 16　2017 年 1—11 月快速型黄羽肉鸡销售价格及成本

鸡，特别是慢速型黄羽肉鸡，具有明显的劣势，数量、价格都将面临极大的挑战。

（3）市场风险的影响。尽管 2017 年价格出现了先抑后扬，但也是以量换价和 8 月份台风对广东的影响引致。上半年亏损时普遍存栏量较多，亏损严

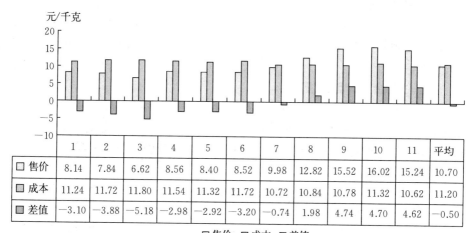

元/千克

	1	2	3	4	5	6	7	8	9	10	11	平均
□ 售价	8.14	7.84	6.62	8.56	8.40	8.52	9.98	12.82	15.52	16.02	15.24	10.70
▨ 成本	11.24	11.72	11.80	11.54	11.32	11.72	10.72	10.84	10.78	11.32	10.62	11.20
▨ 差值	−3.10	−3.88	−5.18	−2.98	−2.92	−3.20	−0.74	1.98	4.74	4.70	4.62	−0.50

□ 售价 ▨ 成本 ▨ 差值

图 17　2017 年 1—11 月中速型黄羽肉鸡销售价格及成本

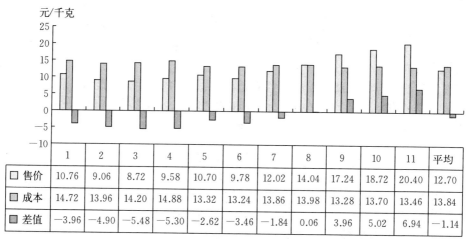

元/千克

	1	2	3	4	5	6	7	8	9	10	11	平均
□ 售价	10.76	9.06	8.72	9.58	10.70	9.78	12.02	14.04	17.24	18.72	20.40	12.70
▨ 成本	14.72	13.96	14.20	14.88	13.32	13.24	13.86	13.98	13.28	13.70	13.46	13.84
▨ 差值	−3.96	−4.90	−5.48	−5.30	−2.62	−3.46	−1.84	0.06	3.96	5.02	6.94	−1.14

□ 售价 ▨ 成本 ▨ 差值

图 18　2017 年 1—11 月慢速型黄羽肉鸡销售价格及成本

重；尽管下半年价格上扬，但存栏和出栏也明显下降，很多企业也就能全年打平。

（4）资金和环保的影响。由于近几年养殖企业面临的高风险，且一些企业破产，银行对养殖企业的贷款全面收紧。此外，环保成为养鸡必须面临的主要问题，面临搬迁和投入加大的压力。

（5）完全市场化发展的隐患。粗放管理，养殖门槛低，但市场未能形成统一声音，无序发展问题突出。"家有万贯，带毛的不算"，疾病和市场控制能力差，肉鸡养殖基本靠行情赚钱，不仅小型企业有破产的情况，大型企业也有破产的情况。

3. 抓住机会，转型升级

（1）屠宰和冰鲜上市，挑战与机会并存。屠宰和冰鲜上市，对黄羽肉鸡的销量影响较大，特别是两广等传统的消费市场。但从中国香港地区的经验看，很大一部分消费群体，将逐步适应冰鲜鸡。无力投资屠宰的中小企业，将面临转型的冲击，或被兼并整合，成为生产链的一环。

（2）加强育种工作，适应市场变化。改变品种，向屠宰型发展。降低生产成本，提高经济效益。

（3）改变和升级传统养殖方式。养殖方式向圈养、放养、笼养多种方式发展；由单一的"公司＋农户"向"公司＋养殖小区（农场）"发展。

（4）改变流通和销售模式，适应发展需要。改变经营方式，由单纯"活鸡批发→农贸市场→消费者"，向"活鸡批发→集中屠宰→农贸市场（消费者）→消费者"方式发展，即能保证黄羽肉鸡的新鲜度，又能防范流通环节的疾病风险。实行冰鲜、热鲜（全膛）等集中屠宰和现宰现销等面对面屠宰多种形式，满足不同需求。

（5）改变经营模式，发展特色养殖产业。发展小型特色养鸡企业的发展，开展小型地方特色品种的经营，加强原产地概念。加强企业经营品牌理念，向产业链纵深发展，以销定产，稳定发展。

（三）2017 年皖南肉鸡产业生产形势、问题及对策

胡祖义关于"2017 年皖南肉鸡产业生产形势、问题及对策"的专题报告主要内如下：

1. 主要养殖品种

养殖品种主要以小白鸡为主，土公鸡等优质鸡为辅。小白鸡一天的投苗量为 50 多万只。土公鸡养 70 天左右，2 千克以上上市。销售以宣城为中心，辐射整个皖南，供应浙江、杭州、上海等地。同时也冰鲜供港，28 港币/只，利润为 12～13 元/只。

小白鸡的优势主要体现在四方面：一是生产经营灵活，鸡蛋价格好的时候卖鸡蛋，鸡苗好的时候做鸡苗。二是低成本，全产业链养殖情况下毛鸡 6.6元/千克，跟大白鸡差不多。三是高饲料报酬很高，能达到 1.5～1.8∶1。四

是高效率，1平方米可以养19只。

2. 总体形势

毛鸡出栏价格走势。开年起行情就不好，最亏的是2月、3月，到3月底、4月初行情略好起来，6月、7月开始达到成本线，7月后行情大好。

投苗情况。投苗量减少20％以上，目前的投苗量占总量的40％以上。量比较少，所以价格比较高。

屠宰厂库存。屠宰场起"蓄水池"的作用，行情不好的时候，屠宰场存货；行情好的时候，屠宰场出货。3月和4月屠宰场爆满，5月有一个短暂的价格高峰时，屠宰场开始走货，价格下降后又开始存货，到7月行情好时抛货，10月、11月几乎就没有货了。

总体来讲，2017年价格先低后高、冰火两重天。上半年凄风苦雨，下半年艳阳高照。起伏不定，有惊无险。正常经营的企业，全年度略有盈利，9月持平，后3个月盈利。H7N9影响严重，刷新两个历史记录。一是长时间。持续9个月的深度亏损，从2016年11月到2017年7月持续亏损。二是超低价。刷新近10年的历史低价，3月、4月降至2.4元/千克。

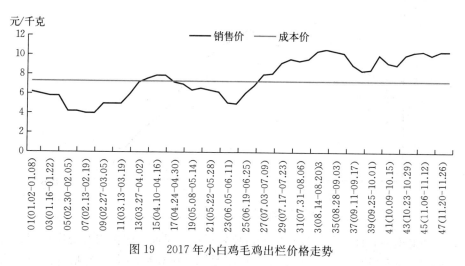

图19　2017年小白鸡毛鸡出栏价格走势

3. 存在的问题

存在的问题主要有几下几点：一是生产经营受外部影响大（如H7N9疫情等），市场像坐过山车；二是产能过剩，而根据过去的经验，投苗量为30％～40％时商品鸡价格最高；三是以活禽上市为主，鸡肉产品质量难以保障；四是市场不查活禽的药残，只查冻品的药残；五是以农户生产为主，设备

图 20　2017 年小白鸡毛鸡投苗情况

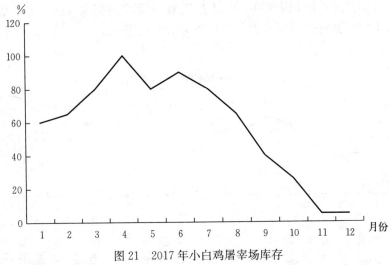

图 21　2017 年小白鸡屠宰场库存

设施因陋就简，标准化规模化生产占比较低；六是简单蛋肉鸡杂交作种用，商品鸡均匀度和抗病性能差异显著；七是近年市场环境恶劣，企业生存难以为继，各大龙头企业常年处于亏损阶段，有的成为僵尸企业；八是研发投入不足。

4. 对策和建议

　　营造良好的市场环境，建立消费信心，引领行业健康发展。产能过剩是不争的事实，去产能是行业健康的关键，企业要自律，控制产能是基础。希望国家继续从防疫、环保、药残等方面入手，从政策源头上控制行业准入，确保市场环境健康。建议饲养周期长的家禽强制免疫 H7N9 疫苗，切断家禽传染给人的途径。加快关闭活禽市场，规范肉鸡屠宰场，实行集中屠宰，冷链运输，冰鲜上市，通过市场之手调控行业规模。加大终端产品的抽检力度、范围，只抽检大企业，不抽小企业，不公平。确保产品质量，严控不合格产品流入市场，倒逼产业升级，同时也可以建立消费信心。

（四）2017 年山东肉鸡产业生产形势、问题及对策

宋敏训关于"2017 年山东肉鸡产业生产形势、问题及对策"的专题报告主要内如下：

1. 山东肉鸡产业现状

（1）种鸡。曾祖代肉鸡方面。2016 年 11 月，山东烟台益生种畜禽股份有限公司从法国哈伯德公司引种 22 000 只曾祖代鸡，2017 年 6 月开始生产祖代鸡，当前大概每月出祖代鸡 2 万套。山东诸城外贸公司，是中国最早引进祖代引种肉鸡的公司，2017 年从新西兰引进 2 万套 AA 祖代鸡。总体计算，山东祖代鸡一般占到全国的 1/3 左右。与 2016 年相比，2017 年引进和自产量的祖代鸡都减少 50％左右，减少的原因主要是与国际禽流感有关。但是原来的祖代鸡并没有淘汰掉，有的换羽，在产的祖代鸡数量增加了。总体算下来，2017 年祖代鸡的数量与 2016 年基本持平。

父母代鸡方面。2017 年山东父母代鸡预计 1 500 万套左右。

商品肉鸡方面。山东是全国最大的肉鸡养殖省份，2017 年总的生产形势是产能下降，质量提升，加工兴旺。由于受到环保、H7N9 流感疫情等因素影响，山东商品肉鸡出栏量比 2016 年减少 10％以上，2017 年出栏量约 15 亿只左右。

（2）饲养品种。山东肉鸡品种有三大类。饲养的白羽肉鸡主要品种有 AA，科宝 500，罗斯 308；地方主要品种有汶上芦花鸡、琅琊鸡、寿光鸡、莱芜黑鸡、济宁白日鸡等，年出栏在 1 亿只左右。此外，还有肉杂鸡，尤其是山东农业科学院家禽所推广的 817 肉杂鸡，受到市场的欢迎，2017 年出栏 5 亿~6 亿只，主要产地在聊城、德州一带。817 肉杂鸡这一品种总体效益较好、收益较快，特别是减少了种鸡环节，很受养殖户欢迎。另外，山东的青脚麻鸡，是当地品种和国外品种的杂交鸡，2017 年出栏 1.5 亿只左右。

（3）饲养方式。主要饲养方式有四种：地面平养、网上平养、地面散养、笼养。

地面平养和网上平养是大公司饲养的主要方式。原因主要是受出口欧盟有关要求的影响。欧盟要求中国出口的肉鸡不能笼养，必须要考虑到动物福利问题，要有较大活动空间。但由于地面平养易导致鸡吃粪便，粪便发酵产生氨气，30～40天鸡舍味道重，肉鸡死亡率高，养殖效率低于笼养，一些地方从地面平养改为网上平养。改为网上平养后，肉鸡和粪便不接触。因此，网上平养比笼养、地面平养效果要好一些，病也少一些。网上平养还有一点不好控制，就是还会有氨气产生。

笼养是近年来山东肉鸡饲养的主要方式。山东当前新建规模化肉鸡场几乎都是笼养，分为层叠式笼养、阶梯式笼养。笼养方式可以全自动清粪、上料和供水，粪便能够及时清理到鸡舍外面，不会留在鸡舍里，鸡舍里面的空气质量非常好。笼养比网上平养效果好，机械化程度高、药用量低、养殖率高，料肉比可以达到1.4∶1。

地面散养是部分地方鸡种采用的方式，养殖率低。

（4）产业化模式。当前山东规模化养殖的主要模式有"公司＋自养场（农场）"、"公司＋农户"和"合作社＋农户"。

近年来，山东新发展起来的大型肉鸡养殖企业主要采用"公司＋自养场（农场）"的养殖模式，原有的一些大公司还在沿用"公司＋农户"的养殖模式，包括一些上司公司也采用"公司＋农户"模式。"公司＋农户"养殖模式对农户有严格的控制，包括饲料、免疫等都有严格要求。

山东还有一些地区肉鸡生产采用"合作社＋农户"的组织模式，这种模式很多。合作社帮助建设标准化鸡舍，统一采购、统一销售和统一技术服务，效果不错，应对市场变化快，在山东很受欢迎，特别在山东临沂地区推广较好。

散户饲养方式，相对较少，主要是一些地区用于饲养地方鸡和杂交鸡。

（5）产品出口。山东肉鸡产品出口占全国肉鸡出口总量比重较大。全国肉鸡总出口量18万吨左右，山东肉鸡出口量在9万～10万吨左右，约占60%，出口保持了相对平稳。

山东出口企业比较多，肉类加工企业名录2016年是1 414家，2017年和2016年基本持平。全国能出口的企业共35家，其中山东有17家。山东规模以上宰杀加工企业有50家，其中全国10强中山东有4家。

（6）主要疫病。山东肉鸡养殖主要疫病得到有效防控。很多种鸡场进行了疫病净化，特别是白血病发病率大幅降低，雏鸡质量明显提高。原来的高发疫病新城疫、白血病、传染性法氏囊病在规模化养殖场中很少发生。另外，饲养模式的改变，尤其是笼养模式的推广，由于脱离了地面，使原来发病率较高的大肠杆菌病、寄生虫病等条件性疾病发病率大幅下降。

2. 肉鸡产业存在的问题

（1）市场消费严重不足。受多种因素影响，市场消费严重不足。2017年受H7N9疫情和食品安全事件等多种因素影响，山东肉鸡消费也受到严重影响。"速生鸡"事件严重打击了消费者的信心。特别是2017年上半年，出现H7N9疫情，不恰当的媒体宣传推波助澜，夸大不能吃鸡，要远离鸡、远离鸡舍等，对肉鸡消费影响很大。市场消费这一块严重不足，市场供给增多，产能相对过剩。2017年山东白羽肉鸡的毛鸡价格2月份跌到了3.10元/千克。

（2）废弃物无害化处理水平低，生态环保压力大。山东肉鸡废弃物利用基本上能够达到100%利用，资源化利用率很高①。但仍有一小部分养殖场污水、粪便等废弃物随意排放，有的鲜鸡粪直接施用到蔬菜、果树上。废弃物无害化处理成本高，增加了企业间接成本，加大了企业生存压力。目前生产的有机肥价格也不是很高，与无机肥相比并不具备价格优势，企业积极性不高。

（3）疫病防控难度较大。新的疾病不断出现，老的疫苗失效，缺乏有效的防控疫苗，各种原因引起的免疫失败，加上细菌的耐药性增强，多种病原共存造成多重感染，导致疫病呈现非典型化，还有检验检疫不严、疫病跨区域传播等问题都影响着疫病的防控。特别是H7N9流感病毒对人的致病，造成了消费恐慌，产业受损严重。H7N9流感对家禽的致病，造成了2017年养鸡业的灾难，目前南方很严重，河南、河北都有发病报道。山东疫病压力很大，防控形势很严峻。一个鸡场既要防H9，又要防H7，还要防H5，这些病毒免疫好了可以不发病，但是如果疫苗抗体水平不高，它就防止不了感染，防止不了排毒。有H5、H7、H9，一个鸡群会出现多个病毒同时存在，未来禽流感的防控更加复杂和困难。

（4）禽产品质量有待提高。大部分养殖场都能够做到正规使用抗生素等兽药，尤其是山东大型养殖场这一块做得比较好。一些大的超市商场，肉鸡检测都是合格的，没有什么问题。但小部分养殖场（户）在疫病防控中存在滥用或非法使用抗生素等兽药，在饲料中存在违规添加抗生素，在休药期控制不严。此外，养殖规模和饲养方式参差不齐，少数养殖场（户）食品安全意识不强，养殖的检测、控制技术落后，影响了产品的质量。养殖的检测范围还要扩大，力度还需要加强。

（5）出口结构相对单一。山东肉鸡出口量占全国一半以上，但出口结构仍

---

① 肉鸡和肉鸭不一样，肉鸭粪便含水量多比较难处理，而肉鸡粪便基本上达到全利用。

然单一，出口产品主要是熟食。此外，走私产品给整个市场带来很大冲击，同时也带来了生物安全、食品安全的隐患。

（6）产品加工及创新水平偏低。肉鸡加工产业尽管在畜牧产业中水平较高，但整体技术水平及深加工方面与国外先进水平相比仍然偏低。大企业仍然沿袭传统加工工艺，关键工序仍然依赖操作者的经验，产品工艺参数模糊，质量不稳定，缺乏具有中国特色的色香味俱全、档次高、形成消费时尚的禽肉产品。

3. 肉鸡产业发展的对策

（1）科学规划，做好顶层设计。政府要根据土地消纳、粪污的消纳能力，科学规划、科学计算肉鸡养殖规模，不能盲目发展，从源头上科学控制养殖的总量，赋予行业协会更多的组织、规划、监管、协调和服务等职能。山东应该加强监管功能，虽然肉鸡养殖绿色联盟有一定监管的功能，但是力度不够。建议提高肉鸡养殖业门槛，淘汰环保不达标企业，多发展一些具有高科技、环保和品牌的高新技术养殖企业。

（2）倡导废弃物无害化和资源化利用的环保养殖方式。2017 年山东是中央环保督查的重点。山东很重视环保问题，实施《山东畜禽养殖粪污处理利用实施方案》，2017 年已完成禁养区内养殖场户关闭或搬迁，目标是到 2020 年争取 75% 的畜禽养殖实现种养结合、农牧循环。现在，各地政府正在实施"一控两分三防两配套一基本（12321）"建设。"一控"就是控制用水量，压减污水产生量；"两分"就是雨污分流、干湿分离；"三防"是防渗、防雨、防溢流；"两配套"是养殖场配套建设储粪场和污水储存池；"一基本"是基本实现粪污无害化处理、资源化利用。废弃物处理要环保，要调整饲料配方，减量使用；另外要就地处理就地使用，把肉鸡养殖过程中产生的废弃物利用好。废弃物利用的主要方法就是发酵，成本较低；还有一些无害化生物发酵等，生产有机肥，生产沼气取暖发电，沼渣沼液可以直接还田种果树、种菜。

（3）重视生物安全和有效疫苗免疫，做好疫病防控。要全方位关注生物安全措施。生物安全的意义在于减少家禽接触病毒的机会和环境中病毒的数量。一是要有严格有效的隔离和严格的消毒措施。包括像禽场周围环境、场区环境、舍内环境、公共区域等在内的环境消毒，孵化室、出雏室的消毒，进入鸡舍的人员消毒，物品设备如车辆、饲料、水线、垫料消毒等，出栏后空舍消毒、空舍时间，废弃物、病死鸡的处理，鸡舍防鸟，场内、舍内灭鼠，严格的"全进全出"制度，消毒剂的筛选、轮换以及消毒程序、方法、频率。二是重视疫苗有效免疫和检测。要考虑疫苗因素，如疫苗毒株、流行毒株、毒力、抗原量、保存状态，还有要考虑动物因素，包括母源抗体、免疫状态（减少各种应激），同时，也要考虑人为因素，包括免疫途径、免疫剂量、免疫时间、单苗或联苗、活苗与灭活苗相结合、操作质量，以及及时检测抗体是否均匀。肉鸡产业实现健康稳定的发展，需要政府的支持和科学的规划，需要有先进的设备和饲养方式、优良的品种、健康的雏鸡、安全的饲料、良好的饲养环境和科学的饲养管理，需要有全方位的生物安全和有效的疫苗免疫，需要安全、深受广大消费者欢迎的新颖禽产品，需要健康、适应市场的价格体系和畅通的销售渠道，更需要产业体系的专家引领产业发展，不断提供紧跟市场需求的科技支撑。

（4）加强种质创新，不断提高种鸡和雏鸡质量。消费者对家禽产品数量的追求正逐渐转变为对产品质量、风味的追求，肉鸡育种不应再过度追求生长速度和饲养数量。肉鸡饲养品种要多样性，积极引导科研单位与企业合作，加强自主品种培育。山东要做好肉鸡地方品种，如芦花鸡等的开发利用，不断提高种鸡、雏鸡质量。要关注种禽垂直传播疾病的净化。种鸡的抗体水平要均匀，孵化器、出雏器要及时消毒，雏鸡要及时免疫。种鸡质量的提高也会带动雏鸡质量上升。

（5）升级换代养殖设备和饲养模式。肉鸡饲养没有好设备就养不好鸡。山东积极采用先进设备，设备更新换代更加注重智能化、自动化、信息化，积极推广普及商品肉鸡的笼养方式。笼养方式更加节省人工、土地，能够实现料肉比低、成活率高、养殖效益高，能够利用传送带及时将粪便运出舍外，不会发酵产生氨气，饲养环境优良，不易发病，节省药费。重视鸡舍内环境控制，在封闭的环境里要注重家禽福利和养殖密度。控制舍内各项环境要素，保证足够的氧气和尽可能少的有害气体、粉尘。此外，人工智能的自动化监测和控制技术是发展趋势，要进行探索和推广。

（6）重视饲料全价营养和饲料、饮水安全。据不同品种、不同原料资源等情况，实现饲料配方设计多样化。要使用更加安全的饲料添加剂，进一步提高肉鸡防病能力和饲料转化率。要特别注重微生态、酶制剂、中兽药、矿物质、植物精油等的安全。加强对饲料中有毒、有害物质的检测和控制，包括霉菌毒素的检测、控制；饲料油脂中有害因子的检测、控制，如酸价、不皂化物、过氧化值、丙二醛等；饲料中动物源性原料及生物性、化学性等危害因素检测、控制；饮水中微生物、重金属的检测和控制。

（7）注重质量安全。食品安全关系到产业的生存和发展。消费者日益重视食品安全，更加注重产品质量，肉鸡产业要不断提高肉鸡产品质量。日常肉鸡检测中要包含添加剂、微生物、农兽药残留、污染物、非法添加物、生物毒素、理化指标、标签标识等方面的检测。要采取源头控制，优良的饲养环境和先进的饲养模式是提升产品质量的关键。要进一步把发病率减少作为重点，谨慎、合理、科学地使用抗生素，更加重视抗生素替代品的使用。要更加规范和严格地控制产品生产过程，建立和健全产品追溯体系。

(8) 重视产品深加工，促进肉鸡产品消费。消费者对熟食品需求量将快速增长，要做好鸡肉产品的深加工（熟食及调理品）。山东企业鸡肉产品的深加工产品比例平均水平在20％左右，有的企业高达60％，潜力巨大。近年来，山东大型肉鸡企业都先后进行了从简单的屠宰分割到熟食产品的深加工，2017年取得了非常好的效益。加工方面要重视新产品的研究与开发，主要包括调料、配方、烹饪方法等，适应不同地区、不同民族、不同年龄等消费群体的需求；重视产物的综合利用，以血液、内脏、骨架、鸡皮、头脖为主要对象，利用独特的加工技术，研发新颖产品，与食品化学（如风味、色泽和食品生物技术及食品添加剂等学科）相结合，实现效益倍增；重视对产品销售渠道的开发，目前产品渠道有超市和电商，主要还是生鲜、调理、熟品、便利店。熟食店主要经营酱卤产品。此外，要尝试新的销售渠道，如拓展网上超市、专卖店、团供、配餐、快餐、团外卖、航空铁路、出口等。近几年，德州扒鸡积极开发高铁市场，效果很不错，推广度很高。

五、会议研讨中关于产业发展的重要聚焦议题

（一）高度重视肉鸡产业

黄建明谈到，应围绕着十九大报告重新审视和调整"十三五"发展相关规划。白羽肉鸡在畜牧业中地位突出，应该有一个明确的定位。现在白羽肉鸡年养殖总量达到了四五十亿只左右，产量七八百万吨，是中国第二大肉类消费品。政府、行业协会和媒体都应努力营造有利于肉鸡产业发展的政策和舆论环境。

（二）加快行业转型升级

黄建明从三个方面讨论了肉鸡产业转型升级问题：

一是肉鸡产业现在实际上已经到了提质增效的一个关键时期。因为我们的养殖技术、养殖指标跟养殖手册上还是有差距的，或者说跟美国等发达国家还是有差距的。我们要进行精准管理，首先要就饲料的营养、精准的管理、精准

的配方来提高质量，包括抗生素的规范使用。

二是淘汰落后产能。当前，大的一条龙企业，从规模、从管理、从食品安全这些方面来讲，都是非常有保障的，包括产品的一些销售渠道，包括技术管理，包括发展规划。作为联盟来讲，在肉鸡产业转型过程中也支持这样的一些大企业不断发展壮大。有些小、散养殖场和屠宰场，产品安全性没有保障，设备技术落后，钻市场的空子——市场行情好的时候，就开足马力生产，靠低价争夺市场，这种情况在白羽肉鸡方面大约会占到1/3。因此，政府应该加大监管力度，依法淘汰落后产能。

三是应继续合理控制产能。白羽肉鸡近几年整体上一直处于一个比较低迷的状态，产能方面是其重要原因之一。产业通过连续几年的产能控制，以前过剩的一些产能释放的也差不多了，还要持续把产能控制下去。白羽肉鸡控制产能需要靠我们企业自己的理性分析或者理性决策。确实有一部分企业通过近几年的教训提高了认识，更加理性，但也有一些企业还是处在一个不理性状态。如果产能不控制，可能还是要回到以前的老路。2013年中国进口154万套祖代鸡，这个量相当大，从我们目前的供需关系来看，远远超过了国内需求量，对整个行业带来了极大的不利影响。

（三）重视产业发展数据监测分析

刘丑生谈到，产业监测数据是对产业发展形势判断和预测的基础，直接影响到判断和预测的准确性，我们对家禽统计的相关工作还需要进一步完善提高。应加大力度实现监控监测一体化，做好企业直联直报。我们在开发新的系统，并对全国养殖场进行摸底，全国有近80万养殖场，养鸡场占1/10。通过各企业进行直连直报，不仅对生产预测更准，而且更有利于进行调控，对粪污、资源化利用也起到监测作用。

宫桂芬谈到，目前家禽还没有精确的监测数据。家禽除了白羽、黄羽等肉鸡，还有水禽等。水禽中白羽肉鸭的发展速度快，出栏量与白羽肉鸡的数量不分上下。但在统计数据上，鸭肉、鹅肉的数据还不清楚，都是估计数据。此外，肉鸡在育种演变的过程中，发展了817小肉鸡或称为肉杂鸡，通过这几年的发展，成为不可忽视的一部分，肉杂鸡年出栏量的估计值在10亿只以上。在进行未来肉鸡发展形势研究中，要把肉杂鸡考虑进去。协会从2018年开始会对小肉鸡进行单独的监测工作，但水禽、鸽子的监测只是在种源方面做了一些工作，全产业链的监测数据还没有。家禽具有很大的特殊性，分类细、出栏时间短，但还是希望能进行监测，希望能得到大家支持。

王济民谈到，确实从国家层面来讲家禽行业没有正规的统计数据，只有一个家禽类的总数。但统计年鉴中，猪存栏出栏都很详细，牛羊数据也可以，但一到家禽就是家禽大类，再没有细分。对企业来讲，对行业分析来讲，对作决策来讲，缺少数据支撑都是麻烦事。很高兴看到全国畜牧总站、畜牧业司在加强这方面的工作，他们跟统计局也在沟通，争取把家禽作为重要统计指标，对产品进行分类统计，对生产决策有很大益处。

黄建明谈到，如果数据统计不准确，对决策可能会产生误导。现在家禽方面确确实实国家还没有一个精准的统计。我们还是要创新一下，比如说，涉及畜牧养殖的都有动物检疫，有没有可能从动物检疫这个口联网来统计。

国家肉鸡产业技术体系鹤壁试验站站长、河南大用实业有限公司鹤壁基地总经理杜彦斌谈到，做好数据监测对行业发展有很大益处。产业经济岗位每年7月份和12月份组织召开的两次会上都会有基于农业部畜牧业司监测处统计数据的分析报告。2017年6月的时候，在这里开会，与会代表还对监测数据进行了质疑，监测数据判断后半年的行情要好，而我们企业自己的预判是行情可能不会太好。现在来看，农业部畜牧业司监测处的监测数据还是准确的，白羽肉鸡2017年下半年以后开始好转，种鸡的价格、毛鸡的价格都在上升。农业部畜牧业司监测处的数据涉及面广，涉及企业多，涉及链条长，这套数据是非常具有参考价值的。

国家肉鸡产业技术体系南昌试验站团队成员、江西省农业科学院畜牧兽医研究所谢明贵研究员谈到，做好生产能力统计有利于生产能力的合理布局。如果一个地方养殖量特别多，粪污消纳不了，就应当进行控制。

（四）完善产业发展风险保障机制

国家肉鸡产业技术体系河北试验站站长、河北省畜牧兽医研究所魏忠华研究员谈到，由于受年初 H7N9 疫情影响，南方活禽市场关闭，活禽禁止流通，消费恐慌蔓延，河北省毛鸡价格低迷，从年初每千克 5 元降到 3 元，商品代鸡苗最便宜的是 0.5 元/只，行业亏损严重，中小规模的养殖户普遍困难较多。进入三季度肉鸡的价格有所回升，7 月初到了 6 元/千克，后续涨到 8.6 元/千克，但由于毛鸡供给增多，需求不足及屠宰因环保关停因素影响，活鸡价格又快速下降，长期萎靡不振。到 10 月底我们针对相关鸡养殖场做了一个调查，养殖场存栏是 18 万，基本是满栏，但由于周边屠宰场开工率不足 60%，屠宰压价收购，活鸡价格又降到了 6.4 元/千克，12 月初活鸡的价格已上升到 9.48 元/千克，情况有所好转，但同比仍低 1.4%。

杜彦斌谈到,2017年上半年,市场不景气,一只鸡苗两毛钱,甚至有几十天的时间没人要,鸡苗都要送到无公害处理厂,企业经营非常困难。应大力加强风险保障机制建设,保持产业的健康发展。

(五)严厉打击走私

黄建明谈到,进口肉鸡产品走私相当严重,可以说2/3是走私的,1/3是从正常渠道进来的。香港是一个自由港,好多贸易产品都往香港走。香港不是肉鸡生产地,居然有大量的出口,这是因为香港有大量的进口。香港进口容易,然后再通过越南和中国台湾地区,甚至于通过我们两广的边境进来,这对肉鸡产业造成了很大冲击,应引起高度重视。我们现在也在呼吁,通过不同的渠道跟海关合作,或者跟打击走私的部门联系,利用我们行业的资源和优势联合起来开展打击走私的工作。

(六)积极推动环保工作

杜彦斌谈到,国家的环保政策是十分正确的,如果再不加强环保的话,任其发展下去,疫病不好控制,尤其在毛鸡往南方运的时候,到处都是有风险的。通过环保淘汰落后产能,支持高水平企业发展对生物安全,包括疫病的防控有很大好处。

国家肉鸡产业技术体系河北试验站站长、河北省畜牧兽医研究所魏忠华研究员谈到,受河北的"蓝天保卫战"限制加工的影响,部分公司连订单都生产不出来,损失较多,这对产业的有序发展确实影响很大。因此,一定要加快行业企业在环保方面的工作力度。一是实现环保达标,二是能够确实有利于促进产业的有序、可持续发展。

国家肉鸡产业技术体系济南试验站站长、山东省农业科学院家禽研究所育种研究室主任曹顶国研究员谈到,关于废弃物处理问题,很多处理厂的处理成本大约在一吨600元以上。第一个问题是关于鸡粪的处理,我个人的观点是没有必要让成本再增加这么多。通过堆积发酵厂的发酵,完全可以实现无害化。如果鸡粪成本都这么高,将来怎么用,政府能拿这么多钱去补贴吗?另一个问题是鸡粪的使用,现在不能只盯着蔬菜果树这些经济作物,应该引导用在玉米小麦上,如果这个问题解决不了,鸡粪肯定是过量的。山东省环保压力肯定是大的,山东省肉蛋奶的产量占全国的1/10,但山东的面积只占1/60,建议不要再把有机肥成本人为增加这么多。再一个问题是病死鸡处理,国家支持每个县要集中建立一个无害化处理厂,但是无害化处理厂实际运行的积极性是不高的。我们与无害化处理厂签合同，他们很不愿意签。跟他签合同以后，他们回收的成本病死鸡是 5 元/千克，他们再去拉的话拉一趟 300 元钱，所以说这个成本还是比较高的。如果把病死鸡和鸡粪的处理结合起来，放在鸡粪里去发酵的话，其实完全可以解决。

国家肉鸡产业技术体系河北试验站团队成员、遵化美客多食品集团总经理李洪艳谈到，河北养殖，煤肯定是不能用了，成本这一块上升了很多。像天然气，最初的是 3 元多钱一立方米，那么一只鸡的话，全年的燃料费大约为 0.8 元。现在正闹气荒，天然气价格上涨了很多，现在是 7.3 元/立方米，涨了 1 倍多。乙醇燃料也是这种情况，乙醇燃料是燃煤成本的 3.5 倍。也就说在当前的供暖季，每只鸡已经达到 2 元钱成本。此外，天然气现在也面临问题。如果遇到特殊天气或者气源不足，就有可能供不上去。就是买不到气了，运输不过来了。2017 年冬天天气好一点，没有大雪封路，这时候虽然天然气价格高一点，但还能够运过来。假如说道路不畅或者供气不足的话，养鸡就很受影响和制约了。大力推动环保工作是政府畜禽养殖管理的重中之重，但当前煤改气等确实增加了养殖场（户）的生产成本，建议政府能在相关方面给予补贴支持。

王济民谈到，过去做沼气麻烦，但是如果是天然气这个价格涨的一塌糊涂的话，肯定自己做沼气比较合算。企业是否有计算过，天然气价格涨到多少，自己做沼气更划算？就这一问题，李洪艳谈到，最初 7 月份以前天然气在 3 元多钱一立方米的时候，一只鸡全年的供暖费才 0.8 元，这个跟燃煤是差不多的，最多高 0.1 元，当然，这里指的是全年，不能只说冬季供暖这一阶段。现在天然气价格上涨，成本就没法比了。养鸡做沼气现在也面临一个问题，因为本身鸡粪产沼气这一块就有一些弊端，鸡粪本来就是粗纤维含量低，产气量不足，要加一些发酵的东西，所以建一个能够满足 30 万存栏所用的沼气池就要非常大的规模了。10 万只的存栏，就得要 1 000 立方米的沼气才能满足。建立一个 1 000 立方米沼气池，投资也并不低，也要 200 多万元。普通养殖户是承担不了的。沼气冬天太冷不产气的问题，现在已经实现技术攻关了，但这是靠沼气池的一个自加温设施，这个就相当于又增加了成本，也就是沼气池生产的沼气，要有一部分作为自体加温，余下的那一部分才能作为其他使用。

（七）重视笼养方式的推广

国家肉鸡产业技术体系饲养技术与动物福利岗位科学家、安徽农业大学动物科技学院姜润深教授谈到，通过调研发现，笼养的各种优点比我们想象的要好，包括它的死淘率明显下降，白羽肉鸡38～42天出栏料肉比真的就能做到1.5：1。宋敏迅老师在报告中讲到的料肉比1.4：1，这个确实是差不多，这和地面平养的饲料成本比，一只鸡就会差到几毛钱。笼养模式，民间也在快速推进，所以这是在饲养方式上的一个很明显的转变，后续笼养还会扩展到中速型、慢速型黄羽肉鸡上面，现在这方面的实验正在进行。

曹顶国谈到，关于笼养，现在在基建（带设施设备）大约一只鸡投入是50元钱，按15年折旧的话，每年养6批鸡，折算到每只鸡的成本大概就是五毛钱。山东一家养殖公司，按其实际生产性能和平养数据来计算，笼养一只鸡可以增收节支大约是1.5元，中间的利润大约就是一只鸡多赚1元钱。

（八）进一步加强防疫工作

杜彦斌谈到，希望农业部不要取消对农户禽流感疫苗的免供。对大企业来说，免费疫苗对它们来说有也行，没有也行，因为大企业都有自己的防控体系，甚至有自己的生物药厂，对这一方面的防控是有办法的。但是对于小养殖户来说，如果国家不支持他们的话，他们也不知道防什么，到时候一旦发病的话，在这同一个地方的大企业也会受影响。所以说农业部这个疫苗不能停，否则疫情不好控制，对整个行业的发展是不利的。对于家庭养殖户来讲，他们很小心，大都愿意使用疫苗。有的养殖场愿意自己去买进口疫苗，虽然价格比国产的高，但疫苗效果好，我们应重视国产疫苗质量的提高。

（九）加强副产品的加工开发

国家肉鸡产业技术体系副产物综合利用岗位科学家、江苏省农科院农产品加工研究所徐为民研究员谈到，通过我们到多个省的调研了解到，肉鸡加工副产物品种比较多，比如羽毛、血、骨头等，而且每一个品种之间加工特性都相差太远。对研究人员来讲，要建立一个完整的体系，有前有后有重点地全面展开可能不大现实。但我们也制定了一个大致的方向：一个就是普通的食品，比如泡椒凤爪，爪子是有利用价值的，可能好多还没有发展起来。第二个是食品添加剂，例如血红蛋白，例如增稠剂，包括一些胶原。第三个是宠物食品，这个效益比较高。第四个是制药，这可能跟我们有点远，但我们也做了一些工作。以前我印象比较深的，是和一个台湾大学的教授交流，他问我一个问题，说猪的胆都到哪去了？我回答不知，后来我带这个问题去问了好多搞加工的同事，都没有得到答案。再后来这个台湾教授跟我说：90％都到了台湾，去做膏药，用来治疗脸上的疖子肿块。所以说将来这方面也是可以考虑的，当然也要去国内一些制药厂联系考察。杜彦斌就此也谈到，如果能够在下脚料的加工办法和一些产品开发上做一些尝试，是非常好的，企业有这个需求。这样就能够把下脚料的利用率提高。目前，鸡胆我们是都废弃了。